全国高校安全工程专业本科规划教材

安全法学

教育部高等学校安全工程学科教学指导委员会组织编写

主编　石少华

主审　刘金国

中国劳动社会保障出版社

图书在版编目（CIP）数据

安全法学/石少华主编．—北京：中国劳动社会保障出版社，2010
全国高校安全工程专业本科规划教材
ISBN 978 - 7 - 5045 - 8612 - 4

Ⅰ.①安…　Ⅱ.①石…　Ⅲ.①安全生产法－基本知识－中国－高等学校－教材
Ⅳ.①D922.544

中国版本图书馆 CIP 数据核字（2010）第 199087 号

中国劳动社会保障出版社出版发行
（北京市惠新东街 1 号　邮政编码：100029）
出 版 人：张梦欣

*

中国铁道出版社印刷厂印刷装订　新华书店经销
787 毫米×960 毫米　16 开本　25 印张　438 千字
2010 年 10 月第 1 版　**2017 年 8 月第 2 次印刷**
定价：52.00 元

读者服务部电话：（010）64929211/64921644/84626437
营销部电话：（010）64961894
出版社网址：http://www.class.com.cn

教育部高等学校安全工程学科教学指导委员会

主 任 委 员　孙华山
副主任委员　黄玉治　范维澄　谢和平　冯长根　张来斌
　　　　　　宋守信
委　　　员　张平远　何学秋　吴宗之　伊　烈　李永红
　　　　　　张　驎　王继仁　钮英建　林柏泉　刘泽功
　　　　　　蔡嗣经　傅　贵　吴　超　吴　穹　许开立
　　　　　　程卫民　张殿业　景国勋　蒋军成　赵云胜
　　　　　　姜德义　黄卫星　刘玉存　李树刚　王述洋
　　　　　　陈国华　张　力　刘义伦
秘　书　长　杨书宏

编审人员

主　　编　石少华
副 主 编　邬燕云　詹瑜璞　杨志武
主　　审　刘金国

内 容 提 要

本书为“全国高校安全工程专业本科规划教材”之一，供高等院校安全工程专业本科师生使用。

全书内容包括：绪论、安全法概述、安全法律体系和安全法律关系、安全生产行政监督管理、生产经营单位安全管理和从业人员安全保障、安全技术社会服务、生产安全事故预防和救援、生产安全事故调查处理、安全责任保险与社会保障、职业卫生与职业病防治、行业生产安全法律制度、公众安全法律制度、安全法律责任和纠纷解决以及外国安全法和国际公约。

本书也可供安全工程技术及管理人员使用，也可供非安全工程类专业高校师生学习和参考。

序　言

党的十六届五中全会确立了“安全发展”的指导原则，极大地促进了我国安全科学事业的发展，同时为安全工程学科提供了良好的发展机遇。据初步统计，到目前为止，全国开设安全工程专业的高校已达百余所，安全工程专业已成为我国高等教育中重要的新兴专业之一。

加强教材建设，是促进我国安全工程专业健康发展的重要基础工作。教育部高等学校安全工程学科教学指导委员会（2004—2008 年）在充分吸收和借鉴上届教指委安全工程专业教材成功编写经验的基础上，于 2006 年启动了“全国高校安全工程专业本科规划教材”的组织编写和出版工作。第一批 15 种安全工程专业本科规划教材已基本完成。在此基础上，教育部高等学校安全工程学科教学指导委员会（2008—2010 年）组织开发了第二批规划教材共 14 种，包括《安全评价》《安全法学》《安全工程专业英语》《安全监察》《消防工程概论》《安全工程概论》《安全检测与监控》《防灾减灾工程》《矿山安全工程》《交通运输安全技术》《建筑施工安全技术》《计算机在安全领域中的应用》《安全科技概论》《安全工程专业毕业设计与论文指南》。

本套规划教材的编写力求满足安全工程专业课程体系和课程教学的新发展，立足现实，反映前沿，力求创新，既包括已经成熟并被公认的理论与学术思想，又反映安全工程学科领域具有前瞻性与代表性的最新理论、技术和方法，并借鉴吸收世界上发达国家的先进理论、理念与方法。

在本套教材开发过程中，全国数十所高等学校、科研院所的近百名专家和学者积极参与了教材的编写和审订工作，教指委秘书处、教材开发分委会和中国劳动社会保障出版社做了大量的组织工作，在此向他们表示衷心的感谢！

本套教材的编写和出版，是我国安全工程学科在教材建设方面又迈出的重要一步。虽然我们尽了最大努力，但仍有不足，恳请安全工程领域的专家学者和广大师生提出宝贵意见。

教育部高等学校安全工程学科教学指导委员会

2010年8月

前　言

安全法学是国家学科目录中的二级学科，横跨法学专业和安全科学技术专业。作为安全社会科学学科的组成部分，安全法学已被全国高等学校安全工程学科教学指导委员会确定为安全科学技术专业的必修专业课。本教材是在全国高等学校安全工程学科教学指导委员会的直接组织和指导下进行编审工作的，内容具有建构性、初创性，必将对我国安全法学学科建设和安全法学、安全科学技术的专业建设产生积极作用。

近年来，随着以人为本、安全发展理念的确立和不断深入人心，我国各类安全立法的数量也在以较快速度增长，质量不断提高，各项安全法律、法规、规章也在向系统化、精细化方向发展。在这种形势下，揭示安全法的理论性、知识性，为安全工作者、学习者、研究者提供一个系统的读本，其任务日显迫切。因此，《安全法学》教材应运而生。本教材编写以一般法学理论为指导，以现行安全法律制度为基础，充分考虑到安全法的应用性、实用性特点，吸收了目前安全法最新的理论研究成果，把握最新的立法动态，在努力保持其内部各部分之间的连贯性、一致性、逻辑性和完整性的基础上，力求通过讲解安全法的概念、原理和运行过程，为人们展示出安全法的知识和制度体系。本教材重点讲述安全生产法的理论知识和制度，其次讲述与安全生产法相关联的公众安全法。全书共十三章，内容包括：绪论、安全法概述、安全法律体系和安全法律关系、安全生产行政监督管理、生产经营单位安全管理和从业人员安全保障、安全技术社会服务、生产安全事故预防和救援、生产安全事故调查处理、安全责任保险与社会保障、职业卫生与职业病防治、行业安全生产法律制度、公众安全法律制度、安全法律责任和纠纷解决以及外国安全法和国际公约。

编写组由华北科技学院石少华教授、邬燕云教授、杨志武副教授、詹瑜璞博士、万其刚博士、陈伟超博士、焦晓菲讲师和中国矿业大学刘超捷副教授、汤道路副教授、邓红梅副教授组成，石少华任主编，邬燕云、詹瑜璞、杨志武任副主编。绪论由詹瑜璞编写，第一章、第二章、第三章由石少华编写，第四章由刘超捷编写，第五章、第六章由邬燕云编写，第七章由詹瑜璞编写，第八章、第九章由邓红梅编写，第十章第一、二、三节由汤道路编写，第十章第四、五、六节由陈伟超编写，第十一章第一、二节由万其刚编写，第十一章第三、四、五节由焦晓菲编写，第十二章由杨志武编写，第十三章由汤道路编写。全书由石少华统稿，由中国政法大学博士生导师刘金国教授主审，北京国枫律师事务所安全法部主任姜业清博士参审。

本教材编写过程中引用了许多国内外专家、学者的研究成果、观点，在此向他们表示诚挚敬意；得到全国高等学校安全工程学科教学指导委员会的指导和帮助，在此表示感谢；得到华北科技学院张驎副院长的指导，在此表示感谢；得到中国劳动社会保障出版社的支持，特致谢意。

本教材尚属安全法学初创性编写，一些理论还不成熟，难免有缺点或疏漏，敬请读者批评指正，便于今后修订。

编　者

2010 年 6 月

目　录

绪论

学习目标

1. 理解安全法学学科名称的含义。

2. 掌握安全法学的研究对象。

3. 了解安全法学的学科定位和主要特点、安全法学与相关法学学科的关系、安全法学与其他有关学科的关系。

4. 掌握研究安全法学的意义和方法。

一、安全法学的学科名称

安全法学在我国有正式的学科名录和正当的学科地位。1992 年国家技术监督局《学科分类与代码》（GB/T 13745—1992）确定安全法学为法学专业中部门法学的二级学科，同时确定其为安全科学技术专业中安全学的二级学科，学科代码分别是 820.3080、620.2040。2009 年国家技术监督局修订原学科分类与代码并颁布新版《学科分类与代码》（GB/T 13745—2009），同样确定安全法学为法学专业中部门法学的二级学科，同时确定其为安全科学技术专业中安全社会科学学科（新增）的二级学科，学科代码分别是 8203080、6202110。从学科分类目录中可知，安全法学分属或横跨法学专业和安全科学技术专业两大学科。

安全法学名称由来于其学科目录，但对应于社会实际的人身安全、财产安全关系和人们对安全问题的关注。

二、安全法学的研究对象

安全法学的研究对象是安全法或安全法律；安全法学是关于安全法的学问或知识。安全法学与安全法既有密切联系，也有严格区别。

安全法是实在法，调整一定的社会关系，为各安全法律主体设定资格、分配权利义务、确定责任；安全法学是理论、知识、原理，旨在研究、建立、阐述安全法的范畴、概念、规范、根据等，探索其背后的逻辑关系、利益关系、历史传统等，为安全法提供理论和知识指导。安全法是现实的、务实的，安全法学是理论的、务虚的。

从历史和现实上看，先有安全法，后有安全法学，安全法学落后于安全法的发展；从逻辑上看，安全法与安全法学同时产生，也应同步发展。安全法学帮助安全法建立、施行和发展，为其提供历史的、现实的、比较的支持。

没有安全法就没有安全法学，没有安全法学就没有安全法的深入理解和系统知识，二者相辅相成。

安全法是在规范人身安全关系、财产安全关系，安全法学在阐述、研究安全法时也在研究人身安全关系、财产安全关系。

安全法的制定者、实施者也是安全法学的学习者、研究者，他们以实现人身安全、财产安全为共同的目标。安全法具有国家意志，安全法学不具有国家意志，但受国家意志影响。

三、安全法学的学科定位和主要特点

安全法学是一门相对独立的部门法学、实在法学、应用法学。其主要特点有：

（一）相对独立性

安全法学以安全为突出特点，而安全作为一种状态必是某种财产或人身的安全，安全必依附于财产或人身，没有财产或人身便没有安全。所以，安全不具有绝对独立存在的性质。但安全具有相对独立性，不同于财产或人身，有自己的特点，旨在确认、表明和保障财产或人身的存在。所以，安全法及安全法学也不同于财产法、人身法及财产法学、人身法学，具有相对独立性。

（二）部门性

在我国法学学科的四分法（理论法学、法律史学、部门法学、国际法学）中，安全法学被列入部门法学中，这是基于它的实在性、应用性特点所作的归类。部门法学诸如刑法学、民法学、行政法学、环境法学、诉讼法学等，都具有实在性、应用性，安全法学作为并列的部门法学也具有同样的特点。与实在性、应用性相对的是务虚性、理论性，安全法学作为一种学问或知识，也不能没有务虚性、理论性。由于它的研究对象是安全法，而安全法是部门法、实在法，具有应用性，所以，安全法学便偏重于部门性、实在性、应用性，但不能否认其务虚性、理论性。

（三）科学性

安全法律规范即为了更好地保护财产、人身或使之处于安全状态，由法律制定者对诸多安全方法或保护方法所做的选择或设定，所以，安全法律规范含有安全方法。比如，“企业应当对生产环节进行安全隐患排查、治理”这一规范就含有安全方法。隐患排查、治理是一种确保安全的方法，这种方法具有科学性。隐患具有形成、发生、发展、消除的科学条件和科学规律，安全法要尊重隐患排查、治理科学，及其技术规范或操作规程。安全法学也因为安全法对安全科学的尊重而具有科学性特点。

（四）人文性

人文性也叫人本性（humanitarin）、人道性。人文性是指人的主观性、意愿性、思想性、需要性、选择性等。各法学学科都具有这个特点，安全法学尤为突出。安全法学对安全法范畴、概念、规范、原理、思想的研究都带有主观性，即以人为标准，使之符合人的意愿、需要。安全法学研究者、学习者要对不同的安全法学思想、原理作出选择，即褒扬或贬抑。由于不同人群对不同的安全法学具有不同的立场、态度，所以，也可以认为安全法学具有阶级性。人文性也被称为社会性，与人性（humanity）、人道有联系。

（五）主干性

安全法学不是法学的边缘学科，而是处于法学的中心地带，是法学的一个支柱，作为课程则是主干课程。它所具有的主干性并不会因为人们对其发现、关注、发展的时间较晚而取消，或重要性有所降低。安全法学的内容是丰富而重要的，这主要是基于安全在现代社会中的广泛存在和重要性。

四、安全法学与相关法学学科的关系

（一）安全法学与法理学的关系

法理学（jurisprudence）是关于法的一般理论的学问或学科，旨在对法及法律制度进行理论分析或合理性、合法性分析，提高或加深人们对法的理解或认识。所谓法学，严格意义上也就是法理学；任何部门法学只要深入研究就成了部门法理学。安全法学也可叫安全法理学，是关于安全法的理论性分析，它与法理学的关系是特殊与一般的关系。安全法学要探讨安全法的目的、价值、功能、实效等特殊的法理学问题，法理学对此具有指导意义，但安全法学会为法理学提供素材，丰富法理学的内容。比如安全法学中的安全也是法理学中安全价值论的研究主题。

（二）安全法学与宪法学的关系

宪法学是研究国家体制、国家本质以及政府与公民关系的学问，安全法学要研究安全监管的政府体制、机制问题和公民的安全权利与义务问题。可见，它们是总体与个体、整体与具体、宏观与微观的关系。宪法学是一门总体性、整体性、宏观性较强的学问，这是由宪法的性质决定的。比较而言，安全法学则较具体、较微观，在法学体系中要贯彻宪法学的思想、观念，要使自己有关安全监管体制、机制、公民安全权利与义务及各项安全法律制度的论述或理论符合宪法学的理论。不排除宪法学、安全法学有不同的流派、观点。学习安全法学应当先学习宪法学。

（三）安全法学与民法学的关系

民法学是研究民法的学问。民法是规范平等主体之间财产关系、人身关系的法，民法学研究的内容与安全法学研究的内容有相同之处。比如，财产侵害关系、人身侵害关系以及赔偿关系、保险关系等，民法学研究，安全法学也研究，因此，它们是平行、交叉关系。安全法学要运用民法学的原理处理一些财产安全关系、人身安全关系，以及一些赔偿关系、保险关系等，但又不等同于民法学。区别在于：安全法学所研究的安全法律关系有一定的限制范围，把重点放在一定的社会组织内部成员、行政部门干预、社会危害性广泛、群体性强的生命安全关系、身体健康关系上，这不是普通民法学所能解决的问题。但安全法学所遇到的平等主体财产关系、人身关系问题不能不以民法学理论解决或加以阐释。

（四）安全法学与行政法学的关系

行政法学是以行政机体及其与社会公众的关系为研究对象的，旨在为行政机体提供一套合理的规范体系，或对一定的行政规范体系加以阐释。安全法学也要研究行政机体及其与社会公众的关系，但限于行政机体对社会公众的安全保障关系、事故救援和处理关系。可见，安全法学与行政法学也是平行、交叉关系。安全法学含有行政法学的理论内容，在遇到安全行政关系时，要运用行政法学的原理去说明或解决。行政法学也含有安全法学的理论内容，而且随着安全法学理论的发展，行政法学的内容将被丰富和提高。交叉关系并不意味着可以互相代替。

（五）安全法学与劳动法学的关系

劳动法学是研究如何规范资产者与劳动者关系的学问或理论。资产者与劳动者的关系主要是劳动关系，劳动关系包括劳动贡献与劳动报酬（工资、福利、医疗、养老等）的关系、劳动条件与安全卫生保障的关系等。通常把关于劳动安全卫生保障关系的规范叫职业安全卫生法，也有人把它列入劳动法中，因而劳动法学也把研究、阐释职业安全卫生法当做了自己的内容。安全法学不仅研究职业安全卫生法，而且研究非职业安全法、非职业卫生法。当研究职业安全卫生法时，安全法学就要把它从劳动法学中排除出去，这个时候劳动法学就只研究劳动条件、劳动贡献、劳动报酬等资本、工资福利待遇问题了；当不研究职业安全卫生法时，安全法学就要把它交给劳动法学，自己只研究非职业安全法、非职业卫生法以及它们与职业安全卫生法所具有的共性问题。可见，安全法学与劳动法学既有交叉关系，也可能存在着矛盾和冲突。如何处理这个关系，由各国法学体系学科分类决定，这中间政府的机构设置、职能划分对其有重要影响。如果处理不好这个关系，那么安全法学和劳动法学都可以站在自己的学科立场上按照各自的学科思维方式、研究方法对职业安全卫生法进行研究、阐释，提出各自的观点、理论，为法律的贯彻执行造成障碍。

（六）安全法学与环境法学的关系

安全法学是从规范角度研究人的生产、生活环境保护问题的，旨在保持或建立清洁、有益、舒适的环境，使人获取绵延不断的供养条件，防备或消除恶劣、有害的环境因素对人的侵害和对供养条件的破坏。环境是由自然条件、人为条件或因素构成的空间范围，人无时不在一定的空间范围内生存（生产、生活）。在现代工业化时代，保护人的生存空间或环境显得日益重要，要完成的任务也更棘手。这里的问题是环境保护或侵害与安全法学研究的财产、人身安全有相同之处，环境条件与安全的外部条件有相同之处，那么，该如何处理环境法学与安全法学之间的关系呢？它们的研究范围有相同、相似或重合之处，重合意味着冲突。

安全法学与环境法学存在着交叉关系、联结关系、冲突关系，但不能互相取代，即消灭一方、保留一方。它们都可从自己的角度或在自己的视野（perspective）内侧重研究与自己最密切的侵害问题、外部条件问题、保护问题、事故问题、赔偿问题等。安全法学、环境法学都可把这些相同或相关的物质对象纳入自己的研究范围，使其成为自己的知觉对象，在自己的知觉情境（perceptual situation）或语境（context）内按照自己的需要、偏向进行研究。比如，放射性物质污染问题（物质或实在或真相）可以被纳入安全法学、环境法学成为其各自的知觉对象，安全法学从财产、人身安全角度研究，环境法学从财产、人身生存环境保护角度研究。就目前而论，环境法学侧重或主要研究环境条件的形成、对人的健康的侵害、对财产条件的侵害以及供养条件问题，安全法学则主要研究生产或工作（work）的外部条件、内部条件的形成、对人的生命的侵害、职业（劳动）条件对人的健康的侵害。安全法学也可以在自己的视野内研究环境安全问题。物质环境侵害从广义上讲也是安全法学的问题，但不是其主要问题，而是环境法学的主要问题。比如化工厂爆炸，液氨泄漏，流入河流、田地中，此种生产安全事故和环境安全事故，广义均为安全事故。再比如，生产、储存、运输、销售、使用有毒化学物品和含有放射性物质的物品，也都是安全法学、环境法学研究的问题，安全法、环境法也都对相应的社会关系加以调整。

学科交叉、联结是普遍存在的情形，正说明各学科是相通的，对此，我们应持以正确的态度。

（七）安全法学与刑法学的关系

刑法学是研究犯罪与刑罚的学问，安全法学也研究刑法学中的安全犯罪与刑罚问题。仅就犯罪与刑罚问题这一点而言，刑法学与安全法学是整体与局部的关系、先与后的关系、上与下的关系，是一种交叉关系。但安全法学在研究安全犯罪与刑罚问题时要遵从刑法学的原则精神，接受其指导；刑法学在研究安全犯罪与刑罚问题时要尊重安全法学的需要，接受其提供的研究素材和成果，决定吸纳与否。如安全法学不研究安全刑法问题，就不能保持自己的完整性，刑法学也不能保证自己的完善性。各学科需要互相配合，才能把共同的问题研究深刻、透彻、完全。

（八）安全法学与国际法学的关系

国际法学是研究国际法、国际私法的学问。国际社会有许许多多的以社会法人、个人为法律关系主体的安全公约、条约、协定、宣言等，都是国际法学研究的对象，也是安全法学研究的对象。但国际法学是从国际角度研究各国法人、个人的安全问题，安全法学是从国内或本国角度研究这些问题以及它们与本国法的衔接关系问题。它们是平行、交叉、衔接的关系。作为国内部门法学的安全法学不能不对比研究国际上的安全法律原则、规范、习惯、惯例等，以提高自己的研究水平；国际法学也要从各国安全法学中吸纳自己所需要的研究成果，以丰富自己的内容，推动国际安全法的发展。还要注意本国安全法学与外国安全法学的关系，要通过对法律比较学的研究来提高安全法学的水平。

五、安全法学与其他有关学科的关系

（一）安全法学与安全科学技术学科的关系

安全科学技术专业是专门研究、阐释安全隐患、安全事故形成、发生、发展、消除以及灾后恢复、治疗、重建的学科，面对的是人、机器、环境等要素，如何更好地对各种要素进行组合排列以免发生事故以及如何处理事故，成为这个专业的任务。安全法学既是法学专业学科，同时也是安全科学技术专业的延伸课程和学科构成部分。安全法学要以安全科学技术知识为重要基础，但它不是安全科学技术学科与法学学科的交叉学科。安全法学尊重安全科学技术，但从研究对象、研究方法到内容构成上都还是法学学科一脉传承。安全法学学科与安全科学技术学科的关系类同于安全法与安全技术规范的关系。尤为要注意安全法学与灾害学的关系。

（二）安全法学与哲学的关系

哲学是一种超越物理学的超验性、思考性学问，旨在追问世界的根源、人与世界的关系等，并因此形成了人的世界观、人生观、认识论、方法论等知识。哲学的主观性很强，不同的人会创造或接受不同的哲学观点或学说；不同的哲学派别也被不同人为我所用，因此，有时候哲学上的斗争较为激烈。法学进入超验性分析层次时即成了法哲学，任何部门法学只要深入分析下去也即成了部门法哲学，主要探讨法或部门法的根源、人与法律制度的关系、法律制度与现实的关系等问题。安全法学深入分析下去时即成安全法哲学；安全法哲学要接受哲学观点、哲学思维方式的指导，对安全法律制度进行合理性分析、制定与实施的方法论分析。未进入哲学层次的安全法学也要运用哲学上的世界观、方法论建立自己的安全概念、安全原则、安全制度和安全法实现的方法等，可见，安全法学与哲学密切相关。

（三）安全法学与伦理学的关系

伦理学是研究人与人正当秩序构建的学问。秩序就是伦理，伦理学也可叫人类秩序学。人类可分为不同国家的人类、不同社会的人类、不同群体（阶级、行业、专业等）的人类等，所以，伦理学也可分为国家伦理学、社会伦理学、阶级伦理学、行业伦理学、专业伦理学等。安全伦理学是一种专业伦理学。安全法学与伦理学、安全伦理学密切相关，互相渗透，但不应冲突。伦理学、安全伦理学要为安全法学提供正当的秩序观、价值观，安全法学是将这种秩序观、价值观规范化、现实化的途径。通常，一个国家的安全法学不得违背主流伦理学所确立的伦理观念。

（四）安全法学与社会学的关系

社会学是研究社会结构、社会运行的学问，重点关注社会组织、人的需要与憎恶、社会结合与分裂、社会资源分配与安全、效率等问题。安全一旦为社会学所研究，即形成安全社会学，其任务是探讨建立什么样的社会结构，如何发挥社会组织的功能，克服哪些不利的社会因素，以保障社会及个人的安全。安全法学要接受社会学原理和研究成果，使之体现在安全法律规范的阐释中，努力实现社会学的目标。社会学的方法（调查研究、实效分析等）也应该补充安全法学的不足，因为法学思维往往限于在法律系统内活动，而社会学（或法律社会学）则突破法律系统的界限，注重法律与社会的联系，法律的制定和实施总不能离开一定的社会背景，所以，社会学在帮助法学或安全法学。

（五）安全法学与经济学的关系

经济学是研究生产与消费、增值与节约、投入与产出诸关系的学问。这些关系既有自然关系，也有人为的意志关系，所以，经济学既是科学，也是人文学、社会学。经济学追求利益最大化、效率最大化，适当的安全能确保某种利益、效率，即适当的安全与某种经济利益是一致的，所以，安全经济学这一分支便形成了。安全经济学重点研究安全与经济利益的对应变化规律，尤其是它的平衡点或安全边际效益。安全法学要研究安全投入量和种类，保证人身、财产安全，这就需要经济学。安全经济学可提供依据，既避免法律规范造成社会安全、个人安全资源投入不足，也避免带来浪费。安全法学与经济学是平行、配合、互用的关系。

（六）安全法学与政治学的关系

政治学是研究政治组织、政治结构、政治关系、政治运行、政治方法的学问，其核心是政治权力的取得和运用。政治权力根据所处政治组织的性质、性能不同，分别表现为统治职能、行政职能、立法职能、司法职能等。安全政治学是政治学的一个分支，任务是探讨政治组织的安全目标、安全结构、安全战略、策略和安全方法等。安全法学广义上也在探讨政治安全的法律规范（本书限定为社会安全法律规范），即便不探讨政治安全，只探讨社会安全，也需要用政治学提供的原理、知识处理用以维护社会安全的政治组织保障、政治行为保障、政治方法保障等问题，所以，安全法学需要政治学支持、配合。政治学要实现自己的政治目标、社会目标，不能不想办法在法律上和法律实施上确保社会安全、个人安全（有时被称作政治任务），这就需要安全法学提供知识予以支持，并由安全法学落实其目标。

六、研究安全法学的意义和方法

研究也包括构建和学习，所以，安全法学的研究意义含有构建意义、学习意义，研究方法含有构建方法、学习方法。构建意义与学习意义、构建方法与学习方法是相通的，基本一致，所以，安全法学的研究者、构建者、学习者要有共同的信仰，遵循共同的方法。

（一）研究安全法学的意义

1. 安全法学对安全法的制定和实施具有理论指导意义

安全法的制定和实施都是一种实践活动，它们都离不开法学理论的指导。能够直接指导安全法实践活动的法学理论便是安全法学理论。这种理论或知识既源于安全法的制定、实施，也源于人的理性思维活动，二者结合便产生了安全法学理论。比如，安全法规定生产经营单位一旦发生安全事故，应该立即采取措施实施救援，并赔偿受害者损失。当某化工厂发生一次爆炸事故后，如由政府部门去处理，这个实践过程就需运用大量的安全法学理论，其中既有生产经营单位的构成条件、安全事故的构成条件，又有救援程序要求、赔偿数额算定办法等。安全法学理论要去研究这些问题，并对有关构成条件、程序要求、赔偿算定办法等进行适当性、合理性论证，或进行适用性阐释。这说明，没有安全法学理论的指导，安全法的制定、实施就是盲目的，必然导致错误；但是，一旦有了安全法的制定、实施活动以及实际中的安全需要、安全工作，也必然会导致安全法学理论的产生和发展。人类的安全工作和安全法实践活动及其过程均需要安全法学的理论指导，因此，建立安全法学理论显得极为重要。

2. 安全法学对树立和增强人们的安全意识、安全权利意识具有重要作用

由于人类社会在其发展过程中长期以来主要是同贫穷、饥饿作斗争，所以人类主要或优先关注经济发展问题，相对轻视了安全问题。从政治上层到贫民下层，人们普遍抱有这种意识。自从近代工业产生以来，人们的物质生活逐渐提高，安全意识也随之提高；特别是自进入现代工业社会以后，一些发达国家的人民在享受丰富物质生活的同时，其安全权利意识也空前高涨，因此安全法和安全法学也得到高度发展。这表明人类社会已由单纯的经济增长型社会转向安全发展型社会，人们开始或已经重视安全享受。安全法学顺应这个潮流，强调安全在社会中的作用和各社会主体承担的社会安全义务、责任，把人们对财产的关注拉向对人的生命健康权益的关注。这样的关注极易树立和增强人们的安全意识和安全权利意识，培养人们的安全思维方式。随着安全法学知识的增加和普及，人们会逐渐习惯从安全的观点看待事物，以安全的思维方式处理问题。

3. 安全法学肩负着以安全观审视、改造法律和社会的历史任务，安全法学终将走向安全分析法学

现行法律和现代社会受历史传统和外来因素影响，多数或较大成分上把公平、效率、自由、自主等观念放在突出重要位置，我们的法学教科书基本上成了公平法学、效率法学、自由法学、民主法学等，许多法律、法案也贯彻这些类似的宗旨和价值观，而且它们都有了相应的程序和计算办法，发展比较成熟。比较而言，安全法学发展较不系统，大多散乱在各部门法学中，比如劳动法学中有劳动安全法或职业安全法及相应的职业卫生法，交通法学中有自己的交通安全法而且分散在不同种类的交通法中，消防法学中有自己的安全法规定。它们也仅限于法律规定及相应的法律常识，尚不能构成法学理论（系统性、共性），更没有高深的、带有哲学性的法学理论。这既不利于社会安全的维护，也不利于对安全事故进行公正、及时的处理。中国情况如此，西方发达国家情况也是如此，安全法和安全法学都处于散乱状态。随着安全法学研究的深入发展，我们必然要以安全观为准则去审视我们现行的

法律和现代的社会，对它们做安全理性分析，并据此建立一些分析、评估方法，指出法律、社会体系内存在的不安全因素，不断地进行安全性改造或改革。从此，我们的安全法学即进入安全法理学、安全法社会学层次，这样的安全法学叫安全分析法学，它将对法律和社会进行安全理性判断和安全实在性证明（实证）。这是安全法学的历史任务和发展前途。

（二）研究安全法学的方法

做事情、想问题、写文章等都要有一个或一些方法作指导；专门研究方法的理论叫方法论。不同学科可能有不同的方法论，法学也有自己的方法论，但也会借用或使用其他学科的方法论。研究安全法学要运用法学方法论，也会借用或运用其他学科的方法论。哲学上的方法论具有普遍性和伸展性，它不仅会被法学直接运用，而且会伸展到法学领域，催生法学上的哲学方法论。比如，哲学上的超验论、现实论、辩证论、实践论、意志论、现象论、分析论、诠释论、价值论、实用论、实证论等作为方法论就可被法学运用，也可产生超验法学方法论、辩证法学方法论、实践法学方法论、意志法学方法论、现象法学方法论、分析法学方法论、诠释法学方法论、实用法学方法论、实证法学方法论等。法学上的方法论也可进入哲学领域成为哲学方法论，比如历史法学派的历史传统进化论即由法学领域进入哲学领域。其他诸多学科的方法论比如社会学方法论、科学方法论、历史学方法论、逻辑学方法论、比较学方法论、经济学方法论等都可运用于安全法学研究。这里不能一一列举，主要讲以下几种方法。

1. 超验方法

这种方法强调对经验的超越，是唯心论的一种，玄妙和主观性是其基本特点。安全法学研究不能不运用这种方法，比如对安全权利进行观念性分析、对安全与生产的关系进行合理性分析就是一种超越经验的分析。它是在人的大脑意识里所进行思维活动。对某种观念或原则的正确性、合理性、真理性的判断需要进行心证，主观性较强。大脑意识是个看不见的世界、无限的世界、无法做实在性证明，所以，进行自我确证，逻辑实证就显得重要，有时会成为唯一可靠的证明。由于所作的分析或论证看不见，它就显得玄妙起来，超验论也成了玄学。但它是安全法学不可或缺的方法。

2. 现实方法

现实即现在的实际存在，与理想、幻想、空想、妄想等非实存相对立。它为哲学、文学、法学等所关注，即产生现实主义哲学、现实主义文学、现实主义法学等。法学尤为关注现实，现实成为法学研究的出发点、落脚点，因而成为法学的方法之一。安全法学要关注现实的安全形势，从国情出发研究安全法的任务和规制办法；脱离现实或实际的安全法学理论必是错误的，不为人们所接受。安全法学不能有浪漫色彩，但也要有可测的预期目标，比如减少伤亡率的目标就具有理想性，不能局限于现实，但要以现实为基础。研究安全法学要运用多种方法，每种方法都有局限性。

3. 经验方法

经验是指从切身活动中取得的知识或感受，有时候被看做感性知识或没有被科学论证，因为缺乏足够的可靠性、可信性。但经验是重要的，指导人们的再行为有意义，因而哲学上形成了一个经验论派别。安全法学也要以经验为方法，比如在总结、推广某企业车间、班组的安全管理法时，就要以经验为基础，把这套经验知识总结出来，推广出去。但经验也有局限性，走向极端时即是经验主义，会贻误自己和他人，因为将来的情况或条件可能会有变化，他人的情况可能会与取得经验知识的人有所不同。经验方法与教条方法相对，书本上的知识或原则就是教条；教条能够指导人们的行为，法律规范也是一种教条，安全法学也不能缺少教条方法，但不能走向极端。教条方法走向极端即是教条主义。

4. 辩证方法

任何事物均存在着对立双方向各自相反的方向运动的规律，双方斗争而统一。这是事物发展的普遍规律，人们以此规律作为认识、分析、处理问题或矛盾的方法，从而使辩证方法正式产生并登上了哲学殿堂。安全法学要以辩证方法为基本的研究方法之一，把一定社会的安全状况或条件看做是变化的或动态的，正确分析其中蕴含着的矛盾双方关系，及时调整有关法律规范解决矛盾，使安全状况保持好的状态或向正确方向转化。不会辩证方法，安全法学就是僵化的。

5. 实践方法

实践论强调实践、实行或变革在社会中的作用，与纯粹的思维活动、学术活动相对。思维活动、学术活动离开实践就成了空谈；整个社会处于空谈及其氛围之中，社会就处于停滞状态，令人生厌。因此，实践被一些社会改革家或革命家所看重，从而形成实践论。安全法学在注重思维活动、学术活动的同时也要注重实践，并以实践来判断或检验自己理论的正确性或真实性。比如，安全法设定的安全监管体制及其运行机制就需要借助社会的安全实践活动来检验其是否正确，因为它在法律文本中无法证明，在人们的主观心证里也无法获知可靠性。安全法学研究这个问题时不仅要阅读法律条文，还要观察它的社会实践活动。实践是安全法学的一个方法。

6. 意志方法

意志方法也叫意愿方法，是一种唯心方法。叔本华、尼采生存意志论分别从消极、积极角度论述人的生存力量源泉是内心意愿或内在意志，因此要发展、保护意愿。意愿是一种情感要素、情感力量，对个人幸福和社会改造有决定意义。安全法学也要强调人的意愿和意愿力量，认识到人的意愿在安全法中的地位和维护或改造安全法和社会安全中的作用或力量。意愿或意志是安全法的要素，也成为安全法学的构建方法。

7. 现象方法

现象方法是把法律看做具体人的带有个人意志的行为，因此，法律便是一种活动的社会现象。这种方法把人们从固定的、与社会现实相脱离的法律思维中解放出来，让人们关注真正的法律，即变为现实的法律，强调法律适用者或执法者在法律中的作用。安全法学研究要注重这个方法，不能忽视法律执行中的个人意志的作用。无论多么好的法律或多么强的国家意志，最终都是要靠法律执行中的个人意志去实现，安全法是一个活生生的社会生活图像。

8. 分析方法

分析方法是一种割裂方法、片面方法，认为人们可以在逻辑框架内或语言形式内对法律的宗旨、意思进行推理或确证，也可以在某种价值观框架内对法律的正当性进行认识或判断（价值判断）。安全法学在对法律规范进行研究时必然要运用逻辑推理、语词推理的分析方法，求得对法律的正确理解；也会按照安全价值观对各项法律制度的正当性进行分析，以肯定或否定其合理性。

9. 诠释方法

诠释方法进入哲学形成诠释论。法律诠释方法主要从主观与客观的关系、主体与客体的关系、法律解读者与法律的关系、法律规范与社会事实的关系、现在与过去的关系、现在与将来的关系等各种关系中解读法律的真谛，寻求法律的正确适用。在各种关系中诠释法律是法学理论工作者、实务工作者长期探讨、运用的方法，已经形成了比较成熟的理论和习惯做法。安全法学研究也要运用诠释方法。

10. 实用方法

实用方法也称实效方法，在哲学上叫实用主义。法律实用方法是指以法律的社会实际效果或对人的正面作用尤其是当前作用来判断法律的正当性或法学理论的真理性。其优点是强调法律的社会效果或对人的好处，其缺点是轻视理论、缺乏理想、不注重将来，只讲当前利益。安全法学研究也要运用这种方法，即关注安全法的社会作用和实际效果，使法律从理论、条文中走到社会实际中来。但对这种方法的运用要注意扬长避短。

11. 实证方法

在哲学上叫实证主义，它主张真理要有客观的实际根据或证据加以证明，反对主观猜测，认为缺乏实际根据的理论都是假的、不可靠的。法律实证方法强调法学理论、法律规范的真理性、有效性要有客观材料、实际根据予以证明，因此，人们要把注意力和工作重点放在社会实际的生产、生活中。这种方法论的特点是眼见为实、心想是虚，所以被人们广泛运用。安全法学研究要充分运用这种方法。但这种方法的缺点是忽视了自由心证、逻辑证明、数学证明的存在及作用，而这些证明方法往往是无需或缺乏社会实际材料的，但并不能否定它的客观存在性。由实际材料加以证明的世界是看得见的有限世界，纯粹由心证、逻辑证、数学证的世界是看不见的无限世界。安全法不仅在有限世界里存在，人们可以看得见，而且也在无限世界里存在，人们可能看不见。比如，安全隐患排查制度、事故赔偿制度就是由安全危险因素、金钱弥补等看得见的材料证明其真理性、有效性的，但它是在有限世界里存在。但安全第一方针、安全价值观、安全适当性等不能完全靠实证，还必须靠心证、逻辑证、数学证予以补足。为此，我们还要相信有一个看不见的无限世界存在，因而有了无限论方法论。看不见的世界被有些人称为神的世界，因此有上帝、菩萨、真主等观念性的存在出现了，但同时有的人也信迷了，可能会认为安全事故的发生是神的旨意或神力使然，因而信迷（不是迷信）的方法也出现了。由于无限世界看不见，所以，赞同者、反对者谁也说服不了谁。安全法学研究要坚持无限论方法论，同时要反对信迷式方法论。

12. 社会学方法

社会学研究社会结构和运行，因此形成了自己独特的结构分析法、组织功能分析法、人的需求分析法、社会分配分析法、社会调查观察法等，并被广泛运用于法学研究。安全法学也要运用这些方法研究自己领域的问题。比如社会安全的确保需要有恰当的社会结构[①]，法律要认可或调整社会结构并形成与之相对应的完善的法律结构。结构恰当或完善无缺谓之法律完善、社会安全无碍，所以，安全法学要以结构分析法研究安全法的结构。安全法学还要研究各种安全技术服务机构（组织）的功能，以便为其配置适当的安全服务权利义务责任；还要研究人的需求和分配原理，以制定安全法保护、鼓励奋发向上的精神和维护公平分配的正义性，实现社会

① 社会结构是由各社会人、社会组织按照物质和精神文化产品的生产、流通、消费（使用）的法则结合而形成的。

安全。各种研究都离不开社会调查、观察，取得各种社会整体数据和单项数据，以支持有关的法律规定或改良。

13. 科学方法

科学方法包括自然方法、规律方法、机械方法、系统方法等，本是以客观物质运动（自然界运动、宇宙运动等）为研究对象所形成的方法，后来被人文学、社会学研究者运用到各自学科研究中。法学研究也经常采用各科学方法，其前提是把人看做自然人，认为其行为是有规律可循的，或是机械性的，人所组成的社会是系统性的，因而人与人之间的关系也是一种自然关系、有规律的关系、有系统的关系、机械性的关系等。安全法学采用科学方法研究安全问题和安全法问题是必要的。具有安全性的安全法规则，相信人们会自觉遵守，但又要设定有等差的、保持压力的法律责任，以使人们约束自己，慎重行为。在运用这个方法时，要注意人并非是完全由自然属性支配的，有时候其行为没有规律可循。比如，不同人的个性有差异，有的人偏向安全守法，有的人偏向求财冒险，有的企业偏重关心职工生命健康，有的企业偏重老板利益，缺乏共性、规律性，这说明人并非完全等同于自然物、机械物。在这种情况下，安全法学要尊重“法律面前人人平等”这一反自然规律的人定式标准法则，使不同个性的人具有共同性，使法律得到同等、同样的遵守。

14. 历史学方法

这种方法强调历史进化规律，尊重本国、本民族历史传统习俗，反对割裂历史、盲目学习或引进外国的法律制度，强调要注重学习历史，在既有法律传统基础上改进现行法律。安全法学也要注意学习本国安全法律制度的历史传统，注意现行法律制度与历史法律制度的连接关系，不断改进现行法律制度。但这种方法不适合安全法革命，具有保守性；当本国安全法明显落后、需要大力引进外国先进安全法时，要尽量少用或不用这种方法。

15. 比较学方法

法律比较学①是以比较的方法对各不同国家、地区的法律以及不同历史时期、不同社会背景的法律进行研究，兼收并蓄，从中学习、借鉴他国、他人、前人的法律制度，或寻找思路、线索，不断丰富现行法律内容或改革现行法律制度。安全法学自然少不了这个方法。

16. 经济学方法

经济学方法讲求效率、效益。安全法学要以经济学方法研究安全效率、效益问

① 法律比较学不应叫比较法学，但目前错误地流行使用比较法学这一术语。

题，建立适当的安全法律制度，以实现最大化、最稳定的经济效率、效益。

绪论小结

绪论探讨了安全法学的学科名称、安全法学的研究对象、安全法学的学科定位和主要特点、安全法学与相关法学学科的关系、安全法学与其他有关学科的关系、研究安全法学的意义和方法等基本理论问题。

复习思考题

1. 安全法学与劳动法学应该怎样对待职业安全卫生法?
2. 安全法学与环境法学是怎样分别研究环境安全的?
3. 如何看待安全法学在法学、安全科学技术学科中的地位?
4. 如何认识方法论在安全法学研究、实践中的作用?

第一章　安全法概述

本章学习目标

1. 理解安全、生产安全、职业安全、本质安全的概念。
2. 了解安全生产与生产安全的区别。
3. 理解安全法的概念、性质、目的和任务。
4. 了解安全法的效力。
5. 掌握安全法的形式渊源。
6. 掌握安全法的物质基础。

第一节　与安全法相关的几个概念

一、安全的概念

安全问题非常重要而引人关注，人们从不同的角度对安全的内涵和外延有不同的理解。本节从当前我国安全法调整对象和安全法学意义上阐述安全概念。

（一）安全的定义

一般而言，安全就是握紧或者关紧的状态，其目的是使处于安稳状态中的实体（物质体或者精神体）不丢失、损坏、外露等。在这个意义上说，安全是对物质体或者精神体处于握紧或者关紧状态的描述，是一种意识或者观念存在及其语言表述形式。物质体可以是人身肉体、财产、物体等，精神体可以是人的精神、人身权利等。

安全本身不具有独立的意义，它作为一种观念存在和语言表达，必定对应着某种真实的物质体或者精神体的存在状态。安全具有以下几个特点：依赖于实体；内含着能力；反映着关系（人与人的关系、人与物的关系、物与物的关系）；是一种客观存在（物质存在、意识存在）；达到了某种程度。

所谓的“保护安全”，其实就是保护以安全为观念存在和语言表达形式的某种事实上存在着的物质体或者精神体所处于的握紧或者关紧的状态，即安全状态。所谓“安全权利”，是指主体（人和社会组织）所具有的可以把自己的物质体或者精神体保持在握紧或者关紧状态的资格。这种资格如为法律所赋予，那就意味着其他人不得侵犯或者破坏它的物质体或者精神体可以或者应当具有的安全状态。从这个意义上说，安全权利就是物质体权利或者精神体权利，包括财产权利、人身权利（含生命权利、健康权利）、权力权利。

（二）安全法学关于安全的概念

安全是指安全法调整范围内的涉及人身和财产的安全。安全法学意义上的安全包括生产安全、公众安全，以及与生产安全、公众安全密切相关的环境安全等。

具体而言，安全包括主体的身体安全、身体健康（卫生）和财产安全。安全法学把对人身安全、财产安全的损害限定为直接损害。致害原因包括人为因素和自然因素。人为致害的主观因素以过失为主，包括少量的间接故意。

（三）国家公权力对安全的保护

保护主体尤其是群体的安全状态免遭其他人侵犯或者侵害，仅凭个体力量是不够的，因而产生了一种群体渴望（愿望），即要求国家公权力保护私人或者群体私人的安全状态。为此，国家就要以公权力干预其他人可能发生或者已经发生的以各种方式（包括生产中的方式）侵犯或者侵害个体或者群体安全状态的意图和行为（包括过失和间接故意的）。我国社会主义的安全法就是国家公权力保护人民群众生命和财产安全的最直接的手段。

（四）安全的分类

按照不同的标准，可以对安全作出不同的分类。

1. 以公权力干预的领域为标准，安全可分为生产活动中的安全（生产安全），公共活动和公共利益中的安全（公共安全），国家活动和国家存在中的安全（国家安全），私人活动中的安全（私人安全）。前三类安全，公权力在事前、事中、事后都对其进行干预；后一类安全，公权力只在事后进行干预，而且要由私人支付服务费。在公共安全中，我们单列出公众安全。

公众安全定义为：特指在公共场所和举办大型群众性活动中群众的生命健康和公私财产的安全，包括群众出行、消费和娱乐等各个方面。这里的“公众”（public）特指某一特定场合内的群众。而所谓“公共安全”，是指多数人的生命、健康和公私财产的安全，包括信息安全、食品安全、公共卫生安全、公共出行安全、避难者安全，人员疏散场地安全、建筑安全、城市安全等。

公众安全作为特殊的公共安全，它与公共安全有如下区别：

（1）公众安全只包括公共安全中的生产经营活动安全，内含的利益只包括人身利益和财产利益，不包括其他权益。公众安全特别注重人身安全，强调对人的安全保护。而公共活动中既有生产经营活动又有公益性活动，既有营利性活动又有非营利性活动，公共利益既有人身利益又有财产利益和其他利益。

（2）公众安全的主体主要是生产经营主体和不特定主体。而公共安全的主体既有生产经营主体又有其他主体，既有特定主体又有不特定主体。

（3）公众安全的范围仅限于人员密集的、营利性的场所。而公共安全的空间范围覆盖了所有公共场所。

2. 以安全主体类别为标准，安全可分为个体（个人）安全、群体安全，企业单位安全、事业单位安全、国家机关单位安全，法人安全、非法人安全，本国人安全和外国人安全。

3. 以安全客体类别为标准，安全可分为财产安全、人身安全、权力安全。其中财产安全可分为物质产品安全、精神产品安全，自然物品安全、人工物品安全；人身安全可分为人的肉体安全、精神安全，生命安全、健康安全；权力安全可分为国家权力安全和社会权力安全。

4. 以保护对象有无特定性为标准，安全可分为特定人安全、不特定人安全，特定财产安全和不特定财产安全。

5. 以安全客体所在的领域为标准，安全可分为国家安全和社会安全。

6. 以安全的意识存在和现实存在为标准，安全可分为权利安全和事实安全。

二、生产安全的概念

在我国，“生产安全”这一概念在传统上被称为“劳动保护”“劳动安全”“劳动安全卫生”或“劳动安全与健康”。国际劳工组织则使用“Occupational Safety and Health”，但国内对这一概念的翻译仍有词汇选择上的不同，如翻译为“生产安全”“职业安全与健康”，或“职业安全”。在国家标准《职业安全卫生术语》（GB/T 15236—2008）中，职业安全、职业卫生和职业安全卫生三个概念的含义并不相同，但在学术界“职业安全”概念有时也从广义上使用，包括“职业卫生”，与“职业安全卫生”同义。本文采用“生产安全”术语。

（一）生产安全的定义

生产安全有广义与狭义之分，两者各有不同的内涵和外延，适用的对象也各有不同。

1. 广义的生产安全

广义的生产安全是一个抽象的概念，是指人们在社会化的大生产活动中保持自己的物质体、精神体处于一种握紧或者关紧的状态，即安全的状态。

安全法学所研究的对象之一是广义的生产安全，即社会化大生产范畴内的生产安全，它涵盖了从商品生产到流通的各个领域和环节的安全。从这个概念出发，生产安全泛指所有生产经营单位从事的生产、经营活动（行为）的安全。它不是针对某一个具体生产经营单位的具体生产经营活动（行为）而言的。我们通常所称生产安全即指广义的生产安全，不仅包括狭义的生产安全，而且包括经营安全；它不是某个行业、某个工厂的生产安全，而是广义的大生产安全，这在《安全生产法》中得到了最充分的体现。

2. 狭义的生产安全

狭义的生产安全是指从事具体的生产经营活动的安全，比如工业生产安全、矿业开采安全和产品经销安全等。它是某一个具体生产经营活动安全。

3. 界定生产安全的要素

鉴于人们比较容易混淆生产安全、公众安全和私人安全这三个概念，所以必须掌握界定生产安全的“三要素”。

（1）主体必须是生产经营单位。是否属于生产安全，首先看其主体是否属于安全法界定的生产经营单位的范畴。如果主体不合格，那么其从事的活动不能纳入生产经营活动的范畴。我国生产安全方面的立法，没有将生产经营单位以外的其他社会组织和公民的安全纳入法律调整的范围。公众安全的立法也只将在法定公众场所范围内的社会组织和公民的安全纳入其调整范围。也就是说，是否属于生产安全的主体必须依法确定，不能任意扩大到所有社会组织和公民。

（2）行为必须是生产经营活动。仅有主体法定还不够，界定是否属于生产安全还要看主体的活动是否属于狭义的生产经营活动。例如，某个工厂应当依法加强安全管理，但其安全管理的义务仅限于生产经营活动（工人在岗上班期间）的范畴，对非生产经营活动则没有法定义务。

（3）损害后果必须与生产经营活动之间具有直接的因果关系。界定发生人身损害和财产损失是否属于生产安全事故，必须看事故是否由生产经营主体的生产经营活动所造成的。也就是说，由生产经营单位的非法或者违法生产经营活动直接导致的事故，属于生产安全事故，应当依法追究事故责任。现实生活中发生的自然灾害、个人溺水等事故，不具备界定生产安全的前两个要素，造成损害结果的原因纯属个人行为，与生产经营活动之间没有直接的因果关系，所以不能界定为生产安全事故。

（二）生产安全的特征

1. 生产安全的主体主要是生产经营单位。安全法意义上的生产经营单位，是指在中华人民共和国领域内从事各类生产经营活动的基本单元，具体包括各类中国生产经营企业、三资企业、个体工商户、合伙组织和中国公民、外国人（含无国籍人士）等。

2. 生产安全的内容是生产经营活动（行为）。我国安全法确定的生产安全的内容是以营利为目的的生产经营单位的生产经营活动（行为）。因此，界定某个社会组织或者个人的活动（行为）是否属于生产经营活动（行为），关键是看该组织或者个人从事的相关活动（行为）是否属于以营利为目的的生产经营活动（行为）。比如，工厂开工生产就是以生产、销售产品并且获利为目的的生产活动，商场开业就是以经销商品为获利途径的经营活动；赈灾募捐、公众报告会等活动就不属于生产经营活动，不受生产安全法的调整。

3. 合法生产与非法生产、违法生产。按照生产经营活动（行为）的法律性质划分，可以分为合法生产和非法生产、违法生产。

合法生产，是指生产经营单位依法取得法定安全许可后从事的符合法律规定的生产经营活动。换言之，取得法定生产经营主体资格的生产经营单位依法从事的生产经营活动，即为合法。

非法生产，是指生产经营单位未依法取得法定安全许可即擅自从事的生产经营活动。这里包括两个条件，一是没有依法取得法定的生产经营主体资格，二是擅自从事相关的生产经营活动。比如，没有取得煤矿安全许可证即擅自采煤的活动。

违法生产，是指生产经营单位依法取得法定安全许可后违反法律规定从事的生产经营活动。这是取得了法定主体资格的生产经营单位，其生产经营活动违反了生产安全法的规定。

4. 生产安全的客体是处于生产岗位上或者生产场所中的物质体、精神体。任何种类的安全，包括私人安全、生产安全、公共安全、国家安全等，其客体都是物质体、精神体（国家权力也是精神体）。人（主体）对物质体、精神体的依赖性决定了他们对其物质体、精神体的重视和保护程度。

广义的生产岗位或者场所，是指所有的工作或劳动岗位，及其所在的场所。狭义的生产岗位或者场所，是指人工生产或者人工、自然混合生产产品的工作或者劳动岗位及其所在的场所。生产安全的客体仅指处于生产岗位上或者生产场所中的客体，比如车间、矿井里的人身肉体、人身精神体、设备、设施、物品、产品等。没有客体的存在，便无生产安全可言。

（三）生产安全的分类

1. 以主体所在的生产位置为标准，生产安全可分为岗位安全（职业安全）和非岗位安全。

岗位安全可分为各个不同工种的岗位安全，比如，矿山企业的掘进工岗位安全、瓦斯工岗位安全（地下岗位安全），还可分为宣传教育岗位安全、调度指挥岗位安全（地面岗位安全）等。

2. 以生产、非生产为标准，安全可分为生产经营（行业）安全和非生产经营（行业）安全。

生产经营安全可分为工业安全、采掘业安全、建筑业安全、商贸安全等；非生产经营（行业）安全可分为党务安全、行政安全、司法安全等。

总之，生产安全是一种集个体安全、群体安全、财产安全、人身安全、特定人安全、不特定人安全、特定财产安全、不特定财产安全、岗位安全、生产经营安全于一体的综合性安全；其余的安全皆为非生产安全。

三、生产安全与职业安全

《安全生产法》根据我国安全生产的新形势、新特点和新要求，对传统意义上的生产安全赋予了更深的内涵和更大的外延。但在实践中却由此产生了对生产安全与职业安全的不同理解，有时甚至将两者等同起来。因此，有必要认识两者的区别。

（一）生产安全与职业安全的范围不尽相同

在狭义的生产安全范畴内，两者的范围基本等同。广义的生产安全，即社会化大生产范畴内的生产安全，它涵盖了从商品生产到流通的各个领域和环节的安全。生产安全的范围突破了传统意义上的仅限于工厂等企业的生产安全的范围，延伸至流通领域中的经营单位的经营安全，即从生产领域扩大到流通（经营）领域，以至延伸到公众安全领域。所以，在广义的生产安全范畴内，职业安全的范围一般不包括经营安全和公众安全，其范围小于生产安全；并且，生产安全经营活动的空间范围和行为种类都超出了职业安全的范围。

目前对职业安全的表述不一，职业安全可以作为劳动安全、职业安全健康、职业安全卫生的同义语。职业安全一词由外语翻译而来，是指职业场所的职业人员的人身安全与健康，主要是指雇员（工人）的人身安全与健康。比如，美国于 1970 年颁布的《职业安全健康法》明确规定，美国职业安全健康管理局必须尽力保障国内每名工人的作业现场安全健康，以维护美国的人力资源。可见职业安全的范围主要限于生产场所内的劳动安全（含身体健康）。

（二）生产安全与职业安全的主体不尽相同

生产安全的主体众多，包括各类生产经营企业、三资企业、个体工商户、合伙组织、其他生产经营单位和中华人民共和国公民个人（含企业、个体工商户、合伙组织中的从业人员）、外国人（含无国籍人士）。职业安全的主体主要是生产企业及其从业人员，少于生产安全的主体。

（三）生产安全与职业安全的内容不尽相同

生产安全的内容非常广泛，包括了各级人民政府及其行政执法部门之间、政府与生产经营单位之间、生产经营单位之间和生产经营单位内部以及上述主体与公民个人之间的各种安全关系和相关活动。职业安全的内容主要是政府各部门之间、政府与生产经营单位之间、生产经营单位之间以他们从业人员之间的安全关系（劳动保护、职业危害、职业病防护等）和相关活动。

（四）生产安全与职业安全的客体不尽相同

生产安全的客体是处于所有生产岗位上或者生产场所中的物质体、精神体，及其所在的场所。职业安全的客体少于前者。

四、安全生产与生产安全

1994 年版国家标准《职业安全卫生术语》（GB/T 15236—1994）将“安全生产”界定为“消除或控制生产过程中的危险因素，保证生产顺利进行”。近年来人们对安全内涵认识深入，“以人为本”“以生命和健康保护为本”的理念逐步形成，“安全生产”被赋予了新的内涵。全国人民代表大会网站公布的《安全生产法》英文译本的名称为“Law on Work Safety”，便在一定程度上代表着官方对“安全生产”的理解。2008 年版国家标准《职业安全卫生术语》（GB/T 15236—2008）也将“安全生产”的含义修订为“通过人一机一环的和谐运作，使社会生产活动中危及劳动者生命和健康的各种事故风险和伤害因素始终处于有效控制的状态”。根据新的《职业安全卫生术语》，“安全生产”突出“以人为本”的理念，包含了安全、卫生两个方面。

（一）安全生产的含义

安全生产是指通过“人—机—环”三者的和谐运作，使社会生产活动中危及劳动者生命安全和身体健康的各种事故风险和伤害因素，始终处于有效控制的状态。安全生产工作，则是为了达到安全生产目标，在党和政府的组织领导下所进行的系统性管理的活动，由源头管理、过程控制、应急救援和事故查处四个部分构成。安全生产工作的内容主要包括生产经营单位自身的安全防范，政府及其有关部门实施市场准入（行政许可）、监管监察、应急救援和事故查处，社会中介组织和其他组织的安全服务、科研教育和宣传培训等。从事安全生产工作的社会主体包括企业责任主体、中介服务主体和政府监管主体。

（二）安全生产与生产安全的异同

在安全法和安全工作中经常使用安全生产与生产安全两个不同的概念，有人认为两者没有区别而可以任意选用。其实不然，两者之间存在着一定差别，应当区别使用。

1. 安全生产与生产安全的相同点

不论是安全生产还是生产安全，虽有词语表述的差别，但没有本质差别。两者的相同点，就是从不同角度和侧重点阐述和强调了安全的重要性和一致性。

2. 安全生产与生产安全的不同点

两者阐述和强调安全重要性的角度和侧重点不同，在某些场合和某种含义上不能混同。安全生产是从安全与生产的关系的角度，侧重强调了“安全第一”“不安全不生产”和安全状态下的生产，把安全作为生产的必要前提和保障。

生产安全则是在涉及所有安全领域时，为了区别各种不同的安全领域和范围时所采用的词语，这是单指一个具体或者特定领域（生产领域）的安全的表述。生产安全表明安全问题发生于生产经营活动之中，并以此界定其与公共安全、食品安全、国家安全等其他安全的区别。比如，《安全生产法》的法名就强调了安全生产工作的极端重要性和保障生产安全的必要性，但在具体条文中却多处使用了“生产安全”的用语，比如“生产经营活动”“生产经营单位”“生产安全事故”，这是为了以此与其他活动、其他事故相区别。

五、本质安全

与安全工程密切相关的问题是本质安全。本质安全，确切地说应当称为本体安全。该词源于20世纪50年代世界宇航技术的发展，是人类在生产、生活实践的发展过程中，对事故由被动接受到积极事先预防，以实现从源头杜绝事故，满足人类自身安全保护的需要，这是在安全认识上取得的进步。由于安全法的基础是安全工程，所以本质安全在安全法中成为一个核心概念。

（一）本质安全和本质安全化

本质安全是指当操作人员出现操作失误时，设备能够自动保证安全；当设备出现故障时，能够自动发现并自动消除故障，确保人身和设备安全。为使设备达到本质安全而进行的研究、设计、改造和采取各种措施的最佳组合，称为本质安全化。本质安全化的程度并不是一成不变的，它将随着科学技术的进步而不断提高。

（二）设备的本质安全化

设备是构成生产系统的物质系统，由于物质系统内存在着各种危险与有害因素，因而成为事故发生的物质条件。要预防事故发生，就必须消除物（设备）的危险与有害因素，控制物（设备）的不安全状态。本质安全的设备具有高度的可靠性和安全性，可以杜绝或者减少伤亡事故，减少设备故障，从而提高设备利用率，实现安全生产。本质安全化建立在以物为中心的事故预防技术的理念之上，它强调先进技术手段和物质条件在保障安全生产中的重要作用。通过运用现代科学技术特别是安全科学的成就，能够从根本上消除能形成事故的主要条件。如果暂时达不到时，则可以采取两种或者两种以上的安全措施，形成最佳组合的安全体系，达到最大限度的安全。同时，应尽可能采取完善的防护措施，增强人体抵抗各种伤害的能力。设备本质安全化的程度也将随着科学技术的进步而不断提高。

（三）作业环境的本质安全化

作业环境的本质安全化指物理化学环境、自然环境和作业现场环境以及空间、时间的安全。

综上可见，本质安全实质上是利用生产经营活动中生产经营设备、设施和作业环境形成有机结合的安全保障体系，从而能够最大限度地有效防范、及时处置各种危险与有害因素，避免或者减轻生产安全事故，使生产经营活动始终处于最佳的安全状态。

第二节　安全法的概念、性质、目的和任务

一、安全法的概念

（一）法的定义

在了解安全法的概念之前，首先需要了解法律的词源和词意。我国古代把“法”字写作“灋”。“灋”字左偏旁从水，表示公平；右偏旁从廌去，表示正直。古代“法”与“刑”两字同义，“法”与“律”两字也是同义的。日本首先将“法”

和“律”两字连用作为一个合成词，在清末民初时传入我国。

在现代汉语中，“法律”一词有广义与狭义之分。广义上的法律，是指由国家制定或者认可并由国家强制力保证实施的各种行为规范的总和，即整体或者抽象意义上的法律。狭义上的法律，是专指拥有立法权的国家机关依照立法程序制定和颁布的规范性文件，即特定或者具体意义上的法律。在日常生活中，“法律”一词多指广义，比如“依法治国”“依法行政”“法律面前一律平等”，其中所称的“法”和“法律”都是从广义上讲的。为了加以区别，有的法学著作将广义的“法律”称之为“法”。但在很多场合下，仍根据约定俗成原则，统称为法律，即有时作广义解，有时作狭义解。

法作为上层建筑，具有四个基本特征：①法是调整人们行为的规范；②法是由国家制定或者认可并具有普遍约束力的行为规范；③法通过规定人们的权利和义务来调整社会关系；④法通过一定的程序制定、修订并由国家强制力保证实施。

（二）立法的含义

立法有两层含义，广义的立法泛指国家立法机关或其授权的其他机关按照立法程序制定、修改或者废止法律的活动。狭义的立法专指国家制定的现行法律、法规、法令、规章等规范性文件，与“法律”“法规”同义。

安全立法亦有两层含义，一是泛指国家立法机关和行政机关依照法定职权和法定程序制定、修订有关安全方面的法律、法规、规章的活动。二是专指国家制定的现行有效的安全法律、行政法规、地方性法规和部门规章、地方政府规章等规范性文件。安全立法在实践中通常特指后者。

（三）安全法的定义

安全法是指国家立法机关按照一定程序制定的、调整生产经营活动及其相关活动中人身安全关系、财产安全关系及其他相关关系的安全法律规范的总和。

安全法具有以下特征：安全法是调整生产经营活动及其相关活动中人身安全关系、财产安全关系及其相关关系的法律规范；安全法是由国家制定或者认可并具有普遍约束力的行为规范；安全法通过规定主体的权利、义务和责任来调整安全关系；安全法通过一定的程序制定并由国家强制力保证实施。

二、安全法的性质

（一）法的性质

事物的性质是构成事物的元素及其组合方式或结构在与其他事物的关系中表现出来的形象、功能或者产生的作用等在人们的意识中所形成的概念、观念、影像。

不同的事物有不同的构成元素、组合方式、结构，也有不同的功能特点、作用特点，它通常具有固定性、稳定性、重复表现性。人们对事物性质的认识往往是通过认识其表现出来的功能或产生的作用而获取的。认识方式是感觉、领受、经验、悟性、理性推理等。认识进入科学阶段则要定量、定性分析事物的构成元素及其组合方式或结构。事物的性质只有在与其他事物的关系中才能表现出来，所表现出来的、能够被人们感知的东西只能是其功能、作用，而其性质是人们的主观思维对功能、作用的内在性所做出的定义或者抽象，也叫本质性说明，或者通过现象看本质。所以，性质或者本质都是主观性的东西，离开主观思维没有性质或者本质，只有事物的元素及其构成，以及功能表现、作用产生等现象性的东西。而事物的元素及其构成是可以通过科学分析手段加以认识的，可以看得到甚至摸得到。性质或者本质则是事物的外在表现或特征在人们主观世界里与相应的概念、观念所进行的结合，这种结合是由人的认识活动完成的。

法作为一种精神事物，也有其构成要素及其组成方式或结构，也会表现出一定的影像、功能、作用。我们要通过现象认识法的性质或者本质（物对物的关系为性质，物对人的关系为本质）。一般法通常具有规范性、国家意志性、强制性、普通有效性、程序性等性质（也称属性）。

（二）安全法的性质

1. 安全法具有公法和私法的性质

从法理上说，公法是确定公共利益、公权力、公共关系的法，私法是确定个人利益、个人权利、个人关系的法。我国许多法都具有公性、私性的混合性质。

安全法一方面规定以国家行政权力干预企业的安全管理，要求保护从业人员的生命、健康，这是公法性规定；另一方面，安全法还规定从业人员有拒绝违章指挥、强令冒险作业的权利，有紧急撤离、避险的权利，有获得工伤保险补偿和损害赔偿的权利等，这都是私法性规定。可见，安全法具有公法和私法的双重性质。因此，我们不能简单地说安全法是公法或者私法，也不能简单地说它是行政法或者经济法。

2. 安全法具有特别法的性质

在国家整体法律体系中，安全法仅为调整安全关系的部门法之一。与宪法和行政法、民法、刑法等根本法和基本法相对应，安全法的调整范围、调整对象、调整方式和内部体系结构都是特殊的社会关系，可以说安全法是专门调整安全关系的特别法。比如，宪法中有关保护人民群众生命财产安全的法律原则规定，就具有根本法的性质。宪法关于安全的原则规定，只有通过安全法对那些特定的安全关系、特定主体、特定事件、特定空间、特定行为（生产经营活动）实施具体的法律调整，才能将宪法的原则体现并落实在安全领域。

3. 安全法具有专业法的性质

安全法之所以具有特别法的性质，除了其调整对象的特殊性之外，还有很重要的一点，就是它还具有专业法的性质。不论安全法的调整范围多么广泛，也不论安全关系多么复杂，只要是安全基本问题和安全特殊问题，都属于安全法的调整范围，这是因为安全法具有极为鲜明的行业、领域乃至专业的特质。安全法既解决各个行业、领域内存在的共性安全问题，又解决不同行业、领域内存在的特殊安全问题，而这些问题都具有专业特点。

安全法不仅调整人与人之间的社会关系，而且还调整人与自然之间的关系。解决安全问题必须遵循客观规律，需要进行科学化、人性化的管理，并采纳先进可靠的安全科学技术。解决不同行业、不同企业的安全问题，涉及许多社会科学和自然科学的专业技术、管理方式方法和科学技术手段、措施等。它们是安全法的科学基础、人文学基础和专业基础，并且体现在安全法律规范之中，使其具有更强的专业性，由此形成了独立的安全法律体系。

4. 安全法具有一般法和特别法的性质

一般与特殊是相对而言的，两者对应的前提和对象不同，一般与特殊的内涵与外延也不同。虽然安全法是国家法中的特别法，但是在安全法体系内部也有一般安全法与特别安全法两种不同性质的安全法。一般安全法是调整共性、普遍性、综合性的安全关系的安全法，它的基本任务是将国家关于安全的方针政策、原则、基本法律制度和主要法律规范固定化、法律化，借以调整一般安全关系，解决重大安全问题。

特别安全法是解决某些行业、领域内存在的特殊、具体的安全关系的安全法，它的任务是根据安全基本法确定的方针政策、原则和基本法律制度，调整特殊的安全关系，具体解决某些行业、领域内的特殊安全问题。

在生产安全领域，生产安全法部门有一个一般法或基本法文件，即《安全生产法》，其余的诸如《矿山安全法》《煤矿安全监察条例》《建设工程安全生产管理条例》《危险化学品安全管理条例》等都是特别法文件。

有鉴于此，安全法既调整一般安全关系又调整特殊安全关系，既解决重大安全问题又解决特殊安全问题。这种对安全实行全方位、全过程的法律调整，使安全法具有一般法和特别法的双重性质。

5. 安全法具有实体法和程序法的性质

法不仅要有设定权利义务的实体性规定，还要有相应的程序性规定。安全法既有实体性规定，也有程序性规定。比如，安全法规定劳动合同应当有保障从业人员劳动安全、防止职业危害、办理工伤社会保险的事项，从业人员有了解危险因素、防范措施、应急措施的权利等，都是实体性规定。再如，安全法规定了生产安全事故报告和调查处理的程序：事故单位负责人接到报告后应当于1小时内报告相关政府部门；事故调查组应当自事故发生之日起60日内提交调查报告等，都是程序性规定。

6. 安全法具有国家法和地方法的性质

国家法解决全国性的、根本性的、长期性的、普遍性的重大问题，地方法解决本地方局部性的、特殊性的具体问题。就安全法的立法层级和法律效力而言，其法律规范是由国家法和地方法共同组成的，两者相辅相成。

三、安全法的目的

法的目的亦称法的宗旨，是每一部法律必不可少的内容之一。在《安全生产法》的立法过程中，围绕着立法宗旨进行了长期的调研、论证。其中，争论最多的问题之一，就是如何确定它的立法宗旨。《安全生产法》第一条开宗明义地规定："为了加强安全生产监督管理，防止和减少生产安全事故，保障人民群众生命和财产安全，促进经济发展，制定本法"。这既是《安全生产法》的立法宗旨，又是该法所要解决的基本问题。

（一）加强安全监督管理

加强安全监督管理，包括加强国家行政权力对安全主体的外部监督管理和加强企业内部的安全管理两个方面。

安全法首先明确的这一目的，意味着国家行政权力对安全关系的干预和对人身、财产安全的直接保护，也意味着国家行政机关负有安全保护的积极义务、职责、责任。安全法在制定原则、规范时都要体现这个目的。安全监督管理权力的建立和行使意味着在国家行政机关与各有关社会组织、个人之间形成了安全行政管理法律关系，各安全法要通过为行政机关设定安全权利、义务、责任以实现这个目的。这是第一层次的目的，也是间接的目的，最终还是要实现保护人身、财产安全的目的（终极目的、直接目的）。

为了加大监督管理力度，《安全生产法》对各级人民政府及其安全生产监督管理部门的安全生产工作任务、职责、措施、处罚等方面做出了明确的规定，赋予其很多、很大的监督管理和行政处罚的权力，同时也明确了很多、很严格的法律责任，充分体现了有权必须负责、权责一致和权责追究的原则，对各级安全生产监督管理部门提出了依法监管、依法处罚的要求。要完成繁重而庄严的安全生产监督执法工作，各级安全生产监督管理部门的负责人和监督检查人员必须牢固树立法制观念，以对人民群众高度负责的精神，忠于职守，依法行政。

（二）防止和减少安全事故

预防和减少安全事故是安全法的第二层次目的，安全条件、安全权利、义务、责任的设定均应有利于这一目的的实现。

（三）保护人民群众生命和财产安全

这是安全法的终极目的，其他各层次的目的都是为此目的服务而成为手段。只有实现了其他各层次的目的，才能实现终极目的。比如，规范生产经营活动，建立安全秩序，加强监管，科学管理，预防事故，防治职业病等，都是服务于保护人民群众或者从业人员的人身安全和财产安全这一目的。

（四）促进经济发展

提高生产、工作效率，促进经济建设和发展，是安全法的伴生目的或者关联目的。人类所有的生产活动都需要有一个安全的外部条件（环境），包括自然环境、人工环境或者物质条件、精神条件，社会环境、政治环境和自然环境等。有了安全保障，才能提高劳动生产率，促使经济实现全面、协调、可持续的发展。

安全是保障、促进经济发展的先决条件和必要手段，经济发展是目标。安全发展与经济建设是相辅相成的统一体。安全法的这一目的正是为了正确和恰当地处理好安全发展与经济建设的辩证关系，要确定两者之间的衔接点和平衡点，实现经济建设的平稳、均衡和持续的发展，提升经济发展质量，又好又快地实现社会主义现代化。

（五）预防和治理污染及其损害，确保生态安全、环境安全

生态即生物形态，系由各种生物（动物、植物）及其生长条件（土地、山岭、水、气候、温度、阳光等）构成的体系或者整体。人的生产、生活离不开生态和环境，生态安全、环境安全是身体安全、财产安全的前提条件。环境既包括生活环境，也包括生产环境，还可以分类为私人环境、公共环境，个人环境、企业环境、社会环境。各环境又是相连的。环境法保护、改善各类环境，重点是公共环境、企业环境、社会环境。安全法从安全角度重点保护、改善生产环境。

环境污染危及人们生命和健康。环境安全也是影响人身安全和健康的重要因素。污染包括水污染、噪声污染、海洋污染、大气污染、放射性污染、固体废物污染等。污染会损害人的生存条件（空间、领域、资源、供养等），生存条件即环境

与资源。损害生存条件是对人身体安全、财产安全的一种间接损害。污染也会直接损害人的生命、健康及财产。比如，放射性物质和有毒化学物质对人体造成的直接损害等，它们在污染环境时也在直接侵害人的生命、健康和财产。据此，环境安全不仅是环境法要规制的，也是安全法要规制的；不仅是环境法学要研究的，也是安全法学要研究的。预防、治理污染及其损害是环境法和安全法的直接目的之一。

四、安全法的任务

安全法的任务即安全法要解决的安全问题。各国安全法均分类或者分部门、分专业解决各自相应的安全问题，但也有一些共性或基本相同的问题。主要是：

（一）建立安全监管体制、机制

建立高效、高能的安全监管体制、机制是安全法的重要任务。它是在为安全监督管理确定框架和行为方式，所有与安全有关的行为或活动都将在这个体制内进行。相应的活动机制会产生一定的功能。体制、机制必须符合社会时代要求，否则就要被淘汰或者更新。我国常在机构编制方案、安全生产法、各专业行业法中确定政府的安全监管体制、机制，在安全生产法、各行业专业法中确定生产经营单位的安全管理体制、机制。

（二）确立正确的安全理念或者安全价值观

从意识形态上看，安全意识、理念直接决定、影响和制约着人们的生产经营行为的安全。安全法将确立、贯彻安全理念或者安全价值观作为其重要任务之一。比如，“安全第一”就是一种安全至上的理念或者价值观，即安全观，它与生产第一和效益第一的理念就是对立的。法律具有的宣传教育功能，就是通过宣传教育和培训来提升人们的安全理念。安全法中预防为主、隐患排查治理、紧急避险和应急处置等都内含或体现着“安全第一”的理念。

（三）公平、合理地配置安全法律关系主体的权利、义务和责任，充分调动各方安全工作积极性、主动性、创造性

立法者在安全法中设定、配置安全权利、安全义务、安全责任时，旨在增强各方主体的安全责任感，调动各方的积极性、主动性、创造性，其前提是权利、义务和责任配置的公平、合理。比如，《安全生产法》及其他有关安全法为生产经营单位及其从业人员、各级政府部门、中介服务机构等设定、配置了各自的权利、义务和责任，实现了权利、义务和责任的平衡。

（四）提出并采用预防、救援和处置安全事故的措施和办法，使之制度化

安全法的任务就是确定事故防范、事中救援和事后处理的措施和办法并强制实

施。比如，事故防范有制定预案、应急演练、本质安全建设、安全管理机构建设、人员队伍建设、从业人员教育培训、科技创新、设备设施检验检测、安全性评价、标准化建设、日常检查、专项检查、隐患排查等措施和办法。

（五）提出并建立职业危害、职业病预防、康复、医治和补偿的措施或者办法，使之制度化

第三节　安全法的效力和渊源

一、安全法的效力

法的效力，通常有广义和狭义两种含义。从广义上说，法的效力泛指法律的约束力。不论是规范性法律文件，还是非规范性法律文件，对人们的行为都产生法律上的约束作用。狭义上的法律效力，是指法律的具体生效范围，即法律对什么人、在什么地方和什么时间适用。正确理解法律的效力问题，是使用法律的重要条件。

（一）安全法对人的效力

1. 法对人的效力

法律对人的效力是指法律适用哪些人，对什么人发生效力。各国立法原则不同，大体有三种情况：一是以国籍为主，即属人原则，也称属人主义，法律只对本国人适用，不适用于外国人；外国人侨居法院地国，也不适用该国法律。二是以地域为主，即属地原则，也称属地主义，法律规范在该国主权控制下的陆地、水域及其底床、底土和领空的领域内有绝对效力。不论本国人还是外国人，原则上一律适用该国法律。三是属人原则与属地原则相结合，即凡居住在一国领土内者，无论本国人还是外国人，原则上一律适用该国法律；但在某些问题上，对外国，仍要适用其本国法律；特别是依照国际惯例和条约，享有外交特权和豁免权的外国人，仍适用其本国法律。我国社会主义法对人的效力，采用属人主义与属地主义相结合的原则。

2. 安全法的对人效力

即安全法对哪些人有效，通常是指对具有什么身份的人有效或者做什么事情的人有效。

安全法对法人及其他非法人组织的效力有以下五种情况：（1）一般安全法对所有的中国法人、非法人都有效。（2）行业专业法对从事行业专业活动或具有行业专业身份的中国法人、非法人组织有效。（3）中国法人在外国领域被所在国法律认可

时，适用中国安全法；中国法人身份不被认可时，当事人自愿选择适用哪国法，中国安全法或者有效或者无效。(4) 外国法人及其他非法人组织在中国境内适用中国安全法。(5) 外国法人与中国法人、非法人组织、自然人发生涉外安全法律关系时，如果冲突规范指向中国法或当事人选择中国法或者强制性法律规范指明适用中国法，则中国安全法有效。

（二）安全法的空间效力

1. 法的空间效力

这是指法在什么地域范围内发生效力，即从法律生效的地域角度确定法对人的效力，大体有三种情况：一是在全国范围内生效，即在国家主权管辖的全部领域有效，包括延伸意义上的领域，如驻外使领馆、领海及领空外的船舶和飞机。凡是国家机关制定的规范性法律文件，一般在全国范围内有效，如全国人民代表大会及其常委会制定的法律、国务院制定的行政法规，除有特殊规定之外，一般都在全国有效。二是在局部地区有效，一般是指地方国家机关制定的规范性法律文件，在该地区有效，如省、自治区、直辖市人民代表大会及其常委会制定的地方性法规，只在本行政区域内有效。三是有的法律不但在国内有效，在一定条件下其效力还可以超出国境，如《刑法》规定："外国人在中华人民共和国领域外对中华人民共和国国家或者公民犯罪，而按本法规定的最低刑为三年以上有期徒刑的，可以适用本法；但是按照犯罪地的法律不受处罚的除外。"

2. 安全法的空间效力

安全法的空间效力是指我国主权所及的领土、领海、领空以及法定的延伸领域。安全法生效空间按行政管辖范围分为全国范围有效、局部行政区域有效、域外有效。中央法在没有特别指明时即在全国范围有效，地方法即在本行政区域内有效，安全刑事法可能会适用于驻外使领馆、航行或停泊的本国籍船舶、飞机内。中央法在特别指明时只在特定区域内有效，比如《渔港水域交通安全管理条例》（国务院令第 38 号）只在渔港水域有效，《矿山安全法》（中华人民共和国主席令第 65 号）只在矿山开采领域有效。

（三）安全法的时间效力

1. 法的时间效力

法的时间效力是指法从何时开始生效，到何时终止生效，以及对其生效以前的事件和行为有无溯及力的问题。这是指法律何时生效和何时终止效力，主要有三种情况：一是自法律公布之日起开始生效。二是法律另行规定生效时间。比如，《安全生产法》（中华人民共和国主席令第 70 号）于 2002 年 6 月 29 日公布，自 2002

年 11 月 1 日生效施行。三是规定法律公布后到达一定期限时生效。

法的时间效力涉及法律的溯及力问题。法律一般只适用于生效后发生的事情和关系，通常不具有溯及力。这是当今各国法律特别是刑法所共同遵循的惯例。但是法不溯及既往并不是绝对的，出于某种需要，也可以对法的时间效力作出溯及既往的规定。如我国《刑法》《安全生产许可证条例》（国务院令第 397 号）等法律、行政法规就有溯及既往的特别规定。

2. 安全法的时间效力

安全法的时间效力是指安全法的有效期间，即何时生效、何时终效，以及对安全法生效前所发生的事件有否溯及力。安全法生效时间分为法律公布日生效、法律中确定生效（施行）日等情况。比如，《行政监察法（2010 年修订）》（中华人民共和国主席令第 31 号）自公布日生效，《安全生产法》自（公布日之后的）2002 年 11 月 1 日起生效。

安全法对本法生效前所发生的事情一般没有溯及力；如果安全法有时间溯及力，则须有法律明确规定。

二、安全法的渊源

我国安全法的形式渊源主要有：

（一）宪法

宪法是全国人民代表大会制定的国家根本法，具有最高的法律效力，主要规定国家根本制度、根本任务、公民基本权利义务等，以国家主席令形式发布。宪法关于安全方面的规定，是安全法的首要形式渊源。《宪法》第 33 条第三款规定“国家尊重和保障人权”。生命安全权、健康安全权、财产安全权属于人权，是安全法的基本内容。《宪法》第 42 条第二款规定：“国家通过各种途径，创造劳动就业条件，加强劳动保护，改善劳动条件，并在发展生产的基础上，提高劳动报酬和福利待遇。”其中的“加强劳动保护，改善劳动条件”，是安全法的目的、任务和内容。

（二）基本法律

基本法律是指全国人民代表大会制定的法律，以国家主席令形式发布。

1. 民商法中安全方面的法律规定

（1）关于生产经营单位的规定。《民法通则》《公司法》《合伙企业法》《个人独资企业法》等民事法律对民事主体的种类、基本要件等都作了规定。民事主体制度中的国有企业、有限责任公司、股份有限公司、合伙企业、个人独资企业、个体经营户、农村承包经营户等，都是安全法中所称的生产经营单位。

（2）关于安全违法行为侵害民事权利的规定。生命权、健康权、财产权的保护在民法中有明确规定。比如，《民法通则》第98条规定："公民享有生命健康权。"安全法以相关民事法律规定作为基础或者依据。

（3）关于同业生产安全合同签订规则的规定。安全生产合同的基本格式、签订程序、禁止性内容等应当遵守《合同法》及相关法律规定。如《安全生产法》第40条规定："两个以上生产经营单位在同一作业区域内进行生产经营活动，可能危及对方生产安全的，应当签订安全生产管理协议，明确各自的安全生产管理职责和应当采取的安全措施，并指定专职安全生产管理人员进行安全检查与协调。"安全生产管理协议应当按照《民法通则》和《合同法》的规定订立。

（4）关于安全生产紧急避险权的规定。矿山、危险化工、建筑等行业中的从业人员经常处于危险的生产作业环境当中，在紧急情况下从业人员应当有紧急避险权。《民法通则》第129条规定："因紧急避险造成损害的，由引起险情发生的人承担民事责任。如果危险是由自然原因引起的，紧急避险人不承担民事责任或者承担适当的民事责任。因紧急避险采取措施不当或者超过必要的限度，造成不应有的损害的，紧急避险人应当承担适当的民事责任。"《安全生产法》第47条规定："从业人员发现直接危及人身安全的紧急情况时，有权停止作业或者在采取可能的应急措施后撤离作业场所。生产经营单位不得因从业人员在前款紧急情况下停止作业或者采取紧急撤离措施而降低其工资、福利等待遇或者解除与其订立的劳动合同。"

（5）关于生产安全事故损害赔偿过错责任、无过错责任和公平责任的规定。从业人员在生产经营活动中因生产安全事故受到伤害的，生产经营单位应当按民法的相关规定承担赔偿责任。比如，《安全生产法》第95条规定："生产经营单位发生生产安全事故造成人员伤亡、他人财产损失的，应当依法承担赔偿责任；拒不承担或者其负责人逃匿的，由人民法院依法强制执行。生产安全事故的责任人未依法承担赔偿责任，经人民法院依法采取执行措施后，仍不能对受害人给予足额赔偿的，应当继续履行赔偿义务；受害人发现责任人有其他财产的，可以随时请求人民法院执行。"这一规定可与《民法通则》第106条的规定相衔接："公民、法人违反合同或者不履行其他义务的，应当承担民事责任。公民、法人由于过错侵害国家的、集体的财产，侵害他人财产、人身的，应当承担民事责任。没有过错，但法律规定应当承担民事责任的，应当承担民事责任。"

（6）关于超层越界开采侵权赔偿的规定。矿山企业在生产过程中超层越界开采，侵害了国家或者他人的财产权益，还会给其他矿山企业造成安全隐患，造成人身和财产方面的损害。安全法已将矿山企业超层越界开采的行为认定为一种重大安全生产隐患，并规定了相应的行政处罚。比如，《国务院关于预防煤矿生产安全事故的特别规定》（国务院令第 446 号）规定，煤矿超层越界开采的，由煤矿安全生产监督管理机构或煤矿安全监察机构责令停产整顿，处 50 万元以上 200 万元以下的罚款，并对煤矿企业负责人处 3 万元以上 15 万元以下的罚款。此外，还应当根据民法有关规定，追究超层越界开采者的民事赔偿责任。

（7）关于安全设备器材质量问题造成损失赔偿的规定。《产品质量法》规定，生产可能危及人体健康和人身、财产安全的工业产品，必须符合保障人体健康和人身、财产安全的国家标准、行业标准；未制定国家标准、行业标准的，必须符合保障人体健康和人身、财产安全的要求；因产品存在缺陷造成人身、缺陷产品以外的其他财产损害的，生产者应当承担赔偿责任；由于销售者的过错使产品存在缺陷，造成人身、他人财产损害的，销售者应当承担赔偿责任。这是一套完整的产品安全责任制度，其关键是因产品质量问题造成损失的赔偿责任。安全生产专用设备器材如因质量问题而引发生产安全事故并造成损害的，应当依照《产品质量法》的规定，由生产者或者销售者承担相应的赔偿责任。

（8）关于减免安全责任合同条款无效的规定。《合同法》规定，当事人依法享有自愿订立合同的权利，任何单位和个人不得非法干预。《民法通则》规定，民事法律行为从成立时起具有法律约束力。行为人非依法律规定或者取得对方同意，不得擅自变更或者解除。民法规定了合同无效的要件。安全生产法按照民法精神，规定了生产经营单位在与从业人员签订劳动合同时有关安全问题的无效条款。比如，《安全生产法》第 44 条规定："生产经营单位与从业人员订立的劳动合同，应当载明有关保障从业人员劳动安全、防止职业危害的事项，以及依法为从业人员办理工伤社会保险的事项。生产经营单位不得以任何形式与从业人员订立协议，免除或者减轻其对从业人员因生产安全事故伤亡依法应承担的责任。"

上列规定说明了民商法是安全法的重要形式渊源之一。

2. 行政法中安全方面的法律规定

（1）关于行政许可的规定。《行政许可法》（中华人民共和国主席令第 7 号）关于行政许可立法设定权限的规定适用于安全法。安全行政许可应当遵守《行政许可法》的规定。目前涉及安全生产行政许可的项目主要有：安全生产专用设备器材生产准入许可、安全生产许可证、生产经营单位主要负责人及安全生产管理人员从业资格证、特殊工种操作资格证、安全生产培训机构资质证、建设项目安全设施设计审批、建设项目安全设施竣工验收、安全评价机构资质证、检测检验机构资质证、矿山救护队资质证等。它们的设定都应符合《行政许可法》的要求。

(2) 关于行政处罚的规定。《行政处罚法》(中华人民共和国主席令第 63 号)对行政处罚的种类、设定及适用等都作了一般性规定，这对安全生产领域实施行政处罚同样适用。但安全法也对特别的行政处罚作出了特殊的规定。比如，《安全生产法》根据《行政处罚法》第 8 条授权设定了关闭处罚，规定凡经停产整顿后仍不具备安全生产条件的，安全生产监管部门应当提请当地县级以上人民政府予以关闭，并组织实施。《国务院关于预防煤矿生产安全事故的特别规定》(国务院令第 446 号)规定了停产整顿的期限、要求、公告、验收、审核等。《生产安全事故报告和调查处理条例》(国务院令第 493 号)规定了对事故发生单位的罚款幅度。

(3) 关于行政监察的规定。《行政监察法》对行政处分的种类、设定规则、程序和基本原则的规定，安全行政处分应当遵守。安全法文件也做了特别规定。比如，《安全生产领域违法违纪行为政纪处分暂行规定》(中华人民共和国监察部，国家安全生产监督管理总局第 11 号令)规定国家行政机关及其公务员有下列行为之一的，对有关责任人员给予警告、记过或者记大过处分；情节较重的，给予降级或者撤职处分；情节严重的，给予开除处分：不执行国家安全生产方针政策和安全生产法律、法规、规章以及上级机关、主管部门有关安全生产的决定、命令、指示的；制定或者采取与国家安全生产方针政策以及安全生产法律、法规、规章相抵触的规定或者措施，造成不良后果或者经上级机关、有关部门指出仍不改正的。《安全生产许可证条例》规定，安全生产许可证颁发管理机关工作人员向不符合规定的安全生产条件的企业颁发安全生产许可证的，给予降级或者撤职的行政处分。

上列行政法规与安全法的关系说明了行政法是安全法的重要形式渊源之一。

3. 刑法中关于安全方面的法律规定

(1) 行为人自觉实施的行为违反相关规定，并造成了严重后果。比如重大责任事故罪。

(2) 行为人强令他人违规实施相关行为，并造成了严重后果。比如强令违章冒险作业罪。

(3) 安全设施或者安全条件不符合规定，并造成了严重后果。比如重大劳动安全事故罪。

(4) 明知有安全危险，却不采取相关措施，不作为，并造成了严重后果。比如教育设施重大安全事故罪。

(5) 拒不执行安全执法指令，并造成了严重后果。比如消防责任事故罪。

刑法也是安全法的形式渊源之一。

4. 工会法中安全方面的法律规定

工会是由职工自愿结合而组成的工人阶级的群众性组织，在安全生产工作中占有重要位置。1992 年 4 月 3 日七届全国人民代表大会常务委员会第五次会议通过的《工会法》（该法修订稿于 2001 年 10 月 27 日 获得通过），关于工会在安全生产方面的规定主要有：

（1）维护职工合法权益。《工会法》第 6 条规定："维护职工合法权益是工会的基本职责，工会通过平等协商和集体合同制度，协调劳动关系，维护企业职工劳动权益。工会依照法律规定通过职工代表大会或者其他形式，组织职工参与本单位的民主决策、民主管理和民主监督。"

（2）工会的安全生产监督权

1）工会对劳动安全卫生条件的监督。企业违反劳动法律、法规规定，不提供符合劳动安全卫生条件的设施、场所等，工会有权与企业交涉并要求企业采取措施予以改正；拒不改正的，工会可以请求当地人民政府依法作出处理。

2）工会对"三同时"的监督。工会依照国家规定对新建、扩建企业和技术改造工程中的劳动条件和安全卫生设施与主体工程同时设计、同时施工、同时投产使用进行监督。

3）工会对违章指挥、冒险作业的监督。工会发现企业违章指挥、强令工人冒险作业，或者生产过程中发现明显重大事故隐患或者职业危害，有权提出解决的建议；发现危及职工生命安全的情况时，有权建议企业组织职工撤离危险现场。

4）工会对事故处理和职业危害的监督。对职工因工伤亡事故和其他严重危害职工健康问题的调查处理，必须有工会成员参加。工会有权向有关部门提出处理意见，并要求追究直接负责的主管人员和有关责任人员的责任。

5）工会对涉及职工劳动安全事项的监督。企业在研究经营管理和发展的重大问题时，应当听取工会的意见。企业讨论有关劳动安全卫生等涉及职工切身利益的会议，必须由工会代表参加。

上列规定说明了工会法是安全法的形式渊源之一。

5. 劳动法中安全方面的法律规定

1995 年《劳动法》关于安全生产方面的规定主要有：

（1）劳动安全卫生保护权利。劳动者享有获得劳动安全卫生保护的权利、接受职业技能培训的权利、享受社会保险和福利的权利等。劳动者应当提高职业技能，执行劳动安全卫生规程和职业道德。企业职工一方与企业可以就劳动安全卫生、保险福利等事项，签订集体合同。

（2）劳动安全卫生制度。

1）用人单位必须建立、健全劳动卫生制度，严格执行国家劳动安全卫生规程和标准，对劳动者进行劳动安全卫生教育，防止劳动过程中的事故，减少职业危害。

2）劳动安全卫生设施必须符合国家规定的标准。新建、改建、扩建工程的劳动安全卫生设施必须与主题同时设计、同时施工、同时投入生产和使用。

3）用人单位必须为劳动者提供符合国家规定的劳动安全卫生条件和必要的劳动防护用品，对从事有职业危害作业的劳动者应当定期进行健康检查。

4）从事特种作业的劳动者必须经过专门培训并取得特种作业资格。

5）劳动者在劳动过程中必须严格遵守安全操作规程。劳动者对用人单位管理人员违章指挥、强令冒险作业，有权拒绝执行；对危害生命安全和身体健康的行为，有权提出批评、检举和控告。

6）国家建立伤亡和职业病统计报告和处理制度。县级以上各级人民政府劳动行政部门、有关部门和用人单位应当依法对劳动者在劳动过程中发生的伤亡事故和劳动者的职业病状况，进行统计、报告和处理。

（3）社会保险制度。

1）国家发展社会保险，建立社会保险制度，设立社会保险基金，使劳动者在工伤等情况下获得帮助和补偿。

2）用人单位和劳动者必须依法参加社会保险，缴纳社会保险费。

3）劳动者因工伤残或者患职业病依法享受社会保险待遇。劳动者死亡后，其遗属依法享受遗属津贴。劳动者享受的社会保险金必须按时足额支付。

4）国家鼓励用人单位根据本单位实际情况为劳动者建立补充保险。国家提倡劳动者个人进行储蓄性保险。

（4）法律责任制度。

1）用人单位的劳动安全设施和劳动卫生条件不符合国家规定或者未向劳动者提供必要的劳动防护用品和劳动保护设施的，由劳动行政部门或者有关部门责令改正，可以处以罚款；情节严重的，提请县级以上人民政府决定责令停产整顿；对事故隐患不采取措施，致使发生重大事故，造成劳动者生命和财产损失的，对责任人员比照《刑法》第187条的规定追究刑事责任。

2）用人单位强令劳动者违章冒险作业，发生重大伤亡事故，造成严重后果的，对责任人员依法追究刑事责任。

上列规定说明了劳动法是安全法的形式渊源之一。

（三）单行法律

单行法律是指由全国人民代表大会常务委员会制定的具有行业性或者专业性的法律，以国家主席令形式发布，立法根据是宪法、基本法律。比如，《安全生产法》《矿山安全法》和《建筑法》中相关法律规定，都是安全法的形式渊源。

（四）行政法规

行政法规是指国务院制定的行政管理法，以国务院令的形式发布，立法根据是宪法、法律。安全行政法规数量很多，比如《安全生产许可证条例》等。行政法规是安全法的主要形式渊源之一。

（五）部门规章

部门规章是指国务院各部委和具有行政管理职能的直属机构制定的行政管理法，旨在贯彻执行安全法律、行政法规等上位法及国务院的相关决定、命令等，以部门令的形式发布。立法根据是法律、行政法规和国务院决定、命令。安全法中的部门规章数量最多，是安全法的主要形式渊源之一。

（六）地方性法规、政府规章

地方性法规，是指省、自治区、直辖市和较高级别的市人民代表大会及其常务委员会制定的适用于本行政区域内的地方法。政府规章，是指省、自治区、直辖市和较高级别的市人民政府制定的适用于本行政区域内的地方行政管理法。前者由地方人大主席团或其常务委员会以公告形式发布，立法根据是本地具体情况和实际需要，旨在执行法律、行政法规，不得同宪法、行政法规等上位法相抵触。后者以政府命令形式发布，立法根据是法律、行政法规、地方性法规等。

（七）民族自治条例、单行条例

民族自治条例、单行条例是指民族自治区、州、县人民代表大会制定或者批准制定的民族自治地方行政管理法，以民族自治地方人大常委会公告形式发布。立法根据是本地民族政治经济文化特点，但不得违背法律、行政法规的基本原则及其他上位法的民族专项规定。民族自治条例、单行条例中有关安全方面的规定可以看做是安全法的一种形式渊源。

（八）军事法规、军事规章

军事法规是指中央军事委员会制定的军事法。军事规章是指军委各总部、军兵种、军区制定的军事行政管理法。军事法规、军事规章中有关安全方面的规定可以看做是安全法的一种形式渊源，但仅指其中的军事生产建设安全，不包括军事行动安全。

（九）法律解释、司法解释、行政法规解释、规章解释

法律解释是指全国人民代表大会常务委员会对法律具体含义或者适用依据所作

出的明确回答或者进一步规定。

司法解释是指最高人民法院对法院审判工作中具体应用法律问题所作出的明确回答或者进一步规定。比如，最高人民法院《关于审理非法采矿、破坏性采矿刑事案件具体应用法律若干问题的解释》（法释［2003］9号）和最高人民法院、最高人民检察院《关于办理危害矿山生产安全刑事案件具体应用法律若干问题的解释》（法释［2007］5号）。

行政法规解释是指国务院对行政法规的规定所作出的明确回答或者补充规定。国务院法制机构也可以对属于行政工作中具体应用行政法规的问题作出明确回答。

规章解释是指国务院部委、直属机构和地方人民政府对自己制定的部门规章和政府规章所作出的明确回答或者补充规定。

（十）国际条例、公约

国际条例、公约是指我国参加或者被批准加入的国家间条约或者国际组织合约，当属我国法律体系的组成部分或者形式渊源之一。我国加入的安全方面的国际条约、公约有《作业场所安全使用化学品公约》和《作业场所安全与环境公约》等。

第四节　安全法的物质基础

一、安全法的物质基础概述

作为一般法的法有自己的物质基础，任何特定法也都有自己的法的物质基础。法的物质基础，是指法存在的现实基础。安全法的物质基础即安全法赖以存在的实物基础或者现实基础，舍此安全法则无法存在。安全法的物质基础是安全工程，包括物的工程、自然条件（环境）工程、劳动者知识技能工程。

安全工程是一个系统，从属于或者重合于生产工程系统，没有绝对的独立性，但又相对独立或具有相对的独立性。安全投入必然落实到安全工程即投入对象上。安全工程有三项：设备（机器、物品）工程即物的工程、自然条件（环境）工程、劳动者知识技能工程等。生产安全事故的发生必是安全工程的某一项或某几项工程出现瑕疵或纰漏所造成的；而安全工程的瑕疵或纰漏问题又与安全工程投入、安全工程建设、安全事故责任区分等相关问题有关。安全生产法的基础分为自然基础和社会基础。

二、安全法的物质基础分述

安全生产法的基础是安全工程和资产者、经营者、劳动者，前者是物，后者是人，他们也是政府安全监管的核心和落脚点；前者是自然基础，后者是社会基础。

（一）物的工程与安全投入

以煤矿为例，抽风机、瓦斯抽放设备、电气防爆器、防火灭火器、除尘器、电缆绝缘层、运输信号灯、信号铃等，都是安全工程中的机器设备物品及其工程，简称物的工程。而采煤机、掘进机、雷管炸药、运输机等则是生产工程中的机器设备物品及其工程；巷道、回采面的顶板支柱、机车拉绳、主副井升降机等则既是生产工程又是安全工程中的机器设备物品及其工程，具有二重性。但其中的生产性指标、安全性指标是有层次区分的，支柱、钢丝绳的粗细、质地、硬度、韧度等是安全性指标，最低限度的支护能力、运输能力、升降能力所需要的粗细、质地、硬度、韧度等则是生产性指标，所以安全性指标要高于生产性指标，它们是两个层次，生产性指标是最低的安全性指标，或必须具备的最低的安全性指标。安全性指标是对持久的安全生产的支持，是生产性指标的提高，是生产层次的提高，二者又是统一的，目标是一致的，当然，费用支出也要提高。生产性指标提高到一定程度，即与安全性指标合二为一，可统称为安全生产指标。

安全包括生命安全、健康安全、财产安全。生命安全即身体机能完全正常地活动或者运行，健康安全即肉体、精神体的完好无损，财产安全即现有财产（生产工具、生产原料、生产资源）安全和增值财产（财产形式转换、新财产产生）安全。所谓生产安全，就是身体、财产体在生产运行过程中的安全，是一种动态安全，它是由宏观上看去静态的身体安全和财产安全组合而成。所以可简言之，生产安全就是生产中的身体安全和财产安全。为了确保这个（类）安全，必须提出安全性指标，增加投入。

每项工程的安全性能和要求不一样，指标也不应该一样。为各类各种、各行各业的生产机器设备物品制定不同层次的安全性标准或指标，有利于解决企业安全投入问题。对于达不到安全性标准或者指标的物的工程，不允许企业生产、购置、使用，企业自然会在这方面完成安全投入；不同层次的企业要生产、购置、使用具有不同层次安全性标准或指标的机器设备物品，如此一来，安全生产水平定会在物的工程方面得到确保和提高。

除此之外，就是对自然条件工程和劳动者知识技能工程进行资金投入和建设。

（二）自然条件工程与安全投入

自然条件对安全生产有着重要影响，它本身就是安全生产的构成要素。自然资源、自然产品、生产产品或者存在于自然条件之中，或者本身就是自然条件的一部分，生产者或劳动者往往也被自然条件包围着，机器设备物品等物的工程存在于自然条件，作用于自然条件，也受制于自然条件。自然条件系列化、整体化即为自然环境，由自然条件构成的安全生产的系列因素、整体因素即为安全生产的自然条件工程。比如，煤矿的岩石顶板条件、煤炭的自燃条件、瓦斯条件、粉尘条件、水文条件等，它们均构成煤矿生产的自然条件工程，是安全工程的组成部分。

如何建立和保持它们的安全状态，使它们成为安全生产的自然条件工程，不对人、物、财产产生危害或威胁，则需要人去完成这一任务，需要使它与物的工程、劳动者工程保持一致，即三项安全工程合为一体。比如岩石顶板工程要与支护工程和支护工人的知识技能工程保持一致；煤炭自燃条件、瓦斯条件、粉尘条件、水文条件等也都要与防燃工程、防瓦斯爆炸工程、防尘害工程、防水害工程以及它们所需要的劳动者知识技能工程结合起来，保持一致，以便它们自身也成为保证安全生产的一项工程或工程的一个方面。

其他各行业各领域，比如机械制造、建筑、水利、林业、旅游、食品加工、商场贸易、港口装卸等，都有着各自相应的自然条件及其工程建设，只是各自的自然条件对其安全生产的影响大小不一而已。

如何认识、改造、利用自然条件，使其对安全生产有利，不致为害，是安全生产科学的任务。法律政策要在人与人的关系方面更好地确认这项任务，以更好地建设自然条件工程。自然条件工程反映或体现的是人与自然的关系或人与物的关系；法律政策作为上层即人与人的关系在它（自然条件工程）之上，它作为基础在法律政策之下。上层建立在基础之上，要为基础服务，基础也要对上层有使用价值或利用价值。企业的安全生产资金有一部分是投入到自然条件方向上来的；对自然条件依赖性强的行业企业，这项资金投入所占比例较大，作为成本也较高。

（三）劳动者知识技能工程与安全投入

劳动者知识技能工程是人的安全工程，这是安全生产对人的因素的要求。所谓安全生产教育培训就是劳动者知识技能工程建设，为此所投入的资金也被列入安全投入。但是，安全培训与生产培训有些部分也是重合的，因为有些知识技能既是生产方面的也是安全方面的。比如电器检测知识技能既是生产所需，也是安全所需。从这方面看，安全培训应与生产培训相结合或相重合。

凡是可以被列入上列三项工程的项目（外延），都可以称为安全工程项目，安全生产费用也应该投向它们，它们所发生的费用也可以归入安全生产费用。由于有些工程项目是安全与生产的混合体，所以它所发生的费用也既是安全费用又是生产费用，在统计上，根据需要可以分别列上，同时注明为重复计算统计数。但从安全生产技术标准和安全生产条件的强制性角度看，行业企业的生产安全投入强制性规定仅有会计学、统计学的意义。

就目前法律政策而言，在煤矿方面，企业生产费用和安全费用是分列的，有了看似明确的使用方向分列；其他多数行业企业在实质上、形式上都有待明确。

第五节　我国安全生产法的历史

一、古代安全生产法律制度

重视安全生产立法在我国有悠久的历史。从史料记载来看，早在西周时国家就设官分职，专门管理安全生产事务，后世的六部之一的工部就一直是负责工程建设、矿产资源开发等的专门机关，同时也担负着安全生产立法和执法以及监督的主要任务。由于中国古代自给自足的自然经济占主导地位，以农立国，重农抑商，商品经济发展十分缓慢。国家对工业的发展不甚重视，采矿、营造、河防等也主要掌握在官府手里，规模很小，安全生产立法受到很大限制；再加上统治者为维护统治稳定，担心工矿企业（尤其是私人企业）的发展会引起人员的集中和流动，形成流民，对国家统治的稳定构成威胁，因此，历代对工矿企业发展的政策是时禁时开，禁多于开。这就导致整个中国古代工业经济发展相对缓慢，相关的立法也较少。古代安全法特点是：统治者和工厂主安全生产意识淡薄，漠视工人的人身和财产安全；安全生产方面的立法较少且比较分散，始终没有出现独立的安全生产法典；由于工业发展比较缓慢，工业部门比较少，因此，安全生产法律调整的范围也非常狭窄，主要集中在工程营造、河防、防火和矿冶等方面；对违反安全生产法律的行为一般用刑法和行政法进行规范和调整，且刑罚有日益加重的趋势，最严重者可处死刑。

中国古代的安全生产立法尽管很不系统和完善，但对法律规范在安全生产中的重要作用的认识可以为我国现行的安全生产立法提供历史借鉴。

二、近代安全生产法律制度

自从 1840 年鸦片战争之后，中国开始进入近代社会，并逐步沦为一个半殖民地半封建社会。直到 1949 年新中国成立之前，中国社会的性质并未发生任何变化。

近代以来，由于海禁大开和外国资本主义势力的入侵，中国近代意义上的民族工业开始逐步兴起并得到发展，规范这些工业生产的法律在借鉴外国立法的基础上逐步发展起来；尤其在清末变法修律时期，为适应民族工业的发展和对外交涉的需要，制定了许多与安全生产密切相关的法律，如矿业法、建筑法和道路交通运输法等，中国的安全生产法律开始由传统向近代转型。

清朝灭亡、中华民国建立后，由于当时政局动荡，军阀混战，安全生产立法并未取得大的发展。但自从中国共产党成立后，工人运动蓬勃发展，迫使北洋军阀政府制定和颁布了一些改善工人劳动和生活条件的劳动法律，其中许多内容涉及安全生产。

中国近代安全生产法律在南京国民政府时期得到较快的发展。南京国民政府时期，以制定“六法”为契机，在此前立法的基础上开始大规模制定新法，安全生产立法开始受到重视，许多单行的安全生产法律法规相继制定公布。尽管在南京国民政府时期一直未能制定出一部专门的安全生产法，但安全生产立法已初具规模，积累了许多成功的立法经验。这一时期一个重要特点是出现了中国共产党建立的新民主主义政权的安全生产法律制度，丰富了这一时期安全生产法律制度的内容，为新中国安全生产法律制度的形成和发展奠定了基础。

三、新中国成立以来各时期安全生产法律制度

（一）初创时期（1949—1957 年）

为改变旧中国工人生命健康没有保障的状况，在 1949 年 9 月新中国成立前夕，由中国人民政治协商会议通过的具有临时宪法作用的《共同纲领》第 32 条就明确规定：“逐步实行劳动保险制度。保护青工女工的特殊利益。实行工矿检查制度，以改进工矿的安全和卫生设备。”把安全生产问题提到宪法的高度，给予高度重视。1949 年 10 月新中国一成立，中央政府就成立了劳动部。中华全国总工会在各级工会中设立了劳动保护部，工会基层组织一般都设立了劳动保护委员会，以加强对企业安全生产、劳动保护工作的监督。在全国范围内初步建立起由劳动部门综合监管、行业部门具体管理的安全生产、劳动保护工作框架体制。

1949 年 11 月，燃料工业部召开第一次全国煤矿工作会议，提出了“煤矿生产，安全第一”的口号。从 1950 年开始，政务院和国家各个部门陆续制定和发布大量的安全生产行政法规和规章。1950 年 2 月 13 日，铁道部发布《关于消灭事故保证行车安全的命令》。1950 年 4 月 3 日，发布《关于制定〈实施安全负责制暂行办法〉的命令》。1950 年 11 月 2 日，又发布《行车安全监察室暂行组织规程》。

1950 年 4 月 12 日重工业部发出《关于加强雨季安全工作的通知》。1950 年 4 月 28 日，政务院财政经济委员会发布《关于规定公私营厂矿职工伤亡报告办法》的通令。1950 年 5 月 3 日，政务院财经委员会发布了《全国公私营厂矿职工伤亡报告办法》。1950 年 5 月 5 日政务院第 31 次政务会议批准，5 月 20 日劳动部公布《省市劳动局暂行组织规则》。1950 年 5 月 31 日劳动部公布试行《工厂卫生暂行条例》（草案）。1950 年 5 月 17 日，重工业部发布《关于大力开展安全教育》的指示。1950 年 9 月 2 日铁道部公布《房屋建筑工程安全技术暂行规则》。1951 年 2 月 14 日邮电部市内电话总局公布《市内电话线路工作安全守则》。1950 年 10 月 27 日政务院第 56 次政务会议通过《中华人民共和国劳动保险条例》（草案）。1951 年 2 月 23 日政务院第 73 次会议正式通过并于 2 月 26 日发布《国务院关于公布〈中华人民共和国劳动保险条例〉并定期实行的决定》。1950 年 12 月 22 日政务院第 64 次政务会议通过，1951 年 4 月 18 日政务院公布《中华人民共和国矿业暂行条例》。1951 年 3 月 20 日燃料工业部发布《关于公私营煤矿安全生产的通知》，贯彻执行 1950 年 10 月 20 日中央财政经济委员会批准颁布的《公私营煤矿安全生产管理要点》。1951 年 4 月 2 日铁道部公布试行《铁路工厂技术安全暂行规程》（草案）。1951 年 9 月 3 日至 15 日，劳动部在北京召开第一次全国劳动保护工作会议，会议总结了经验，研究了《工厂安全卫生暂行条例》《限制工厂矿场加班加点实行办法》《保护女工暂行条例》等草案，并在会后修改试行。1951 年 10 月 11 日，重工业部发布了《关于进行秋季保安大检查的指示》，并附有详细的“检查提纲”。1951 年 12 月 6 日铁道部公布《铁路装卸作业安全规则》。1952 年 6 月 24 日重工业部又发布了《关于结合增产节约运动对继续贯彻安全技术劳动保护工作的指示》。1952 年 9 月 23 日轻工业部和中华全国总工会联合发布《关于在全国盐场开展群众性的安全生产检查紧急指示》。1952 年 9 月 24 日铁道部公布《采石场采石工作技术安全暂行规则》。1952 年 9 月 25 日铁道部公布《车务工作人员技术安全细则》。1952 年 10 月 15 日第一机械工业部公布《安全技术劳动保护工作组织及其职责暂行规定》。1952 年 12 月 23 日至 31 日，劳动部在北京召开了第二次全国劳动保护工作会议，传达、讨论了毛主席对劳动部《三年来劳动保护工作总结与今后方针任务》的批示，即“在实行增产节约的同时，必须注意职工的安全、健康和必不可少的福利事业；如果只注意前一方面，忘记或稍加忽视后一方面，那是错误的。”会议还拟定了《加强劳动保护工作的决定》《工厂安全卫生条例》《保护女工暂行条例》《工时休假条例》等文件草案。

据不完全统计，仅在国民经济恢复时期，由中央产业部门和地方政府制定和颁布的各种安全生产法规就有 119 种。

1953 年 5 月 28 日重工业部发布了《关于在生产厂矿建立责任制的指示》。1953 年我国开始执行发展国民经济的第一个五年计划（1953—1957 年）。1954 年 8 月 11 日政务院财政经济委员会批准（8 月 23 日公布）劳动部《关于进一步加强安全技术教育的决定》。1954 年 9 月通过的我国第一部社会主义宪法《中华人民共和国宪法》对改善劳动条件和建立工时休假制度作出明确规定。该法第 91 条规定："中华人民共和国公民有劳动的权利。国家通过国民经济有计划的发展，逐步扩大劳动就业，改善劳动条件和工资待遇，以保证公民享受这种权利。"1956 年 1 月 15 日，中华全国总工会第七届执行委员会举行第四次全体会议，通过关于动员全国职工开展社会主义竞赛，提前完成第一个五年计划的决议。1956 年 5 月 25 日，国务院全体会议第 29 次会议通过了《国务院关于发布〈工厂安全卫生规程〉〈建筑安装工程安全技术规程〉和〈工人职员伤亡事故报告规程〉的决议》（后被称为"三大规程"）。1957 年 4 月 12 日，国务院又作出《关于发展小煤窑的指示》。1956 年 11 月地质部决定充实和健全各地质局、队的技术安全机构。

总的来看，新中国成立初期的安全生产法律制度发展的时间尽管较短，但由于党和国家对安全生产的高度重视，政务院和各部门制定并颁布了大量与安全生产相关的行政法规和规章。据统计，仅"一五"计划阶段（1953—1957 年），由国家颁布的安全生产、劳动保护法规就有 15 种，由中央产业部门和各地区制定的规章制度多达 300 余种。

（二）调整时期（1958—1965 年）

1957 年"一五"计划提前完成，同年 10 月至 11 月召开的中共八届三中全会通过农业发展纲要四十条，11 月 13 日《人民日报》社论提出在生产战线上来一个大的跃进，"大跃进"的序幕由此揭开。1958 年 3 月 17 日国务院全体会议第 73 次会议批准、4 月 19 日交通部、水产部发布，自 7 月 1 日起施行《非机动船舶海上安全航行暂行规则》，保证海上航行的安全。1958 年 3 月 19 日，卫生部、劳动部、中华全国总工会联合发布《工厂防止矽尘危害技术措施暂行办法》《矿山防止矽尘危害技术措施暂行办法》《矽尘作业工人医疗预防措施暂行办法》和《产生矽尘的厂矿企业防痨工作暂行办法》。1958 年 9 月 5 日至 16 日，劳动部在天津市召开全国第三次劳动保护工作会议，总结了"一五"计划时期劳动保护工作的经验，并着重研究劳动保护工作的政策思想、工作路线、体制规划，以及锅炉检验工作的方针任务。1958 年下半年，为了扭转安全生产的被动局面，中共中央发出了《关于认真做好劳动保护工作的通知》。1959 年以来，中央先后批转了《劳动部党组关于伤亡事故问题的报告》《劳动部党组关于第一季度生产中伤亡事故情况和建议进行安全生产大检查的报告》。1959 年 5 月 26 日劳动部又专门发布了《关于进一步推动安全生产检查运动的通知》。1959 年 9 月 7 日，农业部、化学工业部、卫生部、劳动部、第一机械工业部、商业部、铁道部和公安部联合发布试行《关于爆炸物品管理规则的补充规定》（草案），同日交通部、水产部、农业部、农垦部、公安部发布试行《关于加强运输船、渡口船、渔船安全管理的规定》（草案）。1960 年 4 月 10 日至 20 日，劳动部在长沙市召开了第四次全国劳动保护工作会议，总结了第三次全国劳动保护工作会议以来的经验，提出“以与伤亡事故作斗争为中心，开展‘十防一灭’为中心的安全生产大检查群众活动”。1960 年 7 月 31 日国务院批准、8 月 27 日交通部公布《公路交通规则》。1961 年 1 月，中共八届九中全会决定对国民经济实行“调整、巩固、充实、提高”的“八字”方针，安全生产立法又重新转入正轨。1961 年 1 月 10 日，国家经委、劳动部在《关于加强安全设备的维护检修工作的通知》中指出，设备维护检修与企业安全生产有密切的关系，保持安全设备的状况时刻良好，也是机器正常运转的必要条件之一。1961 年 9 月 16 日，中共中央发出《关于讨论和试行〈国营工业企业工作条例〉（草案）的指示》，在草案第三章“劳动管理”第 23 条要求“企业必须实行安全生产制度，认真做好劳动保护工作，改善劳动防护设施，教育工人严格执行安全操作规程，切实避免工伤事故”。1962 年 11 月 16 日，煤炭工业部党组在《关于全国重点煤矿干部会议的报告》中要求必须进一步贯彻执行“八字”方针和“工业七十条”，“认真贯彻执行安全生产的方针，重视安全措施，把各种事故减少到最低限度”。1963 年 3 月 30 日，国务院通过了《关于加强企业生产中安全工作的几项规定》。1963 年 4 月，国家计委和劳动部联合发布《工业企业设计卫生标准》。1963 年 9 月 18 日，劳动部颁发《国营企业职工防护用品发放标准》（试行）。1963 年 9 月 28 日，国务院批准《防止矽尘危害工作管理办法》。1965 年 12 月 17 日，国务院批转地质部《矿产资源保护试行条例》。

在调整时期，总的来看，这一时期我国的安全生产立法仍取得很大成就，国家先后发布了一系列安全生产法规、规章和标准，使安全生产立法工作得到了进一步加强。安全生产检查从一般性检查发展为专业性和季节性的检查，推动了安全生产工作向经常化和制度化前进；尤其是机械防护、防尘防毒、锅炉安全、防暑降温和女工保护等立法工作成效显著。

（三）“文化大革命”时期（1966—1976 年）

自从 1966 年“文化大革命”开始以后，安全生产工作被当做“活命哲学”而受到批判，安全生产立法停滞。至1970年11月30日，国家计委发布《关于做好职工伤亡事故统计工作的通知》。1970年12月11日，中共中央发出了《关于加强安全生产的通知》，要求各企业、事业单位及其领导机关要充分发动群众，彻底批判无政府主义倾向，克服忽视安全生产和违反安全制度的现象。1971年9月，国务院要求各地政府部门与企业重新认识安全生产工作的重要性与必要性，要求逐步恢复安全生产、劳动保护工作机构，要求恢复以安全生产责任制为中心的安全生产规章制度。1971年11月30日，国务院发布了《关于改革临时工、轮换工制度的通知》(国发［1971］91号)。1972年10月16日，国家计委发布了《关于将职工伤亡事故季报表改为月报表的通知》。1973年10月30日，国家计委又发布了《关于加强防止矽尘和有毒物质危害工作的通知》(［1973］计劳字477号)。1974年7月5日，国务院和中央军委联合发布《关于加强爆炸物品管理的通知》。1975年2月，全国安全生产会议检查总结了贯彻执行中共中央《关于加强安全生产的通知》(中发［1970］71号)的情况。1975年9月成立国家劳动总局，内设劳动保护局、锅炉压力容器安全监察局等安全工作机构。1976年10月"文化大革命"结束。

总的来看，"文化大革命"初期，安全生产立法工作基本停滞，中后期有所改进。

(四)恢复、整顿和提高时期(1977—1991年)

国家劳动总局于1977年3月召开了全国安全生产工作会议，批判了"四人帮"破坏安全生产的罪行；讨论了安全生产的领导、管理、制度、教育、科研等方面的工作；重申了1975年全国安全生产会议提出的各项要求。1978年10月21日，中共中央在《关于认真做好劳动保护工作的通知》(中发［1978］第67号)中明确指出："加强劳动保护工作，搞好安全生产，保护职工的安全和健康，是我们党的一贯方针，是社会主义企业管理的一项基本原则。"1978年12月，中央工作会议把制定《劳动法》列入到了应当抓紧制定的立法项目之中。国家劳动总局和中华全国总工会等部门于1979年初成立了"劳动法起草小组"，开始了第二次《劳动法》的起草工作。1979年1月15日，中华全国总工会发出加强工会劳动保护工作的通知，并重新公布了基层工会和工会小组劳动保护工作两个条例。1979年4月9日，国务院在批转国家劳动总局、卫生部《关于加强厂矿企业防尘防毒工作的报告》时，重申要坚持"三同时制度"。1979年4月底，国家劳动总局召开全国劳动保护工作会议，提出三项重点工作：①健全国家劳动保护法规制度；②建立国家劳动保护监察制度；③开展社会化劳动保护宣传教育。1979年5月，国务院批转国家计委、国家经委、国家劳动总局发出的通知，重申继续贯彻执行国务院1956年颁布的“三大规程”（即《工厂安全卫生规程》《建筑安装工程技术规程》《工人职员伤亡事故报告规程》）和《国务院关于加强企业生产中安全工作的几项规定》。1979年6月，经国务院批准，国家劳动总局党组决定将劳动保护组、锅炉组正式恢复为劳动保护局，代表政府对全国劳动保护、安全生产工作实施国家监察，保护职工在生产劳动中的安全和健康。1980年2月25日，煤炭部颁布《煤矿安全规程》，进一步强化煤炭行业安全管理。1981年1月1日，国家劳动总局正式设立矿山安全监察局，代表政府对全国矿山安全卫生工作实施国家监察，保护矿山职工在开采矿产资源活动中的安全和健康。1982年2月6日，国务院发布《锅炉压力容器安全监察暂行条例》。2月23日，国务院发布了《矿山安全条例》和《矿山安全监察条例》。1982年12月4日通过的《中华人民共和国宪法》（即现行宪法）第42条重申：“国家通过各种途径创造劳动就业条件，加强劳动保护，改善劳动条件，并在发展生产的基础上，提高劳动报酬和福利待遇。”

1983年9月2日第六届全国人民代表大会常务委员会第二次会议通过《海上交通安全法》（1984年1月1日起施行）。1984年1月6日国务院发布《民用爆炸物品管理条例》。1984年7月，国务院发布了《关于加强防尘防毒工作的决定》（国发［1984］97号）。1985年1月3日，经国务院批准，正式成立了全国安全生产委员会，它的主要任务是在国务院领导下，研究、统筹、协调、指导关系全局的重大安全生产问题，组织重要的安全活动。1986年3月19日第六届全国人民代表大会常务委员会第十五次会议通过《矿产资源法》（1996年8月29日修正）。1986年12月16日国务院发布《内河交通安全管理条例》（国务院令第355号）。1987年1月，卫生部、劳动人事部、财政部、中华全国总工会联合发布了《职业病范围和职业病患者处理办法的规定》（卫防字［1987］第82号），规范了对职业病的管理，并将99种职业病列为法定职业病。1987年2月27日，国务院发布《化学危险物品安全管理条例》。1989年1月3日国务院第三十一次常务会议通过，3月29日国务院令第34号发布了《特别重大事故调查程序暂行规定》。1989年8月3日国务院第43次常务会议通过《铁路运输安全保护条例》。1990年12月25日至30日，中国共产党第十三届中央委员会第七次全体会议审议通过了《中共中央关于制定国民经济和社会发展十年规划和“八五”计划的建议》。在“八五”计划中列入了“加强劳动保护”的专门篇章。1991年2月22日国务院第75号令发布了《企业职工伤亡事故报告和处理规定》（1991年5月1日起施行）。1992年4月3日，第七届全国人民代表大会第五次会议通过《中华人民共和国工会法》（后又根据2001年10月27日第九届全国人民代表大会常务委员会第24次会议《关于修改

〈中华人民共和国工会法〉的决定》修正)。

总的来看，在这一时期，安全生产立法逐步恢复，十一届三中全会后，在国民经济“调整、改革、整顿、提高”的工作方针指导下得到提高。

(五) 适应建立社会主义市场经济体制时期 (1992—2002 年)

1992 年 10 月中国共产党第十四次全国代表大会在党的历史上第一次明确提出了我国经济体制改革的目标是建立社会主义市场经济体制。1993 年 11 月 14 日中国共产党第十四届中央委员会第三次全体会议通过《中共中央关于建立社会主义市场经济体制若干问题的决定》。1992 年 11 月 7 日，第七届全国人民代表大会常务委员会第二十八次会议通过了《矿山安全法》。1996 年 10 月 30 日劳动部令第 4 号发布《矿山安全法实施条例》。1993 年 7 月 12 日，国务院颁发《国务院关于加强安全生产工作的通知》。国务院确定，劳动部负责综合管理全国安全生产工作，对安全生产行使国家监察职权；负责安全生产工作法规、政策的研究制定；组织指导各地区、各有关部门对事故隐患进行评估和整改；代表国务院对特大事故调查结果进行批复，根据需要对特大事故进行调查。安全生产中的重大问题由劳动部请示国务院决定。国务院还决定撤销全国安全生产委员会，由劳动部代表国务院综合管理全国安全生产工作。劳动部据此对安全监察机构作了相应调整，在劳动部内设安全生产管理局，取代原全国安全生产委员会办公室，综合管理全国安全生产工作；保留矿山安全卫生监察局；将原职业安全卫生监察局与锅炉压力容器安全监察局合并，成立职业安全卫生与锅炉压力容器监察局。

1994 年 7 月 5 日第八届全国人民代表大会常务委员会第八次会议通过了《劳动法》。1994 年 12 月 20 日国务院令第 168 号发布《煤炭生产许可证管理办法》，最早专门规定了安全生产许可制度。同日，国务院发布《乡镇煤矿管理条例》。1995 年 9 月 25 日至 28 日，中国共产党第十四届中央委员会第五次全体会议审议通过了《中共中央关于制定国民经济和社会发展“九五”计划和 2010 年远景目标的建议》。1996 年，在我国制定并开始实施的《国民经济和社会发展“九五”计划和 2010 年远景目标纲要》中，列入了“建立和健全社会保障制度”“防治职业病”“坚持改革、发展与法制建设紧密结合，继续制定实施与经济社会发展相适应的法律法规”“完善各种治安管理和安全防范制度”等，及其他与安全生产工作有关的内容。1996 年 7 月 6 日国务院发布《民用航空安全保卫条例》。1996 年 8 月 29 日第八届全国人民代表大会常务委员会第二十一次会议通过了《煤炭法》。1997 年 11 月 1 日第八届全国人民代表大会常务委员会第二十八次会议通过了《建筑法》。1998 年 3 月，根据国务院机构改革方案和国务院《关于机构设置的通知》(国发

［1998］5号），原劳动部承担的安全生产综合管理、职业安全监察、矿山安全监察职能移交给国家经济贸易委员会（以下简称“国家经贸委”）。国家经贸委内设安全生产局，负责综合管理全国安全生产工作，对安全生产行使国家监督职权。原劳动部承担的锅炉压力容器和压力管道的监察职能划归国家质量技术监督局；工伤保险的职能交新成立的劳动和社会保障部。在劳动部基础上组建劳动和社会保障部，统一管理全国劳动和社会保障工作。

1998年4月29日第九届全国人民代表大会常务委员会第二次会议通过《消防法》。1999年12月30日，国务院办公厅发布《关于印发煤矿安全监察管理体制改革实施方案的通知》（国办发［1999］104号），实施方案明确设立国家煤矿安全监察局，与国家煤炭工业局一个机构、两块牌子。2000年1月10日，组建国家煤矿安全监察局，建立了全国垂直管理的煤矿安全监察体系。2000年11月7日国务院令第296号发布《煤矿安全监察条例》。2000年12月31日，国务院办公厅印发了《关于印发国家安全生产监督管理局（国家煤矿安全监察局）职能配置内设机构和人员编制规定的通知》，明确“现由国家经贸委承担的安全生产监督管理职能，划给国家安全生产监督管理局（国家煤矿安全监察局）”。“原国家煤矿安全监察局承担的职能不作调整”。国家经贸委于当月向国务院上报了《关于成立国务院安全生产委员会的请示》。2001年4月22日国务院令第302号公布了《国务院关于特大安全事故行政责任追究的规定》。2001年10月27日第九届全国人民代表大会常务委员会第24次会议通过，同日中华人民共和国主席令第60号公布《职业病防治法》，自2002年5月1日起施行。2002年1月26日国务院令第344号公布新的《危险化学品安全管理条例》。

总的来看，在这一时期，为适应建立社会主义市场经济体制的需要，党和国家制定和颁布了大量维护市场经济秩序、保证国民经济发展的安全生产政策方针和法律法规，使我国的安全生产法律完成了从为计划经济服务向为市场经济服务的转变。

（六）创新发展时期（2003年至今）

《安全生产法》自提出立法建议到出台，前后经历了21年的时间：1981年3月，经国务院批准，由原国家劳动总局牵头起草《劳动保护法（草案）》，于1987年上报国务院，后经立法变迁，确定为《安全生产法》，于2002年11月1日起施行。在以人为本，构建社会主义和谐社会，树立科学发展观，坚持安全发展的形势下，我国的安全生产法律制度不断趋于完善，安全生产形势不断向好的方向发展，从而为国民经济持续稳定健康发展，创造了良好的安全环境。

本章小结

本章讲述了安全、生产安全、职业安全、安全生产、本质安全等概念，分析了安全法的概念、性质、目的和任务，讲解了安全法的效力和形式渊源，探讨了安全法的物质基础和我国安全法的历史。

复习思考题

1. 什么叫安全、生产安全、职业安全、安全生产、本质安全？
2. 什么是安全法？安全法有哪些性质？
3. 安全法有哪些目的、任务？
4. 为什么说民商法是安全法的形式渊源？
5. 为什么说安全工程是安全法的物质基础？

第二章 安全法律体系和安全法律关系

本章学习目标

1. 掌握安全法的调整对象。
2. 掌握安全法律体系及其分支法构成。
3. 掌握安全法律关系及其要素。
4. 掌握安全法律事实的概念和种类。
5. 掌握安全生产法的基本原则和安全生产方针。

第一节 安全法调整对象和安全法律部门

一、安全法调整对象

（一）安全关系定义

法律的调整对象是指法律所调整的社会关系，经法律调整后所产生的权利和义务关系就是法律关系。法的调整对象决定了本法与其他法的区别和联系。

安全法的调整对象是生产经营活动过程及其他相关活动中产生的安全关系。安全关系是指各行各业的生产经营单位、公民、法人和社会组织之间，在从事生产经营和监督管理等活动中所发生的财产安全关系、人身安全关系及其他相关关系。

一般意义（广义）的财产安全关系是指人们在保护财产安全活动中发生的社会关系。人身安全关系，是指人们在保护人身安全活动中发生的社会关系。人身安全包括生命安全、身体安全（体外安全）、身体健康安全（体内安全）。人身安全关系包括生命安全关系、身体安全关系、身体健康安全关系。财产安全包括财产保存安全（不丢失）、财产价值安全（不损坏）、财产供给安全。财产安全关系包括财产保存安全关系、财产价值安全关系、财产供给安全关系。这些关系均发生在生产或者生活过程中，生产、生活过程中均存在财产安全、人身安全问题。财产安全关系、人身安全关系经法律调整后成为财产安全法律关系、人身安全法律关系。法律在调整这些社会关系过程中，要为各方主体设定各自的安全前提（假定）、安全权利、安全义务和安全责任。

特定意义（狭义）的财产安全关系是指本安全法学所称的财产安全，是指财产价值安全。人身安全主要是生产经营过程中的人身安全。这里所称的生产，不专指制造产品的活动，而是泛指各项生产（工作）活动，是带有群体性或者群体关联性的生产（工作）活动。

（二）安全关系特征

各种安全关系错综复杂，概括起来，具有以下特征：

1. 主体的多元性

安全关系的主体涉及多个行业（领域）、多种行为的单位和自然人，既有生产企业又有流通企业，既有中国企业又有外国企业，既有生产经营活动主体又有公众活动主体，既有特定主体又有不特定主体，既有企业又有政府部门，既有中国人又有外国人。

2. 内容的广泛性

安全关系的内容基本覆盖了社会生产、流通、消费、文化、娱乐等各个领域，产生了各种各样的安全关系。安全关系的内容，既有生产经营又有文化娱乐，既有企业安全管理又有政府行政执法，既有产品生产又有产品购销，既有产品批发又有零售，既有生产制造又有储存、运输和使用，既有涉及人身安全又有涉及财产安全，既有安全法律规范又有相关法律规范，等等。

3. 财产客体的复杂性

安全关系的财产客体相当复杂，既有共有财产又有私人财产，既有国企资产又有外企资产，既有不动产又有可动产，既有有形资产又有无形资产，既有生产性资产又有生活性资产，既有生产设备、设施又有经营设备、设施，既有大型设备、设施又有中小型设备、设施，既有安全设备、设施又有相关设备、设施，等等。

4. 关系的关联性

各种安全关系不是孤立存在的，它通常要与相关的社会关系交织在一起。不同的安全关系之间以及安全关系与其他社会关系之间存在着一定的相互关联性，即相互依存、相互联系、相互作用。比如，工人招录与安全培训、考核相关联，工人上岗与生产操作相关联，上岗作业与班组安全管理相关联；生产企业与其周边的公共设施、生活设施以及居民活动相关联；生产企业与经营企业相关联，批发企业与零售单位相关联；矿山、建筑施工和危险物品生产、储存等高危企业与政府部门的安全许可相关联，生产经营活动与行政执法活动相关联，安全监管部门与其他有关部门相关联，地方政府与中央政府相关联；外方投资者与中方经营者相关联，等等。

5. 专业技术性强

安全领域不仅需要许多社会科学领域的知识、技能和经验，还需要很多自然科学领域的安全专业知识、技能和经验。企业安全管理和政府行政执法，不仅需要行政管理和行政执法的措施和手段，更需要科技、教育、管理等方面的专业技术措施和手段，同时也需要安全科学技术进步。

人类从事社会大生产活动和物质文化需要，涉及了众多领域的知识、常识、方法、技能、技巧。要实现本质安全，必须有相应的专业技术作为基础和支撑。只有认识，掌握和运用了各项安全专业技术，才能最大限度地把握安全客观规律，采用安全、可靠、先进的科学技术，解决各种安全问题，消除不安全因素和隐患，预防和减少事故。比如，开采矿产资源必须采用先进的建井、采掘、灾害防范和应急处置等采矿专业技术，才能确保安全生产。

（三）安全关系种类

安全关系和安全法涉及的社会关系和法学部门众多，应当从广义上去把握和理解其概念的综合性。

按照社会关系的门类划分，安全关系可以分为安全行政关系、安全民事关系、安全经济关系、安全劳动关系、安全刑事关系、安全诉讼关系等。相应地，安全法可以分为安全行政法、安全民法、安全经济法、安全劳动法、安全刑法、安全诉讼法等。

既然安全关系的范围相当广泛，那么与其对应的安全法的范围也涵盖了诸多相关部门法。安全法律规范不仅存在于专门的安全法之中，还存在于行政法、民法、经济法、劳动法、刑法、诉讼法等部门法之中。安全法与相关法之间具有交叉性，由这些法律交叉调整后形成了共同区域。在这个共同区域内，存在着诸多安全关系，包括安全行政关系、安全民事关系、安全经济关系、安全劳动关系、安全刑事关系、安全诉讼关系等。按照部门划分安全法律，有些安全关系分属行政法、民法、经济法、劳动法、刑法、诉讼法等部门法调整。

安全法学要从安全的角度或者在安全的视野内，研究这些安全关系或者安全法中存在的共性问题、基本问题和个性问题、具体问题。从这个意义看，可以说安全法是一个综合性的大概念，它是从大安全的视角出发，调整所有安全关系的共同规范、基本规范和特殊规范、具体规范的总和。但本教材对安全法和安全关系的研究和论述进行了适当限定。

在综合概念下，安全法也可以根据不同的行业或者领域进行分类。比如，可以分为采矿安全法、工业安全法、交通安全法、旅游安全法、工程安全法、教育安全法、经营安全法、公众活动安全法等。安全法还可以根据不同的安全客体进行分类，比如，可以分为财产安全法、生命安全法、身体安全法、健康（体内）安全法等。

在安全法内容（实体规范）中，一个具体的安全法律规范可能分别存在于不同的安全法中。组成这些法律部门的各法律规范可能存在于某一个法律文本或者一些不同的法律文本中。比如，《安全生产法》设定的生产经营单位如发生生产安全责任事故，要追究责任单位及其责任人员的赔偿责任、行政责任、刑事责任，这是一套完整的安全法律规范，其赔偿责任和刑事责任的具体法律规范就存在于民法、刑法和相关诉讼法的条文中。再如，从业人员安全教育培训作为安全法的重要内容，并没有一个单独的法律文本，而是分散于许多安全教育培训法律文本及其他有关法律文本中。可见，安全法与相关法之间具有关联性。这是因为安全关系与相关关系之间具有关联性。一个安全关系可能与行政关系、民事关系、经济关系、劳动关系、刑事关系、诉讼关系相关联。

（四）安全法调整的主要安全关系

安全法调整的各种安全关系错综复杂，其中主要的安全关系有以下 4 种：

1. 安全监督管理关系

安全监督管理关系是指各级人民政府及其安全生产综合监督管理部门、有关安全生产专项监督管理部门及其安全生产检查监督人员，在履行法定职权时与生产经营单位、有关社会组织和从业人员之间所发生的监督管理关系。这是一种自上而下的基于国家行政管理活动所发生的纵向的行政管理关系。

2. 各级安全生产监督管理部门与其他有关部门之间的综合监督管理与专项监督管理的协调、指导和监督关系

这是各级人民政府所属的平行的各有关安全生产监督管理部门之间，依照法定职权和本级人民政府的授权，在安全生产监督管理工作中各司其职，相互配合所发生的横向的协同关系。综合监督管理部门主要负责拟定综合性安全生产法律、法规、规章、政策和规划，协调解决重大安全生产问题，调查处理重大、特大生产安全事故，查处安全生产违法行为，指导、监督有关部门的专项安全生产监督管理工作。

3. 生产经营单位内部管理者与从业人员的安全关系

作为一个生产经营单位，依法进行安全生产时，必然要建立内部安全生产管理体系。生产经营单位的主要负责人、分管负责人、安全管理机构负责人、内设机构负责人和作业单位负责人与从业人员之间以及从业人员之间，存在大量的安全管理关系。这种微观管理关系也是安全法的调整对象。

4. 生产经营单位之间、生产经营单位与社会组织、公民之间的安全关系

生产经营活动是否安全，事关相关单位和从业人员以及不特定的公民的人身安全和财产安全。比如，工厂、商厦、饭店、博物馆等生产经营单位、承包、租赁场所的安全条件是否符合法律规定，直接涉及从业人员、居民、顾客和观众的人身安全。安全法对此进行必要的调整，规范生产经营单位的行为，明确各自的权利义务，有利于建立正常、可靠的安全生产秩序，为社会创造一个安定、祥和的环境。

目前我国的中外合资、中外合作和外商独资等“三资”企业数量很多，遍及许多行业。随着我国加入 WTO，对“三资”企业的安全管理日益与国际接轨，“三资”企业也必须严格依照我国法律进行生产经营活动，保证安全生产。因此，安全法同样适用于“三资”企业及其从业人员中的外国人（包括无国籍人士）。涉外安全生产关系既包括“三资”企业内部的安全关系，又包括政府与其发生的监督管理等外部的安全关系。

二、安全法律部门

安全法包括安全行政体制、安全行政监管、安全行政执法、行业安全管理、地区安全管理、基层安全管理、企业安全管理、从业人员安全教育培训、安全标准化建设、安全科学技术开发与应用、安全性评价、安全设备设施检测检验技术服务、安全事故应急救援、安全事故调查处理、职业健康与职业病防治、安全损害救治赔偿与纠纷解决、安全刑罚等。这些内容都是不同阶段、不同方面的安全关系在法律上的存在，是由安全假定、安全权利、安全义务、安全责任构成并以法律形式出现的。

鉴于安全法的内容不同，又可以具体分为安全行政体制法、安全行政监管法、安全行政执法（处罚）法、行业安全管理法、地区安全管理法、基层安全管理法、企业安全管理法、从业人员安全教育培训法、安全标准化建设法、安全科学技术开发与应用法、安全性评价法、安全设备设施检测检验技术服务法、安全事故应急救援法、安全事故调查处理法、职业健康与职业病防治法、安全损害救治赔偿法、安全保险法、安全赔偿解决法、安全刑法等。这些法可以看做安全法体系的构成部

分，或者称安全法体系的不同法律部门。

安全法律部门是指运用一定的调整方法调整各种安全关系的法律规范的总和。安全法律部门自成体系，即安全法律体系。安全法律部门的特征是：（1）安全法律部门的所有分支法是统一于安全法律体系的总体框架内，安全基本法律制度统领其他分支法法律制度。安全法律部门内部的各个分支法之间应当是协调统一的。（2）安全法律部门内部又是可分的。安全法律部门内部是由更为具体、专业的若干个下一级分支法所组成的。作为安全关系的内部，往往又可分解出更多、更细的具体的、特定的社会关系，这也需要相应的下一级分支法调整。（3）安全法律部门内部的下一级分支法又是相对独立的。不同分支法都调整一定的安全社会关系，比如，煤矿安全法调整煤炭开采过程中产生的安全关系，以及政府与煤矿之间的安全监管监察关系。调整危险化学品生产、储存运输、经营、使用和处置过程中安全关系的法，即构成危险化学品安全法。

安全法律部门的分类：煤矿安全法、非煤矿山安全法、危险化学品安全法、烟花爆竹安全法、民用爆炸物品安全法、建筑施工安全法、特种设备安全法、交通安全法、公众安全法和事故应急调查法等分支法，它们构成安全法律体系。

三、安全法的调整方式

（一）概念和要素

1. 法的调整方式的概念和要素

法的调整方式亦称法律调整方式，是指法律对社会关系施加影响的手段和方法的总和，具有下列要素：（1）确定权利和义务的方式、方法。比如，权利和义务是由当事人各方协商而定还是由国家的法律、法规而定。（2）权利、义务的产生、内容和受到侵犯将给予的制裁的确定程度。（3）法律事实的选择。比如，男女双方是选择拜天地还是选择婚姻登记作为合法婚姻关系成立的法律事实。（4）确定法律关系主体的不同地位。比如当事人双方之间各自的法律地位平等还是一方受另一方的管辖，双方是平等关系还是管理从属关系。（5）保障权利、义务实现的手段和途径。

2. 安全法调整方式的要素

（1）确定安全主体各自的安全权利和义务的方式、方法。大部分安全权利和义务是通过法律、法规直接确定的，但也有少数安全权利和义务采用由当事人各方协商确定的。比如，《安全生产法》第41条关于发包、承包生产经营项目、场所、设备的规定，既有承发包双方订立安全生产协议的规定，也有承发包双方订立承包合同的规定。

（2）安全权利、义务的产生、内容和受到侵犯将给予的制裁的确定程度。

（3）安全法律事实的选择。比如，企业与从业人员是选择订立劳动合同续用还是选择一次性录用，作为安全关系成立的法律事实。

（4）确定安全法律关系主体的不同地位。比如，政府及其监管部门与企业之间的法律地位是不同等主体之间的安全法律关系，两者之间存在管理与被管理的从属关系，各自的权利和义务不对等。再如，商业企业与消费者之间的法律地位就是平等主体之间的安全法律关系，各自的权利和义务对等。

（5）保障安全权利、义务实现的手段和途径。

（二）安全法调整方式分类

1. 法的调整方式的分类

我国法的基本调整方式有三种：（1）允许的方式，即允许一定主体有某种行为（不行为）的权利。主体行为的权利是允许方式本身的内容，主体以自己的行为（不行为）来满足自己的利益。这种方式使人们有依据生活的需要和利益来选择行为方式的自由，有使法律调整符合生活需要的特点。（2）设定积极义务的方式，即要求主体做出某种行为、承担某种积极行为的义务。要求主体做出积极行为的方式，用在要求主体必须做出某种积极行为的场合，体现着自上而下地要求积极作为的命令。（3）禁止的方式，即禁止主体为一定行为（或不行为）、承担不为一定行为的义务。禁止的方式要求主体不为一定行为，则是保证权利主体实现其权利的必要条件。禁止的方式和积极义务的方式一样，它们都体现着自上而下的“管”，即所谓的“令行禁止”。这是公法调整的方式。

2. 安全法调整方式的分类

基本有以下三种：（1）允许的方式，即允许一定安全法律关系主体有某种行为（不行为）的权利，也就是主体有选择自己作为或者不作为的权利。鉴于我国绝大多数安全法律规范是行政法律规范，要确定主体的安全权利和义务尤其是设定安全义务，所以留给主体自主选择行为方式的权利空间较小，安全法律规范则较少采用允许方式来实施法律调整。（2）设定积极义务的方式，即要求一定安全法律关系主体做出某种行为、承担某种积极行为的义务。这是一种要求主动作为的方式，我国安全法较多采用这种方式，充分体现出国家通过这种调整方式促使政府和企业两大主体积极作为的立法理念。比如，要求政府及其监管部门积极主动地承担起领导本地方安全生产工作的义务，依法履行行政执法职责，确保一方平安；要求生产经营单位重视并抓好安全管理，依法生产经营，防止和减少事故。（3）禁止的方式，即禁止一定安全法律关系主体为一定行为（不行为）、承担不为一定行为（不行为）的义务。这种方式在设定企业安全义务时常用。比如，《安全生产法》规定生产经营单位主要负责人对本单位的安全生产工作全面负责，应当履行六项安全管理职责；发生生产安全事故时，主要负责人应当及时报告并组织现场救援，不得擅离职守或者逃匿。

我国现行的安全法律规范则较多地采用了积极义务方式和禁止方式的调整方式，其主要目的是明确主体的安全义务，强调违法者的安全责任，将安全关系纳入法律调整的范畴，有效地规范主体的行为，建立安全法律秩序。今后，随着安全状况的稳定好转，则会较多地采用允许的方式。

四、我国安全法律体系

（一）安全法律体系的概念

法律体系是指一国全部法律规范按照一定的原则和要求，根据不同法律规范的调整对象和调整方法，划分为若干法律门类，并由这些法律门类及其包括的不同法律规范形成的有机联系的统一整体。安全法律体系是指全部现行的、由不同的安全法律规范形成的有机联系的统一整体。

我国安全法律体系具有3个特征：

1. 安全法律规范的调整对象和阶级意志具有统一性。加强安全监督管理，保障人民生命财产安全，预防和减少安全事故，促进经济发展，是党和国家各级人民政府的根本宗旨。安全法律规范是为巩固社会主义经济基础和上层建筑服务的，它是工人阶级乃至国家意志的反映，是由人民民主专政的政权性质所决定的。生产经营活动中所发生的各种社会关系，需要通过一系列的法律规范加以调整。不论安全法律规范有何种内容和形式，它们所调整的安全领域的社会关系，都要统一服从和服务于社会主义的生产关系、阶级关系，紧密围绕着执政为民和基本人权保护而进行。

2. 安全法律规范的内容和形式具有多样性。安全贯穿于生产经营活动的各个行业、领域，各种社会关系非常复杂。这就需要针对不同生产经营单位的不同特点，针对各种突出的安全问题，制定各种内容不同、形式不同的安全法律规范，调整各级人民政府、各类生产经营单位、公民之间在安全领域中产生的社会关系。这个特点就决定了安全立法的内容和形式又是各不相同的，它们所反映和解决的问题是不同的。

3. 安全法律规范的相互关系具有系统性。安全法律体系中各具体法律规范是单个的，但又是体系不可分割的组成部分。安全法律规范的层级、内容和形式虽然有所不同，但是它们之间存在着相互依存、相互联系、相互衔接、相互协调的辩证统一关系。

（二）安全法律体系框架

安全法律体系的框架，是指安全法律体系的立法结构。我们可以从上位法与下位法、普通法与特殊法、综合性法与单行法、安全法律部门体系与专项安全法体系四个方面，来认识和构建我国安全法律体系的基本框架，进而对安全法律体系有一个整体结构性的认识。

1. 从法的不同层级上，可以分为上位法与下位法

法的层级不同，其法律地位和效力也不同。上位法是指法律地位、法律效力高于其他相关法的立法。下位法相对于上位法而言，是指法律地位、法律效力低于相关上位法的立法。不同的安全立法对同一类或者同一个安全行为作出不同的法律规定的，以上位法的规定为准。上位法没有规定的，可以适用下位法。下位法的数量一般要多于上位法。

（1）法律。法律是安全法律体系中的上位法，居于整个体系的最高层级，其法律地位和效力高于行政法规、地方性法规、部门规章、地方政府规章等下位法。比如，国家有关安全的法律有《安全生产法》《消防法》《职业病防治法》《矿山安全法》等。

（2）法规。安全法规分为行政法规和地方性法规。安全行政法规的法律地位和法律效力低于有关安全的法律，高于地方性安全法规、部门规章、地方政府安全规章等下位法。地方性安全法规的法律地位和法律效力低于有关安全的法律、行政法规，高于地方政府安全规章。经济特区安全法规和民族自治地方安全法规的法律地位和法律效力与地方性安全法规相同。

（3）规章。安全行政规章分为部门规章和地方政府规章。国务院有关部门依照安全法律、行政法规的授权制定发布的安全规章的法律地位和法律效力低于法律、行政法规，高于地方政府规章。地方政府安全规章是最低层级的安全立法，其法律地位和法律效力低于其他上位法，不得与上位法抵触。

（4）法定安全标准。我国没有技术法规的正式用语且未将其纳入法律体系的范畴。但是，国家制定的许多安全法却将安全标准作为生产经营单位必须执行的技术规范而载入法律，安全标准法律化是我国安全立法的重要发展趋势。安全标准一旦成为法律规定必须执行的技术规范，它就具有法律上的地位和效力。执行法定安全标准是生产经营单位的法定义务，违反法定安全标准的要求，同样要承担法律责

任。因此，将法定安全标准纳入安全法律体系的范畴认识，有助于构建完善的安全法律体系。法定安全标准分为国家标准和行业标准，两者对生产经营单位的安全具有同样的约束力。

国家安全标准是指国家标准化行政主管部门依照《标准化法》制定的、在全国范围内适用的安全技术规范。行业安全标准是指国务院有关部门、直属机构依照《标准化法》制定的、在安全领域内适用的安全技术规范。行业安全标准对同一安全事项的技术要求，可以高于国家安全标准，但不得与其抵触。

（5）司法解释。司法解释主要是对安全法律的具体适用问题做出规定。比如，2007年1月19日，最高人民法院、最高人民检察院联合发布《关于办理盗窃油气、破坏油气设备等刑事案件具体应用法律若干问题的解释》（法释［2007］3号），是我国首次就办理盗窃油气、破坏油气设备等涉油刑事案件具体应用法律问题作出的司法解释，为严厉有效地惩治涉油刑事犯罪活动提供了明确的法律依据。

2. 从同一层级的法的效力上，可以分为普通法与特殊法

我国的安全立法是多年来针对不同的安全问题而制定的，相关法律规范对一些安全问题的规定有所差别。有的侧重解决一般的安全问题，有的侧重或者专门解决某一领域的特殊的安全问题。因此，在安全法律体系内同一层级的安全立法中，安全法律规范有普通法与特殊法之分，两者相辅相成、缺一不可。这两类法律规范的调整对象和适用范围各有侧重。普通法是适用于安全领域中普遍存在的基本问题、共性问题的法律规范，它不解决某一领域内存在的特殊性、专业性的法律问题。特殊法是适用于某些安全领域内独立存在的特殊性、专业性问题的法律规范，它往往比普通法更专业、更具体、更有可操作性。如《安全生产法》是安全生产领域的普通法，它所确定的安全生产基本方针、原则和基本法律制度普遍适用于生产经营活动的各个领域。但对于消防安全和道路交通安全、铁路交通安全、水上交通安全和民用航空安全领域内存在的特殊问题，除其他有关专门法律另有规定的，则应适用《消防法》《道路交通安全法》等特殊法。据此，在同一层级的安全立法对同一类问题的法律适用上，应当适用特殊法优于普通法的原则。

3. 从法的内容上，可以分为综合性法与单行法

安全问题错综复杂，相关法律规范的内容也十分丰富。从安全立法所确定的适用范围和具体法律规范看，可以将我国安全立法分为综合性法与单行法。综合性法不受法律规范层级的限制，而是将各个层级的综合性法律规范作为整体来看待，适用于安全的主要领域或者某一领域的主要方面。单行法的内容只涉及某一领域或者某一方面的安全问题。

在一定条件下，综合性法与单行法的区分是相对而言的。《安全生产法》就属于安全领域的综合性法律，其内容涵盖了安全领域的主要方面和基本问题。与其相对，《矿山安全法》就是单独适用于矿山开采安全的单行法律。但就矿山开采安全的整体而言，《矿山安全法》又是综合性法，各个不同矿种开采安全的立法则是矿山安全立法的单行法。如《煤炭法》既是煤炭工业的综合性法，又是安全生产和矿山安全的单行法。再如《煤矿安全监察条例》既是煤矿安全监察的综合性法，又是《安全生产法》和《矿山安全法》的单行法和配套法。

4. 从安全法律部门体系内部构成上，分为安全法律部门体系和专项安全法或分支法律体系

安全法律部门体系的基本内容有：国家关于安全的方针、原则、基本法律制度；各种安全法律关系主体的法律地位、权利义务及其相互关系；国家安全监督管理体制；各级人民政府及其安全监督管理部门的法律地位、法定职责和相互关系；各类安全行政许可的设定、实施和监管；安全事故应急救援和调查处理；安全监督管理和行政执法的程序；安全行政处罚执法主体及其职权的划分；安全违法行为的法律责任和处罚方式；涉外安全法律关系；安全法律适用的基本规范。

专项安全法律分支体系是指由调整特殊安全关系的法律规范所组成的有机整体，既有国家法，也有地方法。它具有调整范围的局限性、法律位阶的低层级、法律制度的特殊性、法律规范的单一性、法律条文较强的操作性等特征。共有煤矿安全、非煤矿矿山安全、危险化学品安全、烟花爆竹安全、民用爆炸物品安全、建筑施工安全、公众安全、职业安全健康及其他等分支法律体系。

（1）煤矿安全分支法律体系。煤矿安全法律规范主要来源于《煤炭法》《矿山安全法》《安全生产法》《煤矿安全监察条例》《国务院关于预防煤矿生产安全事故的特别规定》《安全生产许可证条例》和国家安全生产监督管理总局制定的有关规章、安全标准。

（2）非煤矿矿山安全分支法律体系。非煤矿山安全法律规范主要来源于《矿山安全法》《安全生产法》《矿山安全法实施条例》《安全生产许可证条例》和国家安全生产监督管理总局制定的有关部门规章、安全标准。

（3）危险化学品安全分支法律体系。危险化学品安全法律规范主要来源于《安全生产法》《危险化学品安全管理条例》《易制毒化学品管理条例》（国务院令第445号）《农药管理条例》《安全生产许可证条例》和国务院安全生产监督管理部门及有关部门制定的部门规章、安全标准。

（4）烟花爆竹安全分支法律体系。烟花爆竹安全法律规范主要来源于《安全生

产法》《烟花爆竹安全管理条例》《安全生产许可证条例》和国务院安全生产监督管理部门及有关部门制定的部门规章、安全标准。

（5）民用爆炸物品安全分支法律体系。民用爆炸物品安全法律规范主要来源于《安全生产法》《民用爆炸物品安全管理条例》《安全生产许可证条例》和国务院民爆器材行政主管部门制定的部门规章、安全标准。

（6）建筑施工安全分支法律体系。建筑施工安全法律规范主要来源于《建筑法》《安全生产法》《建筑工程安全生产管理条例》《安全生产许可证条例》和国务院建设主管部门制定的部门规章、安全标准。

（7）特种设备安全分支法律体系。特种设备安全法律规范主要来源于《安全生产法》《特种设备安全监察条例》和国务院特种设备安全监督管理部门制定的部门规章、安全标准。

（8）公众安全分支法律体系。公众安全法律规范主要来源于《道路交通安全法》《铁路法》《民用航空法》《道路交通安全法实施条例》《铁路交通事故应急救援和调查处理条例》《内河交通安全管理条例》《消防法》《突发事件应对法》《产品质量法》《食品安全法》《大型群众性活动安全管理条例》《娱乐场所管理条例》和国务院有关部门制定的部门规章、安全标准。

（9）其他安全分支法律体系。其他安全法律规范主要来源于相关法律、法规和规章。其中的法律、行政法规有《突发事件应对法》《水库大坝安全管理条例》和国务院有关部门制定的部门规章、安全标准。

（三）我国安全法律文件体系建设

截至2009年年底，国务院和相关主管部门已经颁布实施并仍然有效的有关安全主要法律法规约有131项。其中包括全国人大制定的《安全生产法》《劳动法》《煤炭法》《矿山安全法》《职业病防治法》《海上交通安全法》《道路交通安全法》《消防法》《铁路法》《民航法》《电力法》《建筑法》《刑法》等20部法律；包括国务院制定的《国务院关于特大安全生产事故行政责任追究的规定》《安全生产许可证条例》《煤矿安全监察条例》《国务院关于预防煤矿生产安全事故的特别规定》《生产安全事故报告和调查处理条例》《危险化学品安全管理条例》《道路交通安全法实施条例》《建设工程安全生产管理条例》等24部行政法规；包括国家安全生产监督管理总局、国家煤矿安全监察局、原国家经贸委、原煤炭部、交通运输部等部门和机构制定的《安全生产违法行为行政处罚办法》《安全生产监督罚款管理暂行办法》《安全生产领域违法违纪行为政纪处分暂行规定》《煤矿矿用产品安全标志管理暂行办法》《煤矿安全监察行政处罚办法》《危险化学品登记管理办法》《〈生产安全事故报告和调查处理条例〉罚款处罚暂行规定》等 85 部部门规章，最高人民法院、最高人民检察院制定出台了《关于办理危害矿山生产安全刑事案件具体应用法律若干问题的解释》等 2 个司法解释，各地人大和政府也陆续出台了不少地方性法规和地方政府规章，比如到目前为止，各省（区、市）都制定了安全生产条例。

自从新中国成立 60 年以来，我国安全生产标准化工作发展迅速，据不完全统计，国家及各行业共颁布了涉及安全的国家标准近 1 500 项，各类行业标准也在几千项以上。我国安全生产方面的国家标准或者行业标准，均属于法定安全生产标准，或者说属于强制性安全生产标准，《安全生产法》有关条款明确要求生产经营单位必须执行安全生产国家标准或者行业标准，通过法律的规定赋予了国家标准和行业标准强制执行的效力。此外，我国许多安全生产立法直接将一些重要的安全生产标准规定在法律法规中，使之上升为安全生产法律法规中的条款。因此，我国安全生产国家标准和行业标准虽然和安全生产立法有所区别，但在一定意义上说，也可以被视为我国安全生产法律体系的一个重要组成部分。当然，其主体内容属于技术规范的范畴。

第二节　安全法律关系

一、安全法律关系概念

（一）定义

法律关系是指法律规范在调整人们行为的过程中所形成的权利义务关系。比如企业与从业人员订立劳动合同之后，就构成了双方之间的劳动法律关系。

安全生产法律关系是指安全生产法律规范在调整生产经营单位从事生产经营活动和各级行政机关实施监督管理及行政执法活动的过程中所产生的权利义务关系。

（二）特征

法律关系的特征：法律关系是根据法律规范建立的一种社会关系，具有合法性；法律关系是体现意志性的特殊社会关系；法律关系是特定法律关系主体之间的权利和义务关系。

安全法律关系具有以下三个特征：安全法律关系是根据安全法律规范建立的社会关系，具有合法性；安全法律关系是体现意志性的特殊社会关系，安全法律关系所反映的是国家保护人民群众生命和财产安全的愿望、诉求和主张，每一个具体的安全法律关系的产生、变更和消灭，往往是通过其参加者的意思表示来实现的；安全法律关系是特定安全法律关系主体之间的权利和义务关系；没有特定安全法律关系主体的法律权利和法律义务，就不可能有安全法律关系的存在。

二、安全法律关系要素

法律关系包括三个要素：法律关系主体、法律关系客体和法律关系内容。安全法律关系要素包括安全法律关系主体、安全法律关系客体和安全法律关系内容。

（一）安全法律关系主体

法律关系主体是指法律关系的参加者，即一定权利的享有者和一定义务的承担者。在每一个法律关系中，主体的多少各不相同，大体上都体现为相对应的双方：一方是权利的享有者，称为权利人；另一方是义务的承担者，称为义务人。法律关系的主体有：公民（自然人）、机构和组织。在特殊情况下，国家可以作为一个整体成为法律关系主体。

我国安全生产法律关系主体主要有以下五类：

1. 公民（自然人）。既包括中国公民，也包括居住在中国境内或者在境内活动的外国公民和无国籍人。

2. 国家机关。既包括立法机关、行政机关，也包括司法机关，其中主要的主体是各级行政机关。

3. 各类内资企业、公司、个体工商户和其他经济组织及其从业人员。

4. 在中国境内设立的中外合资经营企业、中外合作经营企业和外国独资企业及其从业人员。

5. 有关社会组织。比如，城镇基层社区组织、社会团体和媒体等。

（二）安全法律关系客体

安全法律关系客体是指安全法律关系主体之间的权利和义务所指向的对象，包括：物、人身、精神产品、行为结果。

三、安全法律关系内容

（一）法律关系内容的定义和特征

法律关系内容就是法律关系主体之间的法律权利和法律义务。法律关系内容具有三个特征：

1. 法律关系主体的权利和义务是法律关系主体在实施法律（遵守法律或者适用法律）的活动过程中所实际享有的法律权利和正在履行的法律义务，即实有的法律权利和义务。

2. 法律关系主体的权利和义务所针对的主体是特定的，即在一个法律关系中的有关主体（双方当事人或者权利人和义务人）。一旦特定的法律关系主体实施特定的行为（活动）时，那么就实际享有特定的法律权利，或者履行特定的法律义务，双方主体之间必然产生某种法律关系。

3. 法律权利和法律义务仅对特定的法律关系主体有效。

（二）法律关系主体的权利和义务的实现

法律关系主体的权利和义务并不能够自然实现，必须以国家强制力保障其实现。法律关系主体的权利和义务的实现最重要的是通过国家保障。国家除了不断地创造和改善物质条件、政治条件和文化条件以外，还必须建立健全法治体系。国家保障法律关系主体的权利和义务的实现，主要有三个途径：

1. 通过明确规定行使权利的步骤和程序，使权利的落实具有可操作性。

2. 通过限制国家机关（尤其是行政机关）的权力，建立“依法行政”“依法司法”的制度来保障权利。

3. 通过及时制裁侵权行为，督促义务人积极履行义务，从而使权利得以实现。

（三）安全法律关系内容

安全法律关系内容就是安全法律关系主体之间的法律权利和法律义务。安全法律关系内容具有三个特征：

1. 安全法律关系主体的权利和义务是法律关系主体在实施安全法律（遵守安全法律或者适用安全法律）的活动过程中所实际享有的法律权利和正在履行的法律义务，即实有的法律权利和义务。比如，从业人员在生产经营作业中享有知情、避险的权利，同时也要履行遵章守规的法定义务。

2. 安全法律关系主体的权利和义务所针对的主体是特定的，特定的安全法律权利和法律义务仅对特定的安全法律关系主体有效。一旦特定的安全法律关系主体实施特定的生产经营行为（活动）时，那么主体各方就实际享有特定的法律权利，或者履行特定的法律义务，双方主体之间必然产生特定的法律关系。比如，矿山企业与矿工订立劳动合同后，两者之间形成了特定的劳动法律关系和安全法律关系，矿山与矿工依法各自享有权利、履行义务。

3. 安全法律关系是理想的关系、应有的关系、标准的合法的关系，但在实际中发生的具有法律意义的法律主体之间的安全关系并不一定都是合法的。这就要以安全法律规范的内容去衡量实际的安全关系的内容。

从法理上讲，安全法律关系都是符合安全法律的，但实际具有法律意义的安全关系并不一定都是符合法律的。比如，一个无安全生产许可证的烟花爆竹厂擅自进行非法生产行为，致使相关的安全生产监督管理部门与其之间产生了安全行政处罚关系。在这里，前者的非法行为形成的安全关系是不合法的，但是安全生产监督管理部门依法对该非法烟花爆竹厂予以处罚的安全关系却是合法的。

四、安全法律事实

（一）安全法律事实的概念

法律事实是指引起法律关系产生、变更或者消亡的行为或者事件。按照是否以当事人的意志为转移作为标准，法律事实可以分为法律行为和法律事件两种。按照法律事实的存在形式作为标准，法律事实可以分为肯定式法律事实和否定式法律事实。

安全法律事实是指引起安全法律关系产生、变更、消灭的行为或者事件。法律事实是法律规定或者预设的。法律无规定的事实不是法律事实，与安全法律关系无关。

（二）安全法律行为

法律行为是指以意思表示为要素，设立、变更、终止权利和义务的合法行为和违法行为。法律行为具有两个特征：一是法律性。法律行为是法的现象的重要组成部分，是由法律规定的、具有法律意义、可以用法律进行评价的人的行为，因此区别于一般的社会行为。二是社会性。法律行为作为人的活动，具有社会性的特征，即法律行为不是一种孤立的行为，而是其他社会行为的一种形式或者一个方面。

法律行为可以作为法律事实而存在，能够引起法律关系产生、变更或者消灭。因为行为人的主观意志有善意与恶意、合法与违法之分，故其行为可以分为善意行为、合法行为和恶意行为、违法行为。合法行为，是指符合现行法律规定的行为，由此而引起法律关系产生、变更或者消灭的情况非常广泛。比如，职工的录用、买卖合同的订立等。违法行为，是指违反现行法律规定的行为，既包括作出了法律所禁止的行为，也包括不做法律要求的行为。违法行为按其违法的性质和对社会的危害程度可以分为严重违法行为和一般违法行为两种。严重违法行为通常是指触犯刑法的行为，即该行为构成犯罪。一般违法行为，是指构成犯罪以外的其他违法行为。

安全法律行为是指引起安全法律关系产生、变更、消灭的个人行为或者组织行为，它包括善意行为、恶意行为，合法行为、违法行为等。

（三）安全法律事件

法律事件是指以法律规范规定的、不以当事人意志为转移的而引起法律关系形成、变更或者消灭的客观事实。法律事件指自然事件、社会事件。

安全法律事件是指以安全法律规范规定的、不以当事人意志为转移的而引起安全法律关系形成、变更或者消灭的客观事实。它不由安全法律关系主体的意志决定或者支配，所以主体不承担责任，但可能随着安全法律关系的产生、变更或者消灭而产生、变更或者消灭一定的安全权利、安全义务。安全法律事件包括自然安全事件、社会安全事件。

自然安全事件指由自然灾害或者不可抗力引发的生产经营单位从业人员或者其他相关人员的伤亡、职业危害或者财产损失等事件。例如，特大洪涝灾害造成了煤矿淹井和井下矿工死亡，煤矿与死亡矿工之间的原有权利和义务随之消灭，但同时又产生新的救助权利义务关系。自然事件是指非安全法律关系主体的意志所能决定的突发事件。自然安全事件还有地震、海啸、山洪、意外死亡等。

社会安全事件是安全法律关系主体以外的人制造的群体性事件，对安全法律关系主体而言具有不可预见、不可避免、不可克服的意外性质。比如，社会骚乱、恐怖袭击、战争等突发事件可能使一些安全法律关系产生、变更或者消灭。

安全法律事件构成免责理由，必须具有不可避免、不可克服的性质，并非任何自然事件都会构成安全法律关系主体免责。

需要注意的是，一个安全法律事实可以引起多个安全法律关系的产生、变更或者消灭，多个法律事实可能引起一个安全法律关系的产生、变更或者消灭。

第三节　安全生产法的基本原则和安全生产方针、基本法律制度

一、安全生产法的基本原则

法的原则是制定法的原理，内含方针、指导思想及思想起源，从中可看到理念或价值观以及法律目的、任务，反映法律性质。它既可被看做法律规范的根源，也可被看做对法律规范的概括或者抽象。法的原则的作用：一是指导法律规范的制定；二是指导人们的实际行动；三是用于法律解释、法律推理、法律论证。

安全法所具有的交叉性质决定了它既要遵守宪法、民法、行政法、刑法、程序法的法律原则，当交叉到其他行业专业法时还要遵守它们有关安全方面的法律原则。本节主要讲述安全法在其相对独立的领域内所应具有和遵循的基本法律原则。安全法的基本原则是贯穿于立法和法律实施中的根本指导思想和基本思路，是统率各项安全法律制度的总纲。

（一）人身安全第一

以人为本既是科学发展观的核心，又是当今各国普遍认同的理念。我国是人民民主专政的社会主义国家，国家本质是人民当家做主，人民的利益高于一切。立党为公，执政为民，我们的每一项工作，都是为人民服务。而作为人民群众的主要组成部分的大批生产经营类企业的从业人员，他们从事着各种生产经营活动，往往面临着各种危险因素、事故隐患的威胁。一旦发生生产安全事故，从业人员的生命和健康将受到直接的损害。近年来，全国每年因事故死亡的从业人员多达数万人，造成了许多家庭的经济窘迫、解体，导致了大量的社会问题。随着社会经济发展和民主法制的进步，人的社会地位尤其是人的生命权必然受到前所未有的重视和保障。

安全法最根本、最重要的原则及作用就是保障从业人员的人身安全，保障他们的生命权不受侵犯。按照人身安全第一原则，我国安全法律规范都将对人的生命和健康的保护列为首要任务，对此作出了最多、最充分的规定。比如，《安全生产法》第 1 条就将保障人民群众生命财产安全作为立法宗旨，并且在第三章专门对从业人员在生产经营活动中的人身安全方面所享有的权利作出了明确的规定。法律赋予从业人员依法享有工伤社会保险和获得民事赔偿的权利，充分体现了国家对维护从业人员生命和财产权利的高度重视。

（二）重在预防

从安全监督管理的过程或者环节来说，可以分为事前、事中和事后的监督管理。事前监管是指生产经营单位的安全管理工作必须重点抓好生产经营单位申办、筹办和建设过程中的安全条件论证、安全设施“三同时”审批等工作，在正式投入生产经营之前就符合法定安全条件或者要求，把可能发生的事故隐患消灭在建设阶段。事中监管是指在生产经营全过程中的安全管理，其环节最多、过程最长，需要每时每处都保证安全，因此生产经营单位必须建章立制，加强管理，保证安全。事后监管是发现安全违法行为和发生责任事故后的行政执法。《安全生产法》对此作出了具体的规定。为了检查督促生产经营单位的安全预防工作，法律同时要求政府及其负有安全生产监管职责的部门把监督工作的重点前移，放在事前监管和事中监管上，重在预防性、主动性的监督。为此，法律明确规定负有安全生产监管职责的部门要对生产经营单位的安全生产条件、安全设施的设计、验收和使用、生产经营单位主要负责人和特种作业人员的资格、安全机构及其人员、安全培训、安全规章制度、特种设备、重大危险源监控、危险物品和危险作业、作业现场安全管理等环节加强监管，由被动监管转向主动预防，将事故隐患消灭在萌芽状态，防止和减少重大、特大事故。

（三）权责一致

当前重大事故不断发生的一个重要原因，是一些拥有安全事项行政审批许可及安全监管权力的有关政府部门及其工作人员只要权力，不要责任，出了事故，推卸责任。如果听凭这种有权无责，权责分离现象蔓延，必然导致某些政府部门及其工作人员玩忽职守，徇私枉法，对该审批的安全事项不依法审批，对不该批准的安全事项违法批准，对应当监督管理的安全事项不负责任，其结果是出了事故，负责行政审批发证和监督管理的部门和人员置身法外，不承担任何行政责任。要从根本上解决这个问题，必须按照权责一致的原则依法建立权责追究制度，明确和加重地方各级人民政府的安全生产行政责任，使其在拥有行政权力的同时承担相应的行政责任，权力越大，责任越重。为了加强对安全生产的监督管理，《安全生产法》强化了各级人民政府和负有安全生产监管职责的部门负责人和工作人员的相关职权和工作手段，同时也对其应负的法律责任及约束监督机制作了明确规定。

（四）政府领导、分级监管

建立健全适合我国国情的安全监督管理体制，依法确定各级人民政府及其负有安全监管职责部门的法定地位和法定职责，对于加强政府对安全工作的领导，加大对企业生产经营活动安全事项的监督检查和行政执法力度，实现安全状况的根本好转，至关重要。

我国安全法确定了各级人民政府在本地方安全工作中的行政领导地位，确定了各级人民政府负有安全监管职责的部门具体实施监督管理和行政执法的法律地位。乡镇、县、市、省和国家各级人民政府各有其位、各有其责。按照属地化、分级监督管理的原则，在我国安全生产领域内形成了一个自上而下的行政监管体系，以确保国家有关方针政策、决策和法律法规的贯彻实施。

（五）社会监督、综合治理

安全生产涉及社会各个方面和千家万户，仅靠政府部门是难以实现的，还必须调动社会力量共建和监督，齐抓共管，综合治理。要依靠人民群众、企业职工、工会等社会组织、新闻舆论的大力协助和监督，群防群治。只有提高全社会的安全意识，才能形成全社会关注安全、关爱生命的社会氛围和机制。《安全生产法》主要是通过建立社区基层组织和公民对安全生产的举报制度和加强舆论监督来强化社会监督的力度，将安全生产的监督触角延伸到社会的各个领域、各个方面和各个地方，以协助政府部门加强监管。各级安监部门在依法履行职责的同时，还应当在政府的统一领导下，依靠公安、监察、交通、工商、建筑、质量监督等有关部门的力量，加强沟通，密切配合。只有加强社会监督，实现综合治理，才能从根本上扭转安全意识淡薄、安全隐患多、事故多发的状况，把事故降下来，实现安全生产的稳定好转。

（六）重典治乱

安全生产形势严峻、事故高发的原因之一，是原有安全立法规定的处罚力度过轻，不足以震慑和惩治各种严重违法和造成重特大事故的违法犯罪分子。随着社会主义市场经济的发展，非公有制经济成分必将逐渐增加。据统计，全国每年各类生产安全事故的60％～80％发生在非公有制生产经营单位。一些私营生产经营单位责任人只求效益不求安全，出了事故便逃跑，把大量矛盾推给政府和社会解决。过去的安全生产立法主要是针对国有企业制定的，对非公有制企业的安全生产缺乏明确的、严格的法律规范，对违法者存在着法律责任的缺失和处罚偏轻的问题。对违法者的仁慈，就是对人民的犯罪。所以，对那些严重违法者，必须依法从重设定处罚，追究其法律责任。比如，《安全生产法》设定了安全生产违法应当承担的行政责任和刑事责任，规定了11种行政处罚，有11条规定构成犯罪的要依法追究其刑事责任，还破例地设定了民事责任，其法律责任形式之全、处罚种类之多、刑罚之严厉都是前所未有的。这充分反映了国家对严重安全生产违法者和造成重特大生产安全事故的责任者依法课以重典的指导思想。

二、安全生产方针

自新中国成立以来，党中央、国务院历来高度重视安全生产工作，确定了安全生产工作方针，要求各级党委和政府把安全生产摆到重要日程上，加强领导，采取有力措施，强化行政执法，预防和遏制重大、特大事故，保护人民群众生命和财产安全，促进经济发展，维护社会稳定。

我国安全法的规范始终突出了安全第一、预防为主的方针。安全第一、预防为主是以法律形式强制实施的安全生产基本方针，是《安全生产法》的灵魂。在《安全生产法》出台后，中央根据当前安全生产形势，明确提出了“安全第一，预防为主，综合治理”的安全生产工作方针，这是对《安全生产法》确定的八字方针的进一步完善和发展，为今后我国安全生产工作指明了方向、目标和手段。

安全第一、预防为主、综合治理三者相互联系，对此必须全面把握、深刻理解、认真贯彻。安全第一是目标，其把安全工作作为各项生产经营活动的出发点和落脚点，作为政府领导安全生产工作的基本点，强调安全与发展、安全与生产、安全与政绩、安全与效益的和谐统一，任何时候都要把保护人民群众生命和财产安全作为党和国家的根本宗旨，要把安全生产工作提升到政治、经济、社会和法治的高度来认识，切实抓紧抓细抓好。

预防为主是关键环节，只有把预防事故作为安全生产工作的重中之重，进行主动的、超前的和预防性的管理，才能消除事故隐患，把重特大事故发生率降下来。坚持预防为主，主要体现为“六先”，即安全意识在先、安全投入在先、安全责任在先、建章立制在先、隐患防范在先和监督执法在先。

综合治理是手段。导致安全形势严峻、事故高发的因素很多，抓安全工作不能“单打一”，必须综合治理。综合治理就是强调要充分发挥、调动政府、企业和社会各方面的力量，充分运用宣传教育、社会监督、企业自律和政府监管等各种方式，充分发挥法律手段、经济手段和行政手段的作用，从各个方面齐抓共管，规范企业的生产经营行为，建立安全生产法律秩序，打击安全生产违法行为，查处重特大事故责任者，防止和减少生产安全事故，实现安全生产状况的根本好转。

三、安全生产基本法律制度

（一）安全生产监督管理制度

《安全生产法》第 1 条规定：“为了加强安全生产监督管理，防止和减少生产安全事故，保障人民群众生命和财产安全，促进经济发展，制定本法。”依法强化监管是安全生产的关键。《安全生产法》所确立的安全生产监督管理法律制度，充分体现了强化监管的宗旨和社会监督、齐抓共管的原则，也因此将安全生产监督管理工作拓展到前所未有的领域。

这项法律制度包括政府监督管理与社会监督两部分。在突出各级人民政府及其安全生产综合监督管理部门、有关部门的安全监管和行政执法主体地位的同时，也要肯定公民、法人、工会和其他社会组织协助政府和各有关部门对安全生产进行社会监督、群防群治的作用，其目的是要最大限度地调动一切力量，使安全生产监督管理延伸到社会的每个角落，覆盖到全社会。

安全生产监督管理制度涵盖了安全生产监督管理体制、各级安全生产监督管理部门以及其他有关部门各自的安全监督管理职责、公众监督、社区组织监督和舆论监督等重要内容。安全生产监督管理的主体包括各级人民政府及其安全生产综合监督管理部门、有关部门、公民、工会、社区基层组织和媒体，依照法律赋予的权力对安全生产工作进行监督。

（二）安全生产许可制度

行政许可也称行政审批，是指行政机关根据公民、法人或者其他组织的申请，经依法审查，准予其从事特定活动的行为。按照许可的内容划分，我国法定的安全生产许可主要有企业设立的安全许可，安全设施“三同时”，安全生产条件许可，安全生产中介机构资质许可，安全职业资格认证，从业人员安全资格认证。

安全生产许可的对象是指实施行政许可制度的相关行业（领域）的企业和人员，主要包括矿山企业及其相关人员，建筑施工企业及其相关人员，危险化学品生产、储存、运输、经营企业及其企业主要负责人和特种作业人员，烟花爆竹生产、储存、运输、经营企业和燃放单位及其主要负责人及特种作业人员，民用爆炸物品生产、储存、经营企业及其主要负责人及特种作业人员，水上运输企业，从事渔业生产的船舶，大型群众性活动，消防单位，特种设备检验检测机构和特种设备作业人员、检验检测人员，职业病防治机构和人员。

（三）安全生产保障制度

各类生产经营单位是生产经营活动的主体和安全生产工作的重点。《安全生产法》确立了生产经营单位安全保障制度，对生产经营活动安全实施全面的法律调整，其内容非常丰富，主要包括法定安全生产条件，安全管理机构和人员保障，安全投入保障，安全设施设备保障，危险物品和重大危险源安全管理，作业现场安全管理，从业人员的人身安全保障。

（四）生产经营单位主要负责人安全责任制度

生产经营单位主要负责人是生产经营活动的主要决策人，是生产经营单位安全生产工作的第一责任者；必须是实际领导、指挥生产经营单位日常生产经营活动的决策人；必须是能够承担生产经营单位安全生产工作全面领导责任的决策人；如不履行法定安全管理职责，即构成安全生产违法行为，将被依法追究责任。

（五）从业人员安全权利义务制度

生产经营单位的从业人员是各项生产经营活动最直接的劳动者，是各项安全生产法律权利和义务的承担者。从业人员安全生产权利义务制度主要包括生产经营单位的从业人员在生产经营活动中的基本权利和义务。从业人员的权利包括享受工伤保险和伤亡求偿权，危险因素和应急措施的知情权，安全管理的批评检控权，拒绝违章指挥和强令冒险作业权，紧急情况下的停止作业和紧急撤离权。从业人员必须承担的法律义务包括遵章守规、服从管理，正确佩戴和使用劳保用品，接受安全培训、掌握安全生产技能，发现事故隐患及时报告。

（六）职业危害防治制度

按照现行行政管理体制的分工，卫生部门负责对用人单位的职业健康监护情况进行监督检查，规范职业病的预防、保健，并查处违法行为；负责职业卫生技术服务机构资质认定和监督管理；审批承担职业健康检查、职业病诊断的医疗卫生机构并进行监督管理，规范职业病的检查和救治；负责化学品毒性鉴定管理工作；负责对建设项目进行职业病危害预评价审核、职业病防护设施设计卫生审查和竣工验收。

安监部门负责制定作业场所职业卫生监督检查、职业危害事故调查和有关违法、违规行为处罚的法规、规章、标准，并监督实施；负责作业场所职业卫生的监督检查，依照《使用有毒物品作业场所劳动保护条例》发放职业卫生安全许可证；负责职业危害申报，依法监督生产经营单位贯彻执行国家有关职业卫生法律、法规、规定和标准的情况；组织查处职业危害事故和有关违法违规行为；组织指导、监督检查生产经营单位职业安全培训工作。

（七）安全中介服务制度

引入社会中介服务机制，确立安全中介服务机构在安全工作中的法律地位，使其服务职能社会化、市场化和法律化，充分发挥中介服务在安全工作中的桥梁和纽带作用，这是《安全生产法》确立的安全生产中介服务制度所要解决的问题。

这项制度主要包括从事安全评价、评估、检测、检验、咨询服务等工作的安全生产中介机构和安全专业技术人员的法律地位、资质、权利和责任等内容，旨在规范中介机构有序参与社会化安全中介服务活动。比如，《安全生产法》第 12 条规定："依法设立的为安全生产提供技术服务的中介机构，依照法律、行政法规和执业准则，接受生产经营单位的委托为其安全生产提供技术服务。"

（八）事故应急救援与调查处理制度

受生产力发展水平的制约，我国在短时期内还难以完全杜绝生产安全事故。安全生产工作的近期目标，是遏制重大、特大事故，预防和减少一般事故。因此，做好事故应急救援和调查处理工作是必不可少并且非常重要的，这是各级人民政府及其负有安全生产监督管理职责的部门和生产经营单位义不容辞的法定职责。《安全生产法》确立的事故应急救援和调查处理制度，对事故发生前应急救援的准备和事故发生后调查处理的组织分别进行了规范，体现了重在预防的指导思想。

（九）安全违法责任追究制度

有责必究是建立安全法律秩序的重要保障。法律责任是国家管理社会事务所采用的强制当事人依法办事的法律措施。依照《安全生产法》的规定，各类安全生产法律关系的主体必须履行各自的安全生产法律义务，保障安全生产。执法机关将依照有关法律规定，追究安全生产违法者的法律责任，对有关生产经营单位给予法律制裁。这项制度主要包括安全生产的责任主体、安全生产责任的确定、追究责任的机关、依据、程序和法律责任等内容，体现了法律的强制性、惩罚性功能。

本章小结

本章讲述了安全法调整的对象、安全法律部门和我国安全法律体系，论述了安全法的基本原则和安全生产方针，简要介绍了九项安全生产基本法律制度，分析了安全法律关系的概念、特征、要素和安全法律事实。

复习思考题

1. 什么叫安全关系？它有哪些种类？

2. 安全法律体系由哪些分支法构成？

3. 安全生产方针与安全法基本原则之间是什么关系？

4.《职业病防治法》《注册安全工程师管理规定》《高危行业企业安全生产费用财务管理暂行办法》是如何贯彻或体现重在预防的安全法原则的？

5. 在贯彻政府领导、分级监管安全法原则的实际工作中存在哪些问题？有什么改进措施？

6. 在实际安全工作中怎样贯彻预防为主的法律原则？

7. 结合实际，论述我国在贯彻权责一致的安全法原则中的不足。

8. 什么叫安全法律关系？

9. 举例说明安全法律关系的主体、客体、内容。

10. 举例说明安全法律行为、安全法律事件。

第三章　安全生产行政监督管理

本章学习目标

1. 了解安全生产行政监管体制的概念。
2. 理解我国安全生产综合监管与专项监管的关系。
3. 掌握实行安全生产行政许可制度的行业企业、项目种类。
4. 理解安全条件在安全生产许可制度中的意义。
5. 掌握安全行政执法方式和程序。
6. 掌握安全事故隐患查处程序。

第一节　安全生产行政监管体制

一、安全生产行政监管体制概念

1. 行政管理体制的概念

行政管理体制是指一个国家行政机关设置、行政职权划分以及为保证行政管理顺利进行而建立的一切规章制度的总和。从本质上说，行政管理体制就是一个国家的政体及其管理制度的集中反映。从运行形态上说，它是由行政管理机构、管理权限、管理制度、管理工作、管理人员有机构成的管理系统。行政管理体制的核心是各级行政机构的权力和职责的划分。

2. 安全生产监督管理体制的概念

安全生产监督管理体制是指国家安全生产监督管理和行政执法机构的设置、安全生产行政执法职权划分，以及为保证安全生产行政执法顺利进行而建立的一切规章制度的总和。安全生产监督管理体制具有以下四个特征：

(1) 它是一种行政管理体制。采用何种安全行政执法体制，要由国家行政管理体制的总体布局决定。通过国家行政管理权的合理分配，确保各级人民政府对本地方的安全生产实施统一领导和监督管理。因此，安全生产监督管理体制是国家行政管理体制的重要组成部分。

(2) 设置安全生产行政执法的主体。安全生产监督管理体制包括各级安全生产行政执法的机构及其人员配备，以从组织上保障各级政府对安全生产的有效监督。

(3) 划分安全生产行政执法的职权。安全生产监督管理体制的重要内容之一，就是对县级以上各级政府及其负有安全生产监督管理职责的部门进行事权划分，使其具有履行职责的必要手段。

(4) 规范安全行政执法工作的规章制度。为了实现安全生产行政执法工作的规范化、制度化，防止和制约违法行政行为，保障公权力行使的公正、公平、公开，要建立健全一系列自我约束、规范有序的规章制度。

二、安全生产综合监管

(一) 综合监管的法律定位

政府监督管理是指各级人民政府及其安全生产综合监督管理部门和有关部门依照法定的职权和程序，对安全生产法律关系主体的生产经营行为实施监督检查、对安全生产违法行为实施行政处罚的行政管理活动。综合监督管理部门是在各级人民政府领导下负责安全生产监督管理和行政执法职能的行政机构。

(二) 安全生产综合监管职责

依照《安全生产法》等法律、法规的规定，县级以上安全生产监督管理部门代表国家和各级地方人民政府，按照各自的职责权限对安全生产工作实施综合监督管理，其主要工作内容有以下8项：

1. 在本级人民政府的领导下，统筹安排安全生产工作，协调、解决安全生产工作中的重大问题，对安全生产工作实施综合监督管理。

2. 按照职权拟定、制定有关行业或者领域内安全生产的法律、法规、规章和安全标准、规程，并监督检查生产经营单位的执行情况。

3. 负责法定的专项安全生产行政许可。

4. 对生产经营单位的安全生产条件和安全管理情况进行监督检查。

5. 受理和查处举报的事故隐患和安全生产违法行为。

6. 组织实施安全生产应急救援工作。

7. 按照国家规定组织调查处理伤亡事故，发布安全生产信息和事故处理情况。

8. 依法实施行政处罚。

三、安全生产专项监管

（一）专项监管的法律定位

安全生产专项监督管理是依照有关法律、法规和政府授权，对某一方面或者特定行业（领域）的安全生产工作所实施的政府监督管理。专项监督管理负责解决某一方面或者行业（领域）的特殊性、个性的安全生产问题。履行专项监管职责的政府有关部门是安全生产专项行政执法的行政机构。

（二）安全生产专项监管职责

安全生产专项监管职责主要来源于法律、法规、规章和政府的授权。负责安全生产专项监管的政府部门在各自的职权范围内实施专项监管，其主要职责有以下8项：

1. 在本级人民政府的领导下，研究部署专项安全生产行政执法工作，对有关本行业或者领域的安全生产工作实施专项监督管理。

2. 按照职权拟定、制定有关行业或者领域安全生产的法律、法规、规章和安全标准、规程，并监督检查生产经营单位的执行情况。

3. 负责法定的专项安全生产行政许可。

4. 对生产经营单位的安全生产条件和安全管理情况进行监督检查。

5. 受理和查处举报的事故隐患和安全生产违法行为。

6. 组织实施安全生产应急救援工作。

7. 按照国家规定组织调查处理伤亡事故，发布安全生产信息和事故处理情况。

8. 依法实施行政处罚。

四、综合监管与专项监管的关系

综合监管所要解决的问题是关系到安全生产全局的、基本的和长远的共性问题。综合监管与专项监管是一种政府下属不同安全生产监督管理部门之间的协调、指导和监督关系。

（一）协调关系

1. 政府领导与部门执行的协调。各级人民政府关于本地方安全生产工作的各项决策和部署，需要通过综合监管部门下达到各有关部门加以落实。

2. 上下级政府及其部门之间的协调。上级人民政府及其安全生产综合监管部门关于安全生产工作的各项决策和部署，需要由安全生产监管部门传达到本级政府专项监管部门。安全生产综合监管部门要研究执行中存在的问题，并加以协调解决。

3. 同级政府部门之间的协调。对有关部门在实施专项安全监管过程中产生的重大问题、共性问题，需要综合监管部门牵头组织有关部门研究，商讨并提出相关意见、建议和对策。

4. 行政机关与司法机关的协调。政府行政部门在执法中如涉及重、特大事故应急救援、调查处理以及追究刑事责任等重大事项，需要与公安机关、检察机关和审判机关加强沟通、商量和配合，这些工作需要综合监管部门承担。

（二）指导关系

1. 对专项监管工作的指导。为使有关部门更好地履行专项监管职责并解决重大问题，综合监管部门可以对其提出建设性的意见、建议，为其出主意、想办法。

2. 对下级综合监管的指导。一是对发现的下级在安全生产综合监管工作中存在的问题提出意见、建议；二是对下级安全生产综合监管部门就有关问题的请示给予答复、解释。

（三）监督关系

1. 监督安全生产方针政策、法律法规的执行。由综合监管部门牵头组织各种安全生产专项督察、联合督察活动。

2. 检查专项监管的实施。对专项监管工作中存在的问题提出整改意见、建议，对专项监管中存在的重大问题进行通报批评，提出改进意见、措施。

3. 向政府报告专项监管工作。虽然综合监管部门与专项监管部门之间不存在领导与被领导、管理与被管理的隶属关系，但是作为代表政府统一协调管理安全生产工作的部门，综合监管部门对专项监管部门不依法履行监管职责和渎职、失职的行为，可以向本级政府提出督促、责令有关部门进行整改的意见、建议，报政府作出决定。

总之，安全生产监督管理部门与有关部门各有其职、各负其责，两者互不交叉、互不替代，应当各司其职，齐抓共管。

第二节　安全生产许可

一、建立安全许可制度的必要性

以矿山、建筑施工和危险化学品、烟花爆竹、民爆器材生产企业为突破口，依法建立健全安全许可制度，是国家实施市场监管和安全准入的重要措施。

1. 从源头上把住安全生产准入关刻不容缓

2000年前后，我国从事矿产资源开采、建筑施工和危险化学品、烟花爆竹、民用爆破器材生产的高危生产企业共有近30万家。高危生产企业的事故发生起数和死亡人数长期以来占工矿商贸企业的70%以上，因事故造成的直接经济损失每年达上百亿元，仅次于道路交通事故。尽管国家采取了多项措施并进行了多次集中整治，但仍未解决其安全生产准入的问题。一是高危生产企业的安全“门槛”过低，缺乏明确的安全生产条件。二是已经进行生产的不具备基本安全生产条件的小企业内存在着大量不安全因素和事故隐患，得不到有效整改。三是对安全生产条件的审查把关和检查监督没有法律化、制度化。四是安全生产准入制度的缺失造成了管理制度上的“空白”，不利于加大行政执法力度。要加强对高危生产企业进入市场的“事前”安全审查，设置安全“门槛”，把住准入关，急需依法确立安全生产许可制度。

2. 依法建立安全生产许可制度势在必行

在安全生产领域内，企业是否具备基本安全生产条件是衡量其是否符合安全生产准入资格的主要标准。这是世界各国通行的基本做法。在我国现阶段安全生产水平较低的情况下，没有严格的安全生产准入条件，没有相应的法律制度和法律规范，所以安全生产状况是不可能实现根本好转的。因此，依法建立安全生产许可制度，一是贯彻“三个代表”重要思想和中央决策的法律体现；二是贯彻《行政许可法》的需要；三是贯彻《安全生产法》的需要；四是健全安全生产法律制度的需要；五是提高企业安全生产管理水平的需要。

二、安全生产许可制度

安全生产许可制度是国家安全生产法律制度的重要组成部分，它涵盖了安全生产许可的性质、效力、主体、客体、调整对象及其相互联系。

（一）安全生产许可的性质

安全生产许可是行政机关依法对安全生产实行事前监管的重要手段，是生产领域的专项安全行政许可，是国家为了严格安全生产准入条件，规范市场主体的不安全行为，防止和减少不具备安全生产条件的企业进入市场所采取的行政管理措施。它的核心是实施安全生产市场准入。

安全许可法的调整对象是指法律所调整的社会关系，社会关系经法律调整后形成一定的法律关系即权利与义务关系。《安全生产许可证条例》主要调整高危生产企业在生产过程中所产生的许可与被许可、管理与被管理的关系，从而建立新的安全生产行政管理关系。安全许可形成了安全行政管理关系，主体双方为安全生产许可证颁发管理机关与高危生产企业，法律关系的内容为双方依法享有的权力（权利）与应当履行的义务。双方如不履行各自的法定义务或者实施了法律禁止的行为，均应承担法律责任。

（二）安全生产许可的效力

安全生产许可具有行政强制力和普遍约束力。行政管理活动的法律化，赋予了安全生产许可具有不可抗拒的强制力，对纳入行政许可范围内的企业具有普遍的法律约束力。依照《安全生产许可证条例》的规定，煤矿企业、非煤矿山企业、建筑施工企业和危险化学品、烟花爆竹、民用爆破器材生产企业，必须申请领取安全生产许可证，获得从事某种生产活动的权利，履行法定的义务，承担法定的责任。

安全生产许可证是被许可人具备安全生产条件、取得从事安全生产许可事项的权利的法定凭证，具有法律的证明力。未依法申请领取安全生产许可证，或者由于不具备安全生产条件而未领取安全生产许可证的，或者被吊销安全生产许可证的，均无从事特定生产活动的权力；擅自从事生产活动的，依法应受处罚。

（三）安全许可的方式

1. 安全设施“三同时”审查

安全法要求生产经营单位建设项目的安全设施应当与主体工程同时设计、同时施工、同时投入生产或者使用。法定的政府监管部门要对安全设施的设计进行审查，施工单位应当按照经批准的设计进行施工，设施竣工时应当由政府监管部门实地检查验收合格后方可生产或者使用。因此，设计审查和竣工验收是国家为保障生产安全而实施的源头监管措施。

2. 安全许可审批

对某些高危行业的生产经营活动，除了实施“三同时”之外，安全法还制定了更为严格的监管措施，即实施安全许可制度。目前安全法明确设定安全许可制度适用的范围主要有采矿、建筑、危险化学品、烟花爆竹、民用爆炸物品、公众文化娱乐、旅游商贸等生产经营活动，以上活动必须达到法定的安全条件方可从事相关活动。

3. 资质认定

对一些有意从事安全中介服务的机构，安全法规定应当由中介机构提出申请，由法定部门对其从业安全条件进行审查。符合条件的，准予其从事相关中介服务活动。目前实施安全资质认可和监管的，主要有安全评估、评价、检测、检验、鉴定、咨询和教育培训等中介服务机构。

4. 资格认定

安全资格认定主要适用于需要较高水平的安全知识、技能和能力的相关岗位人员。安全法对这些特殊人员的从业资格设定了明确的条件，只有符合法定条件的才能任职或者上岗。实施个人安全资格认定的主要有生产经营单位的主要负责人、有关负责人、专职安全管理人员、特种作业人员和中介服务人员（注册安全工程师）。这些人员必须经具有资质的安全培训机构培训，由有关监管部门考试合格后方可任职或者上岗。

5. 项目安全审批

对某些安全事项实施审批，也是政府监管的重要方式之一。安全法规定由政府监管部门实施安全审批的，主要有矿山闭坑及尾矿库废弃、危险品的运输、储存和处置以及消防、文化娱乐、商贸、教育、旅游等场所、设施设备及周边环境的安全事项。

（四）安全许可行业企业、项目

1. 矿山企业及其相关人员许可

《安全生产法》《矿山安全法》《安全生产许可证条例》对煤矿、非煤矿山企业设定的安全生产许可，有安全设施与主体工程“三同时”、安全生产许可、矿山企业主要负责人（矿长）和特种作业人员的安全资格。

2. 建筑施工企业及其相关人员许可

《安全生产法》《建筑法》《安全生产许可证条例》对建筑施工企业和人员设定的安全生产许可，有安全生产许可、建筑工程施工许可、建筑施工企业主要负责人（矿长）和特种作业人员的安全资格。

3. 危险化学品生产、储存、运输、经营企业许可

《安全生产法》《安全生产许可证条例》和《危险化学品安全管理条例》对危险化学品生产、储存、运输、经营企业设定的安全生产许可，有安全生产许可、安全储存许可、安全使用许可、经营许可、运输企业资质认定、危险化学品登记、企业主要负责人和特种作业人员的安全资格。

4. 烟花爆竹生产、储存、运输、经营企业和燃放单位许可

《安全生产法》《安全生产许可证条例》和《烟花爆竹安全管理条例》对烟花爆竹生产、经营、运输和燃放单位设定的安全许可，有安全生产许可、经营许可、运输许可、燃放许可和企业（单位）主要负责人及特种作业人员的安全资格。

5. 民用爆炸物品生产、储存、经营企业许可

《安全生产法》《安全生产许可证条例》和《民用爆炸物品安全管理条例》对民用爆炸物品生产、经营、运输、爆破作业设定的安全许可，有安全生产许可、销售和购买许可、运输许可、爆破作业许可和企业（单位）主要负责人及特种作业人员的安全资格。

6. 运输企业许可

《内河交通安全管理条例》设定的内河危险货物运输安全许可是船检机构检验合格后颁发的船舶危险货物适航证书。《渔港水域交通安全管理条例》规定，从事渔业作业的船舶，须经船舶检验部门检验合格，取得船舶技术证书，并领取渔港监督管理机关签发的渔业船舶航行签证簿后，方可从事渔业生产。

7. 大型群众性活动许可

《大型群众性活动安全管理条例》规定，举办大型群众性活动应当具备法定条件，取得安全许可后方可举办。

8. 消防单位许可

《消防法》对建筑工程的消防设计审查、竣工验收设定了安全许可。

9. 特种设备检验检测机构许可

《特种设备安全监察条例》对特种设备生产、使用、检验检测设定的安全许可，有法定特种设备制造、安装、改造、维修许可、气瓶充装许可、定期检验、检验检测机构核准和特种设备作业人员、检验检测人员的安全资格。

10. 职业病防治机构、人员、作业许可

《职业病防治法》《使用有毒物品作业场所劳动保护条例》对用人单位建设项目、用人单位职业卫生、职业卫生技术服务机构、职业病鉴定机构设定的安全许可，有用人单位建设项目职业病防护设施与主体工程“三同时”、职业卫生安全许可、职业卫生技术服务机构资质认定、职业病鉴定机构资质认定。

11. 产品安全许可

有关工业产品、食品、农药、易制毒化学品的法律法规设定了有关它们生产、经营、购买、运输和进出口的安全许可及生产许可。

（五）安全生产监管部门实施的安全许可

根据有关安全生产法律、行政法规和国务院的授权，目前由国家安全生产监督管理总局、省级安全生产监督管理部门、国家煤矿安全监察局或其委托市、县两级安全生产监督管理部门实施的安全许可有15项：

1. 矿山救护队资质认定，由国家煤矿安全监察局实施；

2. 安全培训机构资格认定，由县级以上安全生产监督管理部门实施；

3. 矿山建设项目和用于生产、储存危险物品的建设项目的安全设施设计审查，由县级以上安全生产监督管理部门、煤矿安全监察机构实施；

4. 矿山建设项目和用于生产、储存危险物品的建设项目的安全设施竣工验收，由县级以上安全生产监督管理部门、煤矿安全监察机构实施；

5. 安全生产检测检验机构资质认定，由省级以上安全生产监督管理部门、煤矿安全监察机构实施；

6. 安全评价和咨询机构资质认定，由省级以上安全生产监督管理部门、煤矿安全监察机构实施；

7. 高危企业的主要负责人和安全生产管理人员的安全资格认定，由省级以上安全生产监督管理部门、煤矿安全监察机构实施；

8. 特种作业人员（特种设备作业人员除外）的操作资格认定，由市级以上安全生产监督管理部门、煤矿安全监察机构实施；

9. 危险化学品生产、经营许可证的颁发，分别由省级以上安全生产监督管理部门、市级以上安全生产监督管理部门实施；

10. 危险化学品生产、储存企业设立的安全审查，由省级以上安全生产监督管理部门实施；

11. 烟花爆竹安全生产许可证的颁发，由省级以上安全生产监督管理部门实施；

12. 烟花爆竹经营（批发、零售）许可证的颁发，由县级以上安全生产监督管理部门实施；

13. 矿山企业安全生产许可证的颁发，由省级以上安全生产监督管理部门、煤矿安全监察机构实施；

14. 职业卫生安全许可证的颁发，由省级以上安全生产监督管理部门、煤矿安全监察机构实施；

15. 注册安全工程师资格认定，由国家安全生产监督管理总局实施。

三、安全条件

安全条件既是生产准入的“门槛”，又是确保安全的必要条件。安全法设定的安全许可较多，取得这些许可的安全条件各不相同。《安全生产法》第16条没有规定生产经营单位应当具备的具体安全条件，只对安全条件的法律规范作出了基本规定：“生产经营单位应当具备本法和有关法律、行政法规和国家标准或者行业标准规定的安全生产条件；不具备安全生产条件的，不得从事生产经营活动”。其他相关法律、行政法规分别对取得许可的安全条件作出了具体规定。比如，《安全生产许可证条例》第 6 条规定的企业应当具备的安全生产条件，不是高危生产企业应当具备的全部的安全生产条件，而是这些企业必须具备的共同的安全生产条件，即从有关安全生产法律、行政法规中概括出来的基本安全生产条件。

（一）安全条件的法律规范

安全条件具有鲜明的行业（领域）特点，不同行业（领域）的生产经营单位的安全条件不同，必须通过相关法律、法规加以规定。《安全生产法》第 16 条指明了设定安全生产条件的法律规范存在于法律、行政法规和国家标准或者行业标准等文本中。

1. 安全法律

安全法中关于安全条件的规定有两种：

（1）原则性的基本规定。《安全生产法》的调整范围相当广泛，涉及诸多主体的安全生产条件。一部法律不能也没有必要对所有生产经营单位的安全生产条件逐一作出规定，它只能规定安全生产条件是所有生产经营单位取得市场主体资格的前提，并且对各种生产经营单位应当具备的安全生产条件的适用法律规范作出规定。

（2）具体的、特殊的规定。特别安全法律对不同主体的安全条件分别作出了规定。比如，《矿山安全法》规定了矿山企业应当具备的安全生产条件；《消防法》规定了消防单位应当具备的消防安全条件；《建筑法》规定了建筑施工的安全条件。

2. 安全行政法规

安全行政法规关于安全条件的规定有两种：

（1）细化安全法律的有关规定。有些安全生产条件只在安全法律中作出了原则性的规定，需要其配套行政法规作出明确具体的可操作规定。比如，《矿山安全法实施条例》细化了《矿山安全法》规定的安全生产条件；《道路交通安全法实施条例》细化了《道路交通安全法》规定的道路交通安全条件。

（2）直接规定具体安全条件。目前大部分安全条件是由单行行政法规直接规定的。比如，《安全生产许可证条例》规定了煤矿企业、非煤矿矿山企业、建筑施工企业、危险化学品生产企业、烟花爆竹生产企业、民用爆炸物品生产企业应当具备的基本安全生产条件。

3. 安全规章

《安全生产法》虽然没有规定生产经营单位应当具备规章规定的安全生产条件，但是法律、行政法规规定的某些安全生产条件，需要由规章作出补充性的、具体化的规定，所以规章对某些安全条件的规定也具有法律效力。比如，《安全生产许可证条例》规定了六种生产企业应当具备的基本安全生产条件，国务院负责安全生产许可证颁发管理的有关部门又分别制定了部门规章加以细化。

4. 安全标准

安全标准是一种技术性规范，对安全条件中的有关技术条件或者技术要求作出了规定。可以作为法定安全条件的不是所有标准，而只是其中由安全法规定的安全标准，即国家安全标准和行业安全标准。

（二）安全条件的特征

1. 安全条件的多样性

安全法调整的主体多种多样，其应当具备的安全条件各不相同。安全条件的多样性表现为：

(1) 安全条件既有一般条件又有特殊条件。比如，《安全生产许可证条例》规定的安全生产条件就是六种生产企业均应具备的最基本的、最低的安全生产条件。

(2) 基本安全条件并不取代和排斥不同企业应当具备的特殊安全条件。除具备基本安全条件外，还应当结合各类企业的实际情况依法补充规定具体条件和特殊条件，使基本的安全生产条件与具体的、特殊的安全条件有机结合。比如，《安全生产许可证条例》第 6 条规定的十三项安全生产条件中能够直接适用的是前十二项，第十三项关于“法律、行政法规规定的其他条件”的规定，确切地说它不是一项具体的安全生产条件，而是一项准用性规定。它可以将分散于相关法律、行政法规中的有关法律规范联结为一体，更具有可操作性，既能体现普遍性，又能够体现特殊性。《安全生产许可证条例》第 6 条第十三项关于“法律、行政法规规定的其他条件”的规定，可以理解为凡是有关法律、行政法规对高危生产企业的安全生产条件另有规定的，应当从其规定。

2. 安全条件的确定性

对于一个企业而言，其取得安全许可时的安全条件是相对明确的、固定的。只有具备了这种确定性，安全许可机关才能在某个时间具体审查申请许可企业的安全条件，决定是否给予许可。这时该企业的安全条件必须符合法律规定。

3. 安全条件的动态性

虽然企业的安全条件具有相对确定性，但同时又具有相对动态性。企业取得安全许可时的安全条件符合法律规定，不等于在其后的生产经营活动全过程中始终保持不变。安全条件往往随着安全资金投入、安全技术装备、从业人员安全素质、安全规章制度和操作规程、安全管理水平、重大危险源、安全风险和事故隐患的不断变化而改变，这就需要不断地完善安全条件，使生产经营活动始终处于安全状态。

（三）安全条件分类

安全条件既可分为一般生产安全条件、特殊生产安全条件，又可分为法律条件、技术条件；狭义安全条件、广义安全条件，等等。安全条件体现在安全工程中，就构成为安全工程，所以，安全工程建设也就是安全条件实现的过程。我们对安全提出的各项条件要求，也就是对安全工程建设的要求。达不到安全条件，就意味着安全工程没有建设好。为建设好各项安全工程，人们制定了各项标准并开展标准化建设。安全条件和安全工程建设主要是一些技术问题，安全法也因此最终归于安全技术规范和技术操作。实现安全条件，就是把各项安全工程建设好，就是完成了安全生产法的任务。

安全生产的一般条件是：

1. 管理条件：建立、健全安全生产责任制，制定完备的安全生产规章制度和操作规程。设置安全生产管理机构。

2. 资金条件：安全投入，符合安全生产要求。

3. 人员条件：配备专职安全生产管理人员；主要负责人和安全生产管理人员经考核合格；特种作业人员经有关业务主管部门考核合格，取得特种作业操作资格证书；从业人员经安全生产教育和培训合格；为从业人员配备符合国家标准或者行业标准的劳动防护用品；依法参加工伤保险，为从业人员缴纳保险费。

4. 设备设施及技术条件：厂房、作业场所和安全设施、设备、工艺符合有关安全生产法律、法规、标准和规程的要求；有职业危害防治措施。

5. 预防条件：有重大危险源检测、评估、监控措施和应急预案；有生产安全事故应急救援预案、应急救援组织或者应急救援人员，配备必要的应急救援器材、设备。

6. 程序条件：依法进行安全评价等。

7. 法律、法规规定的其他条件。各个行业专业安全法都旨在规定各自特殊的安全条件。

四、安全许可程序

（一）安全许可的程序

安全生产许可涉及当事人的权益，必须依照严格的程序和必要的方式实施。程序如下：

1. 公开申请事项和要求

安全许可证颁发管理机关应当将有关申请领取安全生产许可证的时间、地点、机关和应当提交的文件、资料向社会公布，使申请人能够知道、了解有关申办事项及其具体要求，以便能够及时申请取得许可。

2. 申请人依法提出申请

颁发安全许可的前提，是申请人必须依法向安全许可证颁发管理机关提出申请，即不申请不发证。申请人应当提交相关文件、资料。每种企业需要提交的相关文件、资料不尽相同，应由有关安全生产许可证颁发管理机关作出具体规定。申请人提交的相关文件、资料必须能够满足对安全生产条件审查的需要。

3. 受理申请和审查

接到申请人关于领取安全许可证的申请书、相关文件和资料后，安全许可证颁发管理机关应当决定是否受理和审查。

4. 作出决定

经审查或者核实后，安全许可证颁发管理机关可以依法作出两种决定：企业具备法定安全生产条件的，决定为其颁发安全生产许可证；不具备法定安全生产条件的，决定不予颁发安全生产许可证，书面通知企业并说明理由。

5. 公告

将安全许可证颁发的情况向社会公告，是行政许可工作公开透明的需要，是有利于社会监督的需要。比如，《安全生产许可证条例》第10条要求安全生产许可证颁发管理机关定期向社会公布企业取得安全生产许可证的情况。公布的具体形式可以多样但须规范，公布的时间由安全生产许可证颁发管理机关决定。

6. 补办与变更

《安全生产许可证条例》的配套规章中对安全生产许可证的补办与变更的情况作出了明确的规定。企业持有的安全生产许可证如遇损毁、丢失等情况，就需要向原安全生产许可证颁发管理机关申请补办。经过审核，应当重新颁发安全生产许可证。另外，已经取得安全生产许可证的企业的有关事项如果发生变化，也需要及时办理安全生产许可证变更手续。

7. 延期

许可期限届满前，企业需要继续办理延期手续的，应当于法定期限内向原许可机关提出延期申请，经批准延期的可以继续从事生产经营活动。未批准延期的，不得从事相关生产经营活动。

（二）安全许可的审查方式

对于不同的许可对象和事项，许可机关可以采用不同的方式。常用的方式有书面审查、委托审查、现场审查和综合审查四种。

1. 书面审查

书面审查就是通常所说的形式审查。形式审查是指安全许可证颁发管理机关依法对申请人提交的申请文件、资料是否齐全、真实、合法，进行检查核实的工作。这时申请人提交的证明其具备法定安全条件的都是书面的文件、资料。这些书面文件、资料可以在一定程度上反映申请人的安全生产条件。安全许可证颁发管理机关受理申请以后的第一道程序，就是进行形式审查。如果发现提交的文件、资料不齐全、不真实、不符合法定要求，安全许可证颁发管理机关有权向申请人说明并要求补正，申请人应当按照要求补正。否则，安全许可证颁发管理机关有权拒绝受理安全生产许可证的申请。

2. 委托审查

对安全风险大、专业性强且需要进行评价、论证的企业，行政许可机关通常会委托具有专业资质的安全生产中介服务机构进行评价、论证，对其出具的评价合格报告或者论证可靠的结论进行审查后决定许可。比如，对一些专业技术性很强的设施、设备和工艺，行政许可机关往往会委托专业机构或者专家进行专门的检测、检验。

3. 现场审查

有些企业的安全生产条件虽有文件、资料和评价报告，但是发证机关认为需要对该企业的现场进行实地检查核实的，可以委派相关人员进行现场审查。比如，对一些生产厂房、作业场所进行检查、审验，对一些安全设施、设备需要进行检测、检验或者试运行，需要实施现场审查。

4. 综合审查

对一些单凭一种形式难以确认其符合法定安全生产条件的大型企业或者安全生产条件要求很高的企业，发证机关可以同时采用书面审查、委托审查、现场审查等多种方式进行全面的、严格的审查。

（三）安全许可的前置、后置程序

鉴于现行的安全生产许可是在不同历史时期由不同的法律、行政法规设定的，因此相关许可之间的前后程序各不相同，差异性较大。特别是在行政许可与工商登记程序之间的前置、后置问题上没有统一，客观上造成相关部门之间推诿扯皮，当事人迟迟不能取得证照。比如，《危险化学品安全管理条例》规定，设立危险化学品生产企业申请经批准后，申请人凭批准书向工商行政管理部门办理登记注册手续。危险化学品生产企业取得工商营业执照后，再依照《安全生产许可证条例》申请领取安全生产许可证。而《安全生产许可证条例》规定，矿山企业取得安全生产许可证后，再办理工商营业执照。

虽然通过修订相关法律、行政法规来统一安全生产许可证照颁发程序不统一的问题有很大难度，但是可以由国务院有关部门协调统一具体程序，从工作层面上率先解决证照颁发程序错乱的问题。从法理上讲，不论哪类企业，其成为市场主体的主要法定凭证是取得工商营业执照。可否以此为前提，凡是在企业开办阶段实施法定安全生产许可，应当一律先取得相关许可，而后再办理工商登记注册手续。从这个意义上说，各种安全生产许可是工商登记注册的前置条件和程序。

第三节　安全生产行政执法

为了坚持依法行政、依法监管，贯彻实施安全法律法规，规范行政处罚工作，制裁安全生产违法行为，安全法对安全违法行为的责任主体和安全行政执法的主体、职责、方式、程序等内容作出了明确的法律规定。

一、安全生产行政执法主体及职责

执法主体亦称执法机关，是指法律、法规授权履行法律实施职权和负责追究违法者有关法律责任的国家行政机关的统称。我国安全法规定的安全违法行为的法律制裁的实施机关（执法主体）不是一个而是多个。我国安全法规定的法律责任形式有行政责任、民事责任、刑事责任等。依法实施行政处罚是有关行政机关的法定职权。行政责任的追究是采用最多的法律责任方式，它是各级国家行政机关依法行政的主要手段。

（一）执法主体

1. 县级以上人民政府负责安全生产监督管理职责的部门

《安全生产法》第 9 条和第 94 条规定的“负责安全生产监督管理职责的部门”，专指县级以上人民政府设置的安全生产综合监督管理部门。这是强化安全生产综合监管部门的法律地位和执法手段的需要。

2. 县级以上人民政府

《安全生产法》针对不具备该法和其他法律、行政法规和国家标准或者行业标准，经停产整顿仍不具备安全生产条件的生产经营单位，规定由负责安全生产监督管理的部门报请县级以上人民政府按照国务院规定的权限决定予以关闭。这就是说，关闭的行政处罚的执法主体只能是县级以上人民政府，其他部门无权决定此项行政处罚。这是考虑到关闭一个生产经营单位会牵涉一些有关部门的参加或配合，由政府作出关闭决定并且组织实施将比由有关部门执法的力度更大，也更慎重。

3. 公安机关

《安全生产法》第 91 条规定："生产经营单位主要负责人在本单位发生重大生产安全事故时，不立即组织抢救或者在事故调查处理期间擅离职守或者逃匿的，给予降职、撤职的处分，对逃匿的处十五日以下的拘留。生产经营单位主要负责人对生产安全事故隐瞒不报、谎报和拖延不报的，依照前款规定处理。"拘留是限制人身自由的行政处罚，应由公安机关实施。为了保证对限制人身自由行政处罚主体的一致性，《安全生产法》第 94 条规定："给予拘留的行政处罚由公安机关依照治安管理处罚条例（法）的规定决定。"对违反《安全生产法》有关规定需要予以拘留的，除公安机关以外的其他部门、单位和公民都无权行使行政拘留权。

4. 法定的其他行政机关

除了《安全生产法》确定的行政执法主体之外，国家制定的其他有关安全法律、行政法规对有关行政处罚的执法主体已有明确规定。比如，为了保持安全行政执法的稳定性和连续性，界定安全生产综合监管部门与安全生产专项监管部门的行政执法权力，《安全生产法》第 94 条规定："有关法律、行政法规对行政处罚的决定机关另有规定的，依照其规定。"

依照有关安全生产法律、行政法规履行某些行政处罚权力的，主要有公安、工商、铁道、交通、民航、建筑、质检和煤矿安全监察等专项安全生产监管部门和机构，他们在有关法律、行政法规授权的范围内，有权决定相应的行政处罚。

（二）行政处罚管辖权划分

除了安全法律、法规有特别规定的之外，安全违法行为的执法管辖权一般按照下列规定划分：

1. 一般管辖权

（1）对安全生产违法行为的行政处罚，由违法行为发生地的县级以上安全生产监督管理部门管辖；对中央企业及其所属企业、有关人员的行政处罚，由行为发生地的设区的市级以上安全生产监督管理部门管辖。市级以上安全生产监督管理部门包括省级人民政府的派出机构地区行政公署、自治州、盟的安全生产监督管理部门。

（2）暂扣、吊销有关许可证和暂停、撤销有关执业资格、岗位证书的行政处罚，由发证机关决定。其中暂扣有关许可证和暂停有关执业资格、岗位证书的期限一般不得超过 6 个月。法律、行政法规另有规定的，依照其规定。

（3）给予关闭的行政处罚，由县级以上安全生产监督管理部门报请县级以上人民政府按照国务院规定的权限决定。

(4) 给予拘留的行政处罚，由县级以上安全生产监管监察部门建议公安机关依照治安管理处罚法的规定决定。

2. 指定管辖权

两个以上安全生产监管监察部门因行政处罚的管辖权发生争议的，由其共同的上一级安全生产监管监察部门指定管辖。

3. 移送管辖权

对报告或者举报的安全生产违法行为，安全生产监管监察部门应当受理；发现不属于自己管辖的，应当及时移送有管辖权的部门。受移送的安全生产监管监察部门对管辖权有异议的，应当报请共同的上一级安全生产监管监察部门指定管辖。

4. 特殊管辖权

上级安全生产监管监察部门可以直接查处下级安全生产监管监察部门管辖的案件，也可以将自己管辖的案件交由下级安全生产监管监察部门管辖，下级安全生产监管监察部门可以将重大、疑难案件报请上级安全生产监管监察部门管辖。

5. 委托管辖权

《行政处罚法》第18条规定，行政机关依照法律、法规、规章的规定，可以在其法定权限范围内委托符合本法第19条规定条件的组织实施行政处罚。受委托的单位在委托范围内，以委托的安全生产监管监察部门名义实施行政处罚；委托的安全生产监管监察部门应当监督检查受委托的单位实施行政处罚，并对其实施行政处罚的后果承担法律责任。

二、安全行政执法的方式

(一) 制订行政执法计划和方案

对取得安全事项审批或者安全许可的生产经营单位的安全实施动态监督检查，是政府监管最重要的方式。因为安全审批和安全许可主要是解决安全准入的前置性行政管理，但是通过了审批或者许可的生产经营单位在其生产经营活动中不一定始终保持安全条件，这就需要通过政府部门不间断的监督检查，及时发现和查处安全隐患和违法行为，防止事故发生。这是一项常态的、大工作量的日常工作，需要制定相应的行政执法工作计划，有计划、有组织、有重点地实施。政府日常监管的方式之一，就是组织制订本地方的安全行政执法计划和方案，这是政府职责法定的具体量化方式。

1. 安全行政执法工作计划

安全行政执法工作计划是安全行政执法部门制定并实施的一定期间内行政执法的工作安排。鉴于各地方的安全状态不同，其行业分布、企业数量、安全风险、安全隐患和事故频率不同，政府行政执法的人力、装备、经费也不同，因此要因时、因地而宜，组织制定年度、半年、季度、月度的行政执法计划。行政执法工作计划应当确定一定期间内安全行政执法的总体目标、任务，安全检查的重点地区、企业和事项，现场安全检查的人员配备及其职责，安全检查的频次和时段，安全检查的方式方法，违法行为的处置，行政执法工作计划的组织领导和考核奖惩，等等。

2. 现场检查工作方案

现场检查工作方案是为落实安全行政执法工作计划，实施现场检查所制定的具体的、可操作的工作安排。现场检查工作方案可以是重点检查方案、专项检查方案、定期检查方案或者联合检查方案等。现场检查工作方案应当包括检查的对象、事项、方法步骤、人员配备、时间安排、处置措施和复查等内容。

（二）现场检查

实施安全制订行政执法计划和现场检查方案的最行之有效的方式，就是对生产经营作业进行现场检查。不能通过一次检查对企业的所有生产经营场所、设施设备和作业实施有效监督，所以实施现场检查应当是不间断的、反复的，每次检查的对象、事项和方法步骤各不相同。

现场检查主要是根据现场检查方案和检查对象的现场安全状况而实施的，其具体检查方式也可以多样化，比如采用单项检查、多项检查、重点检查、定期检查、随机抽查、跟踪检查、联合检查和责令企业自查等。

（三）采取现场处理措施

如在实施现场检查过程中发现安全隐患和违法行为，安全法规定政府行政执法部门可以依法采取现场处理措施，制止、停止违法行为，消除安全隐患。采取现场处理措施是日常安全监督检查工作中最常用的方式。具体的现场处理措施以及现场处理措施的实施对象、实施权限，都应当有明确的安全法律规范。我国安全法授权有关安全行政执法部门的工作人员如在实施现场检查时发现安全违法行为，可以当场决定采用相关的现场处理措施，主要有：

1. 责令停止违法行为

这项现场处理措施对发现的各种安全违法行为均可采用，是一项可以适用于各种主体、各种违法行为的现场处理措施。实际上，不论采用何种其他现场处理措施，都应当首先责令停止违法行为。

2. 责令改正

责令改正可以分为责令立即改正和责令限期改正两种情况。

(1) 责令立即改正。这项措施主要是针对检查中发现的一般的、轻微的并且能够即时纠正的违法行为。比如，发现建筑工人未戴安全帽，即可责令其当场戴上安全帽。

(2) 责令限期改正。这项措施主要是针对检查中发现的需要一定时间方可纠正的较大的安全隐患或者较严重的违法行为。安全法未对改正期限作出具体规定，这要由现场检查人员根据对纠正安全隐患或者违法行为的情况来具体判断改正期限的长短。

3. 责令暂时停产停业或者停止使用

这项措施主要是针对现场检查发现存在重大事故隐患排除前或者排除过程中无法保证安全的，应当责令暂时停产停业或者停止使用。暂时停产的期限由现场检查人员根据事故隐患的大小和排除的难易程度，视情况决定。

(1) 责令暂时停止生产。这项措施是针对生产经营单位存在重大事故隐患所采用的。对一般事故隐患，应当责令立即排除。

(2) 责令暂时停止经营。这项措施是针对经营单位存在重大事故隐患所采用的。比如，发现宾馆、商厦存在房屋主体开裂、电器设施设备严重老化等重大事故隐患时，行政执法人员可以当场决定该企业暂时停止营业。

(3) 责令暂时停止使用。这项措施是针对生产经营单位违法使用安全设施、设备、器械、工具或发现其存在重大安全缺陷、隐患所采用的。

4. 责令停止施工

这项措施是针对建筑施工过程中存在事故隐患和违法行为所采用的。

5. 责令撤出作业人员

这项措施主要是针对现场检查发现存在重大事故隐患，在排除前或者排除过程中无法保证安全的，应当责令从危险区域撤出作业人员。

(四) 采取行政强制措施

行政强制措施，是指行政机关在实施行政管理的过程中，依法对公民的人身自由实施暂时性限制，或者对公民、法人或者其他组织的财产实施暂时性控制的措施。行政强制措施主要有冻结、扣押、查封、划拨、扣缴、强制许可等。行政强制措施只能由法律规定，我国法律规定采用行政强制措施是非常慎重并且很少的。

我国安全法授权行政机关采用安全行政强制措施的规定，主要出自《安全生产法》。《安全生产法》第 56 条规定，负有安全生产监督管理职责的部门依法对生产经营单位执行有关安全生产的法律、法规和国家标准或者行业标准的情况进行监督检查，行使对有根据认为不符合保障安全生产的国家标准或者行业标准的设施、设备、器材予以查封或者扣押的职权。国务院安全生产监督管理部门规定，安全监管监察部门决定查封或者扣押后，应当在15日内作出以下处理决定：能够修理、更换的，责令予以修理、更换；不能修理、更换的，不准使用；依法采取其他行政强制措施或者现场处理措施；依法给予行政处罚；经核查予以查封或者扣押的设施、设备、器材符合国家标准或者行业标准的，解除查封或者扣押。

（五）实施行政处罚

行政处罚是指行政机关或者其他行政主体依照法定职权和程序对违反行政法律规范尚未构成犯罪的行政相对人给予行政制裁的具体行政行为。

实施行政处罚是行政机关履行行政管理职责的重要方式之一，它是针对比较严重的行政违法行为所采用的行政执法方式。我国安全法针对不同行业、领域的不同安全违法行为，授予不同的政府安全监管部门或者机构行使相应的行政处罚职权。有权对安全违法行为行使行政处罚职权的，主要有安全生产综合监管部门、公安部门、交通部门、建设部门、质检部门等政府部门或者机构。

（六）调查处理事故

鉴于发生安全事故是各类安全违法行为中性质、后果和危害程度最严重的安全违法行为，因此安全法将事故调查处理作为一种特殊的政府行政执法方式，并对此作出了一系列特别规定，政府安全行政执法部门应当遵守并执行。《安全生产法》《海上交通安全法》《道路交通安全法》《消防法》和《生产安全事故报告和调查处理条例》《煤矿安全监察条例》《铁路运输事故应急救援和调查处理条例》等法律、行政法规，对事故调查的原则、事故调查组的职责、事故调查的内容、事故调查的程序、事故批复和责任追究等，均作出了明确规定。

三、安全行政执法的程序

履行安全行政执法职责是一种具体行政行为，必须严格依照法定程序实施。安全法设定的安全行政执法程序主要有现场处理程序和行政处罚程序两大类。

（一）现场处理程序

1. 事故隐患查处程序

（1）监督企业自查。安全法将及时排查和治理、消除事故隐患作为企业最重要的法定义务之一。政府行政执法部门对企业的监督检查并不免除企业自查的义务和责任。

（2）行政执法人员当场确定并指明事故隐患，企业负责人及相关人员应当到场确认，并按照行政执法人员的要求制定整改措施。对一般事故隐患，作出并下达事故隐患整改指令；对重大事故隐患，作出并下达挂牌督办或者全部、局部停产停业治理的指令；复查事故隐患治理情况，酌情作出处理决定。

2. 责令整改程序

对现场检查中发现的其他安全违法行为，行政执法人员应当按照以下程序责令整改：

（1）当场确定并指明违法行为；

（2）责令企业停止生产经营或者违法活动；

（3）下达当场改正或者限期改正的指令；

（4）根据企业的申请进行整改验收；

（5）对验收不合格的，依法决定行政处罚。

3. 查封、扣押程序

（1）现场检查或者检测、检验相关设施、设备、器材；

（2）当场确定并指明不符合安全标准的设施、设备、器材；

（3）下达对相关设施、设备、器材实施查封或者扣押的指令；

（4）组织实施查封、扣押。

（二）行政处罚程序

1. 简易程序

行政处罚的简易程序亦称当场处罚程序，指在具备法定条件的情况下，由执法人员当场作出行政处罚决定的程序。适用于违法事实确凿、有法定依据、较小数额罚款或者警告的行政处罚的情形。

2. 一般程序

一般程序，亦称普通程序，是指除法律特别规定应当适用简易程序和听证程序以外的行政处罚通常所应适用的程序。《行政处罚法》和安全法对此作出了规定。

3. 听证程序

听证程序是指重大行政处罚决定作出之前，在违法案件调查承办人员和当事人一方的参与下，由行政机关专门人员主持听取当事人申辩、质证和意见，进一步核实证据和查清事实，以保证处理结果合法、公正的程序。听证程序是一种特殊程序，专门适用于对严重违法行为实施较重的行政处罚之前。这是防止行政机关作出违法、不当的行政处罚的前置和制约程序。安全法规定的听证程序适用于安全行政执法部门作出责令停产停业整顿、吊销有关许可证、撤销有关执业资格、岗位证书或者较大数额罚款等行政处罚决定之前。

（三）现场处理与行政处罚的区别

1. 适用的依据不同

安全法律规范针对不同行为和情形，对应采用现场处理措施还是实施行政处罚作出了不同的规定，依据不同则决定查处的措施不同。

2. 适用的对象和情形不同

现场处理主要是针对生产经营作业现场的人员操作、现场管理以及情节轻微并且能够当场改正的违法行为。行政处罚针对的是各种严重违法行为或者存在重大事故隐患或者不安全因素以及情节严重的违法行为。

3. 适用的程序不同

现场处理即可由安全行政执法人员当场决定并执行，程序简便快捷。行政处罚则应依照法定程序决定并执行，程序相对复杂。

4. 惩罚的力度不同

现场处理的力度较轻，以现场纠错、警示教育为主，行政处罚的力度较重。

5. 法律后果不同

采用现场处理措施后，只要当事人及时改正违法行为，则不再实施行政处罚，因而也不产生行政复议和行政诉讼。行政处罚带有惩罚性和可救济性，当事人将受到惩罚性的处理和究责；如其不服行政处罚，可通过申请行政复议或者提起行政诉讼的方式申请行政救济。

四、安全行政处罚的执行

行政处罚的执行，是指有关国家机关为保证行政处罚的决定所确定的当事人的义务得以履行而实施相应的执行行为。行政处罚执行是完成行政处罚的重要程序，没有行政处罚的执行，行政处罚决定就不能有效实施。

1. 强制执行行政处罚的规定

依照《行政处罚法》第 44 条、第 45 条的规定，对于已生效的行政处罚决定，当事人应当在规定的期限内自动履行；当事人对行政处罚不服，申请行政复议或者提起行政诉讼的，行政处罚不停止执行，法律另有规定的除外。《行政处罚法》第 46 条第 2 款还规定了“罚缴分离”原则，即实行罚款的机关和收缴机构应当相分离，行政机关实施罚款、没收非法所得等处罚的款项，必须全部上缴国库。

2. 查封、扣押物品的处理

（1）依法拍卖查封、扣押物品，抵缴罚款。除依法应当予以销毁的物品外，依法没收的非法财物必须按照国家规定公开拍卖或者按照有关规定处理。没收非法财产拍卖所得抵缴罚款的款项，必须全部上缴国库，任何行政机关或者个人不得以任何形式截留、私分或者变相私分。

（2）销毁物品。对那些查封、扣押的物品不能或者不宜拍卖的，可以交由有关部门按照规定销毁。

3. 行政处罚的备案

实施行政处罚，是履行安全行政执法职责的重要内容，应当建立健全严格的备案制度。备案制度既可以规范安全行政执法工作，又可以加强上级安全监管部门对下级安全监管部门的层级监督。上级安全监管部门发现下级安全监管部门实施的行政处罚违法、不当的，可以予以纠正。

按照实施的行政处罚的种类和幅度的不同，县级以上地方安全监管部门和行政执法机构应当按照国务院安全生产监督管理部门规定的时间、程序和内容向上级安全监管部门备案。

4. 文书资料的归档

所有安全行政执法的各种文书、证据和相关资料是履行行政执法职责的书面凭证，均应按照国务院安全生产监督管理部门的规定，由实施安全行政执法的部门和机构归档立卷，妥善保存，不得涂改、遗失、损毁。

本章小结

本章讲述了安全生产行政监管体制概念、安全生产综合监管、安全生产专项监管、综合监管与专项监管的关系，讲述了建立安全许可制度的必要性、安全生产许可制度、安全条件、安全许可程序，讲述了安全生产行政执法主体及职责、安全行政执法的方式、安全行政执法的程序、行政处罚的执行等。

复习思考题

1. 分析国家煤矿安全监察机构、地方安监部门、煤炭管理部门对煤矿生产安全监督管理职能的行使与协调。

2. 如何协调行业主管部门的安全事故调查权和安监部门的安全事故调查权？

3. 什么叫安全许可？我国对哪些行业专业实行安全许可制度？

4. 什么叫安全条件？在安全许可制度中有什么意义？

5. 授权安全行政许可与委托安全行政许可有什么区别？

6. 企业工商营业执照颁发与安全生产许可证颁发孰先孰后？在条件要求上有什么不同？

7. 县、地市级政府部门无安全生产许可证颁发权，怎样实施许可证管理？

8. 如何理解法律关于安全生产许可证审批时限的规定？

9. 县、市、地安监部门、行业主管部门有权力对企业安全许可证进行监督检查吗？上级部门可否委托下级部门对企业安全许可证进行监督检查？

10. 暂扣或者吊销安全生产许可证是行政处罚措施吗？

11. 县、地市级安监部门在非煤矿山安全许可审批程序中居于何种地位？

12. 评析省级政府安监部门的安全行政许可委托权。

13. 安全许可延期审批不再审查的条件有哪些？

14. 工商变更与安全许可变更的关系怎样协调？

15. 简述安全事故隐患行政查处程序。

第四章 生产经营单位安全管理和从业人员安全保障

本章学习目标

1. 了解生产经营单位安全保障义务性质，掌握生产经营单位安全管理制度的具体内容。

2. 了解从业人员生产安全权利和义务性质，掌握从业人员的具体安全权利和义务。

3. 掌握安全生产标准的含义、作用、分类及其修订程序，熟悉安全生产标准化建设的内容、要素及其意义，理解政府在安全生产标准化建设中的地位与作用，并了解安全生产标准化工作的组织流程。

第一节 概述

一、生产经营单位概念

关于生产经营单位，我国立法有不同的用语。《劳动法》《职业病防治法》使用了“用人单位”,《安全生产法》使用了“生产经营单位”；而行业安全法中使用了“××企业”，比如“矿山企业、建筑施工企业、危险化学品生产企业、烟花爆竹生产企业、民用爆破器材生产企业”等。在国外立法中，一般使用“雇主”（employer）这一术语，如英国《1974 年工作安全卫生法》（Health and Safety at Work etc Act 1974）、美国《1970 年职业安全卫生法》（Occupational Safety and Health Act of 1970）、国际劳工组织 1981 年《职业安全卫生公约》（Occupational Safety and Health Convention）中均使用“employer”。

要保障安全生产，生产经营单位必须提供能保护从业人员生命和健康的安全生产条件。安全生产条件是指满足安全生产的各种因素及其组合。这些条件不仅包括工作设备、设施、场所、环境等“硬的”条件，更包括安全管理等“软的”条件。2004年，国务院颁布了《安全生产许可证条例》，该条例规定了12条安全生产条件和1条托底条款，包括建立、健全安全生产责任制，制定完备的安全生产规章制度和操作规程；安全投入符合安全生产要求；设置安全生产管理机构，配备专职安全生产管理人员；主要负责人和安全生产管理人员经考核合格；特种作业人员经有关业务主管部门考核合格，取得特种作业操作资格证书；从业人员经安全生产教育和培训合格；依法参加工伤保险，为从业人员缴纳保险费；厂房、作业场所和安全设施、设备、工艺符合有关安全生产法律、法规、标准和规程的要求；有职业危害防治措施，并为从业人员配备符合国家标准或者行业标准的劳动防护用品；依法进行安全评价；有重大危险源检测、评估、监控措施和应急预案；有生产安全事故应急救援预案、应急救援组织或者应急救援人员，配备必要的应急救援器材、设备；法律、法规规定的其他条件。尽管该条例仅适用于矿山企业、建筑施工企业和危险化学品、烟花爆竹、民用爆破器材生产企业，但其规定的安全生产条件，却可以作为理解安全生产条件内涵的重要参考。

二、生产经营单位安全管理的含义

生产经营单位安全管理是指生产经营单位为将生产作业过程中出现的可能危及从业人员生命和健康的各种因素加以有效控制和因事故发生而采取救援、赔偿、救济的战略、策略、方式、方法以及义务、责任、权利等。

社会生产过程，特别是大规模的工业化生产过程总是充满着各种风险，要保持人与机器、与作业环境的和谐运作并非易事，稍有不慎，便会出现生产事故和职业病伤害，使从业人员的生命和健康受到威胁，因此，如何才能将生产过程中潜在的各种危险因素和有害因素控制在无害程度，便是生产经营单位在安全生产方面的主要义务。当然，在相当长的时期内，完全避免安全事故和职业病危害的发生还不可能，因此一旦危险因素和有害因素失控，发生意外，造成从业人员健康受损或死亡，对受损害人员及时救济，也是安全管理的重要内容。

将生产中的危险因素和有害因素控制在无害程度，需要具体的路径支持。经过长期的实践摸索，在总结前人经验和吸取血的教训的基础上，人们认识到只有通过提供完备的安全生产条件，才能有效控制生产过程中的危险因素和有害因素，避免事故和职业病危害的发生，保护从业人员的生命和健康。因此，生产经营单位的安全管理必须具体化为提供各种安全生产条件，以及损害救济，主要包括建立、健全安全生产管理制度，保障安全投入，建立安全生产管理机构、配备安全生产管理人员，对从业人员进行安全培训，保障建设项目安全设施、安全设备保障、管理危险物品及重大危险源、作业场所，安全告知，安全合作，保障职业卫生，为从业人员办理工伤保险，报告与抢救生产安全事故。

三、从业人员概念

生产安全权利和义务的主体是与用人单位建立了劳动关系的生产从业人员，国内立法文件中称为“劳动者”“从业人员”“职工”“工人”等。如《劳动法》第54条规定：“用人单位必须为劳动者提供符合国家规定的劳动安全卫生条件和必要的劳动防护用品，对从事有职业危害作业的劳动者应当定期进行健康检查。”《安全生产法》第6条规定：“生产经营单位的从业人员有依法获得安全生产保障的权利，并应当依法履行安全生产方面的义务。”《矿山安全法》第1条规定：“为了保障矿山生产安全，防止矿山事故，保护矿山职工人身安全，促进采矿业的发展，制定本法。”《职业病防治法》第1条规定：“为了预防、控制和消除职业病危害，防治职业病，保护劳动者健康及其相关权益，促进经济发展，根据宪法，制定本法。”《关于落实煤矿工人行使安全生产权利的通知》的文件名称中使用了“工人”的概念。

从汉语字面上理解，“劳动者”“从业人员”“工人”和“职工”的含义虽然相近但并不完全相同。“劳动者”一般是指参加劳动并以自己的劳动收入为生活资料主要来源的人；“从业人员”指从事一定的社会劳动并取得劳动报酬或经营收入的各类人员；“工人”一般指个人不占有生产资料，依靠工资为生的工业劳动或手工劳动者；“职工”则是指与用人单位存在劳动关系（包括事实劳动关系）的各种用工形式、各种用工期限的劳动者。就此而论，“劳动者”和“从业人员”涵盖面可以更广，既包括以工资为收入的人员，也包括以经营为收入的人员，即包括被雇佣者和自雇佣者（self-employed），有时可能还包括从业人员。如“餐饮从业人员”既包括餐饮个体户，也包括餐饮企业的从业人员，还包括雇有少量帮工的“小老板”；“个体户”在官方文件中也被称为“个体劳动者”。而“工人”和“职工”则仅指被雇佣者。但通过考察《劳动法》《职业病防治法》和《安全生产法》发现，无论是“劳动者”还是“从业人员”，均是与“用人单位”（或生产经营单位）相对应的概念，即实际上就是指用人单位的从业人员。

在英美相关立法中，一般使用“雇员”（employee）的概念，如英国《1974年工作安全卫生法》和美国《1970年职业安全卫生法》中使用的概念均为“Employees”[1]；但是国际劳工组织 1981 年《职业安全卫生公约》中则使用了“工人”（workers）的概念[2]。而对“worker”的解释，也是指被雇佣者。[3]

本书使用“从业人员”这一概念来涵盖我国立法中使用的“劳动者”“从业人员”“工人”和“职工”等诸多概念。

第二节　生产经营单位安全管理[4]

一、建立健全安全生产责任制

安全生产责任制是根据我国“安全第一，预防为主，综合治理”的安全生产方针建立的，对各级领导、职能部门、管理人员、工程技术人员、岗位操作人员在安全生产方面应做的事情及应负的责任加以明确规定的一种制度。其内容大体分为两个方面：一是纵向方面各级人员的安全责任制，即各类人员（从最高管理者到一般员工）的安全生产责任制；二是横向方面各分部门的安全生产责任制，即各职能部门（如安全技术、设备、技术、生产、财务等部门）的安全生产责任制。

安全生产责任制是经长期的安全生产管理实践证明的成功制度与措施。这一制度与措施最早见于国务院 1963 年 3 月 30 日颁布的《关于加强企业生产中安全工作的几项规定》（即《五项规定》）。《五项规定》中要求，对企业的各级领导、职能部门、有关工程技术人员和生产工人各自在生产过程中应负的安全责任，必须加以明确的规定。《五项规定》还要求：企业单位的各级领导人员在管理生产的同时，必须负责管理安全工作，认真贯彻执行国家关于劳动保护的法令和制度，在计划、布置、检查、总结、评比生产的同时，计划、布置、检查、总结、评比安全工作（即“五同时”制度）；企业单位中的生产、技术、设计、供销、运输、财务等各有关专

① 如英国 Health and Safety at Work etc Act 1974 第 2 条第 1 款规定：“It shall be the duty of every employer to ensure, so far as is reasonably practicable, the health, safety and welfare at work of all his employees.”美国 Occupational Safety and Health Act of 1970 第 5 节规定 Each employer shall furnish to each of his employee's employment and a place of employment which are free from recognized hazards that are causing or are likely to cause death or serious physical harm to his employees.

② 如 Occupational Safety and Health Convention 第 2 条第 1 款规定：This Convention applies to all workers in the branches of economic activity covered.

③ 如《职业安全卫生公约》第 3 条对相关概念的解释中，将 worker 界定为“all employed persons, including public employees”。

④ 注意与其他各章节相关制度内容的联系。

职机构，都应在各自的业务范围内，对实现安全生产的要求负责；企业单位都应根据实际情况加强劳动保护机构或专职人员的工作；企业单位各生产小组都应设置不脱产的安全生产管理员；企业职工应自觉遵守安全生产规章制度。实践证明，凡是建立、健全了安全生产责任制的单位，当各级领导充分重视安全生产工作时，工伤事故就会减少；反之，就会职责不清，相互推诿，而使安全生产工作无人负责，无法进行，工伤事故就会不断发生。

《安全生产法》等法律、法规在总结以往立法经验的基础上，将建立、健全安全生产责任制规定为生产经营单位及其主要负责人的法定义务。如《安全生产法》第 17 条规定生产经营单位主要负责人负有建立、健全本单位安全生产责任制的职责。《安全生产许可证条例》将建立、健全安全生产责任制作为获得安全生产许可证的第一个必备条件。

二、制定安全生产规章制度和操作规程

安全生产规章制度是生产经营单位依照国家法律、法规、规章和标准的要求，结合本单位实际情况制定的有关安全生产的具体规范，是一个单位规章制度的重要组成部分，是保护从业人员生命和健康，保证生产经营活动安全、顺利进行的重要手段。安全操作规程是生产经营单位为了保障生产安全，保护从业人员的生命和健康，针对各种不同的工作岗位制定的具体操作技术和操作程序规范。

遵守生产经营单位的安全生产规章制度和操作规程是从业人员的法定义务，因此可以说法律赋予了生产经营单位安全生产规章制度和操作规程很高的地位。生产经营单位的安全生产规章制度和操作规程必须科学、严谨，才能真正起到预防事故、保护从业人员的作用，因此，《安全生产法》规定各生产经营单位必须制定安全生产规章制度和操作规程，并且要求由主要负责人亲自组织制定；不仅如此，根据《劳动合同法》，用人单位在制定、修改或者决定有关劳动安全卫生等直接涉及劳动者切身利益的规章制度或者重大事项时，应当交由职工代表大会或者全体职工讨论，参照其提出的方案和意见，与工会或者职工代表平等协商确定。因此，制定安全生产规章制度还内含着遵守法定程序、征询从业人员意见。

三、制订安全事故应急救援预案

生产安全事故应急救援预案是指生产经营单位根据本单位的实际情况，针对可能发生的事故的类别、性质、特点和范围等情况制定的事故发生时的救援应对组织、技术措施和其他应急措施。“预防为主”是安全生产的着眼点，但是在尚无法

预防所有事故的今天，制订事故应急救援预案，对于防止事故扩大和迅速抢救受害人员、尽可能地减少事故损失，具有非常重要的作用。《安全生产法》第17条规定生产经营单位的主要负责人要组织制定本单位的生产安全事故应急救援预案。《突发事件应对法》第23条规定："矿山、建筑施工单位和易燃易爆物品、危险化学品、放射性物品等危险物品的生产、经营、储运、使用单位，应当制定具体应急预案。"另外，《危险化学品安全管理条例》《安全生产许可证条例》等行政法规也有关于事故应急救援预案的规定。

四、保障安全投入

人们对安全投入的内涵理解差异较大。如有人认为"安全投入是指企业为达到保障生产经营活动的正常开展，更好地实现企业经营目标而将一定资源投放到安全领域的一系列经济活动和资源的总称。既指为安全投资所进行的一系列活动，又指投入到安全活动中的资源（包括人力、物力、财力和时间等）"。[①] 也有人认为，安全投入仅指投入的相关费用，包括预防费用和事故救援处理费用两大部分[②]，投资主体既包括企业也包括政府。本章从法律保障的视角所研究的安全投入是指雇主为了保障雇员的生命和健康，预防生产安全事故发生而投入的资金，即仅指预防性费用。从费用使用的范围来看，既包括用于建设和改进安全设施、设备、环境和劳保用品等"硬件"投入，也包括安全宣传教育培训、安全文化建设、安全管理等"软件"投入。从时间顺序上看，安全投入包括企业初建时的先期安全投入和企业建立后的后续安全投入。

无论是安全生产的"硬件"配备还是安全生产的"软件"的建设，都需要以一定的资金投入为前提，因此安全投入保障义务也是安全生产条件保障的基础。对大量生产安全事故所进行的分析表明，生产经营单位的安全生产投入不足是导致事故发生的重要原因之一。例如2002年黑龙江鸡西矿业（集团）公司连续发生"4·8"东海矿和"6·20"城子河矿两起特大瓦斯爆炸事故，共造成148人死亡。其深层次的原因是：公司基础工程、设施欠账严重，其中安全欠账就达1.46亿元。城子河矿属高瓦斯矿，按《煤矿安全规程》规定要进行瓦斯抽放，但以前的瓦斯抽放系统由于经济困难被弃置，所以根本不进行瓦斯抽放，埋下了重大事故隐患。[③]

① 陈万金，刘素霞等．安全投入统计指标体系探讨［J］．中国安全科学学报，2004（7）

② 参见张立权，李翕然．关于安全投入界定方法的研究［J］．煤炭经济研究，2006（9）

③ 纪明波．当前我国安全投入的现状［J］．劳动保护，2003（6）

《安全生产法》规定了生产经营单位的安全投入义务，并且强调了单位主要负责人的安全投入责任。如第 17 条规定生产经营单位主要负责人负有“保证本单位安全生产投入的有效实施”的责任。第 18 条规定：“生产经营单位应当具备的安全生产条件所必需的资金投入，由生产经营单位的决策机构、主要负责人或者个人经营的投资人予以保证，它们同时对由于安全生产所必需的资金投入不足而导致的后果承担责任。”

上述规定，一方面明确了资金投入的最低要求，即必须保证生产经营单位能够持续地具备有关法律、法规、国家标准或者行业标准所规定的安全生产条件；另一方面根据生产经营单位的经济成分、经营方式的不同，明确了资金保证义务的承担主体，即生产经营单位的决策机构、主要负责人或者个人经营的投资人；同时指出了资金保证义务的承担主体也是法律责任的承担主体。

《安全生产法》第 80 条进一步明确了法律责任的具体内容：“生产经营单位的决策机构、主要负责人、个人经营的投资人不依照规定保证安全生产所必需的资金投入，致使生产经营单位不具备安全生产条件的，责令限期改正，提供必需的资金；逾期未改正的，责令生产经营单位停产停业整顿。有前款违法行为，导致发生生产安全事故，构成犯罪的，依照刑法有关规定追究刑事责任；尚不够刑事处罚的，对生产经营单位的主要负责人给予撤职处分，对个人经营的投资人处二万元以上二十万元以下的罚款。”

《安全生产违法行为行政处罚办法》也对安全投入的违法行为规定了相应的处罚措施，第 42 条规定：“生产经营单位的决策机构、主要负责人、个人经营的投资人（包括实际控制人）未按规定缴存和使用安全生产风险抵押金、足额提取和使用安全生产费用以及不能保证其他安全生产所必须的资金投入，致使生产经营单位不具备安全生产条件的，责令限期改正，提供必需的资金，并可以对生产经营单位处 1 万元以上 3 万元以下罚款，对生产经营单位的主要负责人、个人经营的投资人处 5 000 元以上 1 万元以下罚款；逾期未改正的，责令生产经营单位停产停业整顿。”《安全生产法》规定的处罚以发生事故为前提，使许多没有履行安全投入义务的生产经营单位及其负责人没有得到应有的处罚，《安全生产违法行为行政处罚办法》对这一立法缺陷做了修正和补充，更利于打击雇主在安全投入方面的违法行为。

《矿山安全法》第 32 条规定，矿山企业必须从矿产品销售额中按照国家规定提取安全技术措施专项费用，安全技术措施专项费用必须全部用于改善矿山安全生产条件，不得挪作他用。2004 年，国家财政部、发改委和国家煤矿安全监察局联合出台了《煤炭生产安全费用提取和使用管理办法》（简称《管理办法》）和《关于规范煤矿维简费管理问题的若干规定》（财建［2004］119号）两个重要文件。根据《管理办法》第3条，煤矿企业在成本中按月提取安全费用的标准如下：对大中型煤矿，属于高瓦斯、煤与瓦斯突出、自然发火严重和涌水量大的矿井吨煤3～8元；低瓦斯矿井吨煤2～5元；露天矿吨煤2～3元。对于小型煤矿，高瓦斯、煤与瓦斯突出、自然发火严重和涌水量大的矿井吨煤10元；低瓦斯矿井吨煤6元。但是该《管理办法》下发前，煤矿企业若已执行经省级（含省级）以上政府部门制定的安全费用提取标准，与该办法相对照，按孰高原则执行，并按规定程序备案。2005年4月，财政部、国家发改委、国家安全生产监督管理总局（以下简称"国家安监总局"）、国家煤矿安全监察局联合下发了《关于调整煤炭生产安全费用提取标准，加强煤炭生产安全费用使用管理与监督的通知》（财建［2005］168号），对煤炭生产安全费用提取的标准进行了上调。根据新的标准，大中型煤矿中的高瓦斯、煤与瓦斯突出、自然发火严重和涌水量大的矿井吨煤不低于8元，其中45户重点监控煤炭生产企业吨煤不低于15元；低瓦斯矿井吨煤不低于5元；露天矿吨煤不低于3元。对于小型煤矿，属于高瓦斯矿井、煤与瓦斯突出、自然发火严重和涌水量大的矿井吨煤不低于10元；低瓦斯矿井吨煤不低于6元。对该通知未涉及事宜，仍按《管理办法》和《关于规范煤矿维简费管理问题的若干规定》（财建［2004］119号）执行。上述规定与以往立法相比，更具可操作性，具体制度也更加合理。比如安全风险与产量密切有关，生产的越多，风险越大，需要的安全投入也就越多，因此废止以销售额为基础提取安全费用，改为根据产量提取更为科学；再者，从成本中提取必然导致税前利润的下降，减少了企业的上缴税额，调动了企业主动提取安全费用的积极性。

五、建立安全管理机构

专门的安全管理机构和安全管理人员担负着安全生产管理工作，对预防事故的发生起着至关重要的作用。尤其在危险行业和规模较大的单位，专门的安全管理机构和专职的安全管理人员对执行安全生产规章制度、排查隐患、教育管理从业人员更是不可或缺，各国立法一般都会对此加以专门规定。如《加拿大安大略省职业安全健康法》规定，经常雇用工人数在20人及20人以上的作业场所以及存在特殊危险物质的作业场所，需要建立联合安全卫生委员会；《日本劳动安全健康法》规定，对规模符合政令规定的每个企业单位，企业主必须按劳动省令规定，选拔任用安全健康总管理员；在行业和规模均符合政令规定的每个企业单位中，企业主必须按照劳动省令规定，从具有劳动省令规定资格的人员中选拔任用安全管理员；我国台湾地区“劳工安全卫生法”规定，事业单位平时雇用劳工人数在100人以上者，应设劳工安全卫生组织；雇用劳工人数未满100人者，应设置劳工安全卫生管理人员，实施自动检查。

我国《安全生产法》第19条规定：“矿山、建筑施工单位和危险物品的生产、经营、储存单位，应当设置安全生产管理机构或者配备专职安全生产管理人员。其他生产经营单位，从业人员超过三百人的，应当设置安全生产管理机构或者配备专职安全生产管理人员；从业人员在三百人以下的，应当配备专职或者兼职的安全生产管理人员，或者委托具有国家规定的相关专业技术资格的工程技术人员提供安全生产管理服务。生产经营单位依照前款规定委托工程技术人员提供安全生产管理服务的，保证安全生产的责任仍由本单位负责。”《烟花爆竹安全管理条例》第8条规定，生产烟花爆竹的企业应当设有安全生产管理机构和专职安全生产管理人员。

六、对从业人员进行安全培训①

从业人员无论从事什么岗位的工作，只有危险大小之分，没有危险有无之别，因此说每一个岗位的从业人员，都需要掌握相应的安全知识和技能，生产经营单位都有义务对其开展有针对性的安全教育培训，对此，我国多部法律、法规都作了明确规定，如《劳动法》《安全生产法》《职业病防治法》《矿山安全法》《煤炭法》《建筑法》《危险化学品安全管理条例》《国务院关于预防煤矿生产安全事故的特别规定》等。《安全生产法》第21条规定：“生产经营单位应当对从业人员进行安全生产教育和培训，保证从业人员具备必要的安全生产知识，熟悉有关的安全生产规章制度和安全操作规程，掌握本岗位的安全操作技能。”第36条规定：“生产经营单位应当教育和督促从业人员严格执行本单位的安全生产规章制度和安全操作规程。”原劳动部于1995年颁布了《企业职工劳动安全卫生教育管理规定》，原国家经济贸易委员会于1999年颁布了《特种作业人员安全技术培训考核管理办法》，国家安监总局于2005年颁布了《安全培训管理办法》《关于加强煤矿安全培训工作的若干意见》《煤矿安全培训监督检查办法》，2006年颁布了《生产经营单位安全培训规定》等。

生产经营单位在安全培训方面的基本义务就是必须对全体从业人员进行安全培训，对特殊岗位的从业人员进行特殊培训，或者将其派送到专业培训机构接受培训，使他们熟悉有关安全生产规章制度和安全操作规程，具备必要的安全生产知

① 注意与安全技术社会服务章节的联系。

识，掌握本岗位的安全操作技能，增强预防事故、控制职业危害和应急处理的能力；不进行安全培训不得安排从业人员上岗。

由于不同行业、不同岗位从业人员担负的职责、面临的危险因素有所不同，因此，安全培训的要求也有相应区别。根据受培训人员的不同情况，可将安全培训分为生产经营单位主要负责人安全培训、安全管理人员安全培训、特种作业人员安全培训和其他人员安全培训四种。

七、提高安全设备设施水平，搞好本质安全建设

安全设备设施是指生产经营单位在生产经营活动中用于防范生产安全事故和职业健康危害因素的设备、设施、装置、构筑物和其他技术措施。[①] 安全设备是指能够保护从业人员安全、防止生产安全事故发生以及在发生生产安全事故时用于救援而安装使用的机械设备和器械，如矿山使用的自救器、灭火设备以及各种安全检测仪器。设备与设施在实际存在和概念上通常相连。

（一）加强设备设施本质安全建设的重要性

很多事故发生是由于设备设施存在安全隐患导致的。提高设施设备的安全性，防止或减少事故，是当今世界各国共同关心的问题，一些工业发达国家和地区都将设备安全用法律形式严加控制。我国在提高设备、设施和环境本质安全方面还有很大的空间。

生产安全事故主要有三种致因：人的因素、环境的因素、物的因素。它们可分为人的不安全行为和物的不安全状态。降低和消除事故，一方面要规范人的行为，比如采取安全教育、安全管理、安全评价等措施，提高人们的安全技能和意识；另一方面要提高设备、设施和环境本质的安全水平。过去人们往往对人的不安全行为比较重视，随着现代伤亡致因理论的研究与发展，人们逐步认识到，在导致伤亡事故的两个主要方面因素中，事故的直接原因是物的不安全状态，因此必须努力消除设备和环境的不安全状态，确保生产系统安全。

在繁重的生产劳动中，劳动强度大、操作项目复杂烦琐、职工精神处于高度紧张状态，人的失误是难免的，把生产安全仅仅维系在“人防”上是不够的，还要在“物防”上有一个可靠的保证，给职工创造一个本质化安全环境。这样即使人发生了误操作等不安全行为，由于有物防的作用也不至于造成人员的伤亡。提高设施设备的本质安全意味着，在操作失误时，设备能自动保证安全；当设备出现故障时，

---

① 《建设项目安全设施“三同时”监督管理办法》（草案）。

能自动发现并自动消除，能确保人身和设备安全，从根本上避免事故的发生。要使环境更安全就要在设计上考虑到各种危险因素。科学地设计设施环境和选择安全性能较高的设备是很关键的。比如，电站锅炉的压力和容量远大于工业锅炉，一旦爆炸其危害远大于工业锅炉，但事故统计数据显示，发生爆炸的锅炉几乎都是压力低、容量小的小型工业锅炉，甚至是常压锅炉。其根本原因是电站锅炉的本质安全水平高。这可以说明本质安全的重要性。

（二）建立健全安全设计规范，加强安全设计

由于行业的不同，危险因素不同，对于安全的设计要求不同，所以就有必要在每个行业、针对各类设备建立起安全设计规范。安全设计技术标准的建立和完善应由安全主管部门组织相关专家完成，并根据实际情况的发展不断修订完善。

要保证设施设备的安全性首先必须从设计抓起，也就是要搞好安全设计。开展安全设计的目的和任务是，使设施设备在其整个寿命期内都是安全的。为此，要对设备的各阶段，包括制造、运输、安装、调试、示教、过程转换、运行、清理、查找故障、维修等进行研究，针对各个阶段可能存在的危险，采取相应的安全措施；并且还要预见到各种误操作。

安全设计的内容是：本质安全——通过设计者，在设计阶段采取措施来消除机器危险；失效安全——保证当机器发生故障时不出危险；定位安全——把机器的部件安置到不可能触及的地点，通过定位达到安全；机器布置——车间内合理的机器安全布局，可以减少事故；通过机器安全装置，实现对机器的安全控制。

（三）实施建设项目安全设施“三同时”制度

建设项目安全设施“三同时”制度就是生产经营单位新建、改建、扩建工程项目的安全设施，必须与主体工程同时设计、同时施工、同时投入生产和使用。

“三同时”制度可以有效防止在建设项目的设计和施工阶段忽视生产的安全要求，不配备应有的安全设施，导致项目建成后，存在着严重的设计性安全隐患的情况发生，从而从源头避免建设项目的先天性安全缺陷。

“三同时”制度是我国安全生产实践中长期坚持的一项制度。1978 年，中共中央关于认真做好劳动保护工作的通知中就明确提出，凡新建、改建、扩建的工矿企业和革新、挖潜的工程项目，都必须有保证安全生产和消除有毒有害物质的设施，这些设施要与主体工程同时设计、同时施工、同时投产，不得削减。后来，党中央、国务院在有关安全生产的文件中也多次强调建设项目安全设施必须坚持“三同时”原则。除《安全生产法》外，《劳动法》《矿山安全法》也都对“三同时”制度作了明确规定。

（四）高危建设项目要进行安全条件论证和安全性评价

高危建设项目是指矿山建设项目和生产、储存危险物品的建设项目。矿山和危险物品的生产、储存活动，危险因素较多、危险性较大，属于事故多发领域，且一旦发生事故，不仅会给本单位从业人员的生命安全及财产造成损害，还可能殃及周围群众的生命和财产安全。要减少矿山开采和危险物品生产、储存活动的事故，将其危险因素降到最低，就必须在这些单位开办之初，对其建设项目的安全情况，如水文、地质条件分析，地址的选择等进行充分的研究论证、综合评价，保证安全生产经营具有可靠的物质基础。

高危建设项目安全条件论证是指在建设项目的可行性研究阶段，根据高危建设项目的特点和技术要求，对该类建设项目是否能够具备法律、法规和安全规程规定的安全生产条件进行综合的分析、研究、判断，为有关部门审批矿山建设项目提供必要的依据。

高危建设项目安全评价是指应用安全系统工程原理和方法，辨识与分析此类建设项目中的危险、有害因素，预测发生事故或造成职业危害的可能性及其严重程度，提出科学、合理、可行的安全对策措施建议，作出评价结论的活动。

《安全生产法》第25条规定："矿山建设项目和用于生产、储存危险物品的建设项目，应当分别按照国家有关规定进行安全条件论证和安全评价。"立法要求在项目建设前期，对项目进行安全条件论证和安全评价，为生产经营单位安全设施设计以及安全生产管理提供依据，此举对防止和减少生产安全事故的发生有着重要意义。

（五）高危建设项目安全设施设计要进行安全审查

由于高危建设项目具有特殊危险性，除了要依法对其进行安全条件论证和安全评价以外，还需要由有关部门对其安全设施的设计进行审查，主要是审查安全评价报告对建设项目提出的安全措施和要求是否贯彻落实到建设项目安全设施的设计中，安全设施的设计是否符合有关法律、法规以及国家安全标准或者行业标准的规定等。只有符合有关规定，经审查同意的，方可施工。

《矿山安全法》第8条规定，矿山建设工程的设计文件，必须符合矿山安全规程和行业技术规范，并按照国家规定经管理矿山企业的主管部门批准；不符合矿山安全规程和行业技术规范的，不得批准。《安全生产法》第26条第2款规定："矿山建设项目和用于生产、储存危险物品的建设项目的安全设施设计应当按照国家有关规定报经有关部门审查，审查部门及其负责审查的人员对审查结果负责。"

（六）高危建设项目安全设施要进行安全验收

高危建设项目安全设施验收制度指安全设施已经按照设计要求完成全部施工任务，准备交付生产经营单位使用时，依照有关法律、行政法规的规定，对该设施是否合乎设计要求和工程质量标准所进行的检查、考核制度。验收的内容，主要是安全设施是否与主体工程同时建成，是否严格按照批准的设施要求进行施工，工程质量是否符合法律、法规、安全规程和技术标准的要求等。矿山建设项目和用于生产、储存危险物品的建设项目竣工验收是对建设项目质量的一次全面检查和评定，对于保证安全设施的工程质量，保障其投入生产使用后的安全，具有重要作用。

《安全生产法》第 27 条第 2 款规定："矿山建设项目和用于生产、储存危险物品的建设项目竣工投入生产或者使用前，必须依照有关法律、行政法规的规定对安全设施进行验收；验收合格后，方可投入生产和使用。"《矿山安全法》第 12 条第 2 款规定："矿山建设工程安全设施竣工后，由管理矿山企业的主管部门验收，并须有劳动行政主管部门参加；不符合矿山安全规程和行业技术规范的，不得验收，不得投入生产。"

（七）安全设备保障

由于安全设备对防止事故的发生至关重要，因此生产经营单位购置、安装和使用的安全设备必须符合国家标准或者行业标准；安全设备投入使用后，还必须对其进行经常性维护、保养，并定期检测，保证其正常运转；对不能正常运转的安全设备及时维修或报废。

对生产经营单位的安全设备保障义务，我国多部法律均有所规定。《安全生产法》第 29 条规定："安全设备的设计、制造、安装、使用、检测、维修、改造和报废，应当符合国家标准或者行业标准。生产经营单位必须对安全设备进行经常性维护、保养，并定期检测，保证其正常运转。维护、保养、检测应当作好记录，并由有关人员签字。"第 31 条规定："国家对严重危及生产安全的工艺、设备实行淘汰制度。生产经营单位不得使用国家明令淘汰、禁止使用的危及生产安全的工艺、设备。"《煤炭法》第 45 条规定，煤矿企业使用的设备、器材、火工产品和安全仪器，必须符合国家标准或者行业标准。《矿山安全法》第 15 条规定，矿山企业应当对机电设备及其防护装置、安全检测仪器定期检查、维修，并建立技术档案，保证使用安全。《危险化学品安全管理条例》第 16 条规定，生产、储存、使用危险化学品的，应当根据危险化学品的种类、特性，在车间、库房等作业场所设置相应的监测、通风、防晒、调温、防火、灭火、防爆、泄压、防毒、中和、防潮、防雷、防静电、防腐、防渗漏、防护围堤或者隔离操作等安全设施设备，并按照国家标准和国家有关规定进行维护、保养，保证其符合安全运行要求。

除上述关于安全设备的一般规定外，我国立法也对生产经营单位所使用的特种设备和危险物品的容器、运输工具做出了严格的规定。

八、加强危险物品、重大危险源管理和隐患排查工作

（一）危险物品、重大危险源管理

危险物品具有易爆、易燃、剧毒、强腐蚀或者放射性等特点，在生产、经营、运输、储存和使用过程中，以及处置废弃危险物品时，可能造成人身伤害或社会公共伤害，因此，必须强化安全意识，履行安全保障义务。

生产经营单位危险物品和重大危险源管理主要体现在如下几个方面：

1. 生产、经营、运输、储存、使用危险物品或者处置废弃危险物品前，须向有关主管部门提出申请，未经批准不得从事上述业务。

2. 在生产、经营、运输、储存、使用危险物品或者处置废弃危险物品的过程中，必须严格遵守有关法律、法规和国家标准或者行业标准，建立专门的安全管理制度，采取可靠的安全措施，接受有关主管部门依法实施的监督管理。

3. 对重大危险源应当登记建档，进行定期检测、评估、监控，并制订应急预案，告知从业人员和相关人员在紧急情况下应当采取的应急措施。

4. 生产、经营、使用、储存危险物品的车间、商店、仓库不得与员工宿舍处于同一座建筑物内，并应当与员工宿舍保持安全距离。

（二）隐患排查

事故隐患是指生产经营单位违反生产安全法律、法规、规章、标准、规程和有关管理制度的规定，或者因其他因素在生产经营活动中存在可能导致事故发生的物的危险状态、人的不安全行为和管理上的缺陷。

九、履行职业卫生保障义务

1. 工作环境保障义务。生产经营单位应当采取有效的职业病危害防护措施，为劳动者提供符合国家职业卫生标准和卫生要求的工作场所、环境和条件。

2. 职业卫生管理义务。生产经营单位应当建立、健全职业病防治责任制、职业卫生管理组织机构和职业卫生管理制度。

3. 保险义务。生产经营单位应当依法参加工伤社会保险。

4. 报告义务。生产经营单位应当及时、如实地向卫生行政部门申报职业危害项目、职业病危害事故和职业危害检测、评价结果。

5. 卫生防护义务。生产经营单位必须采用有效的职业病防护设施，并为劳动

者提供个人职业病防护用品。

6. 减少职业病危害义务。生产经营单位应当采用有利于防治职业病和保护劳动者健康的新技术、新工艺、新材料，逐步替代职业危害严重的技术、工艺、材料。

7. 职业危害检测义务。生产经营单位应当定期对工作场所进行职业病危害检测、评价。

8. 不转移职业病危害义务。生产经营单位不得将产生职业病危害的作业转移给不具备职业病防护条件的单位和个人。

9. 职业危害告知义务。生产经营单位应当告知劳动者生产过程中采用的技术、工艺、材料可能产生的职业病危害，不得隐瞒，还应通过合同、设置公告栏、警示标志和提供说明书等方式告知劳动者。

10. 培训教育义务。生产经营单位应当对劳动者进行上岗前、在岗期间的职业卫生培训和教育。

11. 健康监护义务。生产经营单位应当组织从事接触职业病危害因素的劳动者进行上岗前、在岗期间和离岗时的职业健康检查。

12. 落实职业病人或者疑似职业病人待遇义务。生产经营单位对遭受或可能遭受急性职业病危害的劳动者，应当及时组织救治、进行健康检查和医学观察；及时安排疑似职业病病人进行诊断；负责职业病病人的诊断、治疗康复和安置，并依法赔偿；对接触职业危害因素的劳动者，给予适当岗位津贴；妥善安置有职业禁忌或者有与所从事职业相关的健康损害的劳动者。

13. 事故处理义务。发生或者可能发生急性职业病危害事故时，生产经营单位应立即采取应急救援和控制措施。

14. 特殊劳动者保护义务。生产经营单位不得安排未成年工从事接触职业病危害因素的作业；不得安排孕妇、哺乳期的女工从事对本人和胎儿、婴儿有危害的作业。

15. 举证义务。劳动者申请做职业病鉴定时，生产经营单位应当如实提供职业病诊断所需的有关职业卫生和健康监护等资料。

16. 接受行政监督和民主管理的义务以及法律、法规规定的其他保障劳动者权利的义务。

《职业病防治法》也规定生产经营单位应当保障劳动者行使其职业卫生保护权利，不得因劳动者依法行使正当权利而降低其工资、福利等待遇或者解除、终止与其订立的劳动合同等。

生产经营单位也可采取如下权利措施：教育从业人员学习和掌握有关的职业卫生知识；批评从业人员存在的问题和错误，使其改正；惩戒屡教不改者，如扣发安全奖，扣发其工资或其他处理等。

如劳动者不履行职业病防治义务，违法造成重大职业病危害事故或者其他严重后果，要承担相应责任。

十、履行其他各项安全保障义务

（一）作业现场管理

加强作业场所的安全监管，及时发现和纠正违章，发现并排除隐患，尤其对爆破、吊装等危险作业，应当安排专门人员进行现场安全管理，确保操作规程的遵守和安全措施的落实。如果两个以上的单位在同一作业区域内进行生产经营活动，不仅要管理好自己的从业人员，确保其遵章守纪，还应该与对方签订安全生产管理协议，确保对方能够严格管理，不至因对方从业人员的不安全行为，导致本方从业人员的生命和健康受损。协议应明确各自的安全生产管理职责和应当采取的安全措施，并指定专职安全生产管理人员进行安全检查与协调。

（二）生产安全事故抢救与报告

保护从业人员的生命与健康当然须立足于事故的预防，但是意外和失误也难免会发生。根据《安全生产法》的规定，生产经营单位发生生产安全事故后，事故现场有关人员应当立即报告本单位负责人。单位负责人接到事故报告后，应当迅速采取有效措施，组织抢救，防止事故扩大，减少人员伤亡和财产损失，并按照国家有关规定立即如实报告当地负有安全生产监督管理职责的部门，不得隐瞒不报、谎报或者拖延不报，不得故意破坏事故现场、毁灭有关证据。

及时向有关部门报告事故，一方面可以使有关部门及时配合生产经营单位进行抢救，防止事故扩大，减少人员伤亡和损失；另一方面也有利于有关部门对事故进行调查处理，分析事故的原因，处理有关责任人员，提出防范措施。事故发生后，事故现场有关人员应当立即向本单位负责人报告；单位负责人接到报告后，应当于1小时内向事故发生地县级以上政府安监部门和负有安全生产监督管理职责的有关部门报告。情况紧急时，事故现场有关人员可以直接向事故发生地县级以上政府安监部门和负有安全生产监督管理职责的有关部门报告。事故发生单位主要负责人不立即组织事故抢救的、迟报或者漏报事故的、在事故调查处理期间擅离职守的，都将被处以“上一年年收入40%至80%的罚款”，“属于国家工作人员的，并依法给予处分”；“构成犯罪的，依法追究刑事责任”。事故发生单位及其有关人员有“谎报或者瞒报事故”“伪造或者故意破坏事故现场”“事故发生后逃匿”等违法行为的，对事故发生单位处100万元以上500万元以下的罚款；对主要负责人、直接负责的主管人员和其他直接责任人员处上一年年收入60%至100%的罚款；属于国家工作人员的，并依法给予处分；构成违反治安管理行为的，由公安机关依法给予治安管理处罚；构成犯罪的，依法追究刑事责任。根据《刑法修正案（六）》，在安全事故发生后，负有报告职责的人员不报或者谎报事故情况，贻误事故抢救，情节严重的，处三年以下有期徒刑或者拘役；情节特别严重的，处三年以上七年以下有期徒刑。

（三）安全告知

从业人员的安全知情权是从业人员职业安全卫生权利的最主要内容之一，其义务主体虽然也包括政府，但主要还是生产经营单位。生产经营单位有义务告知从业人员在职业安全方面所享有的权利，如实告知其作业场所和工作岗位存在的危险因素、防范措施以及事故应急措施。如实告知是指按实际情况告知从业人员，不得隐瞒，不得省略，更不能欺骗。对从业人员进行安全告知，有利于使从业人员做到心中有数，提高安全生产意识和事故防范能力，减少事故发生，降低事故损失。告知的形式可以是多种多样的，如组织从业人员进行学习，或者在作业场所和工作岗位设置公告栏，将有关内容予以公告等。

（四）办理工伤保险和相关保险

工伤保险制度是一种全社会的互助机制，通过这种机制，可以减轻生产经营单位的赔偿责任，同时也能够使在工作中遭受事故伤害和患职业病的从业人员或其法定继承人获得医疗救治、经济补偿和职业康复，将其损失和压力减轻到最低。因此，工伤保险对于保障从业人员的工伤救济，尤其在生产经营单位无偿付能力的情况下的工伤救济意义重大。根据我国劳动法的规定，劳动者享有社会保险和福利的权利。《安全生产法》规定“生产经营单位必须依法参加工伤社会保险，为从业人员缴纳保险费”。因此，为从业人员办理工伤保险是生产经营单位的一项法定义务。

除工伤保险外，我国立法还规定，危险行业的生产经营单位还必须为从业人员购买意外伤害保险，以保证从业人员因公伤害时获得充分的经济赔偿。如《煤炭法》第44条规定：“煤矿企业必须为煤矿井下作业职工办理意外伤害保险，支付保险费。”《建筑法》（中华人民共和国主席令第91号）第48条规定：“建筑施工企业必须为从事危险作业的职工办理意外伤害保险，支付保险费。”

（五）未成年人和女职工特殊保护

不得安排未成年人和孕期、哺乳期的女职工从事使用有毒物品的作业。

第三节　从业人员安全权利与义务

一、从业人员安全权利的概念

“从业人员安全权利和义务”在我国的现实立法中，其称谓并不一致，如《安全生产法》有“从业人员的权利和义务”专章；《职业病防治法》第36条用语为“职业卫生保护权利”；还有些立法文件中称其为“安全生产权利”，如原煤炭部和中华全国总工会1996年就曾专门下发过《关于落实煤矿工人行使安全生产权利的通知》(煤安字［1996］第507号)。学者对从业人员安全权利研究较多，对职业安全卫生义务涉及较少。“职业安全卫生权利”概念的用词也较为繁乱，如称其为“劳动保护权”[①]“劳动安全权”[②]“劳动安全卫生权”[③]“劳动安全卫生保护权”[④]“职业安全权”[⑤]等。

国内劳动法学界对从业人员安全权利（从业人员安全权）概念给出了不同的定义，较为典型的列举如下：(1) 劳动安全卫生权，又称职业安全卫生权，是指劳动者在劳动过程中，为保证自己的生命和身心健康，获得在工作场所的职业安全和卫生保护的权利。[⑥] (2) 劳动保护权是指劳动者享有的保护其劳动过程中生命安全和身体健康的权利。[⑦] (3) 劳动保护权是劳动者享有的、在劳动过程中获得安全与健康保护的权利，是保护劳动者生命健康权的重要措施。[⑧] (4) 职业安全权是指劳动者在职业劳动中人身安全和健康获得保障，免遭职业伤害的权利。[⑨] (5) 劳动安全权，是指劳动者在劳动过程中，享有身体健康和生命安全，免遭职业伤害的权利。[⑩] (6) 职业安全权，是劳动者依法所享有的在劳动过程中不受职场危险因素侵害的权利。[⑪] (7) 劳动保护权又称劳动安全卫生权，是指劳动者享有的要求生产经

---

① 黎建飞．我国法律如何对劳动者权利给予保护．中国网。

②⑩ 李炳安．劳动权论［M］．北京：人民法院出版社，2006.137

③⑥ 常凯．劳权论［M］．北京：中国劳动社会保障出版社，2004.193

④ 李智成．浅谈劳动者权益的保障．保障网。

⑤ 郭捷．论劳动者职业安全权及其法律保护［J］．法学家，2007 (2)

⑦ 黎建飞．我国法律如何对劳动者权利给予保护．中国网。

⑧ 林嘉．论劳动权的法律保障［J］．团结，2006 (6)

⑨ 冯彦君．劳动权论略［J］．社会科学战线，2003 (1)

⑪ 郭捷．论劳动者职业安全权及其法律保护［J］．法学家，2007 (2)

营单位保护其在劳动过程中的安全和健康的权利。[①]（8）劳动安全卫生保护权是劳动者在劳动过程中依法要求生产经营单位提供安全卫生的劳动条件，保护其生命和身体健康的一项基本劳动权利。[②]各种定义之间在表述上有诸多不同，表达了人们对生产安全权利内涵理解的差异。定义的各种表述均有可借鉴之处。

本书将从业人员安全权利的定义表述如下：从业人员安全权利是从业人员享有或应该享有的不受工作场所危险因素和有害因素的侵害，以及遭受侵害后获得及时充分救济，从而使其职业安全和健康获得保障的权利。

该定义包含如下含义：

1. 从业人员安全权利的权利主体为从事生产劳动的从业人员，非职业劳动者（如在自家从事家务劳动者）和个体经营者（self-employment）则不享有该项权利。

2. 从业人员安全权利的目标是使从业人员不受职场危险因素和有害因素的侵害，或万一遭受侵害时尽可能把侵害控制在最小的程度并且获得及时充分的救济。危险因素（hazardous factors）是指能对人造成伤亡或对物造成突发性损坏的因素；有害因素（harmful factors）是指能影响人的身体健康、导致疾病，或对物造成慢性损坏的因素。[③]

3. 从业人员安全权利保护的客体为从业人员的安全与健康，即受雇用者在工作场所和职业劳动的过程中的人身安全和健康及其受损后的补救。此处的“安全”是指免遭职场危险因素的侵害；“健康”一般是指免遭职场有害因素的侵害，但按照相关国际劳工公约，还包括与工作安全和卫生直接有关的影响健康的心理因素；“工作场所”是指“工人因工作而需在场或前往，并处于生产经营单位的直接或间接控制之下的一切地点”。[④]

4. 从业人员安全权利的内容是围绕从业人员在工作场所和职业劳动过程中的人身安全和健康损害而采取预防、控制和救济措施所产生的一组权利，是一个权利体系。在这个权利体系中，防止职业伤害的权利，即某些学者所称的“免遭职业伤害的权利”是主要内容，但并不是从业人员安全权利的全部内容。尽管在安全学科

---

① 王允武．西南民族大学《劳动与社会保障法》教案。

② 李智成．浅谈劳动者权益的保障．保障网。

③ 尽管国家标准《职业安全卫生术语》（GB/T 15236－2008）中废弃了 GB/T 15236－1994 中“危险因素”“有害因素”两个概念，但这两个概念对于安全管理学研究仍然具有重要意义。

④ 参见国际劳工组织 1981 年《职业安全与卫生公约》（第 155 号）第三条。

人们致力于生产设备和生产系统本质安全的研究，甚至有人提出“本质安全人”[①]的概念，但在现实中，由于科学技术先进程度的欠缺，或虽然技术上可以实现本质安全但因经济成本过高而不宜推广运用等原因，本质安全在相当长的时期内还不可能在各行各业全面实现；而“本质型的安全人”并不是一个静态的目标，而是一个不断趋近的动态目标，现实中没有绝对的安全人。[②] 从业人员安全权利应该包括职业伤害一旦发生，受害者得到及时充分的营救、医疗救助和事后的经济补偿等权利。

5. 从业人员安全权利的义务主体不限于“生产经营单位”，政府相关部门也同样负有不可替代的责任。政府的责任并不限于立法与执法层面，在从业人员的安全救助、从业人员知情权的实现等方面，政府还应该负有诸多具体的责任与义务。如美国1970年《职业安全与健康法》就规定职业安全与健康管理局应将对雇主的安全检查结果通知从业人员代表[③]，这便是政府在从业人员知情权实现中负有的具体义务。

6. 从业人员安全权利是应有权利，而不仅是法定权利。应有权利是权利的初始形态，它是特定社会的人们基于一定的社会物质生活条件和文化传统而产生出来的权利需要和权利要求，是主体认为或被承认应享有的权利。广义的“应有权利”包括一切正当的权利，即法律范围内外所有的正当权利。狭义的“应有权利”特指应当、而且能够、但还没有法律化的权利。[④] 从业人员安全权利作为劳动者的基本人权，以保护从业人员的生命和健康为己任，具有无可争议的正当性，是每个劳动者都应该享有的权利，而无论法律是否将其法定化。因此，我们应该从广义的“应有权利”来理解从业人员安全权利，而不应该认为其仅属于法定权利的范畴，自然也不应该在其定义中加入类似“依法”享有等限定词。

二、从业人员安全权利的性质和地位

（一）从业人员安全权利是个别劳权的首要权利

劳权是指以劳动权为基础的，处于劳动法律关系中的劳动者在履行劳动义务的同时所享有的与劳动有关的权益。劳权有个别劳权与集体劳权之分。个别劳权是指

---

① 赵国云，黄德镛．试论本质安全人的确立．安全与环境工程，2007（3）

② 张志富．关于“塑造本质型安全人”的思考［N］．中国安全生产报2005年12月29日第7版。

③ 参见 WORKER RIGHTS UNDER THE OCCUPATIONAL SAFETY AND HEALTH ACT OF 1970，美国劳工部职业安全与健康管理局网站。

④ 张文显．法学基本范畴研究［M］．北京：中国政法大学出版社，1993.106

由劳动者个人享有和行使的与劳动有关的权利。集体劳权，是指劳动者运用组织的力量维护自身利益的权利①。个体劳权主要有劳动就业权、劳动报酬权、休息休假权、社会保险权、劳动安全卫生权、职业培训权、劳动争议提请处理权等，集体劳权包括团结权、集体谈判权、集体争议权和民主参与权四项。②

在个别劳权的众多权利中，从业人员安全权利是最重要的权利，处于个别劳权之首。这是因为从业人员安全权利保护的对象为劳动者的生命和健康，而生命是权利的载体，没有生命，其他权利便无从谈起；即使没有丧失生命，健康的损害也会直接导致其他权利的行使受阻。如尽管各国立法一般会对职业事故致残者和职业病患者的再就业规定一些特殊的保护措施，但现实中，职业健康受损害者由于劳动能力的欠缺，其劳动就业权在不同程度上会受到损害。因此，只有将从业人员安全权利置于个别劳权的首要位置，给以充分的保护，其他个别劳权的行使才具有现实前提。正基于此，劳动立法的最初内容便是以劳动条件保护为主要范围③；“被视为现代劳动立法开端的1802年英国《学徒健康与道德法》，就其内容而言，实际上是一部劳动保护法规”④。

（二）从业人员安全权利是劳动者的最基本人权

人权是指在一定的社会历史条件下，每个人按其本质和尊严享有或应该享有的基本权利。⑤ 从地位和价值来看，人权可以分为基本人权和非基本人权，生存权属于基本人权。“生存权是人权的基础，和其他权利相比较，是占支配地位的权利。因为不管人们享受多少权利，其前提必须是人能够存在、能够生活。”⑥ 生存权是指生命安全得到保障和基本生活需要得到满足的权利。其中生命安全权包括生命权、健康权和其他人身权。⑦ 在生命权理念的发展历史中，这一概念曾特指人的生命不被国家任意或武断剥夺，要求国家消极地不作为以尽力不去“剥夺”人的生命；内容仅涉及死刑、堕胎、非经法律程序而处死、种族灭绝、安乐死等问题（甚至现在仍有类似观点）。⑧ 然而，20世纪初以来特别是自第二次世界大战之后，随着政治经济条件的发展变化，人们发现传统上基本权利所具有的防御功能不足以保

---

① 参见陈实．集体劳权与中国工会［N］．工人日报，2004年4月2日第五版。

② 参见常凯．劳权论［M］．北京：中国劳动社会保障出版社，2004.152—336

③ 参见常凯．劳权论［M］．北京：中国劳动社会保障出版社，2004.18

④ 王全兴．《安全生产法》的定位［J］．现代职业安全，2007（7）

⑤ 中国人权网。

⑥ 杨庚．论核心人权［J］．南京社会科学，1996（7）

⑦ 王家福，刘海年．中国人权百科全书［M］．北京：中国大百科全书出版社，1998.531

⑧ 赵雪刚，王雅琴．生命权和生存权概念辨析［J］．中国社会科学院研究生学报，2004（6）

障这些基本权利，于是基本权利理论获得了新的发展，即要求权利具有保护功能。作为首要基本权利的生命权，自然也不例外地具有“保护功能”，即国家具有保护生命权的义务，应当“积极作为”保护生命权。① 生命权所保护的范围也不再局限于废除死刑、禁止堕胎等内容，而是扩展到更广泛意义上的对人的生命和健康提供保护。如国家通过立法和制定强制性标准，要求生产经营单位提供足以保护从业人员安全与健康的工作条件；在出现重大职业安全事故时，政府采取积极营救措施，以上都是对劳动者生命权的主动保护。

从业人员安全权利保护的是劳动者在雇佣劳动中的生命、身体和健康，理应纳入生存权中的生命安全权范畴，是劳动者最基本的人权。对劳动者来说，除了会遭受一般人所遭遇的对生命安全的威胁因素外，还面临着工作场所危险因素和有害因素对生命安全和健康的威胁，而这类威胁因素更为常见，更加难以摆脱。因此，对劳动者从业人员安全权利的保护更应该提到基本人权的高度。

（三）从业人员安全权利是公权利，也是私权利

生产经营单位执行法定的生产安全标准，是公法上的义务；从业人员享有生产经营单位为其提供的符合安全和健康保护标准的工作条件，是公法上的权利；同时，从业人员从政府处享受的安全卫生救助权和知情权等，自然也属公的权利。但是，在劳动者与雇主签订的劳动合同里，都应包含涉及职业安全与健康保护的条款，这些条款以国家颁布的强制性标准为最低限度，低于该类标准的合同条款一概无效。所以，有关从业人员安全的权利，对从业人员来说又是通过合同获得的私的权利，对生产经营单位来讲，也是私法上的合同义务。正如史尚宽先生所说：“法律概念上之劳动保护，一部分由以受雇人为权利人，对于雇佣人所课私法上之受雇人保护义务，一部分由以国家为权利人，对于生产经营单位所课公法上之受雇人保护义务而成。”② 认识到从业人员安全权利的私权性质，对于鼓励劳动者通过集体谈判获得更高的劳动保护条件，具有重要的现实意义。

三、从业人员安全权利的内容

从业人员安全权利是一个权利束，其中既包括原权利，也包括救济权利，内容相当丰富。至少应包含如下各项具体内容：

（一）获得生产安全条件的权利

---

① 上官丕亮，论宪法上的生命权［J］．当代法学，2007（1）

② 史尚宽，劳动法原论［M］．1934 年上海初版，1978 年台湾正大印书馆重刊版，345

生产安全条件权是指从业人员享有能保障其生命和健康的工作条件权利。这些条件包括工作场所的环境、设备、设施、劳动防护用品以及与职业安全相适应的组织管理与技术措施。

符合生产安全需求的工作条件，是从业人员生命和健康的重要保障，各国和有关国际组织对此都给予了高度重视。我国于 2001 年被批准加入的联合国《经济、社会和文化权利国际公约》中明确规定："各缔约国承认人人有权享受公正和良好的工作条件，特别要保证安全和卫生的工作条件。"我国《宪法》在"公民的基本权利和义务"一章中明确规定："国家通过各种途径加强劳动保护，改善劳动条件"；《劳动法》第 3 条规定劳动者享有获得劳动安全卫生保护的权利，第 54 条规定"用人单位必须为劳动者提供符合国家规定的劳动安全卫生条件和必要的劳动防护用品"；《安全生产法》第 6 条规定"生产经营单位的从业人员有依法获得安全生产保障的权利"；《职业病防治法》第 4 条规定"劳动者依法享有职业卫生保护的权利。用人单位应当为劳动者创造符合国家职业卫生标准和卫生要求的工作环境和条件，并采取措施保障劳动者获得职业卫生保护"，第 36 条规定，劳动者有权要求用人单位为其提供符合防治职业病要求的职业病防护设施和个人使用的职业病防护用品，改善工作条件。上述法律还都从雇佣单位义务的角度提出要求，要求其必须为从业人员提供符合法律规定的生产安全条件。

随着社会的进步，生产安全条件也在不断发生变化，从早年的保护从业人员生命与健康，发展到今天保障从业人员舒适体面地工作。因此，我们的立法也应该不断进步，进一步提高法定条件，才能使从业人员的生产安全工作条件权得以实现。

（二）生产安全知情权

生产安全知情权是指从业人员享有从生产经营单位和政府处获悉与其职业安全和健康相关的所有信息的权利。在众多从业人员安全权利中，知情权具有基础地位，因为知情往往是行使其他权利的前提条件，没有对相关信息的了解，从业人员就难以行使生产安全的监督权和控告权，甚至不能对职业场所的危险因素和有害因素有充分的认识，在一定程度上影响其拒绝危险作业权和紧急避险权的行使。因此，从立法上确认从业人员享有知情权，并对知情权的具体内容给予细化是保障从业人员生产安全权得以实现的重要前提。

我国《安全生产法》第 45 条规定"生产经营单位的从业人员有权了解其作业场所和工作岗位存在的危险因素、防范措施及事故应急措施"；《职业病防治法》第 36 条第 3 款规定劳动者有权"了解工作场所产生或者可能产生的职业病危害因素、危害后果和应当采取的职业病防护措施"。了解作业场所存在的危险因素和有害因素（比如易燃易爆、有毒有害、辐射性强的物质等危险物品的存在及其可能对人体造成的危害，机器设备在运转时存在的危险及其可能的危害后果等）并学会使用防范措施及其紧急情况下的应急处置方法，对提高从业人员的安全卫生防范意识，防止事故的发生和职业危害对从业人员造成身体损害十分必要。《安全生产法》和《职业病防治法》的上述规定，将从业人员的生产安全知情权进行了法定化，对保障从业人员生产安全权利的实现起到重要作用。

知情权至少应包括四大方面：一是权利范围知情，即从业人员有权了解国家法律、法规赋予了哪些生产安全权利；二是国家立法与强制性标准的知情，即从业人员有权了解国家法律、法规和技术性标准对生产经营单位在职业卫生安全方面的强制性要求；三是作业场所危险性、有害性及其应对措施的知情，即从业人员有权了解生产经营单位作业场所和工作岗位上存在的危险因素、有害因素及其可能的后果，有权了解应对危险和有害因素所应该采取的防范措施和紧急情况下应当采取的应急措施；四是生产经营单位守法状况的知情，即从业人员有权了解生产经营单位执行国家法律、法规、强制性标准的情况和在安全事故的预防、职业病防治方面所采取的措施以及事故应急救援预案等。

关于从业人员安全权利范围、国家立法和强制性标准的知情，从业人员可以通过积极的行为，从政府公共渠道获得，也可以从生产经营单位获得。美国《1970年职业安全卫生法》规定从业人员有权从雇主处获得国家相关立法、法定标准以及劳工权利的信息，要求雇主必须将相关内容的小册子摆放于工作场所，使从业人员随时可以获得相关知识。①

对雇佣单位生产安全守法状况的了解，是从业人员有效行使生产安全监督权的前提。雇佣单位当然有义务向从业人员介绍本单位的守法状况，主动接受监督；同时，政府监管部门同样负有义务，向从业人员传递有关信息，使他们尽可能全面地了解本单位的生产安全守法状况。对此，美国《1970年职业安全卫生法》就明确规定从业人员有权从政府安监官员处获得检查结果的信息。②

（三）生产安全受训权

生产安全受训权是指从业人员所享有的带薪接受生产安全教育培训的权利，国内学术界也称其为受培训权③或培训权④等。

---

①② 参见 WORKER RIGHTS UNDER THE OCCUPATIONAL SAFETY AND HEALTH ACT OF 1970。

③ 周长征．劳动法原理［M］．北京：科学出版社，2004.111

④ 郭捷．论劳动者职业安全权及其法律保护［J］．法学家，2007（2）

安全卫生培训的主要目的是提高从业人员的安全卫生素质。国内外的统计资料表明，在劳动生产过程中，绝大多数的事故是由于人的不安全行为造成的。日本学者在1980年统计中指出，日本制造业在该年度的死亡人数为106 162人，其中，因人为差错导致的事故造成的死亡人数约占94%。美国安全工程师海因里希（W. H. Herinirch）在1931年调查的75 000起工业伤害事故中发现，只有2%的事故超出人的预防能力，是不可预防的，而占总数98%的事故是可以预防的，其中以人的不安全行为为主要原因的事故占88%，以物的不安全状态为主要原因的事故占10%。① 我国官方文件显示，“近几年发生的生产安全伤亡事故，90%以上是由于人的不安全行为造成的”。② 工作场所存在着大量的危险因素和有害因素，包括物理的、化学的和生物的，其中很多因素特性复杂，并非靠生活常识就能意识到其危险性，必须通过系统的、有针对性的安全卫生培训，才能提高从业人员的生产安全知识、技能和生产安全意识，学会在劳动过程中进行自我保护和保护他人。

生产安全培训的另一目的就是提高从业人员的维权意识和维权能力。在劳动关系中，从业人员的生命健康权随着劳动力的转让在很大程度上受制于生产经营单位，有时候从业人员虽然意识到了职业危险的存在，但却不知道自己有拒绝危险作业的权利，或者感觉到应该拒绝，却由于权利意识较弱，不敢拒绝。生产安全培训必须将相关法律、法规知识作为重要内容，使从业人员知晓自己的权利，提高维权意识。

生产安全受训权与知情权内容既有交叉，也有区别。接受培训是实现知情权的重要途径，但专业培训的内容又超越了知情权的范围，培训本身不仅要解决知情（知识的了解），还要进行安全卫生技能的训练，安全卫生意识的培养，最终达到安全卫生整体素质的提升。

获得安全卫生教育培训是从业人员的权利，但是带有义务性质的权利。虽然劳动者在未经岗前安全卫生培训的前提下有权拒绝上岗作业，且受培训期间，有获得报酬的权利，但其却不能放弃接受培训的权利。由于劳动者安全卫生知识的匮乏、安全卫生技能的欠缺而违章操作或误操作导致的职业安全事故发生或职业有害因素的失控，不仅危及劳动者个人自身生命和健康，也会对其他工友的生命和健康以及企业财产造成损失，有时甚至具有公共安全事件的属性，造成更多的不特定的人员

① 王金国．构建本质安全型矿井对策研究［J］．煤炭工程，2007（6）

② 数据来源于国家安监总局、国家煤矿安全监察局、教育部、劳动和社会保障部、建设部、农业部、中华全国总工会《关于加强农民工安全培训工作的意见》（安监总培训［2006］228号）。

伤亡、财产损失和环境的污染，因此劳动者接受合格的安全卫生培训，提高安全素质已不仅仅牵扯到个人利益，还牵扯到他人的甚至社会的利益，因此，生产安全受训权是带有义务性质的权利，是不可放弃的权利。

在我国众多关于生产安全教育培训的立法中，《职业病防治法》明确规定劳动者享有“获得职业卫生教育、培训”的权利，其他法律法规均规定生产经营单位负有对职工进行生产安全教育培训的义务。

（四）生产安全监督权

生产安全监督权是指从业人员对生产经营单位贯彻、执行生产安全法律、法规和相关技术标准的情况以及不断提高生产安全条件、改善生产安全状况进行监督权利，具体包括建议权、批评权、检举权、申诉权和控告权。其中建议权、批评权和检举权属于督促性监督权，申诉权和控告权属于维权性监督权。

建议权就是指从业人员有权对生产经营单位如何改善生产安全状况提出建议；批评权是指从业人员有权对生产经营单位在生产安全方面的不足提出批评；检举权是指从业人员有权对生产经营单位违反生产安全法律、法规和强制性技术标准的情况向政府有关部门进行检举；申诉权是指当从业人员因行使生产安全权利而遭受处分时，有权向生产经营单位提出申诉；控告权是指从业人员因生产经营单位的安全问题对自己造成伤害或因行使其他安全卫生权利而遭致处分时有权向政府有关部门提出控告。

生产经营单位遵守生产安全法律、法规以及强制性标准的好坏，直接关系到从业人员的生命和健康利益，对生产经营单位的监督，就是对自己生命和健康的保护，因此从业人员的监督权具有天然的正当性。立法赋予从业人员在生产安全方面对雇佣单位进行监督的权利，由此可以促进生产经营单位认真遵守法律、法规和法定标准，不断改进生产安全条件，使从业人员的生产安全权利得以实现。

我国关于从业人员生产安全监督权的立法主要有如下规定：《劳动法》第 56 条规定，劳动者对危害生命安全和身体健康的行为，有权提出批评、检举和控告。《安全生产法》第 45、46 条规定，生产经营单位的从业人员有权对本单位的安全生产工作提出建议，有权对本单位安全生产工作中存在的问题提出批评、检举和控告，生产经营单位不得因从业人员对本单位安全生产工作提出批评、检举、控告而降低其工资、福利等待遇或者解除与其订立的劳动合同。第 64 条规定，任何单位或者个人发现事故隐患或者安全生产违法行为后，均有权向负有安全生产监督管理职责的部门报告或者举报。《职业病防治法》第 36 条规定，劳动者有权对违反职业病防治法律、法规以及危及生命健康的行为提出批评、检举和控告；有权参与生产经营单位职业卫生工作的民主管理，对职业病防治工作提出意见和建议。生产经营单位应当保障劳动者行使前款所列权利。因劳动者依法行使正当权利而降低其工资、福利等待遇或者解除、终止与其订立的劳动合同的，其行为无效。《矿山安全法》第22条规定：矿山企业职工有权对危害安全的行为，提出批评、检举和控告。

我国立法除了赋予从业人员个体以监督权外，还明确规定了从业人员组织工会的监督权。如《工会法》第22条规定，企业、事业单位违反劳动法律、法规规定，不提供劳动安全卫生条件的，工会应当代表职工与企业、事业单位交涉，要求企业、事业单位采取措施予以改正；企业、事业单位应当予以研究处理，并向工会作出答复；企业、事业单位拒不改正的，工会可以请求当地政府依法作出处理。第23条规定，工会依照国家规定对新建、扩建企业和技术改造工程中的劳动条件和安全卫生设施与主体工程同时设计、同时施工、同时投产使用情况进行监督。对工会提出的意见，企业或者主管部门应当认真处理，并将处理结果书面通知工会。第24条规定，工会发现企业违章指挥、强令工人冒险作业，或者生产过程中发现明显重大事故隐患和职业危害时，有权提出解决的建议，企业应当及时研究答复；发现危及职工生命安全的情况时，工会有权向企业建议组织职工撤离危险现场，企业必须及时作出处理决定。第25条规定，工会有权对企业、事业单位侵犯职工合法权益的问题进行调查，有关单位应当予以协助。第26条规定，职工因工伤亡事故和其他严重危害职工健康问题的调查处理，必须有工会代表参加。工会应当向有关部门提出处理意见，并有权要求追究直接负责的主管人员和有关责任人员的责任。对工会提出的意见，应当及时研究，给予答复。第38条规定，企业、事业单位召开讨论有关工资、福利、劳动安全卫生、社会保险等涉及职工切身利益的会议时，必须有工会代表参加。我国《劳动法》《劳动合同法》《安全生产法》《职业病防治法》等相关法律都做出了与上述《工会法》内容相似的规定。

从立法上看，我国从业人员生产安全监督权的规定已比较完善，但是由于知情权立法的缺陷和工会制度本身的不足[①]，致使从业人员行使监督权在现实中仍有一定的障碍。

（五）拒绝危险作业权

拒绝危险作业权是指从业人员可以拒绝生产经营单位的违章指挥和强令冒险作业，并不因此而遭受处分的权利。违章指挥主要是指生产经营单位的负责人、生产

① 关于工会制度本身的缺陷．参见刘超捷、傅贵．煤矿矿难与基层工会监督缺位研究．煤矿安全，2009年第12期。

管理人员和工程技术人员违反国家法律、法规和强制性标准，以及特殊行业的操作规程，不顾雇佣人员的生命安全和健康，指挥他们进行生产作业的行为。强令冒险作业是指生产经营单位管理人员在存在危及作业人员人身安全的危险因素和危害作业人员身体健康的有害因素而又没有相应的安全卫生保护措施的情况下，不顾作业人员的生命安全和健康，强迫命令他们进行生产作业的行为。为了提高生产效率，生产经营单位及其管理人员违章指挥，或者强令冒险作业都是对从业人员生命和健康的漠视，也是一种违法行为，作业人员对此有权予以拒绝，生产经营单位不得因为从业人员的正当拒绝行为而对其做出扣发奖金、工资、解除劳动合同等任何形式的处罚。

我国《劳动法》第 56 条规定，劳动者对用人单位管理人员违章指挥、强令冒险作业，有权拒绝执行。《劳动合同法》第 32 条规定，劳动者拒绝用人单位管理人员违章指挥、强令冒险作业的，不视为违反劳动合同。《安全生产法》第 46 条规定，从业人员有权拒绝违章指挥和强令冒险作业，生产经营单位不得因从业人员拒绝违章指挥、强令冒险作业而降低其工资、福利等待遇或者解除与其订立的劳动合同。《职业病防治法》第 36 条规定，劳动者享有拒绝违章指挥和强令进行没有职业病防护措施的作业，生产经营单位应当保障劳动者行使此项权利，因劳动者依法行使正当权利而降低其工资、福利等待遇或者解除、终止与其订立的劳动合同的，其行为无效。

上述立法为从业人员行使拒绝危险作业权提供了较为详尽的法律规定，但拒绝权的行使，有赖于从业人员强烈的维权意识和对各种相关法律、法规和规章制度的了解，以及对违章作业、危险作业危害性的充分认识为前提，因此，此项权利的行使与知情权和受训权密切相关。

（六）紧急避险权

紧急避险权是指从业人员发现直接危及人身安全的紧急情况时，可以停止作业或者采取可能的应急措施后撤离作业场所，并不因此而遭受处分的权利。

在生产作业过程中，随时会出现一些危及或可能危及作业人员生命和健康的意外险情，如煤矿开采中出现的透水、片帮情况，化工生产中的毒气外泄、火灾等情况。出现上述情况后，作业人员如不停止作业紧急撤离现场，随时会有生命危险，因此法律对作业人员在此情况下的停止作业撤离现场，或者采取可能的应急措施后撤离作业现场的权利予以了确认。

我国《安全生产法》第 47 条规定，从业人员发现直接危及人身安全的紧急情况时，有权停止作业或者在采取可能的应急措施后撤离作业场所。生产经营单位不得因从业人员在前款紧急情况下停止作业或者采取紧急撤离措施而降低其工资、福利等待遇或者解除与其订立的劳动合同。《职业病防治法》第37条虽然没有规定从业人员个人的紧急避险权，但规定工会发现危及劳动者生命健康的情形时，有权向生产经营单位建议组织劳动者撤离危险现场，生产经营单位应当立即作出处理。

紧急避险权的行使往往会遇到一些现实的难题，就是具体在什么情况下从业人员才可以行使这项权利，我国立法并没有细致的规定。有学者认为：从业人员行使这项权利时，应注意四个问题。一是危及从业人员安全的紧急情况必须有确实可靠的事实根据，凭借个人猜测或者误判而实际并没有构成对人身安全的威胁，这种情况下不可贸然停止生产作业。二是紧急情况必须是直接危及人身安全的紧急情况，间接或者可能危及人身安全的状况下，不应撤离作业现场，而应积极采取有效的处理措施。三是出现危及人身安全的紧急情况时，首先是停止作业，然后要采取可能的应急措施，采取应急措施无效时，再撤离作业现场。四是该项权利不适用于某些特殊职业的从业人员，例如船舶驾驶人员、车辆驾驶人员等。根据有关法律、国际公约和职业惯例，在发生危及人身安全的紧急情况时，这些岗位的从业人员不能或者不能先行撤离岗位或者操作现场。[①]

由于从业人员个人安全卫生知识和判断能力存在差异，很难要求每个人都能准确无误地判断出现场的危险程度，因此出现错误判断的情况在所难免。如果法律不允许生产经营单位对判断的失误给予处分，可能会出现权利的滥用，而如果允许生产经营单位对判断的失误给予处分，则从业人员往往因害怕处分而不敢轻易相信自己的判断。如何平衡两者之间的利益可能会成为我国立法选择的难题。我国可以借鉴一些国家的安全代表制度，由从业人员的安全代表对现场的危险程度作出判断，并决定是否停工及撤离作业场所。如瑞典1977年《工作环境法》第六章第7条规定，如果某项工作对从业人员的生命和健康有直接而严重的威胁，从生产经营单位代表处不能获得及时补救时，从业人员安全代表有权命令工作暂停，直到工作环境监察部门作出最终决定。由于从业人员的安全代表由从业人员选出，不同于资方任命的代表及管理人员，因而完全能够代表从业人员利益。只要对他们进行专门培训，提高其生产安全专业素质，他们对作业场所的危险辨识能力会明显高于普通从业人员。我国《职业病防治法》第37条所规定的工会的权利仅仅为建议权。

（七）获得安全卫生救助权

获得安全卫生救助权是指当安全事故发生后，从业人员从生产经营单位、政府

① 孟燕华．职业安全卫生法律基础与实践．北京：中国劳动社会保障出版社，2007.173

和社会获得及时救助的权利以及职业病患者获得及时治疗的权利。尽管我们贯彻“安全第一，预防为主”的安全生产方针，但是绝对杜绝事故的发生，也非短期内能够实现的目标。安全事故的发生，常常会伴随着大量的人员被困和人员受伤，对受困人员的及时解救和对受伤人员的及时救治，是挽救生命、减少伤亡的最佳办法。但是事故发生后仅凭雇佣单位一家力量是不够的，因此，各级政府和整个社会都有义务对被困人员和受伤人员进行极力救助，以最大限度地拯救处于死亡边缘的生命。我国《安全生产法》第70条规定，生产经营单位发生生产安全事故后，事故现场有关人员应当立即报告本单位负责人。单位负责人接到事故报告后，应当迅速采取有效措施，组织抢救，防止事故扩大，减少人员伤亡和财产损失。第72条规定，有关地方政府和负有安全生产监督管理职责的部门的负责人接到重大生产安全事故报告后，应当立即赶到事故现场，组织事故抢救。任何单位和个人都应当支持、配合事故抢救，并提供一切便利条件。

（八）职业健康监护权

职业健康监护权是指从事接触职业病危害的作业人员和职业病患者享有的由生产经营单位组织的健康检查和医学观察并为其建立个人职业健康档案的权利。

从事接触职业病危害的作业人员患职业病的风险要大大高于一般作业人员，因此对他们的职业健康状况要进行跟踪监护并建立健康档案，以便于将由于从业人员个体身体差异等原因而濒临患病，不适合继续从事该类作业的人员调离岗位，防止病患的发生。我国《职业病防治法》第32条规定，对从事接触职业病危害的作业的劳动者，用人单位应当按照国务院卫生行政部门的规定组织上岗前、在岗期间和离岗时的职业健康检查，并将检查结果如实告知劳动者。职业健康检查费用由用人单位承担。

对于已经患有职业病的从业人员，进行健康检查和医学观察并建立职业健康档案，是为职业病患者的治疗和康复提供依据，以便于将职业病造成的危害控制在最小程度。对此我国《职业病防治法》第50条规定，用人单位应当按照国家有关规定，安排职业病病人进行治疗、康复和定期检查。

劳动者享有的具体权利是：享受教育培训权，依法获得职业卫生教育、培训；享受健康服务权，依法获得职业健康检查、职业病诊疗、康复等职业病防治服务；享受知情权，有权了解工作场所产生或者可能产生的职业病危害因素、危害程度、危害后果、防护措施以及相关待遇等；享受卫生防护权，有权要求用人单位提供符合预防职业病要求的职业病防护设施和个人使用的职业病防护用品，改善工作条件；享受批评、检举、控告权，对违反职业病防治法律、法规以及危及生命健康的行为提出批评、检举和控告；享受拒绝违章作业权，有权拒绝违章指挥和强令进行没有职业病防护措施的作业；享受参与决策权，参与用人单位职业卫生工作的民主管理，对职业病防治工作提出意见和建议；享受工伤社会保险权；享受赔偿权，对职业危害造成的健康损害有依法要求赔偿的权利；享受特殊保障权，未成年工、女工、特殊生理或病理状态劳动者依法享有特殊职业卫生保护。

劳动者也应履行下列义务：学习和掌握相关的职业卫生知识；遵守职业病防治法律、法规、规章和操作规程；正确使用和维护职业病防护设备和个人使用的职业病防护用品；发现职业病危害事故隐患及时报告，以便用人单位及时采取措施，消除职业病危害事故的隐患。

（九）生产安全特殊保护权

生产安全特殊保护权是指未成年人、女职工、有职业禁忌的从业人员在生产安全方面所享有的特别保护的权利。

未成年人是指未满 18 周岁的公民。由于未成年人身心发育尚不成熟，因而在劳动强度、工作环境方面需要特殊照顾。我国《未成年人保护法》第 38 条规定："任何组织或者个人按照国家有关规定招用已满十六周岁未满十八周岁的未成年人的，应当执行国家在工种、劳动时间、劳动强度和保护措施等方面的规定，不得安排其从事过重、有毒、有害等危害未成年人身心健康的劳动或者危险作业。"《劳动法》第 64 条规定："不得安排未成年工从事矿山井下、有毒有害、国家规定的第四级体力劳动强度的劳动和其他禁忌从事的劳动。"第 65 条规定，用人单位应当对未成年工定期进行健康检查。《职业病防治法》第 35 条规定，用人单位不得安排未成年工从事接触职业病危害的作业。《矿山安全法》第 29 条规定，矿山企业不得录用未成年人从事矿山井下劳动。

由于女性的生理特征及担负养育后代的社会职责，因而在职业劳动中也需要得到特别照顾。我国《妇女权益保护法》第 26 条规定，任何单位均应根据妇女的特点，依法保护妇女在工作和劳动时的安全和健康，不得为其安排不适合妇女从事的工作和劳动。妇女在经期、孕期、产期、哺乳期受特殊保护。《职业病防治法》第 35 条规定，用人单位不得安排孕期、哺乳期的女职工从事对本人和胎儿、婴儿有危害的作业。《矿山安全法》第 29 条规定，矿山企业对女职工按照国家规定实行特殊劳动保护，不得分配女职工从事矿山井下劳动。

职业禁忌是指劳动者从事特定职业或者接触特定职业病危害因素时，比一般职业人群更易于遭受职业病危害和罹患职业病或者可能导致原有自身疾病病情加重，或者在从事作业过程中诱发可能导致对他人生命健康构成危险的疾病的个人特殊生理或者病理状态。我国《职业病防治法》第 32 条规定，用人单位不得安排有职业禁忌的劳动者从事其所禁忌的作业。

（十）工伤保险权

工伤保险权是指从业人员享有生产经营单位为其办理工伤保险并于遭受职业伤害或患职业病导致暂时或永久丧失劳动能力以及死亡时，从业人员本人或其遗属从国家和社会获得物质帮助的权利。此处的“工伤”应从广义理解，包括因工受伤、死亡、患职业病等立法规定的多种情形。

工伤保险权是从业人员享受的基本权利之一，该权利的享有，可以保障从业人员在因工受伤或患职业病时可以获得较为充足的资金用于治疗、康复和生活补助，因工死亡时可以获得较充足的资金用于丧葬和其抚养人的生活补助。工伤保险权的义务主体有三个，生产经营单位、国家和工伤保险经办机构。工伤保险属强制性社会保险，任何生产经营单位都必须为其从业人员购买工伤保险；国家必须通过立法和执法，保证生产经营单位为其从业人员购买工伤保险义务的履行；工伤保险经办机构的义务是依据相关法律、法规，积极征收工伤保险费，在从业人员因工受伤、死亡或患职业病时，保证从业人员或其家属享受法定的工伤保险待遇。

我国《劳动法》第 70 条规定，国家发展社会保险事业，建立社会保险制度，设立社会保险基金，使劳动者在年老、患病、工伤、失业、生育等情况下获得帮助和补偿。第 73 条规定，劳动者因工伤残或者患职业病时依法享受社会保险待遇，劳动者享受的社会保险金必须按时足额支付。《安全生产法》第 43 条规定，生产经营单位必须依法参加工伤社会保险，为从业人员缴纳保险费。第 48 条规定，因生产安全事故受到损害的从业人员，除依法享有工伤社会保险外，依照有关民事法律尚有获得赔偿的权利的，有权向本单位提出赔偿要求。《职业病防治法》第 6 条规定，用人单位必须依法参加工伤社会保险。国务院和县级以上地方政府劳动保障行政部门应当加强对工伤社会保险的监督管理，确保劳动者依法享受工伤社会保险待遇。第 51 条规定，职业病病人的诊疗、康复费用，伤残以及丧失劳动能力的职业病病人的社会保障，按照国家有关工伤社会保险的规定执行。

除上述立法外，我国颁布有专门的《工伤保险条例》（国务院令第 375 号），对如何实现从业人员的工伤保险权作了较为细致的规定。但现行的工伤保险制度尚存在较多的不足之处，最为突出的是立法规定当生产经营单位没有为其从业人员购买工伤保险时，因工受伤、死亡或患职业病的从业人员只能按照工伤保险标准从其生产经营单位处获得赔偿。如现行《工伤保险条例》第 60 条规定：“用人单位依照本条例规定应当参加工伤保险而未参加的，由劳动保障行政部门责令改正；未参加工伤保险期间用人单位职工发生工伤的，由该用人单位按照本条例规定的工伤保险待遇项目和标准支付费用。”在现实中，“未参保用人单位拖欠甚至拒不支付工伤职工待遇的现象经常发生”①；并且有些生产经营单位因安全事故损失惨重而破产倒闭后，也根本没有能力按照《工伤保险条例》规定的工伤保险待遇项目和标准支付费用，由此导致从业人员的工伤保险权利根本无法实现。

我国多部法律都规定生产经营单位必须依法参加工伤社会保险，为其从业人员缴纳保险费。因此，为从业人员缴纳工伤保险费是生产经营单位的法定义务，当生产经营单位没有依法履行义务时，政府执法部门便有义务纠正生产经营单位的违法行为，及时追缴保险费，保证从业人员能够享受到工伤保险权利。不能因为生产经营单位的违法、执法部门的失职而使并无过错的从业人员承担不利的后果。

在《工伤保险条例》修改过程中，上述问题已引起了有关部门的重视，根据《国务院关于修改〈工伤保险条例〉的决定（征求意见稿）》，具体内容修改为：“用人单位依照本条例规定应当参加工伤保险而未参加的，由人力资源和社会保障行政部门责令限期参加，补缴欠缴的工伤保险费，并自欠缴之日起，按日加收欠缴工伤保险费的万分之五的滞纳金；逾期仍不缴纳欠缴的工伤保险费和滞纳金的，处上年度应当缴纳工伤保险费数额的 2 倍以上 5 倍以下的罚款。拒不补缴欠缴的工伤保险费、滞纳金和罚款的，由人力资源和社会保障行政部门申请人民法院强制执行。依照本条例规定应当参加工伤保险而未参加工伤保险的用人单位职工发生工伤的，由该用人单位按照本条例规定的工伤保险待遇项目和标准支付费用。用人单位参加工伤保险并补缴欠缴的工伤保险费、滞纳金及罚款后，由工伤保险基金和用人单位按照本条例的规定支付新发生的费用。”②

《征求意见稿》显示，政府将加大对生产经营单位违法行为的打击力度，这将在一定程度上提高生产经营单位的参保率，推进从业人员工伤保险权的实现。

（十一）工伤民事求偿权

工伤民事求偿权是指从业人员因工受伤、死亡或患职业病后，除依法享有工伤社会保险待遇外，依照有关民事法律有权获得赔偿的，有权向生产经营单位提出赔偿要求。

我国《安全生产法》第 48 条规定，因生产安全事故受到损害的从业人员，除依法享有工伤社会保险外，依照有关民事法律尚有获得赔偿的权利的，有权向本单

①② 参见国务院法制办关于《国务院关于修改〈工伤保险条例〉的决定（征求意见稿）》公开征求意见的通知。

位提出赔偿要求。《职业病防治法》第52条规定，职业病病人除依法享有工伤社会保险外，依照有关民事法律，尚有获得赔偿的权利的，有权向用人单位提出赔偿要求。

上述立法虽然规定了从业人员的工伤民事求偿权，但是对享受工伤保险待遇与民事赔偿之间的关系却并无明确规定。有学者将上述立法理解为双重救济模式，认为"工伤社会保险和民事赔偿不能互相取代，从业人员可以享受双重的保障。"[①]但是全国人民代表大会常务委员会法制工作委员会编写的《法律释义丛书》之《安全生产法释义》中认为："实施工伤社会保险，因生产安全事故受到损害的从业人员的诊疗康复费用及有关社会保障可以得到相当程度的解决，但是，在特定的情况下也还有可能难以完全补偿因生产安全事故所受到的损害。这样，因生产安全事故受到损害的从业人员就有权依照有关民事法律的规定，要求生产经营单位进行赔偿。"[②]《职业病防治法释义》表达了同样的观点，即认为民事赔偿是工伤保险赔偿的补充，属于补充救济模式。后一种观点较妥，不仅因为该观点来自于国家立法机关职能部门所编写的法律释义丛书，更因为补充救济模式既能保障从业人员工伤救济权利的实现，又避免了受害人获得双份利益，加重生产经营单位的负担，具有自身的合理性，应该是司法机关适用法律的正确选择。

四、从业人员安全权利的实现

从业人员安全权利兼有公权与私权的双重属性，又有"应有权利"和"法定权利"等多种表现形态，这便为该项权利实现途径的多元化奠定了基础。从业人员安全权的实现途径包括法律途径、社会途径和劳资契约途径三种。

（一）从业人员安全权利实现的法律途径

同所有权利实现的基本途径一样，从业人员安全权利实现的基本途径也是将应有权利转化为法定权利，并通过法律的实施而转化为实有权利。其中立法机关科学地立法是从业人员安全权利实现的基础；政府部门严格地执法是从业人员安全权利实现的保障；生产经营单位认真地守法是从业人员安全权利实现的前提；从业人员和工会勇敢地维权是从业人员安全权利实现的强大动力；司法部门正确适用法律是从业人员安全权利救济的最后防线。

（二）从业人员安全权利实现的社会途径

---

① 李适时．中华人民共和国安全生产法释义．北京：中国物价出版社，2002.120

② 卞耀武．中华人民共和国安全生产法释义．北京：法律出版社，2002.123

法律是权利保护机制中最主要的一种，但不是唯一的一种。在法律之外，实际存在着其他权利保护机制和社会调整机制。在当今国际社会，很多法律权利和正当利益是依靠各种各样的非政府组织来推动的。也就是说，权利实现并不只有法律这一种途径，它还有社会途径。权利实现的社会途径包括两种形式，一是社会自身的管理协调机制，二是社会发展。[①] 在劳动者生产安全权的实现方面，社会途径更是具有独特的作用。

就“社会自身的管理协调机制”而言，近年来，在全球兴起的企业社会责任运动，便是实现从业人员安全权的良好例证。在西方发达国家，从20世纪80年代开始，人们开始关注跨国公司在生产转移中造成的环境污染和劳工权益等社会问题，广大消费者和一些国际人道主义组织发起了对“血汗工厂”产品进行抵制的“消费者运动”，要求跨国公司对其产品的制造行为承担社会责任，促使跨国公司提高劳工标准。一些大的跨国公司认识到“血汗工厂”对劳工权益的侵害，决定重塑公司形象，以赢得消费者的信赖。于是部分跨国公司、行业协会制定了本公司或本行业的生产守则，提高产品生产过程中的安全工作条件，加大对从业人员职业安全与健康的保护。这种正义的行为得到了更多企业的响应和社会公众的支持，企业社会责任运动逐步发展为一种国际潮流。1997年，总部设在美国的社会责任国际组织（Social Accountability International）联合欧美跨国公司和其他国际组织，发起制定了社会责任国际标准SA8000（Social Accountability 8000）。目前，世界上许多大的跨国公司都自觉采用高于东道国法定标准的SA8000标准，使劳工权益，包括从业人员安全权得以更好地实现。

国家制定颁布了一系列法律、法规和强制性标准用以保护劳动者的职业安全和健康，规定生产经营单位必须提供符合法定标准的安全工作条件。但是，研究发现，在生产经营单位严格履行了所有的法定义务的情况下，从业人员的安全和健康仍有可能受到威胁，如患上职业病等（尚不考虑来自从业人员本身不安全行为导致的危险）。原因在于法定标准本身存在问题。安全工作条件有主观标准和客观标准之分，安全工作条件的客观标准是指客观存在的、不以人们主观认识而改变的确能保障从业人员安全与健康的标准；安全工作条件的主观标准是人们建立在对客观标准认识的基础上所制定出的旨在保护从业人员安全与健康的标准。客观标准虽然是客观存在的，但是它需要通过人们的主观认识才能反映出来，主观判断要想符合客

① 参见胡水君：法律与社会——权利实现的两条途径［C］．法治与和谐社会建设．北京：社会科学文献出版社，2006.10

观，需要一个过程，需要认识的不断深化。法定标准属于主观标准，直接受制于人类的认识水平和科技的发达程度。不仅如此，法定标准还受到一国的经济发展水平和文化传统等因素的制约。如目前欧盟关于蔬菜农药残留的标准就比我国的标准严格得多。

安全是一个相对的概念，它是人们对风险的容忍度。在一个科技和经济落后的社会里，人们对风险的容忍度就高，甚至在明明知道风险存在的情况下，整个社会、包括法律对风险都表现得相对麻木。由此可见，要提高一国的职业安全与健康保护水平，科技、经济、社会的综合发展才是最终途径，否则，“应有权利”便徒有其正当性，而难以转化为“实有权利”，从业人员的生产安全权的全面实现便会大打折扣。

（三）从业人员安全权实现的劳资契约途径

从业人员安全权实现的劳资契约途径就是通过劳动合同约定能对从业人员生命和健康提供切实保护的生产安全条件的途径。劳资契约途径与社会途径的不同之处在于，前者是通过劳资双方协商和谈判，在利益博弈的基础上达成的协议，生产经营单位通过履行合同来保护合同约定的从业人员在生产安全方面所享有的权利，而后者则是企业在社会责任意识下的自愿行为。

我国《劳动法》《劳动合同法》《安全生产法》《职业病防治法》等多部法律都规定劳动合同中应该包含生产安全条件的条款。生产安全条件属于劳动基准法的范畴，国家有强制性规定，即使劳动合同中未载明生产安全条件，生产经营单位也必须遵守国家的强制性规定，提供符合规定的生产安全条件。如果劳动合同中约定的生产安全条件低于国家强制性标准的，则一律无效，仍然执行国家法定标准。但是，国家颁布的强制性标准仅仅是最低标准，并不是最佳标准。劳动者完全可以通过劳动合同的形式，约定执行高于国家标准的生产安全标准，如借鉴 SA8000 标准或 OHSAS18001 标准中关于生产安全的标准。当然，通过劳资契约途径实现生产安全权的前提是有强大的工会组织和健全的劳动合同、集体谈判法律制度。

五、从业人员的安全义务

从业人员在享受从业人员安全权利的同时，也必须履行相关的生产安全义务，这一义务不仅是对生产经营单位的义务，也是对其他从业人员的义务。

（一）遵守规章制度和操作规程的义务

生产安全规章制度是生产经营单位依照国家法律、法规、规章和标准的要求，结合本单位实际情况制定的有关生产安全的具体规范，只要上述规章制度的制定符合劳动法规定的法定程序，对从业人员便具有合法的约束力。生产经营单位的生产安全规章制度一般包括安全生产责任制、安全技术措施管理、安全生产教育、安全生产检查、伤亡事故报告、各类事故管理、劳动保护设施管理、要害岗位管理、安全值日制度、安全生产竞赛办法、安全生产奖惩办法、劳动防护用品的发放管理办法等。生产安全操作规程是生产经营单位为了保障生产安全，避免职业危害，保护从业人员的生命和健康，针对各种不同的工作岗位制定的具体操作技术和操作程序规范。如锅炉安全操作规程、电工安全操作规程、管道钳工安全操作规程、喷漆作业岗位操作规程等。

《劳动法》第 3 条和第 56 条规定，劳动者应当执行劳动安全卫生规程，遵守劳动纪律和职业道德，在劳动过程中必须严格遵守安全操作规程。《安全生产法》第 49 条规定，从业人员在作业过程中，应当严格遵守本单位的安全生产规章制度和操作规程。《职业病防治法》第 31 条规定从业人员应遵守职业病防治法律、法规、规章和操作规程。生产安全规章制度和操作规程既是国家法律和强制性标准的延伸，也是雇佣单位生产安全管理经验的总结。没有健全和严格执行的生产安全规章制度和科学系统的生产安全操作规程，雇佣单位的安全生产就没有保障，从业人员的生命和健康也就没有保障，因此，严格遵守规章制度和操作规程对预防事故的发生和职业危害具有非常重要的意义。对于违反生产安全规章制度和操作规程的从业人员，法律规定雇佣单位有权对其进行批评教育和相关处分；因违章操作造成重大事故，构成犯罪的，还将受到刑法的制裁。

（二）服从管理的义务

从业人员与雇佣单位之间所形成的劳动关系是一种具有从属性的劳动组织关系，劳动关系一旦形成，劳动者便成为雇佣单位的成员。虽然双方的劳动关系是建立在平等自愿、协商一致的基础上，但劳动关系建立后，双方在职责上则具有从属关系。这种从属性的劳动组织关系具有很强的隶属性质，即成为一种以隶属主体间的指挥和服从为特征的管理关系，在这种关系中，雇佣单位具有管理权，而从业人员则具有服从管理的义务。从另一方面讲，现代化生产的系统性和关联性较强，影响职业安全与卫生的因素较多，要实现整个生产系统的安全，需要统一的指挥和管理，雇佣单位管理人员为了生产安全与卫生的需要，依照法律和本单位的规章制度对从业人员进行管理，从业人员必须服从。《安全生产法》第 49 条明确规定，从业人员在作业过程中，应当服从管理。但是，必须指出，从业人员服从管理的义务仅指对管理人员合法、合规的管理命令的服从，对违章指挥和强令冒险作业，从业人员则有权拒绝并向有关部门举报。

（三）正确佩戴和使用劳动防护用品的义务

劳动防护用品，是指劳动者在劳动过程中为免遭或减轻事故伤害或职业危害所配备的防护装备，如安全帽、防尘口罩、焊接眼面防护、防酸工作服、保护足趾安全鞋、安全带等。劳动防护用品分为一般劳动防护用品和特种劳动防护用品，特种劳动防护用品目录由国家安监总局确定并公布，未列入目录的劳动防护用品为一般劳动防护用品。

尽管为从业人员提供安全卫生的工作条件是雇佣单位的法定义务，但是，由于岗位的特殊性，即使雇佣单位履行了上述义务，仍然会存在一些不安全、不卫生的因素，对从业人员的生命和健康造成威胁。如高空作业不戴安全带一旦失足坠落，便容易造成严重伤害；电焊工不按规定佩戴防护眼镜，极易刺伤眼睛。因此从业人员正确佩戴和使用劳动防护用品是保护其安全和健康必不可少的重要措施，甚至可以说，它是从业人员预防职业毒害和伤害的最后一道防线。

从业人员对自身生命和健康的保护，并不是个人私事，因为一旦从业人员的生命和健康受到伤害，除非有证据证明从业人员是故意自残或自杀，即使在毫无过错的情况下，雇佣单位也需承担相应的法律责任，其正常生产秩序也必将受到影响，因此，我国法律将其作为从业人员的义务加以规定。《安全生产法》第 49 条规定，从业人员在作业过程中，应当正确佩戴和使用劳动防护用品；《职业病防治法》第 31 条规定，劳动者应正确使用、维护职业病防护设备和个人使用的职业病防护用品。这既是对从业人员生命和健康的保护，也是对雇佣单位财产权和生产经营秩序的保护。

（四）接受生产安全教育培训的义务

如前文所述，获得安全卫生教育培训是从业人员的权利，也是从业人员的义务，因为从业人员没有接受安全卫生培训而相关知识匮乏、技能欠缺，导致职业安全事故发生或职业有害因素失控时，不仅会危及从业人员个人自身生命和健康，也会对其他工友生命和健康以及企业财产造成损失，有时甚至具有公共安全事件的属性，造成更多的不特定的人员伤亡、财产损失和环境的污染，因此从业人员在上岗前，和更换工作岗位时，必须接受生产安全教育培训，未经教育和培训不合格的从业人员，不得上岗作业，对此《安全生产法》第 21、第 22、第 23 和第 50 条作了专门的规定。

（五）掌握生产安全知识和技能的义务

接受生产安全教育培训的义务与掌握安全卫生知识和技能的义务是密切相连的两项义务，但并不是同一项义务，前者是手段，后者是目的。但现实中接受了生产安全教育培训并不一定就达到了掌握生产安全知识和技能的目的，因此有必要将掌握安全卫生知识和技能的义务作为一项独立的义务加以强调，要求从业人员掌握与本职工作相关的生产安全知识和技能，以保证工作中的安全和卫生。

我国现行立法对从业人员应该掌握安全卫生知识和技能的义务有所规定，如《安全生产法》第50条规定："从业人员应当接受安全生产教育和培训，掌握本职工作所需的安全生产知识，提高安全生产技能，增强事故预防和应急处理能力"。《职业病防治法》第31条规定，劳动者应当学习和掌握相关的职业卫生知识；但是却没有规定当从业人员不履行该义务时须承担何种责任。当从业人员不具备相应的安全卫生知识和技能时，生产经营单位有权解除合同；同时，当生产经营单位安排不具相应的安全卫生知识和技能的人员上岗时，应受到法律的惩罚。

（六）及时报告事故隐患的义务

按照习惯，国内通常将生产安全事故分为安全生产事故和职业病危害事故两类。事故的发生虽然有意外性、偶然性和突发性的特点，但它也不是毫无规律可循，绝大多数事故发生前都会存在可以为人们所识别和控制的隐患，只要及时发现和排除隐患，便可以成功阻止事故的发生。一般的从业人员处于生产作业的第一线，最有可能及时发现事故隐患或者其他不安全因素，立法要求从业人员发现事故隐患后及时报告，将有利于隐患的及时排除，避免酿成现实的事故，对保护从业人员的生命和健康具有重要的现实意义。

《安全生产法》规定："从业人员发现事故隐患或者其他不安全因素，应当立即向现场安全生产管理人员或者本单位负责人报告；接到报告的人员应当及时予以处理。"《职业病防治法》第31条规定，劳动者发现职业病危害事故隐患应当及时报告。报告义务要求：一是在发现上述情况后，应当立即报告，因为安全生产事故的特点之一是突发性，如果拖延报告，则使事故发生的可能性加大，发生了事故则更是悔之晚矣。二是接受报告的主体是现场安全生产管理人员或者本单位的负责人，以便于对事故隐患或者其他不安全因素及时作出处理，避免事故的发生。接到报告的人员须及时进行处理，以防止有关人员延误消除事故隐患的时机。

第四节　安全生产标准化建设

一、安全生产标准概念和分类

安全生产标准是指由特定主体依法制定并颁布实施的有关安全生产的技术、管理、方法等方面的统一规则，具有规范性、技术性、合法性、细微性、主体特定性等特征。它是安全立法的根据之一，是安全生产的技术规范保障，是安全生产执法的重要依据，是市场准入的重要条件。

按照不同分类方法，标准可以分为国家标准（GB）、行业标准（AQ）、地方标准及企业标准，强制性标准和推荐性标准。

二、安全生产标准化建设的含义

安全生产标准化，是指通过建立安全生产责任制，制定安全管理制度和操作规程，排查治理隐患和监控重大危险源，建立预防机制，规范生产行为，使各生产环节符合有关安全生产法律法规和标准规范的要求，“人、机、物、环”处于良好的生产状态，并持续改进，不断加强企业安全生产规范化建设。安全生产标准化建设就是生产经营单位根据安全生产标准化要求，提高安全意识，规范安全行为，创造安全环境，实现管理标准化、现场标准化、操作标准化，从而最大限度地防止和减少安全生产事故的工作体系。

安全生产标准化建设的核心是制定符合安全系统工程的安全生产标准，并且建立相应的运作机制，把安全生产标准的要求内化到企业与人的行为之中，使得企业行为与个人行为符合安全生产标准的规定，所以安全生产标准化建设是我国安全生产长效机制的重要组成部分。

安全标准的制定是一项艰巨的任务，目前电力、造船、纺织、轻工、烟草、航空、石油化工、商贸、交通运输、码头装卸等行业专业标准尚不完全。近几年国家安监部门非常重视标准制定、修订工作，成立了标准委员会，并制定了相应的管理办法。

三、安全生产标准化建设的要素

安全生产标准化建设的要素，即安全生产标准化建设中必须要实现的、对标准化建设的目标起着关键性作用的因素，包括以下五点：

（一）安全管理标准化

安全管理标准化有双重含义，一方面指安全管理的依据标准化，在安全管理的过程中所依据的准则都来自于事先制定好的标准，包括行为准则、技术准则、操作过程准则、设备准则等；另一方面指安全管理系统本身标准化，包括安全管理组织机构及职责标准化、安全管理行为标准化和安全管理程序标准化。安全管理在安全生产标准化建设中起着主导作用，因而安全管理标准化是安全生产标准化建设的首要要素。

（二）安全技术标准化

安全技术标准化指生活经营活动中各项安全技术的运用符合安全技术标准，包括国家标准、行业标准和企业标准，并且生产技术研发与更新时同时考虑是否符合安全技术标准，从而确保企业的安全技术符合标准的规定。

（三）安全装备标准化

安全装备标准化指安全装备的设计、制造、安装、使用、检测、维修与维护以及安全设备的报废都严格依据相关标准进行，安全设备的认证制度对于确保安全装备标准化起着重要作用。

（四）环境安全标准化

环境安全标准化指生产经营企业在标准化建设过程中，把环境安全作为重要的管理目标之一，对于任何可能影响环境的生产经营行为，都做到有标准可依，并严格接受相关标准的约束，从而确保生产经营对环境的影响控制在标准许可的范围之中。

（五）安全作业标准化

安全作业标准化指通过对作业开始到终结环节的科学推敲，在保证安全的前提下，制定出具有紧密衔接性的框图式工作程序，以使在作业的全过程中，能一个步骤一个步骤地模式化、程序化操作，这样可以防止因随意简化工作步骤而在安全上出漏洞，也可避免因不必要的烦琐而产生危险性，从而增加作业中的安全可靠度。建立并严格执行标准化安全作业规范是安全作业标准化的重要手段。

四、安全生产标准化工作组织

目前我国的安全生产标准化建设的组织实行“企业负责、协会组织、机构评审、政府公告”的工作原则，即企业具体负责本企业的安全生产标准化建设工作，协会负责组织本行业的安全生产标准化建设工作，专门设立的评审机构负责企业标准化建设评级实体条件的考评工作，政府负责对企业标准化建设考评结果进行形式审查并公告。在这样的工作体制下，各主体各司其职，共同推进我国的安全生产标准化工作。政府建立健全安全生产标准化工作体系，建立并完善安全生产的标准体系，为安全生产标准化建设工作提供激励与服务。

企业是安全生产标准化工作的实际承担者，要明确目标，建立组织机构，建立并完善安全管理制度，加强安全生产教育培训，进行安全文化建设，加强生产设备安全管理，加强作业安全管理，加强隐患排查与治理，对重大危险源实时监控，加强职业健康管理，提高应急救援能力，进行安全生产标准化绩效评定与改进。

五、安全生产标准化建设的政府监管

安全生产标准化建设工作，从本质上讲，是生产经营单位自身的工作，但还需政府的监管与推进，以使安全生产标准化工作处于有效的监控状态，具体包括以下内容：

（一）建立完善的安全生产标准化建设的检查制度

对标准实施情况进行定期检查，及时掌握生产经营单位标准化建设完成、保持以及持续改进的综合情况。建立生产经营单位标准化建设验收工作制度，做好生产经营单位标准化建设的考评验收工作。在考评验收工作中可以结合安全隐患治理与执法检查工作，推动安全生产标准化建设。对未完成安全生产标准化达标建设的企业，可以依据相应的标准化考评标准要求企业查找安全隐患，责令企业采取整改措施，促进企业落实安全标准。对违反安全生产有关法规、标准规定的企业，依法严肃查处。

（二）建立实施安全生产标准化责任考核制度

采取措施，严格考核生产经营单位的安全生产标准化建设进展情况，并在法律允许的范围内，将考核结果与其他行政行为相结合。例如，可以尝试在非煤矿山、危化品、烟花爆竹等实施安全许可制度的行业，逐步将安全生产标准化工作和安全许可工作结合起来。对于在规定的时限内仍未能达到规定的最低标准化等级的，暂缓其安全生产许可证延期，严重的直至依法吊销其安全生产许可证。

（三）加强对标准实施情况的评估工作

要加强对实施情况的定期评估、绩效考核，注重总结推广好的经验做法，及时掌握标准化建设过程中的新情况和新问题，认真研究提出对策。同时要定期全面评估标准的科学性、完整性和可行性，为进一步修订完善标准提供科学依据。

（四）建立安全生产标准化建设信息披露制度

由政府有关部门统一公告生产经营单位的安全标准化建设信息。通过信息公开，督促生产经营单位尽早建立并完善安全生产标准化建设工作。

（五）建立安全生产标准化分级分类监管办法

按照生产经营单位的安全生产标准化达标等级，可以对监管对象从监管主体、监管频次、市场准入、优惠扶持、评优推荐等方面，实行分级分类管理。

本章小结

生产经营单位安全生产保障义务具体包括建立、健全安全生产责任制，制定完善的安全生产规章制度和操作规程，制定生产安全事故应急救援预案，建立安全管理机构、配备安全管理人员，保证足额的安全投入，对建设项目安全设施实行“三同时”制度，对高危建设项目实行安全条件论证、安全评价和设计安全审查制度，对雇员进行安全培训，对安全设备、危险物品、重大危险源和作业现场进行适当管理，对生产安全事故进行及时抢救与报告，对从业人员进行安全教育、管理和安全告知，为从业人员办理工伤保险和相关保险的义务。

从业人员安全权是从业人员享有或应该享有的不受职场危险因素和有害因素的侵害以及遭受侵害后获得及时充分救济，从而使其职业安全和健康获得保障的权利，其中包含着知情权、安全卫生条件权、监督权、受训权、拒绝危险作业权、紧急避险权、获得安全卫生救助权、职业健康监护权、职业安全卫生特殊保护权、工伤保险权和工伤民事求偿权等十多项权利。职业安全卫生权在个别劳权中处于首要位置，是劳动者的基本人权；它既是公权利，也是私权利；既是法定权利，也是应有权利。

本章还介绍了安全生产标准基础知识，强调了安全生产标准化建设对我国安全生产的特殊作用，阐述了安全生产标准化工作组织的流程与要素，对我国安全生产标准相关知识进行了较全面的总结与介绍。

复习思考题

1. 生产经营单位在安全生产的物质性条件保障方面负有哪些义务?
2. 生产经营单位安全生产管理制度主要包括哪些内容?
3. 我国立法对生产经营单位的生产安全事故报告义务是如何规定的?
4. 我国立法规定从业人员享有哪些生产安全权利?
5. 从业人员生产安全权利的实现途径有哪些?

6. 从业人员的生产安全义务有哪些？
7. 为什么说接受生产安全培训既是从业人员的权利，也是从业人员的义务？
8. 简述安全生产标准在我国安全生产法律体系中的地位。
9. 简述安全生产标准的作用和安全生产标准化建设的意义。
10. 简述我国企业安全生产标准化工作组织的主要内容。

第五章　安全技术社会服务

本章学习目标

1. 理解安全评价、安全条件论证、安全审查、安全认证等概念。
2. 掌握安全评价过程控制体系。
3. 了解政府部门在安全培训工作中的职责。
4. 掌握安全培训机构资质等级与培训人员等级的对应制。
5. 了解安全生产培训考核制度。
6. 了解特种生产作业种类。
7. 掌握安全生产检测检验工作基本要求。

第一节　安全评价

一、安全评价概述

（一）安全评价的概念

安全评价是指评价主体对生产经营单位或项目的安全因素、性能、状况等进行检查、分析、判断并作出结论或形成报告的活动①，旨在以实现安全为目的，应用安全系统工程原理和方法，辨识与分析工程、系统、生产经营活动中的危险、有害因素，预测发生事故或造成职业危害的可能性和严重程度，提出科学、合理、可行的安全对策措施建议。

安全评价主体即安全评价机构，是指依法从事安全评价活动的社会服务组织或

① 有些国家把安全评价称为风险评价或风险控制评价。

第三方机构[1]，但也可以是生产经营单位、政府等，评价对象（客体）可以是生产经营单位、项目或区域范围等，评价内容可以是安全因素、性能、状况等，评价结论是对安全性程度所作的判断，评价作用是促进、确保安全工程建设和安全性能提高。

（二）安全评价的作用

安全评价是安全生产工作的重要环节，就是通过辨识与分析企业生产经营活动中存在的风险，提出相应的对策措施建议，从而减少或者将风险控制在规定的限度范围内。安全评价具有专业性的特点，需要具备专门知识的人员定性定量地分析计算，才能取得科学结论。无论国内，还是国外，安全评价都是由社会中介组织或者机构来承担。对生产经营单位来讲，通过安全评价可以了解其内部存在的安全风险，或者事故隐患，以及是否符合国家法律法规、规章或者标准的规定，预测发生事故或者造成职业危害的可能性和严重程度，并根据安全评价的结果，有针对性地采取科学、合理、可行的安全对策措施，从而达到降低发生事故的概率或者可能性，实现安全生产的目的。对安全生产监管部门来讲，通过对生产经营单位进行的安全评价，可以知道生产经营单位的安全生产条件是否符合有关法律法规、规章、标准、规范的规定，是否有安全保障，安全保障的可靠性有多大。

近几年，为了从源头防止和减少事故发生，保证生产经营单位具备必要的安全生产条件，国家对生产经营单位实施安全准入制度。达到规定的安全生产条件的，给予相应的准入许可；达不到规定的安全生产条件的，不得从事生产经营活动。但如何判断生产经营单位是否达到了规定的安全生产条件，这就需要安全评价。因此，安全评价为实施安全准入提供了重要的技术参考依据。正因为如此，一些法律、法规规定生产经营单位必须进行相应的安全评价。如《危险化学品安全管理条例》第 9 条规定，设立危险化学品生产、储存业务的企业应当向有关主管部门提出申请，并提供一系列文件，其中就包括安全评价报告。第 17 条还规定，生产、储存、使用剧毒化学品的单位，应当对本单位的生产、储存装置每年进行一次安全评价；生产、储存、使用其他危险化学品的单位，应当对本单位的生产、储存装置每两年进行一次安全评价。《安全生产许可证条例》规定，国家对矿山、危险化学品生产等高危企业实施安全生产许可证制度，取得安全生产许可证的条件之一就是依法进行安全评价。因此，安全生产评价在安全生产中发挥着越来越大的作用。安全

① 现行法律一般把此类组织定义为从事安全评价活动的社会中介组织。但业内有些人并不同意这个称呼。

评价的结果已经成为生产经营单位安全生产管理以及政府安全监管部门进行监督检查的重要参考依据，甚至是其对有关安全生产问题进行审批、决策的重要依据。

（三）现行安全评价法律制度

关于安全评价的现行法律性文件规定有很多。比如，(1)《安全生产法》规定，矿山建设项目和用于生产、储存危险物品的建设项目应当进行安全条件论证和安全评价；承担安全评价的机构应当具备相应的资质条件，并对评价结果负责；如承担安全评价的机构出具虚假证明，应没收其违法所得，并处或单处罚款，或者连带赔偿，或者刑事处罚。(2)《非煤矿矿山企业安全生产许可证实施办法》规定，取得安全生产许可证的条件之一是依法进行安全评价。(3)《煤矿建设项目安全设施监察规定》把安全评价分为安全预评价和安全验收评价，前者发生在可行性研究阶段，后者发生在投入生产或使用前；安全评价由有资质的安全中介机构受托承担并对评价结果负责，评价报告报煤监局备案。

但《矿产资源法》《矿山安全法》《煤炭法》并没有规定安全评价制度。

（四）安全评价的种类

安全评价按照实施阶段的不同分为三类，即安全预评价、安全验收评价、安全现状评价。

1. 安全预评价

安全预评价也叫安全可行性评价，是指在建设项目可行性研究阶段、工业园区规划阶段或生产经营活动组织实施之前，根据相关的基础资料，辨识与分析建设项目、工业园区、生产经营活动中潜在的危险、有害因素，确定其与安全生产法律法规、规章、标准、规范的符合性，预测发生事故或造成职业危害的可能性和严重程度，提出科学、合理、可行的安全对策措施建议，做出安全评价结论的活动。评价内容是：主要危险、有害因素及其危害程度、对公共安全的影响（定性、定量）；预防和控制的可能性；可能造成的职业危害；安全对策措施、安全设施设计原则；其他有关事项。

2. 安全验收评价

安全验收评价是指在建设项目竣工后正式生产运行前或工业园区建设完成后，通过检查建设项目安全设施与主体工程同时设计、同时施工、同时投入生产和使用的情况或工业园区内的安全设施、设备、装置投入生产和使用的情况，检查安全生产管理措施到位情况，检查安全生产规章制度健全情况，检查事故应急救援预案建立情况，审查建设项目、工业园区建设满足安全生产法律、法规、规章、标准、规范要求的符合性，从整体上确定建设项目、工业园区的运行状况和安全管理情况，做出安全验收评价结论的活动。评价内容是：安全设施与法律、法规、标准、规程及设计文件的相符性；安全设施在生产、使用中的有效性；职业危害防治措施的有效性；建设项目的整体安全性；存在的安全问题及其解决建议；试运行期间的技术资料、现场检测检验数据、统计资料；其他有关事项。

安全预评价与安全验收评价的区别：安全预评价（可行性评价）与建设单位的建设工程项目可行性研究和设计单位的设计及煤监局的设计审查相适应，安全验收评价与建设工程项目的施工、试运行、竣工验收相适应；安全预评价的核心是对待建项目的危险性和可控性进行评价，安全验收评价的核心是对已建项目的合法性、安全性和既控性进行评价。

3. 安全现状评价

安全现状评价是指针对生产经营活动中、工业园区内的事故风险、安全管理状况等情况，辨识与分析其存在的危险、有害因素，审查确定其与安全生产法律法规、规章、标准、规范要求的符合性，预测发生事故或造成职业危害的可能性和严重程度，提出科学、合理、可行的安全对策措施建议，做出安全现状评价结论的活动。安全现状评价既适用于对一个生产经营单位或一个工业园区的评价，也适用于某一特定的生产方式、生产工艺、生产装置或作业场所的评价。

二、安全评价机构资质审批认证

国家根据社会经济发展水平、区域经济结构和安全评价工作的需要，对安全评价机构的设置实行统筹规划、合理布局和总量控制，建立安全评价技术服务体系。国家对安全评价机构实行资质认证制度。安全评价机构应当取得相应的安全评价资质证书，并在资质证书确定的业务范围内从事安全评价活动。未取得资质证书的安全评价机构，不得从事法定安全评价活动。

（一）安全评价机构的资质

分为甲级、乙级两种，根据其专业人员构成、技术条件确定各自的业务范围。不同等级的评价机构的业务范围及专业人员、装备要求不一样。

第一类评价业务范围是：煤炭开采和洗选业，金属、非金属矿及其他矿采选业，石油和天然气开采业、石油加工业，化学原料、化学品及医药制造业，燃气生产及供应业，炼焦业、烟花爆竹、民用爆破器材制造业。

第二类评价业务范围是：尾矿库，房屋和土木工程建筑业，管道运输业，仓储业，水利、水电工程业，火力发电业，热力生产和供应业，风力发电、太阳能发电、再生能源发电业，核工业设施，黑色、有色金属冶炼及压延加工业，金属制品业、非金属矿物制品业，铁路运输、城市轨道交通及辅助设施，公路，港口码头，机械设备电器制造业，轻工、纺织、烟草加工制造业。

（二）评级机构资质认证审批权限划分

甲级资质由省级安全生产监管部门或省级煤矿安全监察机构审核，国家安全生产监管部门审批、颁发证书；乙级资质由设区的市级安全生产监管部门或煤矿安全监察分局审核，省级安全生产监管部门、省级煤矿安全监察机构审批、颁发证书。

省级安全生产监管部门、设区的市级安全生产监管部门负责除煤矿以外经营单位的安全评价机构资质的审批、审核工作，省级煤矿安全监察机构、煤矿安全监察分局负责煤矿的安全评价机构资质的审批、审核工作。未设立煤矿安全监察机构的省、自治区、直辖市，由省级安全生产监管部门、设区的市级安全生产监管部门负责煤矿的安全评价机构资质的审批、审核工作。

（三）业务领域限制

取得甲级资质的安全评价机构，可以根据确定的业务范围在全国范围内从事安全评价活动；取得乙级资质的安全评价机构，可以根据确定的业务范围在其所在的省、自治区、直辖市内从事安全评价活动。

必须由甲级资质安全评价机构进行评价的建设项目或者企业有：（1）国务院及其投资主管部门审批（核准、备案）的建设项目；（2）跨省、自治区、直辖市的建设项目；（3）生产剧毒化学品的建设项目；（4）生产剧毒化学品的企业和其他大型生产企业。法律、法规和国务院或其有关部门对安全评价有特殊规定的，依照其规定。

（四）社会公布

各主管部门定期向社会公布取得甲级、乙级资质的安全评价机构的名称、业务范围、从业人员、技术装备等相关信息，并接受社会监督。

三、取得资质的条件

资质反映了单位的业务能力，资格反映了个人的业务能力。单位资质、个人资格的认证是现代社会普遍采取的管理方式、方法，一般分为条件、认证、审批、管理措施、处罚等。

（一）甲级资质条件

1. 具有法人资格，注册资金 500 万元以上，固定资产 400 万元以上。

2. 有与其开展工作相适应的固定工作场所和设施、设备，具有必要的技术支撑条件。

3. 取得安全评价机构乙级资质 3 年以上，且没有违法行为记录。

4. 有健全的内部管理制度和安全评价过程控制体系。

5. 有 25 名以上专职安全评价师，其中一级安全评价师 20%以上、二级安全评价师 30%以上。按照不少于专职安全评价师 30%的比例配备注册安全工程师。安全评价师、注册安全工程师有与其申报业务相适应的专业能力。

6. 法定代表人通过一级资质培训机构组织的相关安全生产和安全评价知识培训，并考试合格。

7. 设有专职技术负责人和过程控制负责人。专职技术负责人有二级以上安全评价师和注册安全工程师资格，并具有与所申报业务相适应的高级专业技术职称。

8. 法律、行政法规、规章规定的其他条件。

部门规章、地方政府规章具有资质条件制定权。

（二）乙级资质条件

1. 具有法人资格，注册资金 300 万元以上，固定资产 200 万元以上。

2. 有与其开展工作相适应的固定工作场所和设施设备，具有必要的技术支撑条件。

3. 有健全的内部管理制度和安全评价过程控制体系。

4. 有 16 名以上专职安全评价师，其中一级安全评价师 20%以上、二级安全评价师 30%以上。按照不少于专职安全评价师 30%的比例配备注册安全工程师。安全评价师、注册安全工程师有与其申报业务相适应的专业能力。

5. 法定代表人通过二级资质以上培训机构组织的相关安全生产和安全评价知识培训，并考试合格。

6. 设有专职技术负责人和过程控制负责人。专职技术负责人有二级以上安全评价师和注册安全工程师资格，并具有与所申报业务相适应的高级专业技术职称。

7. 法律、行政法规、规章规定的其他条件。

四、资质认证、审批程序

（一）申办甲级资质程序

1. 申请人将安全评价机构资质申请表和证明材料，报所在地省级安全生产监管部门、省级煤矿安全监察机构审核。

2. 省级安全生产监管部门、省级煤矿安全监察机构应当在 5 日内对申请人提供的证明材料进行预审以决定是否受理。予以受理的，自受理申请之日起 20 日内完成审核工作，并将审核报告和证明材料报国家安全生产监管部门；不予受理的，向申请人书面说明理由。

3. 国家安全生产监管部门接到审核报告和证明材料后，应当进行审批，并在20日内完成审批工作。经审批合格的，颁发资质证书；不合格的，不予颁发资质证书，并书面说明理由。

（二）申办乙级资质程序

1. 申请人将安全评价机构资质申请表和证明材料，报所在地设区的市级安全生产监管部门、煤矿安全监察分局审核。

2. 设区的市级安全生产监管部门、煤矿安全监察分局应当在5日内对申请人提供的证明材料进行预审并决定是否受理。予以受理的，自受理申请之日起20日内完成审核工作，并将审核报告和证明材料报省级安全生产监管部门、省级煤矿安全监察机构；不予受理的，向申请人书面说明理由。

3. 省级安全生产监管部门、省级煤矿安全监察机构接到审核报告和证明材料后，应当进行审批，并在20日内完成审批工作。经审批合格的，颁发资质证书，并填写乙级资质安全评价机构审批备案表，自颁发资质证书之日起30日内报国家安全生产监管部门备案；不合格的，不予颁发资质证书，并书面说明理由。

（三）资质审查方式

主管部门进行资质审核、审批时，可以采用形式审查、现场审查、综合审查相结合的方式。形式审查是指对申请人提供的文件、材料是否符合规定要求所进行的审查。现场审查是指到生产现场对申请人提供的文件、材料的实质内容进行对比核查。综合审查是指对申请人提供的文件、材料及其真实性进行综合评定。

主管部门需要对申请材料的实质内容进行核实的，应当指派两名以上工作人员进行现场审查。现场审查时间不计入资质审核、审批期限。

五、资质事项办更

（一）业务范围增加

安全评价机构取得资质1年以上，需要增加业务范围的，应当于每年9月向资质审批机关提出申请。申请增加业务范围的程序同申办资质的程序。

（二）证书遗失补发

安全评价机构的资质证书遗失的，应当及时在有关电视、报刊等媒体上予以声明，并向原资质审批机关申请补发。

（三）期满延期

甲级、乙级资质证书的有效期均为3年。资质证书有效期满需要延期的，安全评价机构应当于期满前 3 个月向原资质审批机关提出申请，经复审合格后予以办理延期手续；不合格的，不予办理延期手续。

（四）证书变更

安全评价机构有下列情形之一的，应当在发生变化之日起 30 日内向原资质审批机关申请办理资质证书变更手续：机构分立或者合并的；机构名称或者地址发生变化的；法定代表人、技术负责人发生变化的。

（五）资质注销

安全评价机构有下列情形之一的，资质审批机关应当注销其资质：资质证书有效期届满未申请延期或者申请延期但不予批准的；被依法终止的；自行申请注销的。

六、安全评价规则

（一）评价独立

安全评价机构依法独立开展安全评价活动，客观、如实地反映所评价的安全事项，并对作出的安全评价结果承担法律责任。

（二）委托签约

安全评价机构开展安全评价业务活动时，应当依法与委托方签订安全评价技术服务合同，明确评价对象、评价范围以及双方的权利、义务和责任。

（三）评价回避

安全评价机构与被评价对象有利害关系的，应当回避。建设项目的安全预评价和安全验收评价不得委托同一个安全评价机构。

（四）评价收费

安全评价机构从事安全评价活动的收费有三种方式：一是遵守法律、法规和有关财政收费的规定；二是法律、法规和有关财政收费没有规定的，遵守行业自律标准或者指导性标准；三是没有行业自律和指导性收费标准的，双方可以通过合同协商确定。

省级安全生产监管部门、省级煤矿安全监察机构可以根据本行政区域经济发展水平、产业结构以及周边区域收费情况，出台本行政区域的收费指导意见，报国家安全生产监管部门备案。

（五）评价纪律

安全评价机构及其从业人员在从事安全评价活动中，不得有下列行为：（1）泄露被评价对象的技术秘密和商业秘密；（2）伪造、转让或者租借资质、资格证书；

(3) 超出资质证书业务范围从事安全评价活动；(4) 出具虚假或者严重失实的安全评价报告；(5) 转包安全评价项目；(6) 擅自更改、简化评价程序和相关内容；(7) 同时在两个以上安全评价机构从业；(8) 故意贬低、诋毁其他安全评价机构；(9) 从业人员不到现场开展安全评价活动；(10) 法律、法规和规章规定的其他违法、违规行为。

(六) 评价机构内部管理

安全评价机构应当建立健全内部管理制度和安全评价过程控制体系。安全评价过程控制记录、被评价对象现场勘察记录、影像资料及相关证明材料，应当及时归档，妥善保管。技术负责人和过程控制负责人应当按照法律、法规、规章和国家标准、行业标准的规定，加强安全评价活动全过程管理。安全评价机构应当依法与从业人员签订劳动合同，并为其提供必要的劳动防护用品。

(七) 重新评价

被评价对象的安全生产条件发生重大变化的，被评价对象应当及时委托有资质的安全评价机构重新进行安全评价；未委托重新进行安全评价的，由被评价对象对其产生的后果负责。

(八) 跨省业务管理

取得甲级资质的安全评价机构跨省开展安全评价活动，应当填写甲级资质安全评价机构跨省开展评价工作报告表，报送评价项目所在地的省级安全生产监管部门、省级煤矿安全监察机构备案，并接受其监督检查。

(九) 评价人员继续教育

从事安全评价活动的安全评价师、注册安全工程师应当每年参加必要的继续教育，不断提高安全评价水平。

(十) 行业自律

安全评价行业组织应当加强自律管理，维护安全评价市场秩序，推进安全评价诚信体系建设，建立并完善从业人员管理制度，强化对从业人员的监督。

七、安全评价程序

安全评价的程序包括：前期准备；辨识与分析危险、有害因素；划分评价单元；定性、定量评价；提出安全对策措施及建议；确定安全评价结论；编制安全评价报告。前期准备包括明确评价对象和范围，备齐有关安全评价所需的设备、工具，收集国内外相关法律、法规、规章、标准、规范及工程、系统的技术资料等。辨识与分析危险、有害因素包括根据被评价对象的具体情况，辨识与分析危险、有害因素，确定其存在部位、方式以及发生作用的途径及其变化规律。划分评价单元指根据自然条件、基本工艺条件、危险、有害因素分布及状况等，科学合理划分评价单元。定性、定量评价是指利用实地调查结果、现场检测、检验数据和新技术鉴定结果、特种设备、安全设备、特殊作业许可证明等作为评价依据，在划分评价单元的基础上，按照安全生产法律、法规、规章、标准、规范的有关要求，进行安全符合性评价。采用科学、合理、适用的评价方法对危险、有害因素导致事故发生的可能性和严重程度进行安全预测性评价。安全对策措施及建议是指依据危害、有害因素辨识结果与定性、定量评价结果，遵循针对性、技术可行性、经济合理性的原则，提出消除或者减弱危险、危害的技术和管理对策措施及建议。安全评价结论的内容包括简要地列出评价结果，从安全风险管理角度给出被评价对象在评价时与国家有关安全生产的法律法规、规章、标准、规范的符合性结论，给出事故发生的可能性和严重程度的预测性结论，以及采取安全对策措施后的安全状态等。安全评价报告是安全评价过程的具体体现和概括性总结，包括前言、概述、危险、有害因素辨识与分析、评价单元、定性评价、定量评价、安全对策措施及建议、安全评价结论等内容。

八、政府对安全评价工作的监管

（一）资质检查

检查是行政管理的基本、常用方式之一。安全生产监管部门、煤矿安全监察机构应当加强对已经取得资质证书的安全评价机构的监督检查；发现安全评价机构不具备资质条件的，依照规定予以处理。监督检查记录应当经检查人员和安全评价机构负责人签字后归档。

（二）“黑名单”制度

安全生产监管部门、煤矿安全监察机构应把违法、违规的安全评价机构和从业人员列入“黑名单”，及时向社会公告。

（三）申诉、投诉和举报

主管部门受理社会和个人的申诉、投诉和举报，并依法处理。

（四）定期考核

安全评价机构应当每年填写安全评价工作业绩表，经被评价对象确认后，分别报国家安全生产监管部门、省级安全生产监管部门、省级煤矿安全监察机构备案。安全评价工作业绩表列入安全评价机构考核内容。

对安全评价机构在资质证书有效期内没有开展相应活动的，相应的业务范围将会被核减；定期考核不合格的，将会被取消或降低资质。

（五）政府部门自律

主管部门不得有下列行为：（1）要求被评价对象接受指定的安全评价机构进行安全评价业务；（2）以备案为由，变相设立法律、法规规定以外的行政许可；（3）采取任何形式的地区保护，限制外地评价机构到本地区开展评价活动；（4）干预安全评价机构开展正常活动；（5）以任何理由或者任何方式向安全评价机构收取费用或者变相收取费用；（6）向安全评价机构摊派财物；（7）在安全评价机构报销任何费用。

监察机关对安全主管部门履行安全评价资质监督管理职责实施监察。

九、安全评价与安全条件论证、安全审查的区别与联系

安全评价是设立危险化学品生产、储存企业或者生产、储存危险化学品建设项目的建设单位，在可行性研究报告完成后，自主选择取得安全评价资质证书的机构对生产、储存危险化学品建设项目进行安全评价。安全评价机构应当在设计前完成安全评价工作，并编制生产、储存危险化学品建设项目安全评价报告。建设单位在设计前将生产、储存危险化学品建设项目安全评价报告交由安监部门委托的行业组织或者社会中介机构组织评审。建设项目安全评价报告评审后，由组织评审的行业组织或者社会中介机构报送安监部门备案。

国家安监总局《危险化学品建设项目安全许可实施办法》（国家安全生产监督管理总局令第8号）规定了安全条件论证。建设项目选址时，建设单位应当对建设项目设立的下列安全条件进行论证：（1）建设项目内在的危险、有害因素对建设项目周边单位生产、经营活动或者居民生活的影响；（2）建设项目周边单位生产、经营活动或者居民生活对建设项目的影响；（3）当地自然条件对建设项目的影响。

可行性研究报告编制单位应当在可行性研究阶段，组织专家对设立危险化学品生产、储存项目的企业及其危险化学品生产、储存建设项目安全条件进行论证，并形成安全条件论证报告。安全条件论证的主要内容有：（1）内在的危险、有害因素对周边的影响；（2）周边环境对本企业或建设项目的影响；（3）自然条件对本企业或建设项目的影响。

安全审查是由政府部门按分类分级管理原则进行的建设项目安全审查。对企业及其建设项目进行安全审查的内容有：（1）安全条件论证报告；（2）可行性研究报告；（3）原料、中间产品、最终产品或者储存的危险化学品燃点、自燃点、闪点、爆炸极限、毒性等理化性能指标；（4）包装、储存、运输的技术要求；（5）安全评

价报告；(6) 事故应急救援措施；(7) 规定条件的证明文件。

第二节 安全认证

一、认证的概念和分类

(一) 认证概念

按照国际标准化组织（ISO）和国际电工委员会（IEC）的定义，认证是指由国家认可的认证机构证明一个组织的产品、服务、管理体系符合相关标准、技术规范或其强制性要求的合格评定活动。根据《中华人民共和国认证认可条例》的规定，认证是指由认证机构证明产品、服务、管理体系符合相关技术规范、相关技术规范的强制性要求或者标准的合格评定活动。两者意思相近，认证是指一项合格评定活动。

(二) 认证分类

认证按强制程度分为自愿性认证和强制性认证两种，按认证对象分为体系认证和产品认证。

1. 强制性认证

强制性认证是指国家依法规定必须进行的认证，包括强制性产品认证和官方认证。强制性产品认证是对在中国内地市场销售的产品实行的一种认证制度。无论国内生产还是国外进口，凡列入强制性目录内且在我国国内销售的产品均需获得强制性产品认证，除特殊用途的产品外（免于认证的产品）。官方认证即市场准入性的行政许可，是指国家行政机关依法对列入行政许可目录的项目所实施的许可管理。凡是需经官方认证的项目，必须获得行政许可方可生产、经营、仓储或销售。

2. 自愿性认证

自愿性认证是指组织根据组织本身或其顾客、相关方的要求自愿申请的认证。自愿性认证主要是各类管理体系认证，包括企业对未列入强制性产品认证目录的产品所申请的认证。目前，我国自愿性管理体系认证包括：质量管理体系认证、环境管理体系认证、职业健康安全管理体系认证、食品安全管理体系认证。

二、认证原则

(一) 独立公正

认证活动遵循客观独立、公开公正、诚实信用的原则。认证机构不得与行政机关存在利益关系。认证机构不得接受任何可能对认证活动的客观公正产生影响的资助；不得从事任何可能对认证活动的客观公正产生影响的产品开发、营销等活动。认证机构不得与认证委托人存在资产、管理方面的利益关系。

（二）保守秘密

从事认证活动的机构及其人员，对其所知悉的国家秘密和商业秘密负有保密义务。

（三）信息公开

认证机构应当按照认证基本规范、认证规则从事认证活动。任何法人、组织和个人可以自愿委托依法设立的认证机构进行产品、服务、管理体系认证。认证机构应当公开认证基本规范、认证规则、收费标准等信息。

（四）程序严格

认证机构以及与认证有关的检查机构、实验室从事认证以及与认证有关的检查、检测活动，应当完成认证基本规范、认证规则规定的程序，确保认证、检查、检测的完整、客观、真实。不得增加、减少、遗漏程序。认证机构以及与认证有关的检查机构、实验室应当对认证、检查、检测过程作出完整记录，归档留存。

（五）对结果负责

认证机构及其认证人员应当及时作出认证结论，并保证认证结论的客观、真实。认证结论经认证人员签字后，由认证机构负责人签署。认证机构及其认证人员对认证结果负责。

（六）不得误导

认证结论为产品、服务、管理体系符合认证要求的，认证机构应当及时向委托人出具认证证书。获得认证证书的，应当在认证范围内使用认证证书和认证标志，不得利用产品、服务认证证书、认证标志和相关文字、符号，误导公众认为其管理体系已通过认证，也不得利用管理体系认证证书、认证标志和相关文字、符号，误导公众认为其产品、服务已通过认证。

（七）跟踪检查

认证机构应当对其认证的产品、服务、管理体系实施有效的跟踪调查，认证的产品、服务、管理体系不能持续符合认证要求的，认证机构应当暂停其使用直至撤销认证证书，并予公布。

三、资质认证

（一）资质条件

国家对专门从事认证活动的机构实施资质许可。设立认证机构，须经国务院认证认可监督管理部门批准，并依法取得法人资格后，方可从事批准范围内的认证活动。未经批准，任何单位和个人不得从事认证活动。

设立认证机构，应当符合下列条件：

1. 有固定的场所和必要的设施。

2. 有符合认证认可要求的管理制度。

3. 注册资本不得少于人民币 300 万元。

4. 有 10 名以上相应领域的专职认证人员。

从事产品认证活动的认证机构，还应当具备与从事相关产品认证活动相适应的检测、检查等技术能力。

（二）资质审批程序

设立认证机构的申请和批准程序：

1. 设立认证机构的申请人，应当向国务院认证认可监督管理部门提出书面申请，并提交规定条件的证明文件。

2. 国务院认证认可监督管理部门自受理认证机构设立申请之日起 90 日内，应当作出是否批准的决定。涉及国务院有关部门职责的，应当征求国务院有关部门的意见。决定批准的，向申请人出具批准文件，决定不予批准的，应当书面通知申请人，并说明理由。

3. 申请人凭国务院认证认可监督管理部门出具的批准文件，依法办理登记手续。

境外认证机构在中华人民共和国境内设立代表机构，须经批准，并向工商行政管理部门依法办理登记手续后，方可从事与所从属机构的业务范围相关的推广活动，但不得从事认证活动。

四、职业健康安全管理体系认证

（一）概述

职业健康安全管理体系认证是指对组织建立职业健康安全方针、目标以及实现这些目标所制定的一系列相互联系或者相互作用的要素并持续改进的合格评定活动。它是一种管理体系认证，也是目前我国最普遍的安全认证。通过职业健康安全管理体系的认证，促进组织加大安全投入，加强职业健康安全管理，提高安全生产水平，防止和减少各类事故伤害，保障从业人员的健康和安全。

职业健康安全管理体系是 20 世纪 80 年代后期在国际上兴起的现代安全生产管

理模式，它与质量管理体系、环境管理体系一样被称为后工业化时代的重要管理方式。随着企业规模扩大和生产集约化程度的提高，以及全球经济一体化潮流的推动，对企业的质量管理、健康安全管理、经营模式提出了更高的要求，使企业不得不对采用现代化的管理模式使包括安全生产管理在内的所有生产经营活动科学化、标准化、法律化。杜邦、菲利浦在内的一些大型公司在进行质量管理的同时，建立了与生产管理同步的职业健康安全管理制度，这些制度和方法进一步形成了标准，并逐渐得到更多企业的认可。到 90 年代中期，为了实现这种管理体系的社会公正性，引入了第三方认证的原则。随着国际社会对职业健康安全问题的日益关注，进入 21 世纪后，原国家安全生产监督管理局、国家质量监督检验检疫总局、国家标准化管理委员会相继颁布标准，我国开展职业健康安全管理认证。

职业健康安全管理体系是改善组织的职业健康安全管理的一种先进、有效的管理手段，它强调结构化、程序化、文件化管理手段。组织机构的系统性，要求在组织的职业健康安全管理中，不仅要有从基层岗位到组织最高管理层之间的运作系统，同时还要有一个监控系统。组织最高管理层依靠运作系统和监控系统，以确保职业健康安全管理体系的有效运行。组织实行程序化管理，要求对管理过程进行全面的系统控制。这与我国传统管理方法过分地依赖管理执行者的主观能动性有着根本的区别，既可以避免管理行为的随意性，也可以避免部门之间、岗位之间相互推卸责任。文件化管理，要求组织不仅要制定和执行职业健康安全方针，还要有一系列的管理程序，以使该方针在管理活动中得到落实，保证管理、操作和维护按照已制定的手册、程序、作业文件进行。这些方针、手册、程序和作业文件及其记录构成了一个层次分明、相互联系的文件系统。

（二）运行模式

职业健康安全管理体系采用戴明模型或 PDCA 模型的运行模式，即“策划（PLAN)、行动（DO)、评价（CHECK)、改进（ACT)”四个相互联系的环节。

策划是指确定整个职业健康安全管理体系的总体规划，包括确定组织的方针、目标，配备必要的人力、物力资源，建立组织机构，规定各部门职责、权限及其相互关系，识别管理体系运行的相关活动或过程，规定活动或过程实施程序和作业方法等。策划主要通过文件的形式来反映，通常称作“文件化的管理体系”。

行动是指实施和运行。按照策划中所确定的程序，组织实施并保证正常运行。实施过程及实施的结果决定是否达到预期的目标。保证所有活动在受控状态下进行是实施的关键。

评价是指检查和纠正措施。通过对计划实施效果进行检查衡量，并采取纠正措施修正消除可能产生的行为偏差，确保计划行动的有效实施。

改进是指持续改进。管理过程不可能是一个封闭的系统，需要随着管理的进程，针对管理活动实践中所发现的缺陷不足或者根据变化的内外部条件，不断进行管理活动的调整、完善。

职业健康安全管理体系的核心内容是根据管理学的原理，为组织建立了一个动态循环的管理过程框架，以持续改进的思想指导组织系统地实现既定目标。质量管理体系、环境管理体系和职业健康安全管理体系都是应用了这一基本原理。

第三节　安全生产教育培训

一、概述

（一）概念

安全教育培训是指以提高安全监管监察人员、生产经营单位从业人员和从事安全生产工作的相关人员的安全素质为目的的知识传授、学习活动。教育具有抽象意义，培训具有具体意义，可以合称，也可以单称。

安全监管监察人员是指县级以上政府安监部门、各级煤矿安全监察机构从事安全监管监察、行政执法的安全生产监察员和煤矿安全监察员。

生产经营单位从业人员是指生产经营单位主要负责人、安全生产管理人员、特种作业人员及其他从业人员；从事安全生产工作的相关人员是指从事安全教育培训工作的教师、危险化学品的登记人员和承担安全评价、咨询、检测、检验的人员及注册安全工程师等。

（二）安全培训工作原则

统一规划、归口管理、分级实施、分类指导、教考分离。

（三）生产经营单位与政府主管部门的培训职责划分

安全培训机构、生产经营单位实施安全生产培训；安全生产监管部门、煤矿安全监察机构监督管理安全培训工作。

国家安全生产监管部门指导和监督管理全国安全培训工作。省、自治区、直辖市安全生产监管部门依法对本行政区域内的安全培训工作实施监督管理。省级煤矿安全监察机构依法对所辖区域内煤矿企业的安全培训工作实施监督管理。

二、安全培训机构资质审批认证

（一）资质审批认证权限划分

资质证书分四个等级。一级、二级资质证书，由国家安监部门审批、颁发；三级、四级资质证书，由省、自治区、直辖市安监部门审批、颁发。省级煤矿安全监察机构负责所辖区域内从事煤矿安全培训活动的培训机构三级、四级资质证书的审批、颁发。

（二）业务范围

1. 取得一级资质证书的安全培训机构，可以承担下列人员的培训工作：省级以上安监部门、煤矿安全监察机构的安全生产监察员、煤矿安全监察员；中央企业的总公司、总厂或者集团公司的生产经营单位的主要负责人和安全生产管理人员；危险化学品登记人员；承担安全评价、咨询、检测、检验工作的人员；注册安全工程师和一级以下安全培训机构教师。

2. 取得二级资质证书的安全培训机构，可以承担下列人员的培训工作：市、县级安监部门的安全生产监察员；省属生产经营单位和中央企业的分公司、子公司及其所属单位的主要负责人和安全生产管理人员；危险化学品登记人员；承担安全评价、咨询、检测、检验工作的人员；注册安全工程师和二级以下安全培训机构教师。

3. 取得三级资质证书的安全培训机构，可以承担下列人员的培训工作：特种作业人员；市（地）属生产经营单位的主要负责人、安全生产管理人员。

4. 取得四级资质证书的安全培训机构，可以承担一、二、三级培训机构培训人员以外的生产经营单位从业人员的培训工作。

上一级安全培训机构可以承担下一级安全培训机构的培训工作。

（三）资质条件

1. 一级资质安全培训机构需具备下列条件：注册资金或者开办费 100 万元以上；有专职的管理人员；有健全的机构章程、管理制度、工作规则；有 15 名以上具有本科以上学历的专职或者兼职教师，其中至少有 8 名具有副高级以上职称并且经国家安监部门培训考核合格的专职教师；有固定、独立和相对集中并且能够满足同期 100 人以上规模培训需要的教学及生活设施，其中专用教室使用面积 150 平方米以上；安全培训需要的其他条件。

2. 二级资质安全培训机构需具备下列条件：注册资金或者开办费 80 万元以上；有专职的管理人员；有健全的机构章程、管理制度、工作规则；有 10 名以上具有本科以上学历的专职或者兼职教师，其中至少有5名具有中级以上职称，并且经国家安监部门培训考核合格的专职教师；有固定、独立和相对集中并且能够满足同期80人以上规模培训需要的教学及生活设施，其中专用教室使用面积120平方米以上；安全培训需要的其他条件。

3. 三级资质安全培训机构需具备下列条件：注册资金或者开办费50万元以上；有专职或者兼职的管理人员；有健全的机构章程、管理制度、工作规则；有8名以上具有本科以上学历的专职或者兼职教师，其中至少有5名具有中级以上职称并且经省、自治区、直辖市安监部门或者省级煤矿安全监察机构培训考核合格的专职教师；有能够满足同期50人以上规模培训需要的教学及生活设施，其中专用教室使用面积100平方米以上；安全培训需要的其他条件。

4. 四级资质安全培训机构需具备下列条件：注册资金或者开办费30万元以上；有专职或者兼职的管理人员；有健全的机构章程、管理制度、工作规则；有5名以上具有本科以上学历的专职或者兼职教师，其中至少有3名具有中级以上职称，并且经省、自治区、直辖市安监部门或者省级煤矿安全监察机构培训考核合格的专职教师；有能够满足同期30人以上规模培训需要的教学及生活设施，其中专用教室使用面积60平方米以上。

（四）一级、二级资质审批认证程序

1. 具备资质条件的申请人将安全培训机构资质申请书、安全培训机构设置批准文件或者企事业单位法人登记证和规定材料报国家安监部门。

2. 国家安监部门自受理申请之日起20日内完成审查工作。符合条件的，颁发相应的资质证书；不符合条件的，书面通知申请单位并说明理由。

（五）三级、四级资质审批认证程序

1. 申请人将资质申请书、安全培训机构设置批准文件或者企事业单位法人登记证及规定的材料报省、自治区、直辖市安监部门或者省级煤矿安全监察机构。

2. 省、自治区、直辖市安监部门或者省级煤矿安全监察机构应当自受理申请之日起20日内完成审查工作。符合条件的，颁发相应的资质证书，并报国家安监部门备案；不符合条件的，书面通知申请单位并说明理由。

（六）师资队伍

安全培训机构的教师应当接受专门的培训，经考核合格后，方可上岗执教。

（七）资质证书有效期和延期

安全培训机构资质证书的有效期为3年。有效期满需要延期的，应当于安全培训机构资质证书有效期满前30日内向原颁发证书的机构办理延期手续。

（八）其他

1. 安全培训机构资质证书不得出借、出租。

2. 对安全培训机构及其教师的考核发证，不得收取任何费用。

三、政府负责的安全培训事项

（一）制定安全培训大纲

国家安监部门组织制定安全监督监察人员、危险物品的生产、经营、储存单位与矿山企业的主要负责人、安全生产管理人员和特种作业人员及从事安全生产工作的相关人员的安全培训大纲。省级安监部门组织制定除危险物品的生产、经营、储存单位和矿山企业以外的其他生产经营单位主要负责人、安全生产管理人员及其他从业人员的安全培训大纲。

（二）优秀教材评选

国家安监部门、省级安监部门每2年组织一次优秀教材的评选。安全培训机构应当优先使用优秀教材。

（三）培训业务工作分级

1. 国家安监部门负责省级以上安监部门的安全生产监察员、各级煤矿安全监察机构的煤矿安全监察员的培训工作；组织、指导和监督中央企业的总公司、总厂、集团公司的生产经营单位的主要负责人和安全生产管理人员的培训工作。

2. 省级安监部门负责市级、县级安监部门的安全生产监察员的培训工作；组织、指导和监督省属生产经营单位、所辖区域内中央企业的分公司、子公司及其所属单位的主要负责人和安全生产管理人员的培训工作；组织、指导和监督特种作业人员的培训工作。

3. 市级、县级安监部门组织、指导和监督本行政区域内除中央企业、省属生产经营单位以外的其他生产经营单位的主要负责人和安全生产管理人员的培训工作。

省级煤矿安全监察机构组织、指导和监督所辖区域内煤矿企业的主要负责人、安全生产管理人员和特种作业人员的培训工作。

4. 生产经营单位负责除主要负责人、安全生产管理人员、特种作业人员以外的从业人员的安全培训工作。

对从业人员进行安全培训是生产经营单位的义务和责任。生产经营单位应当对从业人员进行与其所从事岗位相应的安全教育培训；从业人员调整工作岗位或采用新工艺、新技术、新设备、新材料的，应当对其进行专门的安全教育和培训。未经安全教育和培训合格的从业人员，不得上岗作业。[①]

（四）安全培训收费

安全培训工作收费应当符合法律、法规的规定。法律、法规没有规定的，应当按照行业自律标准或者指导性标准收费。

（五）安全培训考核

教考分离、统一标准、分级负责。

1. 制定考核标准

国家安监部门制定安全监督监察人员，危险物品的生产、经营、储存单位及矿山企业主要负责人、安全生产管理人员和特种作业人员的考核标准。

省级安监部门制定除危险物品的生产、经营、储存单位和矿山企业以外其他生产经营单位主要负责人、安全生产管理人员及其他从业人员的考核标准。

2. 考核权限分级

国家安监部门负责下列人员的考核：省级以上安监部门的安全生产监察员、各级煤矿安全监察机构的煤矿安全监察员；中央企业的总公司、总厂、集团公司的主要负责人和安全生产管理人员。

省级安监部门负责下列人员的考核：市级、县级安监部门的安全生产监察员；负责省属生产经营单位和中央企业分公司、子公司及其所属单位的主要负责人和安全生产管理人员；特种作业人员。

市级、县级安监部门负责下列人员的考核：本行政区域内除中央企业、省属生产经营单位以外的其他生产经营单位的主要负责人和安全生产管理人员。

省级煤矿安全监察机构负责所辖区域内煤矿企业的主要负责人、安全生产管理人员和特种作业人员的考核。

生产经营单位负责除主要负责人、安全生产管理人员、特种作业人员以外的生产经营单位的其他从业人员的考核。

（六）安全培训发证

安全生产监察员经考核合格后，颁发安全生产监察员证；煤矿安全监察员经考核合格后，颁发煤矿安全监察员证；危险物品的生产、经营、储存单位和矿山企业主要负责人、安全生产管理人员经考核合格后，颁发安全资格证；特种作业人员经考核合格后，颁发特种作业操作资格证；危险化学品登记人员经考核合格后，颁发

① 有关危险化学品登记人员、承担安全评价、咨询、检测、检验的人员及注册安全工程师的安全培训问题，参见各相关章节。

上岗证；其他人员经考核合格后，颁发培训合格证。

（七）证件有效期和延期

1. 安全生产监察员证、煤矿安全监察员证、安全资格证的有效期为3年。安全生产监察员证、煤矿安全监察员证、安全资格证的有效期满需要延期的，应当于期满前2个月内向原发证部门办理延期手续。

2. 特种作业操作资格证的有效期为6年，每2年复审1次。特种作业操作资格证需延期或者复审的，应当于期满前1个月内向原发证部门或者异地相关部门办理延期或者复审手续。复审内容包括责任事故记录、违法违章记录、参加培训记录等。复审不合格的，经重新进行安全培训并考核合格后，办理延期手续。个人在特种作业操作资格证有效期内，连续从事本工种10年以上，严格遵守有关安全生产的法律法规的，在特种作业操作资格证的有效期满时，经原发证部门或者异地相关部门同意，不再复审，特种作业操作资格证的有效期延长2年。

（八）证件有效范围

特种作业操作资格证和省级安监部门或者煤矿安全监察机构考核颁发的主要负责人、安全生产管理人员的安全资格证在全国范围内有效。

四、生产经营单位安全培训①

（一）概述

1. 安全培训职责

生产经营单位负责本单位从业人员安全培训工作，建立健全安全培训工作制度。

2. 培训人员范围

生产经营单位应当进行安全培训的从业人员包括主要负责人、安全生产管理人员、特种作业人员和其他从业人员。

3. 培训目标

生产经营单位从业人员应当接受安全培训，熟悉有关安全生产规章制度和安全操作规程，具备必要的安全生产知识，掌握本岗位的安全操作技能，增强预防事故、控制职业危害和应急处理的能力。未经安全生产培训合格的从业人员，不得上岗作业。

4. 政府安全培训监管职责

① 注意与“生产经营单位安全管理”相关章节的联系。

国家安监部门指导全国安全培训工作，依法对全国的安全培训工作实施监督管理。国务院有关主管部门按照各自职责指导监督本行业安全培训工作。国家煤矿安全监察局指导监督检查全国煤矿安全培训工作。各级安监部门和煤矿安全监察机构按照各自的职责，依法对生产经营单位的安全培训工作实施监督管理。

5. 基本要求

生产经营单位要采取多种途径，加强对从业人员的安全生产教育和培训；要制定符合实际的安全生产教育培训规划和工作计划。在教育培训的形式上，要多元化，多条腿走路，可以采取走出去、请进来、联合办学的方式，发挥各方面的积极性；可以把从业人员分期分批地送到有关教育培训中心、高等学校进行教育和培训；可以聘请有经验的老师、专家来本单位讲课；也可以与有关学校、教育培训中心联合，在本单位搞分校、教育培训分部等形式。要建立灵活多样的教育培训机制，完善教育培训制度，建立健全各项管理制度，使教育培训工作走上正规化的轨道。要注意解决教育培训工作中的实际困难，发现问题，及时解决。

生产经营单位要加强对新录用从业人员的安全生产教育和培训。随着用工制度的改革，大量农民工涌入生产经营单位，成为主要劳动力，对这部分从业人员，要制订翔实的教育培训计划，严格按照国家规定的内容和时间组织教育培训。当生产经营单位采用新工艺、新技术、新材料或者使用新设备时，必须详细了解和掌握这些新工艺、新技术、新材料或者新设备的技术特性，编制专门的教育培训教材，对从事这些工作的从业人员进行专门的安全生产教育和培训，确保从业人员掌握这些新工艺、新技术、新材料或者新设备。

通过安全生产教育和培训，从业人员应达到以下要求：

一是具备必要的安全生产知识。首先是有关安全生产的法律法规知识。法律法规中有很多安全生产的内容，这些内容是多年安全生产工作经验的总结，是生产经营单位搞好安全生产的工作指南和行为规范，从业人员必须了解和掌握这些内容。其次是有关生产过程中的安全知识。生产经营是复杂的系统工程，涉及生产、运输、经营、储存、机电等各个环节，任何一环出了问题，都可能导致事故发生。从业人员作为生产经营活动的具体作业者和操作者，必须掌握与生产有关的安全知识，只有这样，才能保障生产经营单位的安全生产，保障从业人员本身的生命安全和健康。再次是有关事故应急救援和逃离知识。在从业人员受到生命威胁的紧急情况下，要立即停止作业，采取应急措施后撤离危险作业场所，到达安全地点。事故发生后，从业人员要及时报告有关负责人，尽可能利用现场条件，采取措施，避免事故扩大，减少人员伤亡。在条件不允许的情况下，要积极组织人员逃离。在这些过程中，从保护从业人员人身安全和健康的角度考虑，从业人员应当了解掌握有关事故应急救援和逃离的知识。

二是熟悉有关安全生产规章制度和操作规程。为加强安全生产工作，国务院有关部门制定了一系列有关安全生产的规章制度，主要是以部门规章等规范性文件形式发布。地方政府也根据本地区的实际，制定了一些有关安全生产的规章制度，主要有地方性法规和政府部门规章等。对这些规章制度，从业人员应当了解和掌握，做到心中有数。同时，生产经营单位根据国家有关安全生产的法律、法规及规章制度，结合本单位的实际，也制定了许多本单位的安全生产规章制度和操作规程。这些规章制度和操作规程是安全生产法律法规的具体化，是从业人员工作的准则、行动的指南，具有较强的可操作性，从业人员应当逐条逐字掌握，熟悉其内容。事实证明，很多事故的发生都是由于从业人员违章作业，领导违章指挥、强令冒险作业造成的。因此，必须切实加强安全教育和培训，通过学习教育和培训，使从业人员熟悉有关安全生产规章制度和操作规程。只有这样，才能按章办事，避免和减少事故的发生。

三是掌握本岗位的安全操作技能。生产经营单位是一个复杂的系统工程，它由许许多多的单元组成，每个单元就是一个工作岗位。只有每个工作岗位安全了，整个生产经营单位才能安全。因此，工作岗位的安全生产，是整个生产经营单位安全生产的基础。只有紧紧抓住每个工作岗位的安全，才能确保生产经营单位的安全生产。生产经营单位要加强岗位安全生产教育和培训，使从业人员熟练掌握本岗位的安全操作规程、作业规程，提高安全操作技能，降低每个岗位的事故发生率。对待安全教育培训不认真、安全操作技能差的岗位人员，要坚决从岗位上撤下来。要制定有关措施，鼓励岗位作业人员开展各种比赛，提高安全操作水平。

（二）主要负责人、安全生产管理人员等各类从业人员的安全培训

1. 安全培训义务

生产经营单位主要负责人和安全生产管理人员应当接受安全培训，具备与所从事的生产经营活动相适应的安全生产知识和管理能力。

2. 高危行业安全资格证专训

煤矿、非煤矿山、危险化学品、烟花爆竹等生产经营单位的主要负责人和安全生产管理人员，必须接受专门的安全培训，经安全生产监管监察部门对其安全生产知识和管理能力考核合格，取得安全资格证书后，方可任职。

3. 生产经营单位主要负责人安全培训内容

主要内容有：（1）国家安全生产方针、政策和有关安全生产的法律、法规、规

章及标准；（2）安全生产管理基本知识、安全生产技术、安全生产专业知识；（3）重大危险源管理、重大事故防范、应急管理和救援组织以及事故调查处理的有关规定；（4）职业危害及其预防措施；（5）国内外先进的安全生产管理经验；（6）典型事故和应急救援案例分析；（7）其他需要培训的内容。

4. 生产经营单位安全生产管理人员安全培训内容

主要内容有：（1）国家安全生产方针、政策和有关安全生产的法律、法规、规章及标准；（2）安全生产管理、安全生产技术、职业卫生等知识；（3）伤亡事故统计、报告及职业危害的调查处理方法；（4）应急管理、应急预案编制以及应急处置的内容和要求；（5）国内外先进的安全生产管理经验；（6）典型事故和应急救援案例分析；（7）其他需要培训的内容。

5. 培训时间

生产经营单位主要负责人和安全生产管理人员的初次安全培训时间不得少于32学时。每年再培训时间不得少于12学时。煤矿、非煤矿山、危险化学品、烟花爆竹等生产经营单位主要负责人和安全生产管理人员的安全资格培训时间不得少于48学时；每年再培训时间不得少于16学时。

6. 安全培训大纲制定权限划分

生产经营单位主要负责人和安全生产管理人员的安全培训必须依照安全生产监管监察部门制定的安全培训大纲实施。（1）非煤矿山、危险化学品、烟花爆竹等生产经营单位主要负责人和安全生产管理人员的安全培训大纲及考核标准由国家安监部门统一制定。（2）煤矿主要负责人和安全生产管理人员的安全培训大纲及考核标准由国家煤矿安全监察局制定。（3）煤矿、非煤矿山、危险化学品、烟花爆竹以外的其他生产经营单位主要负责人和安全管理人员的安全培训大纲及考核标准，由省、自治区、直辖市安监部门制定。

7. 培训和发证权限

煤矿、非煤矿山、危险化学品、烟花爆竹等生产经营单位主要负责人和安全生产管理人员的安全资格培训，必须由安全生产监管监察部门认定的具备相应资质的安全培训机构实施；经考核合格，由安全生产监管监察部门发给安全资格证书。其他生产经营单位主要负责人和安全生产管理人员经安全生产监管监察部门认定的具备相应资质的培训机构培训合格后，由培训机构发给相应的培训合格证书。

（三）特种作业人员培训

1. 特种作业概念

特种作业是指容易发生人员伤亡事故，对操作者本人、他人及周围设施的安全有重大危害的作业。特种作业包括：电工作业；金属焊接切割作业；起重机械（含电梯）作业；企业内机动车辆驾驶；登高架设作业；锅炉作业（含水质化验）；压力容器操作；制冷作业；爆破作业；矿山通风作业（含瓦斯检验）；矿山排水作业（含尾矿坝作业）；由省级安监部门或国务院行业主管部门提出并经国家安监部门批准的其他作业。

生产经营单位直接从事特种作业的人员在独立上岗作业前，必须进行与本工种相适应的、专门的安全技术理论学习和实际操作训练，经考核合格，取得特种作业操作资格证书后，方可上岗作业。

2. 特种作业人员基本条件

（1）年龄要求：满 18 周岁；

（2）身体健康要求：无妨碍从事相应工种作业的疾病和生理缺陷；

（3）文化要求：初中以上文化程度，具备相应工种的安全技术知识，参加国家规定的安全技术理论和实际操作考核并成绩合格；

（4）其他要求：符合相应工种作业特点需要的其他条件。危险化学品特种作业人员应具备高中以上文化程度。

3. 培训机构培训资格认证和复审

负责特种作业人员培训的单位应当具备相应的条件，并经省、自治区、直辖市安全生产综合管理部门或其委托的地、市级安全生产综合管理部门审查认可。取得培训资格的单位，每 5 年由原审查、批准机构进行 1 次复审。经复审合格的，方可继续从事特种作业人员的培训。

4. 特种作业人员考核发证和复审

（1）特种作业人员安全技术考核分为安全技术理论考核和实际操作考核，具体执行《特种作业人员安全技术培训大纲及考核标准》。

（2）考核单位组织考核，经考核合格的，发给相应的特种作业操作证。

（3）特种作业操作证在全国通用。

（4）特种作业操作证，每 3 年复审 1 次。连续从事本工种 10 年以上的，经用人单位进行知识更新教育后，复审时间可延长至每 6 年 1 次。

（5）异地复审：跨地区从业或跨地区流动施工单位的特种作业人员可向从业或施工所在地的考核、发证单位申请复审。

5. 特种作业人员复训和重新上岗培训

特种作业操作证申请复审或者延期复审前，特种作业人员应当参加安全培训，不少于 8 个学时。离岗 6 个月以上的特种作业人员应当重新进行实际操作考试。

（四）其他从业人员安全培训

1. 强制性安全培训

煤矿、非煤矿山、危险化学品、烟花爆竹等生产经营单位必须对新上岗的临时工、合同工、劳务工、轮换工、协议工等进行强制性安全培训，保证其具备本岗位安全操作、自救互救以及应急处置所需的知识和技能后，方能安排上岗作业。

2. 岗前培训

加工、制造业等生产经营单位的其他从业人员，在上岗前必须经过厂（矿）、车间（工段、区、队）、班组三级安全培训教育。

生产经营单位可以根据工作性质对其他从业人员进行安全培训，保证其具备本岗位安全操作、应急处置等知识和技能。

3. 培训时间

生产经营单位新上岗的从业人员，其岗前培训时间不得少于 24 学时。煤矿、非煤矿山、危险化学品、烟花爆竹等生产经营单位新上岗的从业人员的安全培训时间不得少于 72 学时，每年接受再培训的时间不得少于 20 学时。

4. 厂（矿）级岗前安全培训内容

主要内容有：（1）本单位安全生产情况及安全生产基本知识；（2）本单位安全生产规章制度和劳动纪律；（3）从业人员安全生产权利和义务；（4）有关事故案例等。

煤矿、非煤矿山、危险化学品、烟花爆竹等生产经营单位厂（矿）级安全培训除包括上述内容外，应当增加事故应急救援、事故应急预案演练及防范措施等内容。

5. 车间（工段、区、队）级岗前安全培训内容

主要内容有：（1）工作环境及危险因素；（2）所从事工种可能遭受的职业伤害和伤亡事故；（3）所从事工种的安全职责、操作技能及强制性标准；（4）自救互救、急救方法、疏散和现场紧急情况的处理；（5）安全设备设施、个人防护用品的使用和维护；（6）本车间（工段、区、队）安全生产状况及规章制度；（7）预防事故和职业危害的措施及应注意的安全事项；（8）有关事故案例；（9）其他需要培训的内容。

6. 班组级岗前安全培训内容

主要内容有：（1）岗位安全操作规程；（2）岗位之间工作衔接配合的安全与职业卫生事项；（3）有关事故案例；（4）其他需要培训的内容。

7. 调岗或离岗安全培训

从业人员在本生产经营单位内调整工作岗位或离岗一年以上重新上岗时，应当重新接受车间（工段、区、队）和班组级的安全培训。生产经营单位实施新工艺、新技术或者使用新设备、新材料时，应当对有关从业人员重新进行有针对性的安全培训。

（五）安全培训的组织实施

1. 国家安监部门组织、指导和监督中央管理的生产经营单位的总公司（集团公司、总厂）的主要负责人和安全生产管理人员的安全培训工作。

国家煤矿安全监察局组织、指导和监督中央管理的煤矿企业集团公司（总公司）的主要负责人和安全生产管理人员的安全培训工作。

2. 省级安监部门组织、指导和监督省属生产经营单位及所辖区域内中央管理的工矿商贸生产经营单位的分公司、子公司主要负责人和安全生产管理人员的培训工作；组织、指导和监督特种作业人员的培训工作。

省级煤矿安全监察机构组织、指导和监督所辖区域内煤矿企业的主要负责人、安全生产管理人员和特种作业人员（含煤矿矿井使用的特种设备作业人员）的安全培训工作。

3. 市级、县级安监部门组织、指导和监督本行政区域内除中央企业、省属生产经营单位以外的其他生产经营单位的主要负责人和安全生产管理人员的安全培训工作。

4. 生产经营单位组织实施除主要负责人、安全生产管理人员、特种作业人员以外的从业人员的安全培训工作。具备安全培训条件的单位，应当以自主培训为主；可以委托具有相应资质的安全培训机构，对从业人员进行安全培训。不具备安全培训条件的生产经营单位，应当委托具有相应资质的安全培训机构，对从业人员进行安全培训。应当将安全培训工作纳入本单位年度工作计划。保证本单位安全培训工作所需资金。应建立健全从业人员安全培训档案，详细、准确记录培训考核情况。安排从业人员进行安全培训期间，应当支付工资和必要的费用。

五、政府对安全培训工作的监管

1. 证件监督

安监部门严格按照规定审查、颁发安全培训机构的资质证书，每3年进行一次评估检查，定期向社会公布安全培训机构名单，接受社会监督。

2. 培训监督

安监部门对安全培训活动的情况进行监督。任何单位或者个人对安全培训机构的违法违纪行为，均有权向安监部门报告或者举报。

3. 监督检查

监督检查主要内容：(1) 安全培训制度、计划的制定及其实施的情况；(2) 煤矿、非煤矿山、危险化学品、烟花爆竹等生产经营单位主要负责人和安全生产管理人员安全资格证持证上岗的情况；其他生产经营单位主要负责人和安全生产管理人员培训的情况；(3) 特种作业人员操作资格证持证上岗的情况；(4) 建立安全培训档案的情况；(5) 其他需要检查的内容。

县级以上地方政府负责煤矿安全生产监督管理的部门对煤矿井下作业人员的安全培训情况进行监督检查。煤矿安全监察机构对煤矿特种作业人员安全培训及其持证上岗的情况进行监督检查。

4. 无证上岗双罚

无证上岗从事特种作业的，对用人单位和作业人员进行处罚。用人单位应当加强对特种作业人员的管理，做好申报、培训、考核、复审的组织工作和日常的检查工作。发证单位及用人单位应当建立特种作业人员档案。

5. 统计监督

各省、自治区、直辖市的安监部门应当在每年年初向国家安监部门报送上一年度本地区有关特种作业人员培训、考核、发证和复审的统计资料。

6. 跨地区监督

跨地区从业或跨地区流动施工单位的特种作业人员必须接受当地安监部门的监督管理。

7. 收缴特种作业操作证

有下列行为之一，将收缴特种作业操作证：

(1) 未按规定接受复审或复审不合格的。

(2) 违章操作造成严重后果或违章操作记录达 3 次以上的。

(3) 弄虚作假骗取特种作业操作证的。

(4) 经确认健康状况已不适宜继续从事所规定的特种作业的。

8. 重新考核监管

离开特种作业岗位达 6 个月以上的特种作业人员，应当重新进行实际操作考核，经确认合格后方可上岗作业。

9. 监察机关监察

监察机关对安监部门、煤矿安全监察机构履行安全培训工作监督管理职责实施监察。

第四节　安全设备设施检测检验

一、检测检验的概念和作用

（一）检测检验的概念

检测是指使用指定的方法检验测试某种物体（气体、液体、固体）指定的技术性能指标。它适用于各种行业范畴的质量评定，比如土木建筑工程、水利、食品、化学、环境、机械、机器等。检验是指通过观察和判断，适当时候结合测量、试验所进行的符合性的评价。比如检验产品，指使用工具、仪器或其他分析方法检查各种原材料、半成品、成品是否符合特定的技术标准、规格的工作过程，或者对产品或工序过程中的实体进行度量、测量、检查和实验分析，并将结果与规定值进行比较或确定其是否合格所进行的活动。

根据《安全生产检测检验机构管理规定》（国家安全生产监督管理总局令第 12 号），安全生产检测检验是指根据《安全生产法》等相关法律、法规、规章等规定，依据国家有关标准、规程等技术规范，对工矿商贸生产经营单位影响从业人员安全和健康的设施设备、产品的安全性能和作业场所存在的危险性等进行检测检验，并出具具有证明作用的数据和结果的活动。可分为生产经营单位检测与专业机构检测。

生产经营单位定期检测是指生产经营单位必须对安全设备进行经常性维护、保养，并定期检测，保证其正常运转。安全设备的设计、制造、安装、使用、检测、维修、改造和报废，应当符合国家标准或者行业标准。

专业生产、专业检测检验是指生产经营单位使用的涉及生命安全、危险性较大的特种设备，以及危险物品的容器、运输工具，按照国家有关规定，由专业生产经营单位生产，并经取得专业资质的检测、检验机构检测、检验合格，取得安全使用证或者安全标志后，方可投入使用。检测、检验机构对检测、检验结果负责。

（二）检测检验的作用

现代安全生产的根据或基础是现代工业、采掘业等各项现代产业的存在和发展。现代产业的核心部分就是现代设备，它是现代生产力的基本部分和物质形式，它的安全性能、功能的保持便成了现代安全生产工作的重要内容。所以，对企业生产的设备进行安全性能、功能测验便成为必要。确保测验效果好、便利、成本低、公正、可靠，是设备测验制度的原则和目标。

检测检验与安全评价一样，也是安全生产工作的重要环节。生产经营单位要从事生产经营活动，就要涉及各种设备、设施和材料等，设备、设施是否安全，需要进行检测检验方可知道。对生产经营单位来讲，通过对设备、设施进行检测检验，可以了解其存在的安全风险，或者隐患，以及其是否符合国家法律法规、规章或者标准的规定，预测发生事故或者造成职业危害的可能性和严重程度。对安全生产监管部门来讲，通过对生产经营单位的安全评价，可以知道生产经营单位的安全生产条件是否符合有关法律法规、规章、标准、规范的规定，是否有安全保障，安全保障的可靠性有多大。对设备、设施的检测检验数据，往往是对设备、设施进行安全评价的重要依据。安全评价和安全生产离不开检测检验。另一方面，对某些产品，或者安全设备来讲，检测检验也是其生产、使用的市场准入手段。未经检测检验合格的，不得生产或者使用。通过对产品或者安全设备进行检测检验，能够有效地保障产品或者安全设备的安全可靠，达到从源头防止和减少事故发生的目的。

（三）安监部门管辖下的检测检验与特种设备安全监察部门管辖下的检测检验职能间的区别与联系

前者是指对影响从业人员安全和健康的设施设备、产品的安全性能和作业场所存在的危险性等进行检测检验。后者是指对列入目录的特种设备进行生产检测、使用检测，由特检部门即质量技术监督局及其检测检验机构负责，具体可查阅有关特种设备目录。安监部门也在制定需检测检验的设施设备、产品、作业场所目录。安全生产检测检验目录由国家安监部门规定并公布。

涉及生命安全、危险性较大的特种设备的目录由国务院负责特种设备安全监督管理的部门制定，报国务院批准后执行。涉及生命安全、危险性较大的特种设备，以及危险物品的容器、运输工具是指采掘设备、装载设备、运输设备、提升设备、支护设备、锅炉、压力容器、压缩空气设备、各种存在爆炸危险的机构设备的保险装置、信号装置、冲床及锻压机器上的防护装置、电动机、变压器、电控装置、配电柜、电器开关及各种设备的安全保护装置；矿灯、自救器、电缆、钢丝绳、炸药、雷管、导爆管、导爆索、导火索、起爆器、支护材料、防灭火材料等；安全监测系统、瓦斯检测仪器、测风仪表、氧气检测仪、各种有害气体检测仪器、杂散电流测量仪、顶板压力监测仪器；安全帽、防尘面罩、防毒面罩、防护服、防护鞋、救护设备及用品等。

二、安全生产检测检验机构资质审批认证

（一）检测检验资质

安全生产检测检验机构是指经国家安监部门或者省级安监部门、煤矿安全监察

机构认定，为安监部门、煤矿安全监察机构和工矿商贸生产经营单位提供安全生产检测检验服务的技术服务组织。检测检验机构应当取得安全生产检测检验资质，并在资质有效期和批准的检测检验业务范围内独立开展检测检验活动。检测检验机构的设置应当充分利用社会现有资源，统筹规划，合理布局，优化结构，数量适当，避免无序竞争。

（二）检测检验资质分级和业务范围限制

检测检验资质分为甲级和乙级。(1) 取得甲级资质的检测检验机构可以在全国工矿商贸生产经营单位从事涉及生产安全的设施设备（特种设备除外）及产品的型式检验、安全标志检验、在用检验、监督监察检验、作业场所安全检测和事故物证分析检验等业务。(2) 取得乙级资质的检测检验机构可以在所在省、自治区、直辖市内工矿商贸生产经营单位从事涉及生产安全的设施设备（特种设备除外）在用检验、监督监察检验、作业场所安全检测和重大事故以下的事故物证分析检验等业务。

（三）检测检验资质审批认证权限分级

1. 国家安监部门指导、协调、监督全国安全生产检测检验工作和检测检验机构的资质管理工作；负责甲级检测检验机构的资质认定和监督检查。

2. 省、自治区、直辖市安监部门指导、协调、监督本行政区域内的安全生产检测检验工作；负责本行政区域内乙级非煤矿检测检验机构的资质认定和监督检查。

3. 省级煤矿安全监察机构指导、协调、监督所辖区域内煤矿安全生产检测检验工作；负责所辖区域内乙级煤矿检测检验机构的资质认定和监督检查。

（四）资质条件

1. 具有法人资格，能够独立、客观、公正地开展检测检验工作。

2. 有与申请业务相适应的固定工作场所、检测检验仪器、设备、设施和环境条件，其中检测检验仪器、设备、设施原值甲级不低于 300 万元，乙级不低于 150 万元。

3. 有与申请业务相适应的专业技术人员。甲级机构内的专业技术人员不低于在编人员总数的 70%，其中中级以上技术职称、注册安全工程师和高级技术职称人员分别不低于在编人员总数的 40%、15%和 15%；乙级机构专业技术人员不低于在编人员总数的 60%，其中中级以上技术职称人员和注册安全工程师分别不低于在编人员总数的 30%和 10%。

4. 甲级机构主持工作的负责人、技术负责人、质量负责人具有与申请业务相适应的高级技术职称，技术负责人有5年以上与安全生产相关的检测检验工作经历；乙级机构主持工作的负责人、技术负责人、质量负责人具有与申请业务相适应的中级以上技术职称或者注册安全工程师资格，技术负责人有3年以上与安全生产相关的检测检验工作经历。

5. 有满足资质认定准则要求的管理体系，并已有效运行3个月以上。

6. 甲级机构要求已取得国家重点实验室或者同等级其他检测检验机构资质，或者已取得乙级检测检验资质3年以上；乙级机构要求以检测检验为主营业务，且从事与安全生产相关的检测检验工作3年以上。

7. 有正常开展业务所需的资金或者经费保障，注册资金甲级不低于300万元，乙级不低于150万元。

8. 法律、行政法规规定的其他条件。

（五）申请资质程序

1. 申请甲级资质的机构向国家安监部门提交申请书及相关资料；申请乙级资质的机构向所在地省级安监部门或者省级煤矿安全监察机构提交申请书及相关资料。

2. 资质受理机关在收到申请资料后5个工作日内完成对申请资料的符合性审查工作，并将审查结果一次性告知申请机构。

3. 资质受理机关自申请资料审查合格之日起20个工作日内安排评审专家对申请机构进行现场评审，评审专家按照资质认定评审准则进行技术评审并提交资质评审报告。

4. 资质受理机关在接到资质评审报告之日起20个工作日内，依据资质评审报告完成对申请机构的资质认定工作。予以认定的，颁发资质证书；不予认定的，书面通知申请机构，并说明理由。资质受理机关作出资质认定决定前，先进行不少于10日的公示。

（六）评审准则和评审专家

检测检验资质认定评审准则由国家安监部门制定。安全监管总局建立评审专家库，并指定技术服务机构承担专业技术评审工作。评审专家对评审结果负责。

（七）资质有效期和延期、变更

检测检验资质有效期为3年。资质有效期届满需要延续的，检测检验机构应当于资质有效期届满6个月前提出换证申请。换证审批程序应当在机构资质有效期满前完成。在资质有效期内，需要增加检测检验项目的，检测检验机构应当提出增项申请。增项审批程序可与定期监督评审合并进行。在资质有效期内，依据标准、主要负责人、授权签字人及授权签字事项、机构名称、地址、法定代表人、隶属关系等有关情况发生变更以及减少检测检验项目的，检测检验机构应当在变更后及时报资质证书颁发机关办理变更确认或者备案手续。资质证书颁发机关向社会公告取得资质的检测检验机构及其检测检验业务范围、授权签字人及授权签字事项。乙级机构的批准文件应当抄报国家安全监管总局备案。

三、检测检验工作基本要求

1. 检测检验机构应当依照法律和技术规范，科学、公正、诚信地开展检测检验工作，提供及时、优质、安全的服务，保证检测检验结果真实、准确、客观，并对检测检验结果负责。

2. 检测检验人员应当熟悉安全生产法律、法规、规章、标准和有关规定，具备检测检验工作所需要的专业知识和能力，经过专业培训和考核，并应当只在一个检测检验机构中从事检测检验工作。检测检验人员未经培训或者考核不合格的，不得从事安全生产检测检验工作。

3. 检测检验机构及其检测检验人员在从事检测检验活动时，应当恪守职业道德，诚实守信，不得泄露被检测检验单位的技术、商业秘密，不得接受可能影响检测检验公正性的资助，不得从事与检测检验业务范围相关的产品开发、营销等活动，不得利用检测检验机构的名义参与企业的商业性活动。检测检验收费应当符合法律、行政法规的规定。

4. 检测检验机构不得转让或者出借资质证书，不得将所承担的检测检验工作转包给其他检测检验机构，不得设立分支机构。需要分包个别检测检验项目时，必须选择有资质的检测机构，并对检测检验的最终结果负责。

5. 检测检验机构在工商注册地外的其他省、自治区、直辖市从事检测检验活动时，当地安监部门或者煤矿安全监察机构有权对其活动进行监督管理。

6. 发现被检设施设备、产品、作业场所等存在重大事故隐患时，检测检验机构必须立即告知检测检验委托方，并及时向安监部门或者煤矿安全监察机构报告，不得隐瞒不报、谎报或者拖延不报。

四、政府对安全设备设施检测检验的监管

（一）监督评审或者检查

国家安全监管总局可以对乙级机构进行不定期的监督评审或者检查。经委托，各省级安监部门或者煤矿安全监察机构可以对本行政区域内的甲级机构进行监督检

查。

（二）工作总结和工作计划

检测检验机构应当在每年 1 月份向资质证书颁发机关报送上一年度的工作总结和本年度的工作计划；乙级机构的工作总结和工作计划由所在地省级安监部门或者煤矿安全监察机构汇总后抄报国家安全监管总局。

（三）资质证书注销

检测检验机构有下列情形之一的，由资质证书颁发机关注销其检测检验资质：(1) 资质有效期届满，未申请换证或者未批准换证的；(2) 机构依法终止的；(3) 资质依法被撤销的；(4) 不宜继续认定资质的其他情形。

被注销资质的机构应当自决定注销其资质之日起 7 日内将资质证书和相关印章交还资质证书颁发机关，并不得继续以检测检验机构名义从事相关业务活动。

（四）政府部门自律

1. 安监部门、煤矿安全监察机构的工作人员不得干扰检测检验机构的正常活动，不得以任何理由或者方式向检测检验机构收取费用或者变相收取费用。

2. 除另有规定外，不得强行要求生产经营单位接受指定的检测检验机构开展检测检验工作。

3. 检测检验机构对有关安监部门、煤矿安全监察机构所作出的处理决定有权提出申诉。

本章小结

本章讲述了安全评价概念、安全认证、作用和安全评价机构资质审批认证制度、安全评价规则，讲述了安全生产教育培训制度和政府对安全培训工作的监管，讲述了安全生产检测检验机构资质审批认证和政府对安全设备设施检测检验的监管。

复习思考题

1. 为什么安全预评价与安全验收评价要分机构委托进行？

2. 什么叫安全评价过程控制体系？

3. 怎样开展跨省安全评价业务监管？

4. 什么叫安全评价诚信体系？

5. 安全评价机构如何做到评价独立、公正？

6. 安全评价与安全条件论证、安全审查有什么区别与联系？

7. 什么叫安全认证？目前我国有几项安全认证制度？

8. 评政府安监部门负责组织安全培训工作的合理性。

9. 评安全培训机构资质等级与培训人员等级的对应制。

10. 生产经营单位对其他从业人员的“三级”培训一般包括哪些内容？

11. 如何建立安全培训工作收费新秩序？

12. 目前安全生产培训考核制度共设有几种证件？

13. 什么叫特种作业？特种作业种类有哪些？省级安监部门或国务院行业主管部门能否自设特种作业种类？

第六章　生产安全事故预防和救援

本章学习目标

1. 了解生产经营单位的隐患排查治理职责。
2. 了解政府对事故隐患排查治理的监管职责。
3. 理解安全生产应急救援基本任务和特点。
4. 掌握安全生产应急救援体系和队伍、学科建设措施。
5. 掌握安全生产应急救援规则。
6. 了解生产安全事故灾难应急预案。

第一节　生产安全事故预防与隐患排查治理

一、概述

（一）事故预防的意义

生产安全问题集中于事故，所以要把事故的预防与救援问题放在所有工作的首要位置。要解决事故的预防与救援问题，必须对事故可能发生、已经发生的诸多关系进行规范；从事故预防到事故救援，再到事故调查处理，方方面面的关系或行为都要进行规范。所以，规制生产安全事故问题包括规制安全事故预防、规制生产安全应急救援。

（二）预防事故主要措施

1. 加强安全本质建设，加强隐患排查，加大安全投入，加强安全生产标准化建设，提高安全生产水平。

2. 建立常态的安全行政联合执法机制。

3. 基层政府建立应急救援队，用人形式多样，加强设备设施建设，逐年积累、扩大应急救援建设费。

4. 各企业建立应急救援队，形式多样。

5. 应急救援指挥中心可以指挥企业救援队，但应建立有偿使用办法。

6. 加强高校、科研机构应急救援学科建设，开展应急救援专业科学技术研究。

（三）主要任务

要建立生产安全事故隐患排查治理长效机制，强化安全生产主体责任，加强事故隐患监督管理，防止和减少事故。关键是要明确生产经营单位的隐患排查治理职责、政府的监督管理职责等。

（四）定义和分类

生产安全事故隐患是指生产经营单位违反安全生产法律、法规、规章、标准、规程和安全生产管理制度的规定，或者因其他因素在生产经营活动中存在可能导致事故发生的物的危险状态、人的不安全行为和管理上的缺陷。

事故隐患分为一般事故隐患和重大事故隐患。一般事故隐患是指危害和整改难度较小，发现后能够立即整改排除的隐患。重大事故隐患是指危害和整改难度较大，应当全部或者局部停产停业，并经过一定时间的整改治理方能排除的隐患，或者因外部因素影响致使生产经营单位自身难以排除的隐患。

（五）职责分工

1. 生产经营单位应当建立健全事故隐患排查治理制度。主要负责人对本单位事故隐患排查治理工作全面负责。

2. 各级安全监管监察部门按照职责对所辖区域内生产经营单位排查治理事故隐患工作依法实施综合监督管理；各级政府有关部门在各自职责范围内对生产经营单位排查治理事故隐患工作依法实施监督管理。

3. 任何单位和个人发现事故隐患，均有权向安全监管监察部门和其他有关部门报告。安全监管监察部门接到事故隐患报告后，应当按照职责分工立即组织核实并予以查处；发现所报告事故隐患应当由其他有关部门处理的，应当立即移送有关部门并记录备查。

二、生产经营单位的事故隐患排查治理职责①

1. 生产经营单位应当依照法律、法规、规章、标准和规程的要求从事生产经

① 注意与“生产经营单位安全管理”章节相关内容的联系。

营活动。严禁非法从事生产经营活动。

2. 生产经营单位是事故隐患排查、治理和防控的责任主体。

3. 生产经营单位应当保证事故隐患排查治理所需的资金，建立资金使用专项制度。

4. 生产经营单位应当定期组织安全生产管理人员、工程技术人员和其他相关人员排查本单位的事故隐患。

5. 生产经营单位应当建立事故隐患报告和举报奖励制度，鼓励、发动职工发现和排除事故隐患，鼓励社会公众举报。

6. 生产经营单位将生产经营项目、场所、设备发包、出租的，应当与承包、承租单位签订安全生产管理协议，并在协议中明确各方对事故隐患排查、治理和防控的管理职责。生产经营单位对承包、承租单位的事故隐患排查治理负有统一协调和监督管理的职责。

7. 安全监管监察部门和有关部门的监督检查人员依法履行事故隐患监督检查职责时，生产经营单位应当积极配合，不得拒绝和阻挠。

8. 生产经营单位应当对本单位事故隐患排查治理情况进行统计分析，并分别向安全监管监察部门和有关部门报送书面统计分析表。

9. 对于重大事故隐患应当及时向安全监管监察部门和有关部门报告。

10. 对于一般事故隐患，由生产经营单位负责人或者有关人员立即组织整改。

11. 生产经营单位在事故隐患治理过程中，应当采取相应的安全防范措施，防止事故发生。

12. 生产经营单位应当加强对自然灾害的预防。

13. 地方政府或者安全监管监察部门及有关部门挂牌督办并责令全部或者局部停产停业治理的重大事故隐患，治理工作结束后，有条件的生产经营单位应当组织本单位的技术人员和专家对重大事故隐患的治理情况进行评估；其他生产经营单位应当委托具备相应资质的安全评价机构对重大事故隐患的治理情况进行评估。

14. 经治理后符合安全生产条件的，生产经营单位应当向安全监管监察部门和有关部门提出恢复生产的书面申请，经安全监管监察部门和有关部门审查同意后，方可恢复生产经营。

三、政府对事故隐患排查治理的监管[①]

1. 安全监管监察部门应当按照有关法律、法规、规章、标准和规程的要求，指导、监督生产经营单位建立健全事故隐患排查治理等各项制度。

2. 安全监管监察部门应当建立事故隐患排查治理监督检查制度，定期组织对生产经营单位事故隐患排查治理情况开展监督检查；应当加强对重点单位的事故隐患排查治理情况的监督检查。

3. 安全监管监察部门应当配合有关部门做好对生产经营单位事故隐患排查治理情况开展的监督检查，依法查处事故隐患排查治理的非法和违法行为及其责任者。

4. 已经取得安全生产许可证的生产经营单位，在其被挂牌督办的重大事故隐患治理结束前，安全监管监察部门应当加强监督检查。

5. 安全监管监察部门应当会同有关部门把重大事故隐患整改纳入重点行业领域的安全专项整治中加以治理，落实相应责任。

6. 对挂牌督办并采取全部或者局部停产停业治理的重大事故隐患，安全监管监察部门收到生产经营单位恢复生产的申请报告后，应当进行现场审查。

7. 安全监管监察部门应当每季将本行政区域内重大事故隐患的排查治理情况和统计分析表逐级报至省级安全监管监察部门备案。省级安全监管监察部门应当每半年将本行政区域内重大事故隐患的排查治理情况和统计分析表报国家安监总局备案。

四、政府对事故隐患排查治理违法行为的处罚

生产经营单位及其主要负责人未履行事故隐患排查治理职责，导致发生生产安全事故的，政府部门依法给予行政处罚。应受处罚的行为有：(1) 未建立安全生产事故隐患排查治理等各项制度的；(2) 未按规定上报事故隐患排查治理统计分析表的；(3) 未制订事故隐患治理方案的；(4) 重大事故隐患不报或者未及时报告的；(5) 未对事故隐患进行排查治理擅自生产经营的；(6) 整改不合格或者未经安全监管监察部门审查同意擅自恢复生产经营的。

承担检测检验、安全评价业务的机构出具虚假评价证明的应受到处罚，同时可对其直接负责的主管人员和其他直接责任人员进行处罚；给他人造成损害的，与生

① 注意与“安全生产行政监督管理”章节相关内容的联系。

产经营单位承担连带赔偿责任。

第二节　安全生产应急救援

一、应急救援的基本任务和特点

（一）基本任务

应急救援的目的就是通过实施有效的应急救援行为，尽可能地降低事故造成的后果，包括人员伤亡、财产损失和环境破坏等。事故应急救援的基本任务包括以下几个方面：一是事故发生后，迅速启动相应的准备，以便尽快实施救援行动。二是立即组织营救受害人员撤离或者采取其他措施保护受害区域的其他人员。三是迅速控制事态，并对事故造成的危害进行检测、监测，测定事故的危害区域、危害性质及危害程度。四是消除危害后果，做好现场恢复。五是评估总结救援情况。

（二）应急救援的特点

应急工作涉及事故灾难、自然灾害、城市生命线、重大工程、公共活动场所、公共交通、公共卫生和人员突发事件等，具有以下特点：

一是各类安全事故、自然灾害、公共卫生事件的不确定性和突发性。不确定性和突发性是共同特点，大部分事故都是突然爆发，爆发前没有明显征兆，而且一旦发生，发展蔓延迅速，甚至失控。

二是应急工作的复杂性。

三是后果、影响易猝变、激化和放大。

因此，要求应急救援行动人员必须在短时间内在事故的第一现场作出有效反应，在事故或者事件产生重大灾难后果之前采取各种有效的防护、救助、疏散和控制事态等措施。

二、安全生产应急救援体系、队伍、学科

（一）应急救援体系应与安全生产监管体系契合

1. 应急救援体系及队伍框架如图 6—1 所示。

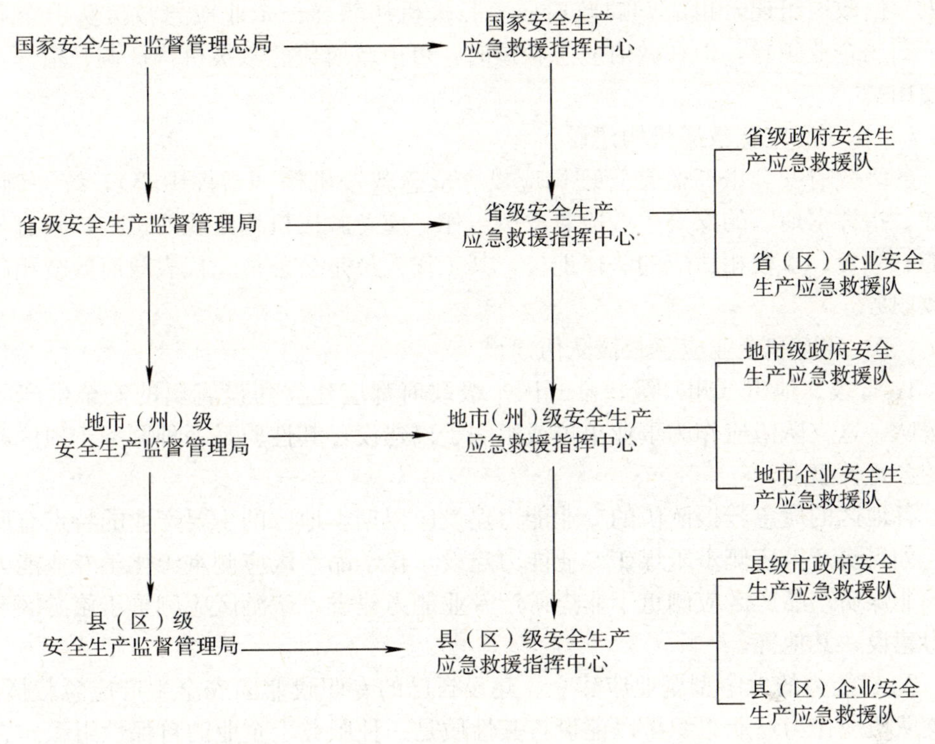

图 6—1　安全生产应急救援体系及队伍框架

2. 应急救援机构、队伍关系

我国现行救援体系由下列救援队伍（分支）组成：解放军救援；公安特警救援；公安消防救援；武警森林救援；武警水电救援；海事救援；地震救援；其他等。安全生产应急救援队伍也是我国救援体系和救援队伍的组成部分。如何构建安全生产专业应急救援队伍并进行有效调度，是摆在安全生产领域的突出问题之一。

按政府部门上下级关系构建应急救援机构（指挥中心）之间的关系，即上级应急救援机构领导或指导或指挥下级应急救援机构。分两种情况：在平时应急救援队伍建设和训练中，按上级下级的原则，调整上级应急救援机构与下级应急救援机构的关系；在紧急救援时期，按上级领导或指挥下级的原则，调整上级应急救援机构与下级应急救援机构的关系。

就某一级应急救援机构与应急救援队的关系而言，应急救援机构（指挥中心）是政府机构，应急救援队是事业单位或企业单位内建机构。政府应急救援队（事业法人）由政府组建，也应归属政府应急救援机构领导；企业应急救援队由企业组建，归属企业领导，但在政府应急救援时，可由政府应急救援机构征调、指挥（有偿使用）。

（二）政府应急救援机构建设

各级政府安全生产监督管理局应设立应急救援机构（指挥中心），统一领导、指导、指挥本地区的安全生产应急救援工作。应急救援机构是政府机构，具有与其职能、职责、事权相适应的法律地位，其工作人员是公务员，代表政府履行相应的行政职务。

（三）政府和企业应急救援队伍建设

1. 省级、地市（州）级、县（区）级政府都应建立建设直属的安全生产应急救援队。这支队伍应作为事业单位或组织予以建设，其性质是一种服务于地区或国家的公益性事业。

各地区的应急救援队伍的专业能力建设应根据本地区的主要产业的特点有所侧重，如煤炭产区应侧重于煤矿专业能力建设，化学品产区应侧重于化学专业能力建设，非煤矿产品产区应侧重于非煤矿产专业能力建设，旅游区应侧重于旅游区专业能力建设，其他等。

2. 有能力的大中型企业应建立、建设自己的专职或兼职安全生产应急救援队。这支队伍应作为专业组织予以建设，其性质是一种服务于企业的自保性组织。它所需要的建设资金应作为成本纳入企业财务管理。它应接受政府在培训、锻炼、比武、救援等方面的联系、指导、指挥。

企业之间，尤其是小企业之间，应联合建立应急救援队，培养自己的应急救援队员。企业应针对农民工流动性大的特点，采取必要的措施或办法稳定自己的应急救援队员和队伍。

企业应急救援队伍可以在平时开展有偿服务，以弥补所需经费，发展和壮大自己；但在应急救援时刻，应接受政府应急救援机构的征调指挥，所得到的补偿、补助以实际发生额为准。企业应急救援队接受政府征调、指挥的法理基础是私人利益在危急时刻服从公共利益，或社会连带关系，或社会互助。

3. 行业主管部门应建立、建设自己的安全生产应急救援队。

（四）应急救援队伍组织关系

政府应急救援队伍应建立准军事化的组织关系，企业应急救援队伍应建立纪律严格的、具有经济约束力的组织关系。只有这样，才能保证安全生产危急时刻的高效施救。队员身份可以是事业编制技术人员和雇佣性合同工等。政府应为他们提供必要的保险费和较高水平的工资待遇。这是我国应急救援事业建设所必需的财政支出。救援队伍内部组织可以按大队、中队、小队（班、组）的结构系统进行构建。各级各地区政府可以按照自己的经济规模设立数量或多或少的救援大队、中队、小队。

（五）政府应急救援队伍与企业应急救援队伍之间的协作关系

各地区应急救援工作应以政府应急救援队伍为主导，以引领企业应急救援队伍，形成合力，共同进行和完成。

（六）加强安全生产应急救援学科业务建设

高校、职业技术学校应设立应急救援专业；安全培训中心应设立应急救援专业课程；科研机构和科研人员也应该加强应急救援科学和技术的研究。

三、安全生产应急救援规则

生产经营单位应制定、实施安全事故应急救援预案，及时如实报告安全事故；县级以上地方各级政府应组织有关部门制定特大生产安全事故应急救援预案，建立应急救援体系；危险物品生产经营储存单位、矿山、建筑施工单位应当建立应急救援组织，规模较小者也应指定兼职人员，而且应当配备必要的设备器材；发生事故的应按照“现场报告—单位组织抢救—报告相关安监局—报告上级机关—地方政府和相关安监局立即组织抢救”程序进行救援；任何组织和公民都有支持、配合抢救的义务。

基本要求是：加快建设安全生产应急救援体系，形成反应快速、处置能力强的应急救援机制，建立国家安全生产应急救援指挥中心，充分利用现有的应急救援资源，建设具有快速反应能力的专业化救援队伍，提高救援装备水平，增强事故抢险救援能力，加强区域性生产安全应急救援基地建设，搞好重大危险源的普查登记，加强国家、省、地市、县（市）四级重大危险源监控工作，建立应急救援预案和生产安全预警机制。

发生事故后的救援规则是：

1. 发生事故后，立即启动国家、部门、专项和生产经营单位相应的事故应急预案，按照应急预案的规定，实施相应的应急救援工作。

2. 针对事故的性质、特点和危害程度，调动相应的应急救援队伍和社会力量，依照有关法律、法规、规章的规定和应急预案的要求，采取应急处置措施。

3. 组织营救和救治受害人员，疏散、撤离并妥善安置受到威胁的人员以及采取其他救助措施。

4. 迅速控制危险源，标明危险区域。必要时，封锁危险场所，划定警戒区，实行交通管制以及其他控制措施。

5. 抢修被损坏的交通、通信、供水、排水、供电、供气、供热等公共设施，向受到危害的人员提供避难场所和生活必需品，实施医疗救护和卫生防疫以及其他保障措施。

6. 禁止或者限制使用有关设备、设施，关闭或者限制使用有关场所，中止人员密集的活动或者可能导致危害扩大的生产经营活动以及采取其他保护措施。

7. 根据需要启用本级人民政府设置的财政预备费和储备的应急救援物资，必要时调用其他急救物资、设备、设施、工具。

8. 根据需要组织公民参加应急救援和处置工作，要求具有特定专长的人员提供服务。

9. 保障食品、饮用水、燃料等基本生活必需品的供应。

10. 依法从严惩处囤积居奇、哄抬物价、制假售假等扰乱市场秩序的行为，稳定市场价格，维护市场秩序。

11. 依法从严惩处哄抢财物、干扰破坏应急处置工作等扰乱社会秩序的行为，维护社会治安。

12. 采取防止发生次生、衍生事件的必要措施。

四、生产安全事故灾难应急预案

生产安全事故灾难应急预案是突发公共事件专项应急预案，主要适用于下列安全生产事故灾难的应对工作：（1）造成30人以上死亡（含失踪），或危及30人以上生命安全，或者100人以上中毒（重伤），或者需要紧急转移安置10万人以上，或者直接经济损失1亿元以上的特别重大安全生产事故灾难。（2）超出省（区、市）政府应急处置能力，或者跨省级行政区、跨多个领域的安全生产事故灾难。（3）需要国务院安全生产委员会处置的安全生产事故灾难。

（一）生产安全事故灾难应急组织体系

全国安全生产事故灾难应急救援组织体系由国务院安全生产委员会（以下简称为“国务院安委会”）、国务院有关部门、地方各级政府安全生产事故灾难应急领导机构、综合协调指挥机构、专业协调指挥机构、应急支持保障部门、应急救援队伍和生产经营单位组成。国家安全生产事故灾难应急领导机构为国务院安委会，综合协调指挥机构为国务院安委会办公室，国家安全生产应急救援指挥中心具体承担安全生产事故灾难应急管理工作，专业协调指挥机构为国务院有关部门管理的专业领域应急救援指挥机构。地方各级政府的安全生产事故灾难应急机构由地方政府确定。应急救援队伍主要包括消防部队、专业应急救援队伍、生产经营单位的应急救援队伍、社会力量、志愿者队伍及有关国际救援力量等。国务院安委会各成员单位按照职责履行本部门的安全生产事故灾难应急救援和保障方面的职责，负责制订、管理并实施有关应急预案。

（二）现场应急救援指挥部及职责

现场应急救援指挥以属地为主，事发地省（区、市）人民政府成立现场应急救援指挥部。现场应急救援指挥部负责指挥所有参与应急救援的队伍和人员，及时向国务院报告事故灾难事态发展及救援情况，同时抄送国务院安委会办公室。涉及多个领域、跨省级行政区或影响特别重大的事故灾难，根据需要由国务院安委会或者国务院有关部门组织成立现场应急救援指挥部，负责应急救援协调指挥工作。

（三）预警预防机制

1. 事故灾难监控与信息报告。国务院有关部门和省（区、市）人民政府加强对重大危险源的监控，对可能引发特别重大事故的险情，或者其他灾害、灾难可能引发安全生产事故灾难的重要信息及时上报。特别重大安全生产事故灾难发生后，事故现场有关人员应当立即报告单位负责人，单位负责人接到报告后，立即报告当地人民政府和上级主管部门。

2. 预警行动。各级、各部门安全生产事故灾难应急机构接到可能导致安全生产事故灾难的信息后，按照应急预案及时研究确定应对方案，并通知有关部门、单位采取相应行动预防事故发生。

（四）应急响应

1. 分级响应。发生特别重大安全生产事故时，国务院安委会办公室或国务院有关部门组织实施Ⅰ级应急响应行动。事发地各级人民政府应当按照相应的预案全力以赴组织救援，并及时向国务院及国务院安委会办公室、国务院有关部门报告救援工作进展情况。Ⅰ级响应时，国务院有关部门启动并实施本部门相关的应急预案，组织应急救援，并及时向国务院及国务院安委会办公室报告救援工作进展情况。需要其他部门应急力量支援时，及时提出请求。国务院安委会办公室响应包括：及时向国务院报告安全生产事故灾难基本情况、事态发展和救援进展情况；开通与事故灾难发生地的省级应急救援指挥机构、现场应急救援指挥部、相关专业应急救援指挥机构的通信联系，随时掌握事态发展情况；根据有关部门和专家的建议，通知相关应急救援指挥机构随时待命，为地方或专业应急救援指挥机构提供技术支持；派出有关人员和专家赶赴现场参加、指导现场应急救援，必要时协调专业应急力量增援；对可能或者已经引发自然灾害、公共卫生和社会安全突发事件的，及时上报国务院，同时负责通报相关领域的应急救援指挥机构；协调落实其他有关事项。

2. 指挥和协调。进入Ⅰ级响应后，国务院有关部门及其专业应急救援指挥机构立即按照预案组织相关应急救援力量，配合地方政府组织实施应急救援。国务院安委会办公室根据事故灾难的情况开展应急救援协调工作，通知有关部门及其应急机构、救援队伍和事发地毗邻省（区、市）人民政府应急救援指挥机构，相关机构按照各自应急预案提供增援或保障。有关应急队伍在现场应急救援指挥部统一指挥下，密切配合，共同实施抢险救援和紧急处置行动。现场应急救援指挥部负责现场应急救援的指挥，现场应急救援指挥部成立前，事发单位和先期到达的应急救援队伍必须迅速、有效地实施先期处置，事故灾难发生地人民政府负责协调，全力控制事故灾难发展态势，防止次生、衍生和耦合事故（事件）发生，果断控制或切断事故灾害链。

3. 紧急处置。事故灾难发生后，发生事故的单位和当地人民政府按照应急预案迅速采取措施。根据事态发展变化情况，出现急剧恶化的特殊险情时，现场应急救援指挥部在充分考虑专家和有关方面意见的基础上，依法及时采取紧急处置措施。

4. 医疗卫生救助。事发地卫生行政主管部门负责组织开展紧急医疗救护和现场卫生处置工作。卫生部或国务院安委会办公室根据地方人民政府的请求，及时协调有关专业医疗救护机构和专科医院派出有关专家、提供特种药品和特种救治装备进行支援。事故灾难发生地疾病控制中心根据事故类型，按照专业规程进行现场防疫工作。

5. 应急人员安全防护。现场应急救援人员根据需要携带相应的专业防护装备，采取安全防护措施，严格执行应急救援人员进入和离开事故现场的相关规定。现场应急救援指挥部根据需要具体协调、调集相应的安全防护装备。

6. 群众安全防护。企业与当地政府、社区建立应急互动机制，确定保护群众安全需要采取的防护措施。现场应急救援指挥部负责组织群众的安全防护工作，决定应急状态下群众疏散、转移和安置的方式、范围、路线、程序；指定有关部门负责实施疏散、转移；启用应急避难场所；开展医疗防疫和疾病控制工作；负责治安管理。

7. 社会力量动员与参与。现场应急救援指挥部组织调动本行政区域社会力量参与应急救援工作。超出事发地省级人民政府处置能力时，省级人民政府向国务院申请本行政区域外的社会力量支援，国务院办公厅协调有关省级人民政府、国务院有关部门组织社会力量进行支援。

8. 现场检测与评估。根据需要，现场应急救援指挥部成立事故现场检测、鉴定与评估小组，综合分析和评价检测数据，查找事故原因，评估事故发展趋势，预测事故后果，为制订现场抢救方案和事故调查提供参考。检测与评估报告要及时上报。

9. 信息发布。国务院安委会办公室会同有关部门负责特别重大安全生产事故灾难信息的发布工作。

10. 应急结束。当遇险人员全部得救，事故现场得以控制，环境符合有关标准，导致次生、衍生事故隐患消除后，经现场应急救援指挥部确认和批准，现场应急处置工作结束，应急救援队伍撤离现场。事故发生地省级人民政府宣布应急结束。

（五）后期处置

1. 善后处置。省级人民政府会同相关部门（单位）负责组织特别重大安全生产事故灾难的善后处置工作，包括人员安置、补偿，征用物资补偿，灾后重建，污染物收集、清理与处理等事项。尽快消除事故影响，妥善安置和慰问受害及受影响人员，保证社会稳定，尽快恢复正常秩序。

2. 保险。安全生产事故灾难发生后，保险机构及时开展应急救援人员保险受理和受灾人员保险理赔工作。

3. 事故灾难调查报告、经验教训总结及改进建议。安全生产事故灾难按照规定组织调查处理。安全生产事故灾难善后处置工作结束后，现场应急救援指挥部分析总结应急救援经验教训，提出改进应急救援工作的建议，完成应急救援总结报告并及时上报。

（六）保障措施

1. 通信与信息保障。建立健全国家安全生产事故灾难应急救援综合信息网络系统和重大安全生产事故灾难信息报告系统。建立完善救援力量和资源信息数据库。规范信息获取、分析、发布、报送格式和程序，保证应急机构之间的信息资源共享，为应急决策提供相关信息支持。有关部门应急救援指挥机构和省级应急救援指挥机构负责本部门、本地区相关信息收集、分析和处理，定期向国务院安委会办公室报送有关信息，重要信息和变更信息要及时报送，国务院安委会办公室负责收集、分析和处理全国安全生产事故灾难应急救援有关信息。

2. 应急支援与保障。各专业应急救援队伍和企业根据实际情况和需要配备必要的应急救援装备。专业应急救援指挥机构掌握本专业的特种救援装备情况。矿山、危险化学品、交通运输等行业或领域的企业依法组建和完善救援队伍。各级、各行业安全生产应急救援机构负责检查并掌握相关应急救援力量的建设和准备情况。发生特别重大安全生产事故灾难后，国务院安委会办公室或有关部门根据救援需要及时协调民航、交通和铁路等行政主管部门提供交通运输保障。地方人民政府有关部门对事故现场进行道路交通管制，根据需要开设应急救援特别通道，道路受损时应迅速组织抢修，确保救灾物资、器材和人员运送及时到位，满足应急处置工作需要。县级以上各级人民政府加强急救医疗服务网络的建设，配备相应的医疗救治药物、技术、设备和人员，提高医疗卫生机构应对安全生产事故灾难的救治能力。直辖市、省会城市和大城市人民政府负责提供特别重大事故灾难发生时人员避难需要的场所。

3. 技术储备与保障。国务院安委会办公室成立安全生产事故灾难应急救援专家组，为应急救援提供技术支持和保障。充分利用安全生产技术支撑体系的专家和机构，研究安全生产应急救援重大问题，开发应急技术和装备。

4. 宣传、培训和演习。国务院安委会办公室和有关部门组织应急法律法规和事故预防、避险、避灾、自救、互救常识的宣传工作，各种媒体提供相关支持。地方各级人民政府结合本地实际，负责本地相关宣传、教育工作，提高全民的危机意识。有关部门组织各级应急管理机构以及专业救援队伍的相关人员进行上岗前培训和业务培训。有关部门、单位可根据自身实际情况，做好兼职应急救援队伍的培训，积极组织社会志愿者的培训，提高公众自救、互救能力。开展安全生产事故灾难应急救援演习。

5. 监督检查。国务院安委会办公室对安全生产事故灾难应急预案实施的全过程进行监督检查。

本章小结

本章讲述了生产经营单位的生产安全事故隐患排查治理职责、政府对事故隐患排查治理的监管职责、政府对事故隐患排查治理违法行为的处罚，安全生产应急救援的基本任务和特点、安全生产应急救援体系、队伍、学科、安全生产应急救援规则，安全生产事故灾难的应急预案制定与实施。

复习思考题

1. 生产经营单位有什么隐患排查治理职责?

2. 政府对事故隐患排查治理有什么监管职责?

3. 安全生产应急救援的基本任务和特点是什么? 如何完善我国安全生产应急救援规则?

4. 为加强安全生产应急救援体系、队伍、学科建设，应采取哪些具体措施?

5. 生产安全事故灾难应急预案有哪些基本内容?

第七章　生产安全事故报告和调查处理

本章学习目标

1. 理解生产安全事故的概念、等级、分类。

2. 了解政府对生产安全事故的调查处理职责。

3. 掌握生产安全事故报告、调查、处理程序。

4. 了解煤矿安全事故、电力安全事故、特种设备安全事故调查处理的特殊性规定。

第一节　概述

一、生产安全事故概念

生产安全事故是指生产经营单位在生产经营活动以及与生产经营直接相关的活动中突然发生的，伤害人身安全和健康，或者损坏设备设施，或者造成经济损失的事件。可分为伤亡事故、非伤亡事故和未遂事故。事故可能导致生产经营活动中止或终止。

（一）生产安全事故形成的要素

环境不安全条件、管理上的缺陷、物的不安全状态、人的不安全行为构成事故形成的要素。在一定环境条件下的生产过程中，管理上的缺陷加上物的不安全状态即形成事故隐患，若人的不安全行为触及事故隐患，则会发生伤害事故。

（二）生产安全事故特征

1. 事故具有因果性、条件性和规律性。某一现象可成为另一现象的发生根据，互相之间存在关联性，如教育不充分、存在管理缺陷和物质环境不安全因素，则其综合的结果将导致事故发生。

2. 事故具有偶然性、必然性和可防性。事故是属于在一定条件下可能发生，也可能不发生，随时间延长而显现的随机事件。当不安全因素充分集合时，事故必然发生；若能做到防患于未然，则可防止事故发生。

3. 事故具有潜在性、再现性和预测性。事故潜在不安全隐患之中，安全工作就是发现事故的潜在性，消除其潜在性，使之不会再现。人作为主体可以在事故预测中不断提高预测的可靠性。

4. 事故具有前瞻性、爆发性和扑灭性。快速抢救、及时扑灭、积极防治事故是安全工作的重要任务。

在生产安全事故以外还有非生产安全事故，或公众安全事故、公共安全事故等分类。

二、生产安全事故等级

（一）界定生产安全事故等级的要素

环境不安全条件、管理上的缺陷、物的不安全状态、人的不安全行为构成事故形成的要素。在一定环境条件下的生产过程中，管理上的缺陷加上物的不安全状态即形成事故隐患，若人的不安全行为触及事故隐患，则会发生伤害事故。只有首先确定事故等级，才能依法报告和调查处理。事故等级划分涉及事故性质、危害程度以及事故责任的法律界定，需要科学地确定事故分级的要素（标准）。事故分级要素的界定必须从各类事故侵犯的主体、社会关系和危害后果等方面来考虑。《生产安全事故报告和调查处理条例》确定了人员伤亡（中毒）、直接经济损失和社会影响等三个事故分级要素。

1. 人员伤亡的数量

安全生产和事故调查处理都要以人为本，最大限度地保护从业人员的生命安全。事故危害的最严重后果，就是造成人员死亡、重伤（或中毒）。因此，《生产安全事故报告和调查处理条例》将人员伤亡的数量列为事故分级的第一要素。

2. 直接经济损失的数额

事故不仅造成人员伤亡，而且经常造成直接经济损失。要保护国家、企业和人民群众的财产，就必须根据造成直接经济损失的多少来区分事故等级。

3. 社会影响的大小

有些事故的伤亡人数、直接经济损失数额虽达不到法定标准，但是造成了恶劣的社会影响、政治影响和国际影响，也必须列为特殊的事故进行调查处理，这是维护社会稳定的需要。

（二）生产安全事故的分级

1. 事故分级的一般规定

生产安全事故一般分为四级：

(1) 特别重大事故，是指一次造成 30 人以上死亡，或者 100 人以上重伤（包括急性工业中毒），或者 1 亿元以上直接经济损失的事故。

(2) 重大事故，是指一次造成 10 人以上 30 人以下死亡，或者 50 人以上 100 人以下重伤，或者 5 000 万元以上 1 亿元以下直接经济损失的事故。

(3) 较大事故，是指一次造成 3 人以上 10 人以下死亡，或者 10 人以上 50 人以下重伤，或者 1 000 万元以上 5 000 万元以下直接经济损失的事故。

(4) 一般事故，是指一次造成 3 人以下死亡，或者 3 人以上 10 人以下重伤，或者 300 万元以上 1 000 万元以下直接经济损失的事故。

以上规定中的“以上”含本数，“以下”不含本数。

2. 事故分级的特殊规定

除了一般规定之外，《生产安全事故报告和调查处理条例》还对下列特殊情况作出了规定：

(1) 补充分级。除了对各行各业事故分级的一般性规定之外，考虑到某些行业事故分级的特点，《生产安全事故报告和调查处理条例》第 3 条第 2 款规定：“国务院安全生产监督管理部门可以会同国务院有关部门，制定事故等级划分的补充性规定。”

(2) 社会影响恶劣事故。《生产安全事故报告和调查处理条例》第 44 条关于社会影响恶劣事故的报告和调查处理的规定没有明确其事故等级，这在实践中可以根据影响大小和危害程度明确其事故等级。

三、生产安全事故分类

（一）现行法律分类

2001 年 4 月 21 日公布的《国务院关于特大安全事故行政责任追究的规定》中，按行业专业标准把安全事故划分为不同的行业专业安全事故。常见的生产安全事故主要有：

1. 火灾事故

以发生火灾的生产性质划分，火灾事故具体分为两种：一种是发生在机关、团体、事业单位和居民住宅的火灾，这是社会火灾；另一种是发生在生产经营单位的设施、场所和生产经营作业过程中的火灾，属于生产安全事故。

2. 交通事故

以交通的生产性质划分，交通事故具体分为两种，一种是非生产经营单位和居民所有的车辆发生的交通事故，属于社会交通事故。另一种是生产经营单位的生产运输车辆和交通运输企业的客运、货运车辆发生的交通事故，属于生产安全事故。

以交通道路划分，交通事故可以分为道路交通事故、水上交通事故、铁路运输事故和民用航空事故。交通事故的主要形式有碰撞、坠落、沉没、脱轨、碾压、爆炸、燃烧等。

3. 矿山事故

按照矿种划分，矿山事故可以分为煤矿事故和非煤矿山事故。矿山事故既有露天矿山事故，又有井工开采矿山事故。矿山事故的主要形式有透水、火灾、爆炸、有害气体和矿体突出、冒顶、片邦、滑坡、溃坝等。

4. 化学危险品事故

危险化学品事故发生在生产、储存、运输、经营、使用和处置活动中，危险化学品事故的主要形式有泄漏、爆炸、燃烧、腐蚀和污染等。

5. 烟花爆竹事故

烟花爆炸事故发生在生产、储存、运输、经营、燃放和处置活动中，烟花爆炸事故的主要形式有爆炸、燃烧等。

6. 民用爆炸物品事故

民用爆炸物品事故发生在炸药、雷管、导爆索、导火索等产品的生产、储存、运输、使用和处置活动中，民用爆炸物品事故的主要形式有爆炸、燃烧等。

7. 建筑施工事故

建筑施工事故发生在建筑工程的施工、机械设备使用活动中，建筑施工事故的主要形式有起重机和其他建筑机械倒塌、混凝土模板倒塌、建筑物坍塌、场内机动车伤害、物体打击、高空坠落、火灾等。

8. 特种设备事故

依照《特种设备安全监察条例》规定，我国纳入安全监管的特种设备包括涉及生命安全、危险性较大的锅炉、压力容器（含气瓶）、压力管道、电梯、起重机械、客运索道、大型游乐设施八种。特种设备事故的主要形式有泄漏、爆炸、燃烧、腐蚀、污染和高空坠落等。

9. 其他事故

常见的其他事故包括由公众安全事故以及生产安全事故引发的次生、衍生事故（环境污染事故）。

应指出：道路交通事故、火灾事故、电力安全事故被现行法律、政策列入生产安全事故，但又不能完全按照《生产安全法》及《事故调查处理条例》的规定进行处理。

（二）学术分类

1. 按生产、非生产标准划分为生产安全事故、非生产安全事故。

2. 按发生在单位内部、单位外部划分为单位安全事故、单位外安全事故。

3. 按发生在公共领域、非公共领域划分为公共安全事故、非公共安全事故。

4. 按职业、非职业标准划分为职业安全事故、非职业安全事故。

5. 按伤亡、生病标准划分为伤亡事故、疾病事故。

6. 其他。

本章以生产安全事故为主线进行论述，兼论非生产安全事故。这里以《生产安全事故报告和调查处理条例》为主要蓝本进行阐释，该条例适用于生产经营活动中发生的造成人身伤亡或者直接经济损失的生产安全事故的报告和调查处理。但环境污染事故、核设施事故、国防科研生产事故的调查处理由其他法律、行政法规另行规定。

四、政府的调查处理职责

按照安全事故等级划分政府的级别管辖。县级以上政府应当及时、正确地完成事故调查处理工作。事故发生地有关地方政府应当支持、配合上级政府或者有关部门的事故调查处理工作，并提供必要的便利条件。参加事故调查处理的部门和单位应当互相配合，提高事故调查处理工作的效率。工会依法参加事故调查处理，并有权向有关部门提出处理意见。

第二节　生产安全事故调查处理

一、生产安全事故报告

（一）现场报告

事故发生后，事故现场有关人员应当立即向本单位负责人报告；单位负责人接到报告后，应当于 1 小时内向事故发生地县级以上政府安监部门和负有安全生产监督管理职责的有关部门报告。

情况紧急时，事故现场有关人员可以直接向事故发生地县级以上政府安监部门和负有安全生产监督管理职责的有关部门报告。

（二）部门报告

安监部门和负有安全生产监督管理职责的有关部门接到事故报告后，应当上报事故情况，并通知公安机关、劳动保障行政部门、工会和人民检察院，具体要求如下：（1）特别重大事故、重大事故逐级上报至国务院安监部门和负有安全生产监督管理职责的有关部门；（2）较大事故逐级上报至省、自治区、直辖市政府安监部门和负有安全生产监督管理职责的有关部门；（3）一般事故上报至设区的市级政府安监部门和负有安全生产监督管理职责的有关部门。

安监部门和负有安全生产监督管理职责的有关部门应当同时报告本级政府。国务院安监部门和负有安全生产监督管理职责的有关部门以及省级政府接到发生特别重大事故、重大事故的报告后，应当立即报告国务院。必要时，安监部门和负有安全生产监督管理职责的有关部门可以越级上报事故情况。

（三）报告时间

安监部门和负有安全生产监督管理职责的有关部门逐级上报事故情况，每级上报的时间不得超过 2 小时。

（四）报告内容

报告内容主要包括：（1）事故发生单位概况；（2）事故发生的时间、地点以及事故现场情况；（3）事故的简要经过；（4）事故已经造成或者可能造成的伤亡人数（包括下落不明的人数）和初步估计的直接经济损失；（5）已经采取的救助措施；（6）其他应当报告的情况。

（五）补报

事故报告后出现新情况的，应当及时补报。自事故发生之日起 30 日内，事故造成的伤亡人数发生变化的，应当及时补报。道路交通事故、火灾事故自发生之日起 7 日内，事故造成的伤亡人数发生变化的，应当及时补报①。

（六）事故发生单位和政府救援

事故发生单位负责人接到事故报告后，应当立即启动事故相应应急预案，或者采取有效措施，组织抢救，防止事故扩大，减少人员伤亡和财产损失。事故发生地有关地方政府、安监部门和负有安全生产监督管理职责的有关部门接到事故报告后，其负责人应当立即赶赴事故现场，组织事故救援。

（七）事故现场及证据保护

---

① 注意这里把道路交通事故、火灾事故列为生产安全事故，与本教材编写有所区别。

事故发生后，有关单位和人员应当妥善保护事故现场以及相关证据，任何单位和个人不得破坏事故现场、毁灭相关证据。因抢救人员、防止事故扩大以及疏通交通等原因，需要移动事故现场物件的，应当做出标志，绘制现场简图并做出书面记录，妥善保存现场重要痕迹、物证。

（八）采取强制措施和侦查措施

事故发生地公安机关根据事故的情况，对涉嫌犯罪的，应当依法立案侦查，采取强制措施和侦查措施。犯罪嫌疑人逃匿的，公安机关追捕归案。

二、生产安全事故调查

（一）事故调查权分级

特别重大事故由国务院或者国务院授权有关部门组织事故调查组进行调查。重大事故、较大事故、一般事故分别由事故发生地省级政府、设区的市级政府、县级政府负责调查。省级政府、设区的市级政府、县级政府可以直接组织事故调查组进行调查，也可以授权或者委托有关部门组织事故调查组进行调查。未造成人员伤亡的一般事故，县级政府也可以委托事故发生单位组织事故调查组进行调查。上级政府认为必要时，可以调查由下级政府负责调查的事故。自事故发生之日起30日内（道路交通事故、火灾事故自发生之日起7日内），因事故伤亡人数变化导致事故等级发生变化，依照规定应当由上级政府负责调查的，上级政府可以另行组织事故调查组进行调查。特别重大事故以下等级的事故，事故发生地与事故发生单位不在同一个县级以上行政区域的，由事故发生地政府负责调查，事故发生单位所在地政府应当派人参加。

（二）事故调查组组成

1. 事故调查组的组成应当遵循精简、效能的原则。根据事故的具体情况，事故调查组由有关政府、安监部门、负有安全生产监督管理职责的有关部门、监察机关、公安机关以及工会派人组成，并应当邀请人民检察院派人参加。事故调查组可以聘请有关专家参与调查。

2. 事故调查组成员应当具有事故调查所需要的知识和专长，并与所调查的事故没有直接利害关系。

3. 事故调查组组长由负责事故调查的政府指定。事故调查组组长主持事故调查组的工作。

（三）事故调查组职责

事故调查组履行下列职责：查明事故发生的经过、原因、人员伤亡情况及直接经济损失；认定事故的性质和事故责任；提出对事故责任者的处理建议；总结事故教训，提出防范和整改措施；提交事故调查报告。

（四）事故调查过程及要求

1. 事故调查组有权向有关单位和个人了解与事故有关的情况，并要求其提供相关文件、资料，有关单位和个人不得拒绝。

2. 事故发生单位的负责人和有关人员在事故调查期间不得擅离职守，并应当随时接受事故调查组的询问，如实提供有关情况。

3. 事故调查中发现涉嫌犯罪的，事故调查组应当及时将有关材料或者其复印件移交司法机关处理。

4. 事故调查中需要进行技术鉴定的，事故调查组应当委托具有国家规定资质的单位进行技术鉴定。必要时，事故调查组可以直接组织专家进行技术鉴定。技术鉴定所需时间不计入事故调查期限。

5. 事故调查组成员在事故调查工作中应当诚信公正、恪尽职守，遵守事故调查组的纪律，保守事故调查的秘密。未经事故调查组组长允许，事故调查组成员不得擅自发布有关事故的信息。

6. 事故调查组应当自事故发生之日起 60 日内提交事故调查报告；特殊情况下，经负责事故调查的政府批准，提交事故调查报告的期限可以适当延长，但延长的期限最长不超过 60 日。事故调查报告报送负责事故调查的政府后，事故调查工作即告结束。事故调查的有关资料应当归档保存。

（五）事故调查报告内容

包括：（1）事故发生单位概况；（2）事故发生经过和事故救援情况；（3）事故造成的人员伤亡和直接经济损失；（4）事故发生的原因和事故性质；（5）事故责任的认定以及对事故责任者的处理建议；（6）事故防范和整改措施。

事故调查报告应当附具有关证据材料。事故调查组成员应当在事故调查报告上签名。

三、生产安全事故处理

（一）批复事故调查报告

重大事故、较大事故、一般事故，负责事故调查的政府应当自收到事故调查报告之日起 15 日内做出批复；特别重大事故，30 日内做出批复；特殊情况下，批复时间可以适当延长，但延长的时间最长不超过 30 日。

有关机关应当按照政府的批复，依照法律、行政法规规定的权限和程序，对事故发生单位和有关人员进行行政处罚，对负有事故责任的国家工作人员进行处分。事故发生单位应当按照负责事故调查的政府的批复，对本单位负有事故责任的人员进行处理。负有事故责任的人员涉嫌犯罪的，依法追究刑事责任。

（二）落实整改措施

事故发生单位应当认真吸取事故教训，落实防范和整改措施，防止事故再次发生。防范和整改措施的落实情况应当接受工会和职工的监督。安监部门和负有安全生产监督管理职责的有关部门应当对事故发生单位落实防范和整改措施的情况进行监督检查。

（三）事故处理情况公布

事故处理的情况由负责事故调查的政府职能部门或者其授权的有关部门、机构向社会公布，依法应当保密的除外。

第三节　几个行业专业的生产安全事故调查处理

一、煤矿安全事故调查处理

国务院《生产安全事故报告和调查处理条例》（简称《事故条例》）自 2007 年 6 月 1 日起施行，就它在煤矿生产领域的适用而言，主要问题是与 2000 年 11 月 1 日国务院《煤矿安全监察条例》（简称《煤监条例》）之间的法律协调，以及国家煤矿安全监察机构与地方政府各部门的工作协调。

关于《事故条例》和《煤监条例》在法律适用上的关系，一般认为，《事故条例》是一般法，适用于“生产经营活动中发生的造成人身伤亡或者直接经济损失的生产安全事故的报告和调查处理”。在《事故条例》颁布施行以前，煤矿生产领域的安全事故调查处理在适用既有的一般法时，还有本领域所适用的特别法，即《煤监条例》中的相关规定[①]。特别法没有被废止时，按特别优于一般的原则，《煤监

---

① 另外还有几个行业领域的生产安全事故调查处理在适用法律时也有类似情况，比如建设施工领域适用《建设工程安全生产管理条例》，特种设备生产使用领域适用《特种设备安全监察条例》，海上交通领域适用《海上交通安全法》及《海上交通事故调查处理条例》，渔港水域交通领域适用《渔港水域交通安全管理条例》，内河交通领域适用《内河交通安全管理条例》，道路运输领域适用《道路交通安全法》《道路运输条例》，铁路交通运输领域适用《铁路行车事故处理规则》（铁道部令第 3 号）。

除此之外，其他行业领域尚无专门的事故调查处理规定，尽可适用《事故条例》。按《事故条例》精神，道路交通事故、火灾事故也应适用《事故条例》调查处理，但又不能完全适用，因为它们还有自己的规定。参见《事故条例》第 20 条。

条例》应被优先适用。

（一）事故报告

煤矿发生事故后，事故现场有关人员应立即报告煤矿负责人；煤矿负责人接到报告后，应当于1小时内报告事故发生地县级以上政府安监部门、负责煤矿安全生产监督管理的部门和驻地煤矿安全监察机构。情况紧急时，事故现场有关人员可以直接向事故发生地县级以上政府安监部门、负责煤矿安全生产监督管理的部门和煤矿安全监察机构报告。煤矿安全监察分局接到事故报告后，应当在2小时内上报省级煤矿安全监察机构；省级煤矿安全监察机构接到较大事故以上等级事故报告后，应当在2小时内上报国家安全生产监督管理总局、国家煤矿安全监察局；国家安全生产监督管理总局、国家煤矿安全监察局接到特别重大事故、重大事故报告后，应当在2小时内上报国务院。地方政府安监部门和负责煤矿安全生产监督管理的部门接到煤矿事故报告后，应当在2小时内报告本级政府、上级政府安监部门、负责煤矿安全生产监督管理的部门和驻地煤矿安全监察机构，同时通知公安机关、劳动保障部门、工会和检察院。

（二）事故现场处置和保护

煤矿安全监察机构接到事故报告后，按照规定，有关负责人应当立即赶赴事故现场，协助事故发生地有关政府做好应急救援工作；煤矿事故发生后，有关单位和人员应当妥善保护事故现场以及相关证据。任何单位和个人不得破坏事故现场、毁灭证据；因事故抢险救援必须改变事故现场状况的，应当绘制现场简图并做出书面记录，妥善保存现场重要痕迹、物证。抢险救灾结束后，现场抢险救援指挥部应当及时向事故调查组提交抢险救援报告及有关图纸、记录等资料。

（三）事故调查

根据煤矿事故的等级确定调查主体，并组成事故调查组。特别重大事故由国务院或者经国务院授权由国家安监总局、国家煤矿安全监察局、监察部等有关部门、中华全国总工会和事故发生地省级政府派员组成国务院事故调查组，并邀请最高人民检察院派员参加。特别重大事故以下等级的事故，根据事故的具体情况，由煤矿安全监察机构、有关地方政府及其安监部门、负责煤矿安全生产监督管理的部门、行业主管部门、监察机关、公安机关以及工会派人组成事故调查组，并应当邀请检察院派人参加。事故调查组可以聘请有关专家参与调查。事故调查组应当自事故发生之日起60日内提交事故调查报告，报告应当包括事故发生单位的基本情况，事故发生经过、事故救援情况和事故类别，事故造成的人员伤亡和直接经济损失，事故发生的直接原因、间接原因和事故性质，事故责任的认定以及对事故责任人员和责任单位的处理建议以及事故防范和整改措施等内容。

（四）事故处理

特别重大事故调查报告报经国务院同意后，由国家安监总局批复结案；重大事故调查报告经征求省级政府意见后，报国家煤矿安全监察局批复结案；较大事故调查报告经征求设区的市级政府意见后，报省级煤矿安全监察机构批复结案；一般事故由煤矿安全监察分局批复结案。

事故批复应当主送落实责任追究的有关地方政府及其有关部门或者单位，有关地方政府及其有关部门或者单位应当依照法律、行政法规规定的权限和程序，对事故责任单位和责任人员按照事故批复的规定落实责任追究，并及时将落实情况书面反馈批复单位。煤矿安全监察机构依法对煤矿事故责任单位和责任人员实施行政处罚，事故发生单位应当落实事故防范和整改措施，负责煤矿安全生产监督管理的部门应当对事故责任单位落实防范和整改措施的情况进行监督检查，煤矿安全监察机构应当对事故责任单位落实防范和整改措施的情况进行监察。

二、电力安全事故调查处理

（一）事故现场报告

电力企业发生事故后，事故现场有关人员应当立即报告本单位负责人。单位负责人接到事故报告后，应当迅速采取有效措施，组织抢救，防止事故扩大，减少人员伤亡和财产损失，并向有关单位报告。

（二）事故调查处理权限

造成死亡 3 人以上或 500 万元以上直接经济损失的重、特大事故，以及电网大面积停电事故，由电监会负责调查处理。其中造成死亡 30 人以上或 2 000 万元以上直接经济损失的特大事故按照国家安监部门的要求由国家安监部门负责调查处理。

（三）事故调查措施或手段

1. 对事故现场进行调查取证，要求事故发生单位和相关人员保护好事故现场，并提供与事故有关的原始记录、资料及其他有关材料。

2. 要求事故发生单位和相关人员就事故涉及的问题限期做出解释和说明。

3. 认为有必要采取的其他措施。

（四）电监会权力

事故发生后，经调查确定为责任事故的，电监会依法追究责任单位和责任人的责任。

三、特种设备安全事故调查处理

（一）事故分级

1. 特别重大事故情形

特种设备事故造成 30 人以上死亡，或者 100 人以上重伤（包括急性工业中毒），或者 1 亿元以上直接经济损失的；600 兆瓦以上锅炉爆炸的；压力容器、压力管道有毒介质泄漏，造成 15 万人以上转移的；客运索道、大型游乐设施高空滞留 100 人以上并且时间在 48 小时以上的。

2. 重大事故情形

特种设备事故造成 10 人以上 30 人以下死亡，或者 50 人以上 100 人以下重伤，或者 5 000 万元以上 1 亿元以下直接经济损失的；600 兆瓦以上锅炉因安全故障中断运行 240 小时以上的；压力容器、压力管道有毒介质泄漏，造成 5 万人以上 15 万人以下转移的；客运索道、大型游乐设施高空滞留 100 人以上并且时间在 24 小时以上 48 小时以下的。

3. 较大事故情形

特种设备事故造成 3 人以上 10 人以下死亡，或者 10 人以上 50 人以下重伤，或者 1 000 万元以上 5 000 万元以下直接经济损失的；锅炉、压力容器、压力管道爆炸的；压力容器、压力管道有毒介质泄漏，造成 1 万人以上 5 万人以下转移的；起重机械整体倾覆的；客运索道、大型游乐设施高空滞留人员 12 小时以上的。

4. 一般事故情形

特种设备事故造成 3 人以下死亡，或者 10 人以下重伤，或者 1 万元以上 1 000 万元以下直接经济损失的；压力容器、压力管道有毒介质泄漏，造成 500 人以上 1 万人以下转移的；电梯轿厢滞留人员 2 小时以上的；起重机械主要受力结构件折断或者起升机构坠落的；客运索道高空滞留人员 3.5 小时以上 12 小时以下的；大型游乐设施高空滞留人员 1 小时以上 12 小时以下的。

（二）事故报告

1. 事故发生单位报告

特种设备事故发生后，事故发生单位应当立即启动事故应急预案，组织抢救，防止事故扩大，减少人员伤亡和财产损失，并及时向事故发生地县以上特种设备安全监督管理部门和有关部门报告。

2. 特种设备主管部门报告

县以上特种设备安全监督管理部门接到事故报告后，应当尽快核实有关情况，立即向所在地政府部门报告，并逐级上报事故情况。必要时，特种设备安全监督管理部门可以越级上报事故情况。对特别重大事故、重大事故，国务院特种设备安全监督管理部门应当立即报告国务院并通报国务院安监部门等有关部门。

（三）事故调查权分级

1. 特别重大事故由国务院或者国务院授权有关部门组织事故调查组进行调查。

2. 重大事故由国务院特种设备安全监督管理部门会同有关部门组织事故调查组进行调查。

3. 较大事故由省、自治区、直辖市特种设备安全监督管理部门会同有关部门组织事故调查组进行调查。

4. 一般事故由设区的市的特种设备安全监督管理部门会同有关部门组织事故调查组进行调查。

（四）事故调查处理

1. 事故调查报告应当由负责组织事故调查的特种设备安全监督管理部门的所在地政府批复，并报上一级特种设备安全监督管理部门备案。

2. 有关机关应当按照批复，依照法律、行政法规规定的权限和程序，对事故责任单位和有关人员进行行政处罚，对负有事故责任的国家工作人员进行处分。

3. 特种设备安全监督管理部门应当在有关地方政府的领导下，组织开展特种设备事故调查处理工作。地方政府应当支持、配合上级政府或者特种设备安全监督管理部门的事故调查处理工作，并提供必要的便利条件。

4. 特种设备安全监督管理部门应当对发生事故的原因进行分析，并根据特种设备的管理和技术特点、事故情况对相关安全技术规范进行评估；需要制定或者修订相关安全技术规范的，应当及时制定或者修订。

本章小结

本章讲述了生产安全事故的概念、等级、分类，讲述了生产安全事故调查处理的制度内容，介绍了几个行业专业的生产安全事故调查处理规定。

复习思考题

1. 政府授权有关部门调查事故与委托有关部门调查事故有什么不同？

2. 现行法律是怎样对事故调查权进行分级的？

3. 事故调查组有哪几项职责?

4. 事故调查组有哪些调查手段?

5. 选择安全事故报告和调查处理案例进行分析。

6. 事故调查处理内容包括损害赔偿处理吗?

7. 特种设备安监部门是否有独立的事故调查权?

8. 论事故当事人如实提供情况的义务。

9. 什么叫事故调查的技术鉴定?

10. 什么叫事故调查的损失评估? 如何在法律上建立损失评估规则?

11. 事故调查报告与事故认定书有什么区别与联系?

12. 事故调查组成员与参加人、参与人有什么区别?

13. 行业主管部门应否成为事故调查组成员?

14. 观点评述：安全生产监督检查人员必须是技术或法律专家，犹如老师检查学生的作业。

第八章　安全责任保险与社会保障

本章学习目标

1. 理解工伤保险赔偿、安全责任保险、民事侵权赔偿等概念及其区别。
2. 掌握工伤认定、劳动能力鉴定、工伤保险待遇、工伤待遇支付程序。
3. 了解我国安全生产责任保险立法概况。
4. 了解安全民事赔偿与安全保险赔偿的协调关系。
5. 了解安全事故损害的社会救济和捐赠方式。

第一节　概述

一、几个概念

安全事故赔偿方式主要有保险赔偿和民事侵权赔偿，其中保险赔偿又分为社会保险赔偿和商业保险赔偿。社会保险在我国主要是指工伤保险，而商业保险则是以安全生产责任保险为代表的安全责任保险。

（一）工伤保险赔偿

是指劳动者在生产经营活动中或在规定的某些特殊情况下遭受意外伤害或者患职业病，造成死亡、暂时或永久丧失劳动能力时，劳动者及其家属能够从国家、社会获得一定经济补偿的一项社会保险制度。

（二）安全责任保险

起源于劳工补偿制度，是指以雇主（被保险人）对其雇佣的员工从事保险合同列明的被保险人的业务而发生意外事故所受伤亡、疾病应当承担的赔偿责任为标的的责任保险。责任保险中被保险人虽然是雇主，但其保险标的是雇主对雇员承担的民事赔偿责任，即只有当雇主对其雇员的伤亡承担赔偿责任时才能产生保险金的给付。

（三）民事侵权赔偿

民事侵权赔偿是指当事人一方因侵权行为或不履行债务而对他方造成人身或者财产损害时，应承担补偿对方损失的民事责任。现代工业事故既包括高度危险作业对他人造成的损害，也包括对发生工业事故的企业职工造成的损害。显然工伤事故损害赔偿同样为特殊侵权。在民事侵权引起的人身损害赔偿法律关系中，企业是赔偿义务主体，工伤职工或者其亲属是请求赔偿的权利主体，这是一种侵权之债的关系。

二、民事赔偿和工伤保险赔偿的区别

在我国，工伤保险和民事侵权赔偿都是保护有关公民人身和财产权益、维护社会公平、保障社会经济和生活秩序的重要法律手段。但是，工伤保险与民事侵权赔偿在法律性质、赔偿原则、构成要件、纠纷解决方式等方面是截然不同的。

（一）法律性质不同

工伤保险是社会保险法律体系的重要组成部分，包括工伤保险在内的社会保险法日益成为介于传统的私法与公法之外的社会法，是世界各国的立法趋势。在较早实行社会保险制度的德国、瑞典、加拿大、澳大利亚等发达国家，包括工伤保险在内的社会保险法被视为属于一个相对独立的社会法的范畴。随着我国社会保障事业的发展，不断健全完善的社会保障法律体系逐渐成为一个独立的部门法。民事侵权赔偿是民法的重要组成部分，作为调整平等主体的民事法律关系的民法属于传统意义上的私法范畴。

（二）构成要件不同

民事侵权赔偿构成要件的主要特征是存在侵犯他人合法权益的违法行为，违法性体现为违反法律直接规定的、针对一般人的义务（无论是一般侵权行为还是特殊侵权行为都具有违法性），并且违法行为与损害事实之间存在因果关系。而工伤保险法律关系的构成并不强调违法行为的存在，只要雇主缴纳工伤保险费，劳动者因工作原因受到事故伤害或者罹患职业病的，就可产生现实的工伤保险法律关系。

（三）功能不同

民事侵权赔偿从本质上讲是一种债，即在特定的当事人之间形成一种债权债务关系，由于债的相对性，受害人只能从加害人一方获得赔偿，当加害人责任能力较弱时，受害人便很难获得补偿。而包括工伤保险在内的社会保险的基本功能则在于转移、分散风险和风险造成的损失。通过工伤保险，雇主单方向社会保险经办机构

（或行业雇主协会）缴纳工伤保险费，一旦发生工伤事故，雇主的大部分或全部赔偿责任转由工伤保险基金承担，由社会保险经办机构从工伤保险基金中支付受到事故伤害的劳动者的工伤赔偿费用。这样，既使受到事故伤害的劳动者及其家属得到及时的经济补偿，又分担了工伤事故的风险，减轻了雇主经济赔偿的压力，从而形成了损害赔偿的社会化，这对维护劳动者的权益是非常有利的。

（四）赔偿原则不同

工伤保险适用无过错责任原则。无过错责任原则是在 19 世纪末期由工业事故的损害赔偿问题而产生的，即对受到职业伤害的劳动者进行工业事故赔偿时，采取雇主过失赔偿原则，以雇主个体承担相应的民事责任为解决方式，受伤害的工人只要能证明雇主存在过失行为，雇主就要承担全部的工伤赔偿费用。但是，由于所处社会、经济地位的限制，受到职业伤害的工人往往很难甚至不可能提供足够的证据证明自己所受到的伤害是由雇主的过失造成的，一旦找不到证明雇主存在过失的充足证据，受到职业伤害的工人就得不到任何赔偿，从而导致了社会矛盾的激化。有鉴于此，对于工业事故的损害赔偿，西方国家法律逐渐放弃了过错责任原则而采用了无过错责任原则，即劳动者在生产过程中发生伤残、死亡事故或者罹患职业病后，不论雇主或劳动者是否存在过错，不论责任在哪一方，受到事故伤害的劳动者都可以按照规定的工伤保险待遇标准得到赔偿。

无过错责任原则第一次出现于德国 1884 年制定的《工伤保险法案》中。自此，无过错责任即与工伤保险制度紧密联系在一起，工伤保险制度为无过错责任的实现提供了现实基础，二者相互结合，形成了风险与损害承担的社会化，解决了工业事故损害赔偿问题，促进了社会稳定和经济发展。

民事侵权赔偿实行的是过错责任原则。民事侵权赔偿存在的前提是行为人实施了违法行为，违法行为造成了损害事实的发生，行为人有无过错是民事侵权赔偿的主要构成要件。我国《民法通则》第 106 条第 2 款规定："公民、法人由于过错侵害国家的、集体的财产，侵害他人财产、人身的，应当承担民事责任。"这一规定表明，我国民事立法把过错责任原则以法律形式固定下来，确认了它作为一般归责原则的法律地位。对于无过错责任原则，民法学理论认为，它与过错责任原则是截然对立的，将无过错责任原则列为民法归责原则将会使基于过错原则的民事侵权赔偿制度瓦解。现在，无论是依据立法还是司法实践，无过错责任原则在民法中的适用范围都极为有限。

（五）争议解决方式不同

包括工伤保险在内的社会保险涉及法学、劳动经济学、保险学、医学等内容以及大量的专业知识。因而，许多国家在解决包括工伤保险在内的社会保险的争议方面，都采取了特殊的方式。如在德国，包括工伤保险在内的社会保险争议由专门的社会法院解决。在我国，对于解决包括工伤保险在内的社会保险争议，也采取了与民事纠纷不同的解决方式。对于工伤职工与用人单位之间就工伤保险方面发生的争议，采取“先裁后审”的办法，根据《劳动法》和《企业劳动争议处理条例》的有关规定，劳动者与用人单位发生有关社会保险方面的争议属于劳动争议，当事人应当先提请劳动争议仲裁委员会仲裁，对仲裁不服的，可以再向人民法院提起诉讼。对于工伤职工与社会保险经办机构之间发生的争议，由于我国社会保险经办机构属于行政性事业单位，此类争议属于社会保险行政争议。按照劳动和社会保障部2001年发布的《社会保险行政争议处理办法》（劳动和社会保障部令第13号）的有关规定，劳动者与社会保险经办机构就工伤赔偿等事项发生争议的，可以向直接管理该经办机构的劳动保障行政部门申请行政复议，不服行政机关最终行政复议决定的，可以向人民法院提起行政诉讼。因民事侵权赔偿引起的纠纷，受侵害的一方可以直接向人民法院提起民事诉讼。

通过上述分析，可以这样认为，工伤保险和民事侵权赔偿分属相互独立的法律部门，混淆两者的性质、模糊两者的界限，不仅将打乱我国法律的内在和谐的体系，而且将对司法实践中正确处理有关纠纷产生极为不利的影响。在当前工伤保险立法中，应当区分工伤保险与民事侵权赔偿的作用范围，努力避免在法律适用中可能出现的冲突和矛盾现象，充分发挥它们各自在社会生活中的作用。

三、工伤保险与雇主责任险的区别

两者都是采用保险机制将损失承担社会化来解决劳工损害赔偿责任问题，都是劳工损害救济方式，且都是由雇主缴纳保险费。而两者在实践中差异较大，主要表现在：

（一）性质不同

工伤保险属于社会保险范畴，是指职工在工作中或在法律规定的特定情形下因遭受意外伤害或罹患职业病，暂时或永久丧失劳动能力以及死亡时，被害职工或其遗属从国家和社会获得物质帮助的一种社会保险制度，具有强制性、社会性、互济性、保障性和福利性的特点；雇主责任险是商业保险，作为责任险的一种，属于广义的财产保险的范畴，具有补偿性的特点。

（二）行为主体性质不同

工伤保险属政府行为，工伤保险的保险人是具有国家权威的社会保险机构，政府不仅是工伤保险的倡导者、组织者、执行者，也是它的坚强后盾，即一旦该保险项目入不敷出，出现严重赤字，政府一定想方设法予以弥补，以保障受保人的权益，维持社会安定；雇主责任保险纯系企业行为，保险人是保险公司，它讲求"多进少出高盈利"，与投保人保持利益交换关系。

（三）实施手段性质不同

工伤保险依法执行，其保险对象范围、保费缴纳、管理机构、运行方式、工伤认定、除外责任、待遇标准及给付等均由法律加以规定，带有强制性；而雇主责任保险则不同，它一般属商业活动，实行买卖自由、等价交换的原则，其多数合同条款亦可由投保人和保险人协商一致加以确定，不具强制性，当然也有些国家（地区）是强制性要求部分行业的雇主甚至所有雇主参加雇主责任保险，但其合同条款仍可协商。

（四）承保的职工损害事故类型性质不同

工伤保险以雇主无过错责任为原则，即不论雇主对职工损害事故有无过错，被害职工均得向工伤保险经办机构主张工伤待遇请求权；而在雇主责任保险中，保险人一般不承保由于雇主的故意行为或重大过失所造成的职工损害事故，在此种情况下，被害职工如果没有另外参加工伤保险，则仅能向法院起诉，向雇主主张损害赔偿请求权。

（五）保障水平和项目性质不同

工伤保险主要是向被害职工提供基本水平的保障和必要的保障项目；而雇主责任保险则能提供较高水平和较多项目的保障，有利于实现被害职工尽可能地康复，保证其遭受损害后的生活水平不至于太低，甚至能够为雇主提供因劳工损害事故而引起的法律诉讼费用等。

第二节　工伤保险

一、工伤认定

"工伤"一词，源于英文 industrial injury，意为职业伤害，国外惯称"劳灾伤害"，国内通称"工伤事故"。工伤作为工业社会的产物，其概念是随着经济和产业的发展以及相应国家立法的完善而日臻明确和丰富起来的。最初它仅指工业事故中工人所遭受的人身伤害，后来将职业病纳入其中，并将工人上下班时发生的交通事故也确定为工伤。

（一）工伤认定的概念

工伤认定是指劳动保障行政部门根据国家的法律、法规、规章，确定劳动者受伤或职业病是否属于工伤范围，是否符合工伤的基本构成要件的过程，是对职业伤害造成的人身损害是否构成工伤的具体事实判断。

工伤认定性质上属于行政确认行为，即行政主体依法对行政相对人的法律地位、法律关系及有关法律事实给予确定和认可，并予以宣告的具体行政行为。劳动保障行政部门认定工伤，实际确认两方面的内容，一是对工伤事实的确认，即劳动者所受伤害一旦被认定为工伤，这一受伤事实就属于工伤法律事实；二是对相对人法律地位的确认，即在确认是否属于工伤的同时也确认了相对人是否属于工伤人员，赋予其特定的法律地位。

《工伤保险条例》明确了应当认定为工伤的七种情形、视同工伤的三种情形以及不得认定或视同工伤的三种情形。

1. 应当认定工伤的七种情形：（1）工作时间和工作场所内，因工作原因遭受事故伤害的；（2）工作时间前后在工作场所内，从事与工作有关的预备性或收尾性工作受到事故伤害的；（3）在工作时间和工作场所内，因履行工作职责受到暴力等意外伤害的；（4）患职业病的；（5）因工外出期间，由于工作原因受到伤害或发生事故下落不明的；（6）在上下班途中，受到机动车事故伤害的；（7）法律、行政法规规定应当认定为工伤的其他情形。

2. 视同工伤的三种情形：（1）在工作时间和工作岗位，突发疾病死亡或在 48 小时之内经抢救无效死亡的；（2）在抢险救灾等维护国家利益、公共利益活动中受到伤害的；（3）职工原在军队服役，因战、因工负伤致残，已取得革命伤残军人证，到用人单位后旧伤复发的。

3. 不得认定或视同为工伤的三种情形：（1）因犯罪或违反治安管理伤亡的；（2）醉酒导致伤亡的；（3）自残或自杀的。

（二）工伤认定的特征

1. 工伤认定权是行政权力的组成部分

工伤认定是劳动保障行政部门行使职权的具体表现形式，是具体行政行为。

2. 工伤认定是依申请的行政确认行为

只有在当事人提出申请的情况下，劳动保障行政部门才能进行受理及确认。

3. 工伤认定行为不直接创设或改变相对人的权利义务

工伤认定只是对发生在劳动者身上受伤的客观事实是否属于工伤进行甄别和判断，并不直接对当事人之间的权利义务进行处分。这也决定了工伤认定对相对人权利义务的影响是间接的，只是为处置当事人之间的权利义务提供了事实依据。

4. 工伤认定是要式行政行为，具有羁束性

工伤认定必须按照一定的程序，以书面形式做出。是否属于工伤，由劳动保障行政部门依据认定的法律事实和相关法律法规所决定，具有较强的羁束性。

（三）工伤认定的法律意义

1. 维护工伤职工的权益

在现行体制下，工伤认定是工伤职工获得工伤待遇的前提条件。只有认定为工伤，劳动者才能申请工伤待遇赔偿。

2. 维护用人单位的权益

虽然在工伤认定工作中为保护处于弱势地位的劳动者而采用无过错责任原则，但不能违背公平原则，一味倾向于劳动者。就权利义务相一致原则而言，用人单位在履行义务的同时也应当享有相应的权利，即在工伤认定程序中，也要保障用人单位的合法权益，如知情权、申辩权等。

3. 区分不同的法律关系

若认定为工伤，应当适用《工伤保险条例》及相关规定确定工伤待遇赔偿的项目和金额；认定为非工伤，应当适用《最高人民法院关于审理人身损害赔偿案件适用法律若干问题的解释》等法律法规、司法解释来确定人身损害赔偿标准。

（四）工伤认定程序

《工伤保险条例》《工伤认定办法》规定了我国现行工伤认定制度。按照现行立法体制，工伤认定属于具体行政行为。按照《行政复议法》《行政诉讼法》的相关规定，具体行政行为必须接受相关法律监督。现行工伤认定程序可以分解为以下几个步骤：

1. 申请

用人单位和劳动者均可向劳动保障行政部门提出工伤认定申请，其中用人单位应在事故发生之日或劳动者被诊断、鉴定罹患职业病之日起 30 日内提出，劳动者或其直系亲属、工会组织应在 1 年内申请。申请工伤认定时，应提供劳动者身份证明、医疗诊断证明、用人单位工商登记材料及劳动关系证明等材料。

2. 受理

劳动保障行政部门审核申请人提供的工伤认定申请材料后决定是否受理。申请人提供的材料不完整的，劳动保障行政部门应当场或在 15 个工作日内以书面形式一次性告知。

3. 调查

劳动保障行政部门受理工伤认定申请后，根据审核需要可以对事故伤害进行调查核实，用人单位、劳动者、工会组织、医疗机构以及有关部门应当予以协助。

4. 认定

劳动保障行政部门受理当事人工伤认定申请后，经过调查核实，确定职工受伤是否符合工伤构成要件，并于60日内作出工伤认定结论。

5. 送达

劳动保障行政部门做出工伤认定结论之日起20个工作日内应将工伤认定书送达双方当事人。

6. 复议

收到工伤认定书之日起60日内，用人单位或劳动者对认定结果不服的，均可向上级劳动保障行政部门或本级政府申请行政复议。复议机关一般在立案后60日内做出复议决定，情况复杂的，经批准可以延长30日。

7. 行政诉讼

收到行政复议决定书之日起15日内，用人单位或劳动者对复议决定不服的，均可提起行政诉讼。法院应在立案之日起三个月内做出一审判决。用人单位或劳动者不服一审判决的，均有权在一审判决书送达之日起15日内向上一级法院上诉。二审法院应在收到上诉状之日起两个月内作出终审判决。

二、劳动能力鉴定

（一）概述

劳动能力鉴定有广义和狭义之分。广义的劳动能力鉴定，是指任何自然人无论何种原因导致劳动功能发生障碍，由劳动能力鉴定委员会根据其申请，组织劳动能力鉴定医学专家，根据国家制定的评残标准，确定其劳动能力丧失程度的一种综合评定制度。狭义的劳动能力鉴定是指工伤保险制度规定的劳动能力鉴定，是指劳动能力鉴定委员会根据国家标准对工伤职工的劳动功能障碍程度和生活自理障碍程度进行鉴定的一种综合评定制度。劳动能力鉴定机构是负责组织对工伤职工伤残程度进行鉴定的专门机构，在我国目前称为劳动能力鉴定委员会。根据《工伤保险条例》的有关规定，劳动能力鉴定委员会由劳动保障行政部门、人事行政部门、卫生行政部门、工会组织、用人单位和社会保险经办机构代表组成。劳动能力鉴定委员会设立办事机构，由专人负责委员会的日常工作。

劳动能力鉴定的标准是劳动能力鉴定时所依据的尺度，是确定工伤职工伤残等级的标准。我国目前实施的职工劳动能力鉴定标准是由国家质量监督检验检疫总局、国家标准化管理委员会于2006年11月2日发布，于2007年5月1日开始实行的《劳动能力鉴定 职工工伤与职业病致残等级》（GB/T 16180—2006）。该标准根据器官损伤、功能障碍、医疗依赖及护理依赖四个方面将工伤、职业病致残分为5个门类，10个等级，共572个条目。其中10级最轻，1级最重。劳动能力鉴定结果是伤残的工伤职工享受不同等级工伤保险待遇的前提。各国一般在支付工伤保险待遇之前，都要对受伤者进行工伤认定和劳动能力鉴定，以确定其伤残等级，然后按照残疾等级支付保险待遇。工伤职工经治疗伤情相对稳定，存在残疾，影响劳动能力的，只有经过劳动能力鉴定后才能享受相应级别的工伤保险待遇。

（二）劳动能力鉴定程序

1. 申请

由符合提出劳动能力鉴定申请条件的工伤职工本人（或其直系亲属）或用人单位向设区的市级劳动能力鉴定委员会提出劳动能力鉴定申请，同时提供工伤认定书和职工工伤医疗的有关材料。

2. 审查

设区的市级劳动能力鉴定委员会在收到申请人申报劳动能力鉴定的材料后，首先要进行初审，查看有关材料是否齐备、有效，拟被鉴定人的情况是否符合申请鉴定的条件。如果申请人提交的材料欠缺，劳动能力鉴定委员会可要求申请人补充材料后重新提出申请，申请受理期限从再次提交申报材料时起算。

3. 组织鉴定，作出结论

劳动能力鉴定委员会受理劳动能力鉴定申请后，应当从医疗卫生库内随机抽取3名或者5名专家组成专家组进行鉴定。进行劳动能力鉴定的专家必须具有医疗卫生高级专业技术职务任职资格，掌握劳动能力鉴定的相关知识。专家组鉴定后出具的鉴定意见由参与鉴定的专家签署。必要时，可以委托具备相应资格的医疗机构进行有关的诊断。劳动能力鉴定委员会根据专家组的鉴定意见，确定伤残职工的劳动功能障碍程度和生活自理障碍程度，作出劳动能力鉴定结论。鉴定结论应当在受理申请之日起60日内作出，必要时可以延长30日。劳动能力鉴定结论应当及时送达申请鉴定的单位和个人。对鉴定结论不服的，可以在收到该鉴定结论之日起15日内向省、自治区、直辖市劳动能力鉴定委员会提出再次鉴定申请，省、自治区、直辖市劳动能力鉴定委员会做出的鉴定结论为最终结论。

三、工伤保险待遇

工伤保险待遇针对伤残对象的不同，大体分为四类：即工伤医疗康复待遇、辅助器具配置待遇、伤残待遇、死亡待遇。

（一）工伤医疗康复待遇

主要包括以下三项：一是治疗工伤所需的挂号费、医疗康复费、药费、住院费等费用符合工伤保险诊疗项目目录、工伤保险药品目录、工伤保险住院服务标准的，从工伤保险基金中支付；二是工伤职工治疗工伤需要住院的，由所在单位按照因公出差伙食补助标准的70%发给住院伙食补助费。三是工伤职工需要停止工作接受治疗的，享受停工留薪期待遇。

（二）辅助器具配置待遇

工伤职工因日常生活或就业需要，经劳动能力鉴定委员会确认，可以安装假肢、矫形器、假眼、假牙和配置轮椅等辅助器具的，所需费用按照国家规定的标准从工伤保险基金中支付。

（三）伤残待遇

伤残待遇按照伤残鉴定等级（1～10级）的不同而有所区别。所有等级均享受从工伤保险基金中按伤残等级支付的一次性伤残补助金，除此之外，不同等级的伤残职工还分别享受如下待遇：（1）1～4级：保留劳动关系，退出工作岗位。除享受一次性伤残补助金外，还从工伤保险基金中按月领取伤残津贴。伤残津贴实际金额低于当地最低工资标准的，由工伤保险基金补助差额。达到退休年龄并办理退休手续后，停发伤残津贴，享受基本养老保险待遇。基本养老保险待遇低于伤残津贴标准的，由工伤保险基金补足差额。同时，由用人单位和职工个人以伤残津贴为基数，缴纳基本医疗保险费。（2）5～6级：保留与用人单位的劳动关系，由用人单位安排适当工作。除享受一次性伤残补助金外，对于难以安排工作的，由用人单位按月发给伤残津贴，并由用人单位按照规定为其缴纳应缴纳的各项社会保险费。伤残津贴实际金额低于当地最低工资标准的，由用人单位补足差额。另外，经工伤职工本人提出，工伤职工可以与用人单位解除或终止劳动关系，由用人单位支付一次性工伤医疗补助金和伤残就业补助金。（3）7～10级：享受一次性伤残补助金。劳动合同期满终止，或者工伤职工本人提出解除劳动合同的，由用人单位支付一次性工伤医疗补助金和伤残就业补助金。

（四）死亡待遇

主要包括三项：一是丧葬补助金。职工因工死亡，其直系亲属可以从工伤保险基金中领取丧葬补助金，标准为6个月的统筹地区上年度职工月平均工资。二是供养亲属抚恤金，按照因公死亡职工本人生前工资的一定比例计发。三是一次性因工死亡补助金，按统筹地区上年度职工月平均工资48个月至60个月标准发给。

四、工伤待遇支付程序

（一）已参加工伤保险的工伤待遇支付程序

已参加工伤保险的，工伤待遇主要由社保基金支付。具体包括医疗费用、残疾辅助器具费、一次性伤残补助金、生活护理费、1～4级伤残津贴及全部工亡待遇（含一次性工亡补助金、丧葬补助金及供养亲属抚恤金）。用人单位也需支付部分工伤待遇。具体包括停工留薪期待遇、为治疗工伤往返医疗机构而支出的食宿费、交通费、5～6级伤残津贴以及一次性工伤医疗补助金、一次性伤残就业补助金。

（二）未参加工伤保险的工伤待遇支付程序

在未参保的情况下，职工遭遇工伤事故，其工伤待遇全部由所在单位支付。在这种情况下，工伤待遇争议不可避免地发生。《工伤保险条例》第52条规定："职工与用人单位发生工伤待遇方面的争议，按照处理劳动争议的有关规定办理。"《劳动争议调解仲裁法》第5条规定："发生劳动争议，当事人不愿协商、协商不成或者达成和解协议后不履行的，可以向调解组织申请调解；不愿调解、调解不成或者达成调解协议后不履行的，可以向劳动争议仲裁委员会申请仲裁；对仲裁裁决不服的，除本法另有规定的外，可以向人民法院提起诉讼。"与《企业劳动争议处理条例》的规定一致，对未参加工伤保险的职工而言，现行法律规定获得工伤待遇的程序是：协商—调解—仲裁—诉讼。其中，协商、调解是选择程序，仲裁是必经程序，是诉讼的"前置程序"，但不是工伤待遇赔偿的终局程序。而"本法另有规定的"是指《劳动争议调解仲裁法》第47条规定的因追索劳动报酬、工伤医疗费、经济补偿或者赔偿金，不超过当地月最低工资标准12个月金额的争议和因执行国家的劳动标准在工作时间、休息休假、社会保险等方面发生的争议，其中与工伤待遇赔偿争议有关的是指因追索工伤医疗费且金额不超过当地月最低工资标准12个月的争议。这类案件实行仲裁裁决一裁终局，除非存在法律规定的可撤销的情况，否则裁决书自作出之日起即发生法律效力。但这种"一裁终局"仅对用人单位有约束力，法律未对劳动者不服仲裁裁决提起诉讼的权利进行限制。

第三节　安全生产责任保险

一、安全生产责任保险概念

（一）责任保险

责任保险是指以被保险人对第三者依法应负的赔偿责任为保险标的的保险，当发生重大意外事故和人员伤亡时，一些企业可能会破产，遇难人员和家庭的合法权益有时无法得到保障。责任保险能够妥善解决侵权方和受害方的经济赔偿问题，转嫁企业的民事侵权风险，最大程度地保护受害人的利益，维护社会经济秩序的稳定，因此责任险通常被认定为是一种准公共产品，是发达国家管理社会的主要倚重力量。责任保险在转嫁行业风险赔偿责任的同时，能够通过保险人的防灾防损、风险培训、风险评估、费率调整等风险管理手段，协助企业在事前、事中、事后实施风险管理和控制，有效降低行业的事故率。①

（二）安全生产领域的责任保险

在我国目前有安全生产责任保险、雇主责任险、人身意外险、职工健康保险等。安全生产责任保险与意外伤害保险、雇主责任保险等其他险种是替代关系。②生产经营单位已购买意外伤害保险、雇主责任保险等其他险种的，可以通过与保险公司协商，适时调整为安全生产责任保险，或到期自动终止，转投安全生产责任保险。③

安全生产风险抵押金④是安全生产责任保险的一种初级形式，企业可以在购买

① 对安全生产责任保险的探索．劳动保护，2009 年 11 月。

② 我国的雇主责任险指被保险人所雇用的员工在受雇过程中从事与被保险人经营业务有关的工作而遭受意外或罹患与业务有关的国家规定的职业性疾病，所致伤、残或死亡，被保险人根据《中华人民共和国劳动法》及劳动合同应承担的医药费用及经济赔偿责任，由保险公司在规定的赔偿限额内负责赔偿的一种保险。雇主责任险属于责任保险。责任保险一般可分为强制责任保险与自愿责任保险。在我国，雇主责任保险属自愿责任保险范畴。（引自：雇主责任保险的国际比较与借鉴．浙江金融，2005 年 4 月）

现实中雇主责任保险与安全生产责任保险在许多方面都具有相似之处，在煤矿开采等特殊的高风险行业又被称为高危行业雇主责任保险或煤矿雇主责任保险。但是安全生产责任保险较之于煤矿雇主责任保险又具有自己的特色，例如在承保内容上增加了人员搜寻的费用；在承保方式上，针对煤矿雇主责任保险下按照人员名单承保而使保障的覆盖面不足，以致矿难发生时有很多遇难者并不在参保人员名单内的情况，采取按照安全生产许可证载明生产能力规定的每班最多入井人数承保；在理赔方式上用第一损失赔偿方式代替了比例计算赔偿方式；在费率的拟定上，不是以人员工资为计算保费的依据，而是以每吨煤来收取保费；在产品名称上，考虑到煤矿企业对“雇主责任”这个名字不熟悉甚至有抵触情绪的实际情况，以及所有矿山都存在不同程度的安全责任，在险种名称上使用了“安全生产责任保险”。（引自：李康乐，论我国煤矿安全生产责任保险制度的构建．保险职业学院学报，2008 年第 4 期）

③ 国家安监总局关于在高危行业推进安全生产责任保险的指导意见，安监总政法［2009］137 号。

④ 企业安全生产风险抵押金是指煤矿、非煤矿山、交通运输、建筑施工、危险化学品、烟花爆竹等行业或领域，从事生产经营活动的企业以其法人或合伙人名义将本企业资金专户存储，用于本企业生产安全事故抢险、救灾和善后处理的专项资金。企业安全生产风险抵押金是国家基于经济管理职能，要求特定企业存储一定数额的资金，作为履行安全事故责任的保障金，是行政机关与行政相对人的一种行政管理关系。（引自：郑先志，我国企业安全生产风险抵押金制度的完善．沈阳大学学报，第 21 卷第 5 期）

安全生产责任保险与缴纳风险抵押金中任选其一。已缴纳风险抵押金的企业可以在企业自愿的情况下，将风险抵押金转换成安全生产责任保险。未缴纳安全生产风险抵押金的企业，如果购买了安全生产责任保险，可不再缴纳安全生产风险抵押金。

在安全生产领域引入安全责任保险制度，就是将保险的风险管理职能纳入安全生产监管体系，有效分散企业事故风险，减少企业负担，减轻政府财政压力，维护业主、从业人员权益，实现风险专业化管理与安全监管监察工作的有机结合，实现政府、企业、保险、从业人员多方共赢。

安全生产责任保险是由雇主（各类企事业单位、社会团体等）为其所聘用的员工向保险公司投保，在按照一定的费率缴纳保险费后，员工在受雇过程中从事保险单所载明的被保险人（雇主）的业务工作，因遭受意外或罹患与业务有关的职业性疾病而致伤、致残或死亡时，雇主（各类企事业单位、社会团体等）根据劳动合同和有关法规须承担的医疗费及经济赔偿责任，由保险公司在保险单约定的赔偿限额内进行赔付的一种保险。①

安全生产责任保险是在综合分析研究工伤社会保险、各种商业保险利弊的基础上，借鉴国际上一些国家通行的做法和经验，提出来的一种带有一定公益性质、采取政府推动、立法强制实施、由商业保险机构专业化运营的新的保险险种和制度。它的特点是强调各方主动参与事故预防，积极发挥保险机构的社会责任和社会管理功能，运用行业的差别费率和企业的浮动费率以及预防费用机制，实现安全与保险的良性互动。推进安全生产责任保险的目的是将保险的风险管理职能引入安全生产监管体系，实现风险专业化管理与安全监管监察工作的有机结合，通过强化事前风险防范，最终减少事故发生，促进安全生产，提高安全生产突发事件的应对处置能力。

（三）安全生产责任保险的适用范围

1. 高危行业：煤矿企业，非煤矿山企业，危险化学品生产、经营、运输、储存企业，民用爆破品生产、储存企业，烟花爆竹生产、经营企业，建筑企业，道路客运企业等。

2. 公众聚集场所：商场、宾馆、饭店、医院、网吧、影剧院、游乐、娱乐和中小学校等。

（四）安全责任保险与工伤保险的异同和协调发展

安全生产责任保险与工伤社会保险是并行关系，是对工伤社会保险的必要补

① 李康乐，论我国煤矿安全生产责任保险制度的构建．保险职业学院学报，2008 年第 4 期。

充。二者各有所长，我国兼而取之，使二者取长补短，更好地服务于安全生产的大局。安全责任保险与工伤保险的主要区别在于：

1. 安全生产责任保险的经营主体是商业性保险公司，具有工伤保险不可比拟的灵活性，保险公司可以及时地根据地区、煤矿的年生产能力、安全级别以及市场情况等因素对费率、责任范围、免赔额等进行有目的的调整。而工伤保险是由国家社保部门作为经营主体的社会保险品种，虽然可以根据不同地区的情况进行调整，但是总的内容和形式不会变化太大，而且具有滞后性。

2. 工伤保险与其他社会保险一样，实行的是广覆盖、低保障的原则，随着社会生活及消费水平的提高，工伤保险项下支付的金额已经很难满足受难矿工本人及其家属生活的需要，因而矿主可以通过投保安全生产责任保险来弥补工伤保险赔偿不足的问题。例如，在山西省许多地方试行的《煤矿安全生产责任保险》就给予每位投保矿工 20 万元的保险金额。

3. 这两个险种在保险范围上有不同之处。安全生产责任保险是承担诉讼费用的赔偿，而工伤保险对诉讼费则不予负责。并且安全生产责任保险还可以扩展至由承保矿工造成的对第三者依法应负的经济赔偿责任，而工伤保险也未涉及。

4. 相比较于工伤保险，在安全生产责任保险下保险公司可以通过差别、浮动费率机制、免责条款的设置、明确被保险人的义务、定期对投保煤矿进行安全隐患排查等措施更充分地发挥保险社会管理的职能，客观上促进投保企业加强平时的安全生产工作。

二、推行安全生产责任保险对安全生产的重要作用

（一）有效地减轻政府的财政压力，避免“政府买单”现象发生

近年来，一些企业发生安全生产事故后，经常出现企业不愿意赔付或者无力赔付的局面，在这种情况下，政府为了不激化社会矛盾，不影响到社会的安定和谐，最终处理的结果往往是“政府买单”，成为事故善后的处理者，为事故发生企业承担巨额的赔付资金和救援资金。而实行安全生产责任保险后，可通过缴纳保费的形式，将各生产经营单位的资金有效地集中起来，一旦企业发生事故后，保险机构在承保范围内进行及时补偿，提供弥补损失的资金来源，从而避免了“政府买单”，将大大减轻各级政府的财政负担，也将有助于促使政府建立事前预防、事中处理、事后补偿的安全生产领域风险管理体系。

（二）及时化解安全事故风险

企业发生安全生产事故后尤其是重大特大事故后，往往需要为事故救援、伤

员、死亡者及其家属提供赔偿，而这种赔偿需要大量的资金，有时企业拿不出这么多资金，而引入保险机制后，就为企业的赔偿提供了一条新的资金渠道，由保险机构根据企业的投保情况及时提供救援、赔偿资金，这样大大化解了企业因事故而承担的压力，转嫁了企业经营风险，减轻企业资金压力和赔付负担，也能使企业经营迅速得到恢复，尽快地正常进行生产。

（三）及时为从业人员提供保障

推行安全生产责任保险，由保险机构直接参与责任事故的善后处理和事后救助，可以使受害人获得迅速赔偿，特别是发生一些重大的责任事故后，在事故责任人无力赔偿的情况下，通过责任保险可以使赔偿更有保障，使人民群众的生命和财产利益得到有效保护。

（四）为保险业的发展提供了新的空间

在安全生产领域推行安全生产责任保险是一项崭新的工作，从某种程度上讲也是保险机构的新业务，是在新的领域开辟了新的保险事业，从而为保险事业的新发展拓展了新的空间。

三、各国立法例

国际上在安全生产领域通行的责任保险是雇主责任保险，我国目前也有雇主责任险这一险种。而我国的安全生产责任保险是在借鉴国际上一些国家通行的做法和经验，在发展和完善我国雇主责任保险的基础上提出来的。

早在19世纪末期开始，英国、法国、德国等国家便开始认同“职业危险原则”，并确立了雇主的“无过失雇主责任”和对工人的“无过失补偿”的法律原则，即：为工人提供安全的生产条件，是雇主的责任；一旦发生事故，即使雇主和企业无过失，但只要对工人确实造成人身伤害，雇主和企业就要承担赔偿责任。于是便出现了职业伤害保险或工伤赔偿制度。这一制度大致可分为两大类型：雇主责任保险制与社会保险制。雇主责任保险制又有两种情况：一是伤亡者本人及其家属直接向雇主要求索赔，而雇主对职业伤害的赔偿在有些国家是由雇主个人行使的，也有些是由雇主群体（例如雇主协会或雇主联合会等）行使的。二是雇主为雇员的职业伤害风险实行保险。这些雇主只能通过向私人保险公司投保而得到保险。这类保险公司征收伤害保险费，通常是根据各企业或各产业部门的工伤事故发生的情况或根据工作风险程度而定，保险费可能差别很大。例如：美国在不实行工伤社会保险的州，要求雇主为其雇员的职业（工伤）风险实行保险，按险别不同缴纳保险费。

实行雇主责任保险制度的国家，投保的性质以商业保险为主，又可分为三种类

型：[①]

（一）没有法律规定要求，雇主自愿参加保险，如阿根廷、印度、巴基斯坦、斯里兰卡和缅甸等。

（二）相关法律规定对某些危险性较大的行业，雇主必须向商业保险公司投保的国家，如马来西亚、乌拉圭、萨尔瓦多和哥斯达黎加等。

（三）相关法律规定所有雇主必须缴纳保险费的国家，如意大利、澳大利亚、芬兰及新加坡等。

在很多国家，雇主责任保险制度又常常和社会保险制度并存，有的国家还把雇主责任保险、公众责任保险作为开展经营活动的必要条件。如英国《1969 年雇主责任保险》规定，“每个在大不列颠的雇主对其雇员在大不列颠境内因受雇或在受雇期间得病或遭受人身伤害承担责任，并向授权保险人投保该责任险”，这一规定有力地推动了雇主责任保险的发展。在美国，除少数几个州以外，其他州的法律都规定劳工赔偿是强制性的。这给雇主带来了责任风险，雇主必须寻找途径转移这种风险。雇主既可以自保，也可以参加州立劳工赔偿基金，而更多的则是向保险公司投保劳工赔偿保险和雇主责任保险。

四、我国安全生产责任保险的实践

由于我国的安全生产责任保险正处于试点或推广的初级阶段，目前只在四大高危行业进行推广和试行。目前我国尚无关于安全生产责任保险的专门立法，只有一些如国家安监总局等部门和地方政府的政策性文件，以及人保等保险公司的安全生产责任保险条款来规范和调整。

（一）安全生产责任保险的发展概况

2006 年 6 月《国务院关于保险业改革发展的若干意见》提出要“大力发展责任保险，健全安全生产保障和突发事件应急保险机制”，肯定了商业责任保险机制参与社会安全生产管理的重要作用。要求在煤炭开采、非煤矿山等行业推行强制安全生产责任保险试点。2006 年 9 月国家安监总局、中国保监会发布《关于大力推进安全生产领域责任保险，健全安全生产保障体系的意见》（安监总政法［2006］207 号），提出“要首先在采掘业和建筑业等行业推行强制责任保险试点，取得经验后逐步在其他高危行业、公众场所等领域推广”。在这一过程中，高危行业责任保险适用的保险产品趋于丰富，除了运用传统的雇主责任保险条款外，中国人民保

① 章金萍：雇主责任保险的国际比较与借鉴．浙江金融，2005（4）。

险公司等还重新测算费率，开发了专门针对煤炭行业的“煤炭行业安全生产责任保险”。2009 年 7 月，国家安监总局《关于在高危行业推进安全生产责任保险的指导意见》（安监总政法［2009］137 号）提出了推进安全生产责任保险工作的指导思想、基本原则、基本要求和重点问题，各地政府纷纷结合本地实际情况制定了相关的规章制度。

（二）基金和费率

保险公司根据有关规定，按相当于保费 10%的比例建立防灾防损基金，进行专户管理，统筹用于安全生产预防性投入。纳入推行安保互动范围的高危行业和领域的生产经营单位，必须按照规定参加责任保险，并缴纳相应的责任保险保费。在保险费率上实行保险费率与投保企业安全状况挂钩的激励机制，根据投保企业在保险年度内的赔付额情况，承保公司在次年按照 10%的比例提高或降低保费标准，以后年度依此类推，直至达到 30%的费率浮动率。

（三）保险责任

在保险期间内因保险事故而发生的法律费用和搜救费用[①]经保险人事先书面同意，保险人按照本保险合同的约定负责赔偿。被保险人的工作人员在中华人民共和国境内（不包括香港、澳门和台湾地区）因下列情形导致的伤残或死亡，依照中华人民共和国法律应由被保险人承担经济赔偿责任时，保险人应按照保险合同约定负责赔偿：

1. 在工作时间和工作场所内，因工作原因受到事故伤害。

2. 工作时间前后在工作场所内，从事与工作有关的预备性或者收尾性工作受到事故伤害。

3. 被诊断、鉴定为国家规定的、与业务有关的职业性疾病。

4. 在工作时间和工作场所内，因履行工作职责而受到暴力等意外伤害。

5. 因工外出期间，由于工作原因受到伤害或者发生事故下落不明。

6. 在上下班途中，受到交通及意外事故伤害。

7. 在工作时间和工作岗位，突发疾病死亡或者在 48 小时之内经抢救无效死亡。

8. 在抢险救灾等维护国家利益、公共利益的活动中受到伤害。

---

① 法律费用是指保险事故发生后，被保险人因保险事故而被提起仲裁或者诉讼的，对应由被保险人支付的仲裁或者诉讼费用以及其他必要的、合理的费用。搜救费用是指发生第五条项下的保险事故后，为了减少被保险人的工作人员的伤亡，采取搜救失踪人员、现场紧急救助等合理的、必要的措施而发生的直接费用。将被保险雇员运至医疗机构进行治疗而发生的交通费用不属于保险责任。

9. 原在军队服役，因战、因公负伤致残，已取得革命伤残军人证，到用人单位后旧伤复发。

10. 法律、行政法规规定应当认定为工伤的其他情形。

（四）责任免除

罚款、罚金及惩罚性赔款；精神损害赔偿；被保险人的间接损失；被保险人的工作人员因保险合同列明情形之外原因发生的医疗费用以及保险合同载明的其他免赔项目额保险公司不负责赔偿。下列原因造成的损失、费用和责任，保险人不负责赔偿：

1. 投保人、被保险人的故意或重大过失行为。

2. 战争、敌对行动、军事行为、武装冲突、罢工、暴动、民众骚乱、恐怖活动。

3. 核辐射、核爆炸、核污染及其他放射性污染。

4. 行政行为或司法行为。

5. 被保险人的工作人员之外的人员遭受的伤害。

6. 被保险人的工作人员犯罪或者违反法律、法规导致自身伤亡的。

7. 被保险人的工作人员醉酒导致伤亡的。

8. 被保险人的工作人员自残或者自杀的。

9. 在工作时间和工作岗位，被保险人的工作人员因投保时已患有的疾病发作或分娩、流产导致死亡或者在48小时之内经抢救无效死亡。

第四节　安全民事赔偿与安全保险赔偿的协调关系

一、从责任自负到损失负担的社会化的历史发展

劳工执行职务遭遇意外伤害（或罹患职业病），是18世纪工业革命以来之重要社会问题（王泽鉴先生所言）。工业革命后，随着机器与工厂的出现，大量的雇工队伍开始形成，传统的主仆关系转变为“一方提供劳务、一方提供报酬”的纯粹契约关系，与此相伴的，是雇员“责任自负”的理论，即完全由雇员自己承担生产过程中遭受的伤害。亚当·斯密就认为，雇主在给劳工规定的工资标准中，包含了对工作岗位危险性的补偿，既然劳工自愿签订了合同，就意味着他们自愿接受职业风险，因此劳工理应负担他们在工作过程中因发生工伤事故而蒙受的一切损失。但随着工业化程度的不断加深，工伤事故及职业病大量涌现，雇主对雇员不承担安全及

赔偿责任的做法引发了严重的社会问题。相应地，以过错责任为基础的侵权行为法成为主导工伤赔偿的主要制度安排。在侵权行为法主导的工伤赔偿机制中，虽然对受害人能够证明的过错要求有所不同，但始终以实现受害人在个案中全部损失的填平为目标，始终沿着以加重企业负担为代价实现受伤职工生存权的更好保障的轨迹发展：最初的过错责任，要求受伤雇员能够证明雇主存在过错，才能获得雇主赔偿。但事实上，举证难，决定了败诉在所难免，雇员要达到这种证明要求是相当困难的。19 世纪中叶后，社会主义思想发达，工会运动兴起，各国政府为保护劳工，以谋社会安定，无过错责任主义开始占据主导地位，即不考虑雇主是否存在过错，都应对受伤员工承担赔偿责任。至此，企业的负担达到顶峰。

在企业负担过于沉重、但受伤工人生存权必须保障的窘境下，理论和实务都认识到不能局限于从侵权行为法这一传统领域中寻求解决办法，而必须兼采其他法律部门中适宜的法律手段，组成一套综合的调整机制。于是，损失承担社会化的努力逐渐展开：雇主责任保险作为分散风险的一种机制，最先介入到工伤赔偿制度中来。雇主责任保险实际是责任保险的一种，指以雇主对雇员在工作中的损害所应承担的赔偿责任为保险标的的保险制度。雇主责任保险极大地缓解了雇主可能的负担，使雇主增加了经营上的安全感；同时，劳动者可以不再通过烦琐复杂的侵权诉讼索要赔偿，赔付变得简单、迅速又更有保障。但这种雇主自愿投保、保险公司又必须维持盈利的雇主责任保险，不能适应社会化大生产的要求，于是工伤社会保险制度终于登上历史舞台。该制度通常由政府专门机构统一向各个企业筹集保费组成工伤保险基金，统筹调剂使用，为劳动者提供工伤损害后的经济补偿。工伤社会保险制度自产生以来，发展至目前几乎覆盖了世界各国，成为世界上最具普遍性的社会保险制度，从而成为现代社会解决工伤问题的主要手段。工伤社会保险制度最终完成了工伤职工个人损失的社会化分担，在劳动者生存权与企业的合理负担之间找到了最佳的平衡点。

二、工伤保险赔偿与民事侵权赔偿的协调模式

工伤保险赔偿相对于侵权损害赔偿，在保障劳动者权益、企业损失的社会化分担上具有较大优势，但其制裁、预防功能明显降低。因为工伤保险制度创设时关怀的重心已从加害人的过错或不法行为转移到损害事实本身，不再考虑造成侵害的事件或行为是否应受到道德上的评判，从而使其丧失了原有的制裁功能。当今世界各国家在工伤问题的态度上，大多在工伤保险制度与侵权损害赔偿之间摇摆。具体看，主要存在以下几种模式：

一是选择模式。即工伤事故受伤职工可以在工伤保险赔偿与侵权人损害赔偿之间进行选择，一旦劳动者选择了其中之一，就意味着他对另一选项的放弃。这种模式主要在早期英国及英联邦国家的雇员赔偿法中采用。

二是兼得模式。指受伤职工可以同时主张工伤保险赔偿以及侵权损害赔偿，并且一旦都获得支持，受害职工可以同时获得两份赔偿，其赔偿总额也并不因损害案例的数量而受到限制。这种模式主要在当今的英国适用。依英国 1948 年实施之《国民保险法》，被害人除因侵权行为获得损害赔偿外，尚得请领 5 年内伤害及残疾给付之半数。

三是取代模式。在这种模式下，工伤事故的受害职工只能主张工伤保险赔偿，而不能依照侵权行为法的规定请求加害人进行民事侵权赔偿，它实际上就是以工伤社会保险取代了民事侵权赔偿。采用这一模式的国家主要有德国、法国、瑞士、挪威等国。依《德国国家保险条例》第 636 条规定，因劳动灾害而受损害者，仅能请领伤害保险给付，不得向雇主依侵权行为法制规定请求伤害保险给付。

四是补充救济模式。指工伤事故受害职工可以同时主张侵权行为损害赔偿和工伤保险待遇给付，但其最终获得的赔偿，不得超过其实际受到的损害。采用这一模式的国家主要有日本、智利及北欧的一些国家。

上述四种模式中，选择模式已基本废弃不用，兼得模式则采用甚少。选择模式形式上赋予了劳动者选择的自由，实际上将受伤的劳动者置于数额较多但胜负不定、成本居高、漫长烦琐的侵权损害赔偿和数额较少但稳定可靠、快速直接的工伤保险给付之间作出选择的尴尬境地。劳动者在遭受损伤时，往往急需救助以渡难关，在二选一的制度设置下常被迫舍弃侵权损害赔偿，选择工伤保险赔付。具体操作中，也会遇到比如选择权行使期间撤回等问题的困扰。

兼得模式则与“受害人不因遭受侵害获得意外收益”这一基本准则相违背，而使劳动者获得工伤保险赔偿与侵权损害赔偿双份利益，将使道德风险产生的概率大大增加，也与利用工伤保险制度减轻企业负担的创设宗旨不符，因此被采用较少，即使在英国，也受到限制。兼得模式在英国的生存，主要基于英国工会对政府施加的强大压力，其主要理由是劳工本身需负担几近半数之保险费。

取代模式与补充模式是当今世界各国在工伤保险赔偿与侵权损害赔偿中的“有力说”。采取取代模式的国家认为，工伤社会保险是从侵权损害赔偿发展而来的，是为克服侵权损害赔偿固有缺陷而产生的新型救济方式，可以极大地减轻企业及雇主的负担，破除侵权行为法在单个雇主与劳工之间进行损失分配的传统格局，将损失分散于社会。同时，工伤社会保险能够有效地减少诉讼、节约社会资源、避免劳资纠纷。因此，工伤问题完全可以由工伤社会保险制度来解决，没有利用侵权行为法同时进行调整的必要。虽然具体个案中，有时工伤保险给付的金额低于侵权损害赔偿，但基于一种适用于全社会的制度安排，工伤保险给付的赔偿标准是在不考虑任何过错前提下的中线设计，在计算工伤保险给付时，采用“抽象损害计算原则”，则劳动者实际所得之数额，较诸侵权行为损害赔偿，总体上并无显著减少。

采用补充模式的国家则认为，无论工伤社会保险，还是侵权损害赔偿，都各有利弊。以其中任何单一方式都不可能完全解决劳动者的工伤问题，必须两者结合、取长补短，方能实现公正与效率的统一。这一模式下，受伤劳动者通常在首先接受工伤保险赔偿后，有权就《侵权行为法》上的救济与工伤保险赔偿的差额部分，提起侵权损害赔偿之诉。这既避免了双重救济模式下受害人因损害而获得双份利益的情况发生，又可以保证受伤职工获得切实和完全的损害赔偿，起到取代模式所不能完成的对故意或重大过失行为的制裁、预防功能。这一模式理论上虽理想，但实践中补充模式以侵权损害赔偿填补工伤保险赔偿之不足，加重了企业的负担，与企业投保工伤社会保险的初衷不符，可能降低企业参与工伤社会保险的积极性，整体上削弱工伤保险的社会基础。允许工伤保险给付后的受伤职工再提起侵权之诉，可能引导大部分已由工伤保险制度解决的劳资纠纷涌入法院，浪费社会资源。

三、我国安全法的选择

在纵向历史、横向世界的比较研究基础上，仍需在我国法律环境下对工伤保险赔偿制度与民事侵权损害赔偿制度进行一番梳理。

（一）《安全生产法》与《职业病防治法》

《安全生产法》第 48 条规定：因生产安全事故受到损害的从业人员，除依法享有工伤社会保险外，依照有关民事法律尚有获得赔偿的权利的，有权向本单位提出赔偿要求。《职业病防治法》第 52 条规定：职业病病人除依法享有工伤社会保险外，依照有关民事法律，尚有获得赔偿的权利的，有权向用人单位提出赔偿要求。

从上述两条法律规定来看，并不排斥受伤职工在获得工伤保险赔偿外获得其他民事赔偿的权利，但有两点模糊：一是在工伤社会保险外依据什么民事法律获得怎样的民事赔偿？这两部法律并没有明确回答，而只是留给其他民事法律来解决。二是工伤保险赔偿与其他民事赔偿的关系？从法律条文的字面理解，似有受伤职工同时获得工伤保险给付和民事法律赔偿的意思。

学术界存在两种不同观点：一种认为，“如果工伤保险金不足以补偿受害者的人身损害及经济损失的，依照有关民事法律应当给予赔偿的，从业人员或其亲属有要求生产经营单位给付赔偿的权利"。这与前述的补充救济模式的观点相仿，承认受伤职工就工伤保险赔偿不足额部分再行提起民事侵权诉讼。另一种观点则认为，"工伤社会保险和民事赔偿不能相互取代，从业人员可以享受双重的保障"。这似可理解为前述兼得模式的观点，认为受伤职工在获得工伤保险给付的同时，也可主张全部侵权损害赔偿，两者并不重叠或排斥。

(二)《工伤保险条例》

2004年开始实行的《工伤保险条例》，是我国关于工伤社会保险的系统性规定，但这部条例并未就如何协调工伤保险赔偿与侵权损害赔偿做出明确回答。只是规定：适用《工伤保险条例》、享受工伤保险待遇的职工，仅限于与用人单位存在劳动关系（包括事实劳动关系）的劳动者。发生工伤后，职工应向工伤保险机构请求工伤保险赔偿，由工伤保险基金统一支付相关的医疗费用、伤残津贴、丧葬补助金等。如果对工伤保险赔偿有争议的，则该争议属于劳动争议纠纷，应当先向劳动争议仲裁委员会申请仲裁，对仲裁不服，才能向人民法院依法起诉。《工伤保险条例》对侵权损害赔偿避而不谈，既可以理解为采取取代模式的主张，也可理解为立法空白，留待其他法律解决。

四、安全事故损害索赔途径

安全事故损害索赔是指劳动者的合法权益受到侵害后依法追究劳动用工单位赔偿责任的方式方法。劳动安全生产事故的索赔是劳动争议处理方式的组成部分。关于劳动争议的处理方式，《劳动法》第77条有专门的规定："用人单位与劳动者发生劳动争议，当事人可以依法申请调解、仲裁、提起诉讼，也可以协商解决。"此外，我国于2007年12月29日公布、自2008年5月1日起施行的《劳动争议调解仲裁法》也规定："发生劳动争议，劳动者可以与用人单位协商，也可以请工会或者第三方共同与用人单位协商，达成和解协议。""当事人不愿协商、协商不成或者达成和解协议后不履行的，可以向调解组织申请调解；不愿调解、调解不成或者达成调解协议后不履行的，可以向劳动争议仲裁委员会申请仲裁；对仲裁裁决不服的，除本法另有规定的外，可以向人民法院提起诉讼。""当事人对自己提出的主张，有责任提供证据。与争议事项有关的证据属于用人单位掌握管理的，用人单位应当提供；用人单位不提供的，应当承担不利后果。"根据上述规定，从业人员寻求安全生产事故赔偿的途径主要有：协商、调解、仲裁和诉讼。

(一) 协商

协商是指劳动者直接向劳动用工单位请求赔偿，当事人双方本着平等协商、互谅互让的原则，自愿就赔偿问题达成协议。这种方式有利于维护劳动关系的稳定，有利于维护用工单位的工作秩序和生产发展，也有利于劳动者积极性的发挥。但是只能建立在合法和自愿的基础上，用工单位不得利用组织上的隶属关系强迫劳动者签订违背其意愿的协议。

（二）调解

调解是指通过用工单位内部的劳动争议调解委员会解决赔偿争议问题。由于劳动争议调解委员会并不是每个企业都必须设立的机构，所以这种方式并不常用。

（三）仲裁

仲裁是指专门的劳动争议仲裁机构就有关的事故赔偿问题进行裁决的过程。各县、市、市辖区都设有劳动争议仲裁委员会，负责辖区范围内的劳动争议。基本程序如下：（1）当事人提交书面申请；（2）仲裁委员会办事机构对申请依法进行审查，决定是否受理；（3）决定受理，依法组成仲裁庭，进行仲裁前的调查准备工作；（4）先行调解，调解书自送达之日起具有法律效力；（5）开庭仲裁，调解不成的，仲裁庭应及时进行裁决；（6）结案。

（四）诉讼

当事人如果不服仲裁决议可以依法向人民法院提起诉讼，但要以劳动争议仲裁为前提，即先裁后审。

（五）行政处理

行政处理是指劳动者依法向劳动行政部门申诉，由劳动行政部门依法责令用工单位为劳动者承担赔偿责任的解决方法。这是一条重要的索赔渠道。因为侵害劳动者安全权的行为往往也是一种行政违法行为，而劳动行政部门是劳动行政执法的主要机关，有权对劳动用工单位的违法行为进行监督检查和依法作出处理。

五、安全事故损害的社会救济和捐赠

中国煤矿尘肺病治疗基金会于 2003 年 10 月 31 日经民政部批准成立。该基金会作为全国性公募性慈善机构，确定了“以人为本，关爱生命，慈善为怀，防治尘肺”的宗旨，根据《公益事业捐赠法》和《基金会管理条例》，依法开展募集善款工作，利用所募善款大力开展尘肺病的治疗康复工程，并设立了多家定点医院，利用肺灌洗等先进技术，对尘肺病患者进行综合治疗。大约 1 万元就可以减轻或解除一个尘肺病患者的病痛。目前已有 2 000 多尘肺病患者得到有效救治，其家庭也得到挽救。该基金会的任务是联系和团结国内外关心煤矿尘肺职业病的团体和个人，征集社会上的财力、物力以及道义支持，配合有关法律法规的实施，匡助政府和企业开展以肺灌洗为主的煤矿尘肺治疗、科研和新技术推广工作；为提高尘肺矿工的劳动能力和生活质量，减轻痛苦，延长生命，遏制尘肺病情的发展，为保护煤炭企业劳动力，为煤炭生产可持续发展而努力奋斗。它的基金来源是国家财政的支持、企业的赞助、港澳和海外募集。基金会财产主要用于：煤矿尘肺病以大容量肺灌洗为主的综合治疗；肺灌洗技术的研究和推广工作；煤矿尘肺病其他治疗方法的研究和开发；尘肺病防治的宣传教育工作。

本章小结

本章讲述了民事赔偿和工伤保险赔偿的区别、工伤保险、安全责任保险、雇主责任险的区别，讲述了工伤认定标准、劳动能力鉴定、工伤保险待遇、工伤待遇支付程序，介绍了我国安全生产责任保险的实践，探讨了安全民事赔偿与安全保险赔偿的协调关系。

复习思考题

1. 解释工伤保险赔偿、安全责任保险、民事侵权赔偿等概念。
2. 如何进行工伤认定、劳动能力鉴定？
3. 如何确定工伤保险待遇标准？工伤待遇支付程序是什么？
4. 简述我国安全生产责任保险立法概况。
5. 如何协调安全民事赔偿与安全保险赔偿的关系？
6. 安全事故损害索赔途径有几种？

第九章　职业卫生与职业病防治

本章学习目标

1. 理解职业卫生概念及其他常用概念。

2. 了解我国职业卫生与职业病防治法律文件体系。

3. 掌握我国职业病防治法律制度、尘肺病防治法律制度、使用有毒物品作业场所劳动保护制度、建设项目职业病危害分类管理制度、职业健康监护制度。

4. 掌握职业病危害事故调查处理制度。

5. 掌握职业病赔偿内容。

第一节　概述

一、职业卫生概念

现代汉语中“职业卫生”一词是近代直接从英文“occupational health”或“occupational hygiene”翻译过来的。通过1925年《中华书局月报》刊登的《职业的卫生》[①] 和1931年《中国卫生杂志》刊登的《职业卫生的重要》两篇文章，可以判断早在20世纪二三十年代，“职业卫生”一词已传入我国。在1936年2月出版的《浙江省立图书馆图书总目中日文书　第1辑下》[②] 一书中，“职业卫生”作为“应用技术类—医学—个人卫生”类别下的一个条目出现，这表明“职业卫生”作为一个学科门类当时已经为中国科学界认可。新中国成立以后，陆续翻译了一批

---

① 职业的卫生，中华书局月报，第30期，1925年。

② 见该书目录第6页。浙江省立图书馆编．浙江省立图书馆图书总目中日文书第1辑下．浙江省立图书馆，1936.02

前苏联职业卫生方面的教科书和专著等，例如，《苏联劳动卫生学》[①]《劳动卫生学实习指导》《电机绕线工》等。这些书籍大都使用“劳动卫生”一词。只有1956年出版的《电机绕线工》一书，使用了“工业卫生与职业卫生”一词。[②] 受前苏联影响，新中国成立以后至70年代末的30年，我国一直采用“劳动卫生”的说法，鲜有例外。是以当时一般大众只知“劳动卫生”和“劳动卫生学”，不知“职业卫生”。1973年，中华医学会上海分会从第十六届国际职业卫生会议交流论文中选取了101篇，编译出版了《第十六届国际职业卫生会议资料选编》一书。[③] 在读秀知识库中，该书是新中国成立后第一本在书名中使用“职业卫生”这一名词的中文图书，也是70年代唯一的一本在书名中使用“职业卫生”的中文图书。

这种情形直到20世纪80年代才有了比较大的改变。随着中国改革开放的步伐不断向前迈进，职业卫生领域的国际交流日益活跃，大批欧美“occupational health”或“occupational hygiene”方面的专著被译介到国内。1987年，原国家劳动人事部主持出版了根据英文版《Encyclopaedia of Occupational Health and Safety》（1983年版）编译的《职业卫生与安全百科全书》一书。作为世界职业卫生与安全领域最具权威性、科学性、先进性、实用性和可读性的大型工具书，该书影响很大。[④] 其后，“职业卫生”一词逐渐取代“劳动卫生”占据了主导地位，沿用至今。

1950年，国际劳工组织（ILO）、世界卫生组织（WHO）在第一届职业卫生联合委员会上提出了“职业卫生（occupational health）”的概念，将“occupational health”定义为：“指通过预防工作环境对工人健康的损害，控制可能危及健康的风险，使工作适合于人，使人适应于自己的工作，以促进和维持所有职业工人的身体、精神和社会适应于最佳状态。”[⑤]

在英语中，“occupational health”一词除了具有“职业卫生”的含义外，还有

① 《劳动卫生学实习指导》的《译序》中曾提到了这本书。参见［苏联］依兹拉爱利颂等编．劳动卫生学实习指导．王营通，任守新，周德林等译．北京：人民卫生出版社，1954.11

② ［苏联］维诺格拉道夫著．工人技术学校教学用书 电机绕线工．王祖泽译．北京：机械工业出版社，1956.01

③ 中华医学会上海分组译．第十六届国际职业卫生会议资料选编．上海：上海人民出版社，1973

④ 劳动人事部《职业卫生与安全百科全书》译审委员会译编．职业卫生与安全百科全书上下．北京：中国大百科全书出版社，1987.09

⑤ DEFINITION：Occupational Health is the promotion and maintenance of the highest degree of physical，mental and social well－being of workers in all occupations by preventing departures from health，controlling risks and the adaptation of work to people，and people to their jobs.（ILO / WHO 1950）。

"职业健康""职业保健""职业卫生学"和"职业医学"多重含义，有时可与"occupational hygiene""industrial hygiene"（工业卫生）等词替代使用。目前较多国家倾向于使用"职业卫生"（occupational health）这一术语。美国工业卫生协会对职业卫生所下的定义被大多数职业卫生学者所认同："该门科学技术用于识别、评价和控制作业场所产生或引起的不良环境和紧张状态，这些环境因素和紧张状态会引起疾病、危害健康，并可导致工人或者社会公众明显的不适和工作效率的降低。"简而言之，职业卫生是对职业危害的识别、评价和控制，按现代卫生学观点，还应包括潜在职业危害的预评估和标准化管理等内容。

人们通常在两种意义上使用"职业卫生"一词。第一是指保护职工在职业活动过程中处于健康的工作领域以及为此采取的相应措施。这是职业卫生的本义。第二是指关于职业卫生的学问、学科。这已经是"职业卫生"的衍生意义了，严格地说应该以"职业卫生学"称之。

本书认为，职业卫生是指以职工的健康（包括身体、精神和社会适应）在职业活动过程中免受有害因素侵害为目的的工作领域及在法律、技术、设备、组织制度和教育等方面采取的相应措施的总称，也称职业健康或劳动卫生。可以从以下四个方面来把握：第一，职业卫生是一个特定的工作领域，其任务是保护和促进劳动者的健康，使其不受工作或工作环境中的各种危害或其他有害于健康的因素的影响，并提高其工作能力。第二，职业卫生所保护的对象是职工在职业活动过程中的健康，包括身体、精神和社会适应三个方面的完好状态。第三，职业卫生所防范的对象是职业活动过程中可能损害职工健康的各种有害因素，即职业危害因素。第四，职业卫生要求采取法律、技术、设备、组织制度和教育等方面的相应措施。

二、职业卫生的常用概念

（一）职业病

职业病是指企业、事业单位和个体经济组织的劳动者在职业活动中，因接触粉尘、放射性物质和其他有毒、有害物质等因素而引起的疾病。由于职业性有害因素种类较多，所引起的疾病各异，因而职业病是许多疾病的总称。

医学上所称的职业病泛指一切由职业性有害因素所引起的疾病，是广义的职业病。按照国际惯例，凡经各国政府主管部门明文规定的职业病，均称为法定职业病。这是狭义的职业病。在我国，法定职业病仅指由卫生部、原劳动和社会保障部制定的《职业病目录》中列举的职业病。

法定职业病患者依法享有补偿待遇。法定职业病范围内的病人受法律保护。法定职业病的范围大小各国不同，主要取决于本国经济条件、技术水平和对职业病的认识。我国现行法定职业病分10大类115种。其中，职业中毒56种，尘肺11种，职业性放射性疾病13种，职业性物理因素疾病5种，生物因素所致职业病3种，职业性皮肤病8种，职业性眼病3种，职业性耳鼻喉疾病3种，职业性肿瘤8种，其他职业病5种。法定职业病的诊断权由国家认定的医疗卫生机构行使。

（二）职业病危害

职业病危害是指对从事职业活动的劳动者可能导致职业病的各种危害。包括两层含义：第一，这种危害是存在于工作场所或者是与特定职业相伴随的，不包括其他场合的危害；第二，这种危害可能导致从事职业活动的劳动者罹患职业病。如果某一危害不会导致职业病，即使其存在于工作场所，也不能称为职业病危害（有时可能是职业安全危害）。

2009年9月8日，国家安监总局颁布的《作业场所职业危害申报管理办法》（国家安全监督管理总局令第27号）第3条第2款规定："作业场所职业危害按照《职业病危害因素分类目录》确定。"这意味着承认作业场所职业危害等于职业病危害。

（三）职业病危害因素

职业病危害因素指职业活动中存在的各种有害的化学、物理、生物因素以及在作业过程中产生的其他职业有害因素。根据《职业病危害因素分类目录》，我国职业病危害因素共有10大类。

需要指出的是，职业病危害因素的概念是出于安全生产和职业卫生分别立法的需要而特地引入的，目的是为了把职业病防治领域的职业危害因素与安全生产领域的职业危害因素区别开来。但由于导致职业病的危害因素和导致生产安全事故的职业危害因素本质上是难分的，所以这种区分没有太大实际意义。

（四）作业场所职业危害

作业场所职业危害是指从业人员在从事职业活动中，由于接触粉尘、毒物等有害因素而对身体健康所造成的各种损害。

（五）职业禁忌

职业禁忌是指劳动者从事特定职业或者接触特定职业病危害因素时，比一般职业人群更易于遭受职业病危害和罹患职业病或者可能导致原有自身疾病病情加重，或者在从事作业过程中诱发可能导致对他人生命健康构成危险的疾病的个人特殊生理或者病理状态。职业禁忌主要是一种特殊的生理或者病理状态，用人单位不得安排有职业禁忌的劳动者从事其所禁忌的工作或者作业。

三、我国职业卫生与职业病防治法律文件体系

（一）宪法中关于职业卫生的相关规定

（二）法律

即由全国人民代表大会及其常务委员会通过的职业卫生法律，包括职业卫生专项法律（如《职业病防治法》）和含有职业卫生条款的法律（如《劳动法》）。

（三）职业卫生行政法规

主要有：《尘肺病防治条例》《使用有毒物品作业场所劳动保护条例》《放射性同位素与射线装置放射防护条例》等。

（四）卫生部、国家安监总局等部委依职权制定、颁布的有关职业卫生的规范性文件

主要是卫生部发布的一些职业病防治法的配套规章、强制性标准和其他规范性文件。主要涉及四个方面的内容：规范生产经营单位职业病防治活动；规范职业卫生技术服务活动；规范卫生行政执法行为；职业病防治技术法规，包括职业卫生标准、技术规范等。

（五）地方性法规

即由省级人民代表大会及其常务委员会以及级别较高的市级人民代表大会及其常务委员会制定的有关职业卫生的规范性文件。如北京市人民代表大会常务委员会颁布的《北京市职业病防治卫生监督条例》，江苏省人民代表大会常务委员会颁布的《江苏省职业病防治条例》等。

（六）职业卫生国际条约

中国是国际劳工组织最重要的成员国之一。自 1985 年国际劳工组织在北京建立其办事处起，国际劳工组织就紧密地与中国政府、工人与雇主组织在职业健康与安全领域开展合作。目前，中国已经批准了国际劳工组织 170 号《工作场所安全使用化学品公约》以及第 167 号《建筑业安全卫生公约》和第 155 号《职业安全卫生公约》。因此，上述公约也成为我国职业卫生立法体系的重要组成部分。特别是第 155 号《职业安全卫生公约》，为各成员国制定、贯彻执行以及定期修改本国的职业安全健康以及工作环境的政策提供了一个统一框架。

第二节　我国职业卫生和职业病防治法律制度

我国没有形式意义上统一的职业卫生法，但有实质意义上的职业卫生法。其基

本出发点是规范生产经营单位和劳动者双方的行为，从而达到既维持正常的生产经营行为，又有效保护劳动者健康的目的。它们适应中国经济体制改革的需要，明确了生产经营单位的义务主体地位，强化了政府的监管职能，建立了适应市场经济需要的职业病防治模式和监督管理体制，有利于真正达到规范生产经营单位行为，保障劳动者权益的立法目的。

一、职业健康监护制度

2002年3月15日卫生部发布、同年5月1日起施行《职业健康监护管理办法》。职业健康监护包括职业健康检查、职业健康监护档案管理等内容。

（一）职业健康检查

1. 职业健康检查包括上岗前、在岗期间、离岗时和应急健康检查。

2. 从事接触职业病危害作业的劳动者的职业健康检查由用人单位负责组织并承担费用；劳动者接受职业健康检查应当视同正常出勤。

3. 职业健康检查由省级卫生行政部门批准从事职业健康检查的医疗卫生机构（以下简称体检机构）承担。

4. 职业健康检查应当根据所接触的职业危害因素类别，按《职业健康检查项目及周期》的规定确定检查项目和检查周期。需复查时可根据复查要求相应增加检查项目。

5. 职业健康检查应当填写职业健康检查表，从事放射性作业劳动者在进行健康检查时应当填写放射工作人员健康检查表。

（二）用人单位的职业健康监护职责

1. 不得安排未经上岗前职业健康检查的劳动者从事接触职业病危害因素的作业；不得安排有职业禁忌的劳动者从事其所禁忌的作业。

2. 不得安排未成年工从事接触职业病危害的作业；不得安排孕期、哺乳期的女职工从事对本人和胎儿、婴儿有危害的作业。

3. 发现职业禁忌或者有与所从事职业相关的健康损害的劳动者应及时调离原工作岗位，并妥善安置；经健康检查需要复查和医学观察的劳动者，应当按照体检机构要求的时间，安排其复查和医学观察。

4. 对未进行离岗时职业健康检查的劳动者，不得解除或终止与其订立的劳动合同。

5. 用人单位发生分立、合并、解散、破产等情形的，应当对从事接触职业病危害作业的劳动者进行健康检查，并按照国家有关规定妥善安置职业病病人。

6. 对遭受或者可能遭受急性职业病危害的劳动者，应当及时组织进行健康检查和医学观察。

7. 对疑似职业病病人应当按规定向所在地卫生行政部门报告，并按照体检机构的要求安排其进行职业病诊断或者医学观察。

8. 及时将职业健康检查结果如实告知劳动者，并按规定妥善保存职业健康监护档案，在劳动者依法查阅、复印其本人职业健康监护档案或向用人单位索取本人健康监护档案复印件时，应当如实、无偿提供，并在所提供的复印件上签章。

（三）体检机构负有职业健康监护职责

1. 职业健康检查结果应当客观、真实，体检机构对健康检查结果承担责任。

2. 自体检工作结束之日起 30 日内，将体检结果书面告知用人单位，有特殊情况需要延长的，应当说明理由，并告知用人单位。

3. 发现疑似职业病病人应当按规定向所在地卫生行政部门报告，并通知用人单位和劳动者。

4. 发现健康损害或者需要复查的，体检机构除及时通知用人单位外，还应当及时告知劳动者本人。

5. 按统计年度汇总职业健康检查结果，并将汇总材料和患有职业禁忌症的劳动者名单，报告用人单位及其所在地县级卫生行政部门。

二、使用有毒物品作业场所劳动保护制度

2002 年 4 月 30 日，国务院第 57 次常务会议通过《使用有毒物品作业场所劳动保护条例》（国务院令第 352 号），2002 年 5 月 12 日正式施行。内容是总体要求、作业场所的预防措施、劳动过程的防护、职业健康监护、劳动者的权利与义务。

按照有毒物品产生的职业中毒危害程度，可将有毒物品分为一般有毒物品和高毒物品。一般有毒物品目录、高毒物品目录由国务院卫生行政部门会同有关部门依据国家标准制定、调整并公布。

（一）法律制度

1. 有毒物品使用制度

从事使用有毒物品作业的用人单位应当使用符合国家标准的有毒物品，不得在作业场所使用国家禁止使用的有毒物品或者使用不符合国家标准的有毒物品，并要求尽可能使用无毒物品；需要使用有毒物品的，应当优先选择使用低毒物品。

2. 作业场所的预防措施

（1）用人单位的设立必须符合条件，依法办理有关手续，取得营业执照。

（2）用人单位及其作业场所符合相关规定，由安监部门发给职业卫生安全许可证，方可从事使用有毒物品的作业。

（3）可能产生职业中毒危害的建设项目，须进行职业中毒危害预评价，并经相关部门审核同意；存在高毒作业的建设项目职业中毒危害防护设施的设计，应当经卫生行政部门进行卫生审查，符合要求方可施工；建设项目职业中毒危害防护设施应当实行“三同时”；建设项目竣工，应当进行职业中毒危害控制效果评价，并经相关部门验收合格。

（4）用人单位应当如实申报存在的职业中毒危害。

（5）用人单位应当在使用有毒物品作业场所设置相应的警示标识；配备应急救援设施，制订事故应急救援预案；应急救援预案和演练记录应报安监部门备案。

3. 劳动过程防护制度

（1）从事使用高毒物品作业的用人单位，应当配备专职或兼职的职业卫生医师和护士；不具备配备专职或兼职的职业卫生医师和护士条件的，应当与依法取得资质认证的职业卫生技术服务机构签订合同，由其提供职业卫生服务。

（2）在订立劳动合同及已订立劳动合同期间因工作岗位或者工作内容变更，用人单位应当与劳动者重新订立劳动合同，并明确告知工作过程中可能产生的职业中毒危害及其后果、职业中毒危害防护措施和待遇等。

（3）用人单位有关管理人员、劳动者应接受相关的职业卫生培训。

（4）应确保作业场所职业中毒危害防护设备、应急救援设施、通信报警装置处于良好运行状态。

（5）为从事使用有毒物品作业的劳动者提供符合国家职业卫生标准的防护用品，并确保劳动者正确使用。

（6）对生产、经营的有毒物品实行一书一签的要求。

（7）对存在高毒物品的生产装置进行维护、检修；进入存在高毒物品的设备、容器或者狭窄封闭场所作业时，应有条例所规定的完善措施。

（8）定期对使用有毒物品作业场所内的职业中毒危害因素进行检测、评价。建立职业卫生档案，并定期向所在地相关监督管理部门报告并向劳动者公布。

（9）从事使用高毒物品作业的用人单位应当至少每一个月对高毒作业场所进行一次职业中毒危害因素检测；至少每半年进行一次职业中毒危害控制效果评价。高毒作业场所职业中毒危害因素不符合国家职业卫生标准和卫生要求时，用人单位必须立即停止高毒作业，并采取相应的治理措施；经治理，职业中毒危害因素符合国家职业卫生标准和卫生要求的，方可重新作业。

（10）从事使用高毒物品作业的劳动者个人及其劳动用品清洗、存放的规定。

（11）对从事高毒物品作业的劳动者实行轮岗制与津贴制。用人单位应当对本单位执法情况进行经常性的监督检查；发现问题，应当及时依照规定的要求进行处理。

4. 职业健康监护制度

对从事使用有毒物品作业的劳动者进行岗前检查、职业禁忌、定期职业健康检查、离职职业健康检查；对受到或者可能受到急性职业中毒危害的劳动者进行健康检查和医学观察；用人单位支付劳动者职业健康检查和医学观察费用，为劳动者建立职业健康监护档案。

（二）使用有毒物品作业场所职业卫生条件

用人单位使用有毒物品的作业场所必须符合下列要求：作业场所与生活场所分开，作业场所不得住人；高毒作业场所与其他作业场所隔离；设置有效的通风装置；可能突然泄漏大量有毒物品或者易造成急性中毒的作业场所，设置自动报警装置和事故通风设施；高毒作业场所设置应急撤离通道和必要的泄险区。

1. 职业病危害因素的强度或者浓度符合国家职业卫生标准

职业病危害因素是指存在于工作场所或者与特定职业相伴随，对从事职业活动的职工可能造成健康损害或者产生健康影响的各种化学、物理、放射、生物因素以及其他有害因素。化学性、生物性职业病危害因素的浓度，物理、放射因素和其他职业有害因素的强度必须在国家职业卫生标准规定的允许范围内，确保工作场所对本职业卫生的要求得到满足。

2. 具有与职业病危害防护相适应的设施

职业病防护设施是能够消除或者降低工作场所的职业病危害因素浓度或强度，减少职业病危害因素对职工健康的损害或影响，达到保护职工健康目的的装置，如通风、排毒、除尘、屏蔽、防护等设施。配备什么设施，要根据工作场所的职业病危害情况确定，既可以单独配备，也可以综合配备。如工作场所职业病危害因素浓度较低，工人密度低，则可采用自然通风设施；如工作场所可能存在强度较高的放射线，则应采取防护屏蔽和隔离措施等。总之，这些设施应当能有效地消除或者降低工作场所的职业病危害因素的浓度或强度，使之符合国家职业卫生标准。

3. 生产布局合理，符合有害与无害作业分开的原则

缩小有害作业的范围，减少职业病防护设施的配备量，使职业卫生防护设施更加有效地发挥作用。这样既有利于保障职工健康，又有利于降低生产成本。

4. 有配套的更衣室、洗浴室、孕妇休息室等卫生设施

更衣室和洗浴室既可以避免或降低职工在非工作场所继续接触职业病危害因素的危险，也可减少职业病危害因素对生活环境的影响。因此，企业应根据职工数量，配备相应数量、面积的更衣室、洗浴室。另外，企业还应根据职工人数、生活、生理需求，配置相应数量的孕妇休息室、哺乳室、食堂、饮水室、厕所、女工冲洗器等卫生设施。

5. 设备、工具、用具等设施符合保护劳动者生理、心理健康的要求

设备、工具、用具等设施是指在工作场所使用的生产设备、工具、用具等设施。这些设施必须适合职工的生理特点，如适当的操作高度、作业难度、劳动强度等，使职工能在较为舒适的体位、姿势下作业，减少局部和全身疲劳，避免肌肉、骨骼和器官受到损伤；同时，劳动条件、劳动组织和作业环境还应适合职工的心理特点，为职工创造身心愉快的作业环境，避免形成增加职工精神压力的劳动条件、劳动组织和作业环境。

6. 法律、行政法规和国务院卫生行政部门的其他要求

包括已颁布实施的《劳动法》《母婴保护法》（中华人民共和国主席令第 33 号）、《放射性同位素与射线装置放射卫生防护条例》（国务院令第 449 号）、《尘肺病防治条例》《女职工劳动保护规定》（国务院令第 9 号）、《女职工保健工作规定》（卫妇发［1993］第 11 号）和将来颁布的法律、法规中的有关职业卫生要求，以及国务院卫生行政部门颁布的其他要求，包括卫生规范、标准、指南、规程等相关的要求。

三、职业病防治法律制度

（一）职业病防治规划

职业病防治法规定，国务院和县级以上地方政府应当制订职业病防治规划，将其纳入国民经济和社会发展计划，并组织实施。

（二）职业病的前期预防

主要包括：

1. 作业场所的职业卫生要求

作业场所应当具备以下基本职业卫生要求：职业病危害因素的强度或者浓度符合国家职业卫生标准；有与职业病危害防护相适应的设施；生产布局合理，符合有害与无害作业分开的原则；有配套的更衣间、洗浴间、孕妇休息间等卫生设施；设备、工具、用具等设施符合保护劳动者生理、心理健康的要求。

2. 职业病危害项目的申报制度

在卫生行政部门中建立职业病危害项目申报制度。用人单位设有依法公布的职业病目录所列职业病的危害项目的，应当及时、如实向卫生行政部门申报，接受监督。

3. 建设项目的职业卫生管理制度

新建、改建、扩建建设项目和技术改造、技术引进项目（统称建设项目）可能产生职业病危害的，应当在可行性论证阶段进行职业病危害预评价。职业病危害严重的建设项目的防护设施设计，应当进行职业卫生审查。建设项目在竣工验收前，应当进行职业病危害控制效果评价。没有进行上述技术性评价或者评价报告没有通过卫生行政部门审查同意的，建设项目不得立项、施工或正式生产和使用。建设项目的职业病防护设施所需费用应当纳入建设项目工程预算，并与主体工程同时设计，同时施工，同时投入生产和使用。

4. 职业病危害转移的禁止

由于职业病危害由国外向国内、由东部向西部的转移问题十分突出，法律规定任何单位和个人不得将产生职业病危害的作业转移给不具备职业病防护条件的单位和个人。不具备职业病防护条件的单位和个人不得接受产生职业病危害的作业。

5. 职业卫生技术服务

职业卫生技术服务是指职业卫生技术机构为预防和控制职业病危害而为企业提供的技术性服务工作，主要包括：建设项目职业危害预评价和竣工验收评价、作业场所职业病危害检测和评价、防护设施和个人防护用品防护效果检测和评价、化学品毒性鉴定等。职业病危害预评价、职业病危害控制效果评价由依法设立的取得省级以上政府卫生行政部门资质认证的职业卫生技术服务机构进行。

为了加强对职业卫生工作的技术支持，适应改革开放与市场经济的发展，《职业病防治法》中提出了对开展职业卫生技术服务的机构进行资质认证的规定。这样既有利于实现技术服务工作的市场化，促使卫生技术服务机构积极参与市场竞争，确保服务质量，同时也适应国家卫生体制改革的要求，有利于转变政府职能，实现政事分离。对于企业来说，由于不再要求其接受指定的事业单位的技术服务，减少了强制性的行政干预给企业生产经营带来的不合理限制，有利于减轻企业负担，提高职业防护水平。另外，随着职业卫生技术服务成为商品进入市场，职业卫生技术服务机构的数目将不断增加，服务形式也将比以前更加灵活多样，服务范围更加统一、全面，企业将会有更大的自由选择权并且可以享受到更加完善的技术服务，这也有利于促进企业的发展。

（三）劳动过程中的防护与管理制度

在劳动过程中加强职业危害的防护和管理，是职业病管理的重要环节。在劳动过程中进行职业卫生管理是用人单位的义务，用人单位应当采取有效的防治措施，建立、健全有关制度，预防、控制劳动过程中职业危害的产生。

主要内容：用人单位设立专职或兼职的职业卫生人员，明确管理责任制，制定有关的管理制度、操作规范等；危害因素的日常监测和工作场所的定期职业危害检测、评价；可能产生职业危害因素的设备、危险化学品、放射性同位素、含放射性物质的原材料等的职业卫生管理，包括中文说明书、警示；职业危害的告知，包括劳动合同中的危害告知，公告栏告知；健康监护制度，包括从事接触职业危害作业的劳动者的上岗前、在岗期间和离岗时职业健康检查，职业禁忌者的妥善安置，职业健康监护档案等。

（四）特殊职业危害工作场所的特殊管理

如放射工作场所和放射性同位素的运输、储存和可能发生急性职业损伤的有毒、有害工作场所等实行特殊管理措施。

（五）职业病的诊断管理

1957 年 2 月 28 日卫生部颁布了《职业病范围和职业病患者处理办法的规定》，确定了 14 种法定职业病。1987 年，卫生部、劳动人事部、财政部、中华全国总工会修订颁布了《职业病范围和职业病患者处理办法的规定》（［1987］卫防字第 82 号），规定中国法定职业病范围增订为 9 类 99 种。根据《职业病防治法》，2002 年 5 月，卫生部会同劳动和社会保障部联合下发了《职业病目录》，将法定职业病范围修改为 10 类 115 种。职业病防治法关于职业病诊断的规定，既保留了新中国成立以来五十年的成功经验，也针对实际工作中存在的问题，创设了一些新的法律制度和要求。

主要内容有：(1) 职业病诊断机构及其诊断医师的资质保障。(2) 取消职业病诊断以当地诊断为主的原则，规定劳动者可以在用人单位所在地或者本人居住所在地的医疗卫生机构进行职业病诊断。从而适应了中国流动工人多的现状，有利于更好地保护劳动者的健康权益。(3) 提出了无证据推定的原则。劳动者被诊断患有职业病，但用人单位没有依法参加工伤社会保险的，其医疗和生活保障由最后的用人单位承担；最后的用人单位有证据证明该职业病是先前用人单位的职业病危害因素造成的，由先前的用人单位承担。此规定突出了以保护劳动者健康为主的立法目的。(4) 考虑到职业病诊断的复杂性，法律规定承担职业病诊断的医疗卫生机构在进行职业病诊断时，应当组织 3 名以上取得职业病诊断资格的执业医师集体诊断。

职业病诊断证明书，应当由诊断医师共同签署，并经承担职业病诊断的医疗卫生机构审核盖章。

（六）职业病患者治疗与保障

对从事接触职业危害因素作业的劳动者发现患有职业病或者有疑似职业病的，必须及时诊断、治疗，妥善安置。《职业病防治法》主要规定：（1）对从事接触职业危害因素作业的劳动者发现患有职业病或者有疑似职业病的，用人单位应当及时安排对其进行诊断；疑似职业病病人在诊断、医学观察期间所发生的费用，由用人单位承担。（2）对已诊断罹患职业病的病人，用人单位应当按照国家有关规定，安排职业病病人进行治疗、康复和定期检查；职业病病人的诊疗、康复费用，按照国家有关工伤社会保险的规定执行；没有参加工伤社会保险的，其医疗和生活保障由造成职业病的用人单位承担。（3）用人单位在疑似职业病病人诊断或者医学观察期间，不得解除或者终止与其订立的劳动合同。对不适宜继续从事原工作的职业病病人，应当调离原岗位，并妥善安置。职业病病人变动工作单位，其职业病待遇不变；用人单位发生分立、合并、解散、破产等情形的，应当按照国家有关规定妥善安置职业病病人。

（七）职业病防治监督

1. 职业病防治的国家监督

对职业卫生实施监督管理是国家管理职能的体现。职业病防治是职业卫生监督管理的重要组成部分。《职业病防治法》中有多项法定的监管措施，包括行政措施、技术措施、强制执行措施、宣传教育措施、职业卫生标准措施等。

2. 职业病防治的工会监督

工会组织应当督促并协助用人单位开展职业卫生宣传教育和培训，对用人单位的职业病防治工作提出意见和建议，与用人单位就劳动者反映的有关职业病防治的问题进行协调并督促解决。工会组织对用人单位违反职业病防治法、侵犯劳动者合法权益的行为，有权要求纠正；产生严重职业病危害时，有权要求采取防护措施，或者向政府有关部门建议采取强制性措施；发生职业病危害事故时，有权参与事故调查处理；发现危及劳动者生命健康的情形时，有权向用人单位建议组织劳动者撤离危险现场，用人单位应当立即作出处理。

3. 职业病防治的社会监督

由于职业病危害广泛存在于城乡各地，因此在加强卫生行政部门监督管理的同时，还要依靠社会的力量，加强社会各界的监督，特别是要鼓励劳动者、知情者、主张社会公正的人进行检举和控告，对违法者施加压力，在社会力量的支持下加大查处力度。因此，《职业病防治法》第 12 条规定，任何单位和个人有权对违法的行为进行检举和控告。同时，《职业病防治法》还规定，对于在防治职业病方面成绩显著的单位和个人予以奖励。

四、尘肺病防治法律制度

1987 年 12 月 3 日由国务院发布实施《尘肺病防治条例》。条例内容有：

（一）防尘

凡有粉尘作业的企业、事业单位应采取综合措施和无尘或低尘的新技术、新工艺、新设备，使作业场所的粉尘浓度不超过国家卫生标准。

（二）监督和监测

卫生行政部门、劳动部门和工会组织分工协作，互相配合，对企业、事业单位的尘肺病防治工作进行监督。卫生行政部门负责卫生标准的监测；劳动或安监部门负责劳动卫生工程技术标准的监测。

（三）健康管理

各企业、事业单位对新从事粉尘作业的职工，必须进行健康检查。对在职和离职的从事粉尘作业的职工，必须定期进行健康检查。检查的内容、期限和尘肺病诊断标准，按卫生行政部门有关职业病管理的规定执行。

（四）奖励和处罚

对在尘肺病防治工作中做出显著成绩的单位和个人，由其上级主管部门给予奖励。对违反本条例规定的，由卫生行政部门和劳动部门视其情节轻重，给予警告，限期治理、罚款、停业整顿的处罚。

五、建设项目职业病危害分类管理制度

职业卫生审查的建设项目的范围仅限于可能产生职业病危害的新建、扩建、改建建设项目和技术改造、技术引进项目。

（一）分级管理

下列建设项目由卫生部负责备案、审核、审查和竣工验收：由国务院投资主管部门和国务院授权的有关部门审批、核准或备案，具体有：总投资在 50 亿元人民币以上的建设项目；核设施、绝密工程等特殊性质的建设项目；跨省、自治区、直辖市行政区域的建设项目。其他建设项目的备案、审核、审查和竣工验收，由省级卫生行政部门根据本地区的实际情况确定。

（二）分类管理

国家对职业病危害建设项目实行分类管理。对可能产生职业病危害的建设项目分为职业病危害轻微、职业病危害一般和职业病危害严重三类。职业病危害轻微的建设项目，其职业病危害预评价报告、控制效果评价报告应当向卫生行政部门备案；职业病危害一般的建设项目，其职业病危害预评价、控制效果评价应当进行审核、竣工验收；职业病危害严重的建设项目，除进行前项规定的卫生审核和竣工验收外，还应当进行设计阶段的职业病防护设施设计的卫生审查。

（三）专家审查

对存在或可能产生严重职业病因素的建设项目的职业病危害评价报告实行专家审查制度，并对专家抽取实行回避制度，还对参加审查的专家来源和专业类别提出了明确要求。

（四）职业卫生技术服务机构资质

职业病危害预评价、职业病危害控制效果评价应当由依法取得资质的职业卫生技术服务机构承担，并对职业卫生技术服务机构的资质、评价依据、内容和形式等提出了具体明确的要求。

第三节　职业病危害事故调查处理

一、概述

（一）职业病危害事故分类

按一次职业病危害事故所造成的危害严重程度，职业病危害事故分为三类：

1. 一般事故

发生急性职业病 10 人以下的。

2. 重大事故

发生急性职业病 10 人以上 50 人以下或者死亡 5 人以下的，或者发生职业性炭疽 5 人以下的。

3. 特大事故

发生急性职业病 50 人以上或者死亡 5 人以上，或者发生职业性炭疽 5 人以上的。①

（二）职业病危害事故处置、调查、处理权限分级

---

① 放射事故的分类及调查处理另有规定。

1. 县级以上职业病危害监管部门负责本辖区内职业病危害事故的处置、调查、处理。

2. 重大和特大职业病危害事故由省级以上职业病危害监管部门会同有关部门和工会组织，进行处置、调查、处理。

二、事故报告

1. 发生职业病危害事故时，用人单位应当立即向所在地县级职业病危害监管部门和有关部门报告。

2. 县级职业病危害监管部门接到职业病危害事故报告后，应当实施紧急报告：特大和重大事故，应当立即向同级政府、省级卫生行政部门和卫生部报告；一般事故，应当于6小时内向同级政府和上级职业病危害监管部门报告。

3. 接收遭受急性职业病危害劳动者的首诊医疗卫生机构，应当及时向所在地县级职业病危害监管部门报告。

4. 职业病危害事故报告的内容应当包括事故发生的地点、时间、发病情况、死亡人数、可能发生原因、已采取措施和发展趋势等。

5. 地方各级职业病危害监管部门按照《卫生监督统计报告管理规定》，负责管辖范围内职业病危害事故的统计报告工作，并应当定期向有关部门和同级工会组织通报职业病危害事故发生情况。职业病危害事故发生的情况，由省级以上职业病危害监管部门统一对外公布。

6. 任何单位和个人不得以任何借口对职业病危害事故瞒报、虚报、漏报和迟报。

三、事故处置

（一）用人单位措施

1. 停止导致职业病危害事故的作业，控制事故现场，防止事态扩大，把事故危害降到最低限度。

2. 疏通应急撤离通道，撤离作业人员，组织泄险。

3. 保护事故现场，保留导致职业病危害事故的材料、设备和工具等。

4. 对遭受或者可能遭受急性职业病危害的劳动者，及时组织救治、进行健康检查和医学观察。

5. 按照规定进行事故报告。

6. 配合职业病危害监管部门进行调查，按照职业病危害监管部门的要求如实介绍事故发生情况、提供有关材料和样品。

7. 落实职业病危害监管部门要求采取的其他措施。

（二）职业病危害监管部门措施

1. 组织控制职业病危害事故现场。

2. 封存造成职业病危害事故的材料、设备和工具等。

3. 组织医疗卫生机构救治遭受或者可能遭受急性职业病危害的劳动者。

四、事故调查和处理

（一）事故调查组组成

事故发生后，职业病危害监管部门应当及时组织用人单位主管部门、公安、安全生产部门、工会等有关部门组成职业病危害事故调查组，进行事故调查。

（二）事故调查组成员条件

1. 具有事故调查所需要的专业知识和实践经验。

2. 与所发生事故没有直接利害关系。

（三）事故调查组职责

1. 进行现场勘验和调查取证，查明职业病危害事故发生的经过、原因、人员伤亡情况和危害程度。

2. 分析事故责任。

3. 提出对事故责任人的处罚意见。

4. 提出防范事故再次发生所应采取的改进措施的意见。

5. 形成职业病事故调查处理报告。

（四）调查处理过程

1. 事故调查组进行现场调查取证时，有权向用人单位、有关单位和有关人员了解有关情况，任何单位和个人不得拒绝、隐瞒或提供虚假证据或资料，不得阻碍、干涉事故调查组的现场调查和取证工作。

2. 职业病危害监管部门根据事故调查组提出的事故处理意见，决定和实施对发生事故的用人单位的行政处罚，并责令用人单位及其主管部门负责落实有关改进措施建议。

3. 职业病危害事故处理工作应当在 90 日内结案，特殊情况不得超过 180 日。事故处理结案后，应当公布处理结果。

第四节　职业病赔偿

一、职业病的相关法律规定与保障

职业病对劳动者的生活能力和劳动能力甚至生命都有着极大的威胁，给个人及其家庭带来极大的痛苦，给社会造成极大的负担。与其他职业伤害相比，职业病有以下特点：

（一）职业病的起因复杂

职业病是由于劳动者在从事职业性活动过程中或长期受到来自化学的、物理的、生物的职业性危害因素的侵蚀，或长期受不良的作业方法、恶劣的作业条件的影响而罹患职业病，这些因素及影响可能直接或间接地、个别或共同地发生作用。

（二）职业病属于缓发性伤残

不同于突发的事故或疾病，职业病病症要经过一个较长的逐渐形成期或潜伏期后才能显现。

（三）职业病属于隐性伤害

职业病多表现为体内生理器官或生理功能的损伤，属于隐性伤害，容易与其他病征混淆。

（四）职业病属于不可逆性损伤，很少有痊愈的可能

职业病预防胜于治疗，通过改善用工环境、加强防护措施、使用防护用品和定期健康检查等手段预防职业病是用工单位的责任。可见，职业病虽然被列入因工伤残的范围，但它同工伤伤残又是有区别的。

早在 1987 年 11 月，卫生部、劳动人事部、财政部、中华全国总工会就联合发布了《职业病范围和职业病患者处理办法的规定》（卫防字［1987］第 82 号），确定了我国 9 大类共 99 种法定职业病的名单。2002 年 4 月，卫生部、劳动和社会保障部发布的《职业病目录》把职业病增加至 10 大类 115 种，基本囊括了我国当前各种主要职业危害导致的严重职业病。

除了《职业病防治法》外，目前我国关于职业病的法律保障和保险保障主要有《劳动法》《使用有毒物质作业场所劳动保护条例》和《工伤保险条例》（包括地方性法规如《广东省工伤保险条例》）以及根据《保险法》实施的商业性保险“雇主责任保险”。关于职业病的保险保障，无论是国家立法规定的强制性社会保险还是

商业性的雇主责任保险都有相应的保障规定。我国《劳动法》规定，劳动者有患职业病的，用人单位不得解除劳动合同；劳动者因工伤残或者患职业病，依法享受社会保险待遇。根据《职业病防治法》的有关规定，职业病病人依法享受国家规定的职业病待遇；职业病病人除依法享有工伤社会保险外，依照有关民事法律，尚有获得赔偿权利的，有权向用人单位提出赔偿要求；职业病病人变动工作单位，其依法享有的待遇不变。2002 年实施的《使用有毒物质作业场所劳动保护条例》也对职业病的责任做出规定：用人单位发生分立、合并、解散、破产等情形的，应当对从事使用有毒物品作业的劳动者进行健康检查，并按照国家有关规定妥善安置职业病病人。

二、工伤保险对职业病的索赔处理

对于职业病患者的索赔时效问题，根据《工伤保险条例》（以下简称《条例》）的相关规定，职工发生事故伤害或者按照职业病防治法规定被诊断、鉴定为罹患职业病的，所在单位应当自事故伤害发生之日或者职工被诊断、鉴定为罹患职业病之日起 30 日内，向统筹地区劳动保障行政部门提出工伤认定申请；未按前款规定提出工伤认定申请的，工伤职工或者其直系亲属、工会组织在事故伤害发生之日或者职工被诊断、鉴定为罹患职业病之日起 1 年内，可以直接向用人单位所在地统筹地区劳动保障行政部门提出工伤认定申请。根据《条例》的规定，不管用人单位是否及时为患病职工提出工伤认定申请，只要患病职工在其职业病被诊断或鉴定的 1 年内，该职工都有享受工伤医疗待遇的权利。

三、雇主责任险对职业病的索赔处理

（一）职业病的潜伏期风险与雇主责任保险期限的问题

雇主责任保险作为财产保险的一种，其保险期限都是 1 年，而职业病的一个特性是潜伏期往往比较长，从“患”病到发病再到确诊通常有一个时滞过程。对于职业病的保险索赔，则存在两种情况：一是致病因素起作用的时间在保险期间内，二是发病时间在保险期间内。

我国保险市场通用的雇主责任保险对职业病的索赔没有特别规定，对于索赔期限则是这样规定的：索赔期限，从发生事故之日起算，不超过 2 年。这样的规定一般对于意外事故引起的雇员人身伤亡的索赔不会出现问题，因为事故发生后很快就能提出索赔，但如果职业性疾病仍然使用这个规定，假如致病因素起作用的时间在保险期间内，发病时间则在保险期间之外或者超过了 2 年的，其索赔的有效性就易出现争议。雇主责任保险索赔时效的规定与我国《保险法》的规定是有差异的，《保险法》第 27 条规定：人寿保险以外的其他保险的被保险人或者受益人，对保险人请求赔偿或者给付保险金的权利，自其知道保险事故发生之日起 2 年不行使而消灭。根据《保险法》的规定，无论职业病是在什么时候发现的，只要致病因素起作用的时间是在保险期间内，只要发现（或者知道）患有职业病后 2 年内提出索赔都是有效的。在实务中，如果保险公司只是按照保险单的规定处理赔案，职业病患者在事故发生（而不是发现）2 年后提出的索赔就不属于保险责任了，这样对大多数未能及时提出索赔的职业病患者来说不公平，因此雇主责任保险的索赔期限如果按照《保险法》第 27 条的规定将有利于保护被保险人的利益。

（二）雇主责任保险的保险事故归属方式的问题

责任保险有别于普通财产保险的一个特性，就是保险责任的归属方式有两种，即期内发生或者期内索赔。普通财产事故或者工伤事故的发生一般都能很快知道事故起因，保险人在较短的时间内就可以确定该事故是否存在赔偿责任、估算出损失或计算赔偿金额。目前我国普遍采用的雇主责任保险的保险责任归属是责任保险通用的期内索赔式，即无论职业病患者在何时（或设定追溯期，从现保险单起保日往前追溯若干年如 5 年等）遭受职业危害，只要在保险期限内向保险人提出索赔即构成保险事故，保险人依照保险合同承担赔偿责任。但如上所述职业性疾病发生后通常不能立即得知或被发现，从患者遭受职业危害或者接触有害物质到发现职业病往往间隔很长时间，可见期内索赔式对保险公司来说可以合理控制风险，但对职业病患者则不合理。因此，雇主责任保险关于职业病的索赔应该采用期内发生式，即职业病患者在保险期间内遭受职业危害的，在规定时效内（按照《民法通则》规定：从事故发生到发现后的 20 年请求赔偿）保险人皆应负赔偿责任。期内发生式的“长尾巴”责任会给保险人的业务管理和经营带来一些困难，保险人应该充分考虑到职业病的风险特性，合理安排和妥善管理这类业务。对职业病的赔偿处理，我们可以参考英国雇主责任保险的限制法，即允许患者在意识到患病之日起 3 年内提出索赔或者诉讼，如果职业病是在保险期限内造成的，保险人就要负责，不管保险单是否已经过期。

（三）职业病的重复保险问题

职业病从“患”病到发病的时滞过程使得保险期限时断时续和很容易出现重复保险，这个重复保险并不是投保人同时向多个保险人投保，而是因为时间跨度太长出现的不同保险时段。对于保险的中止（停止后再投保）、恢复以及患者在不同的时间不同的企业遭受职业伤害（伤害的轻重等），工伤保险与雇主责任保险的规定并不清晰，但是这种情况在实务中不可避免，因此在有关法律法规和保险条款中明确规定了重复保险的处理方式，以避免在保险索赔时发生不必要的争议。

（四）雇主责任保险对职业病的费率厘定问题

工伤保险是根据行业风险类别按照风险较小行业、中等风险行业和风险较大行业来确定费率，雇主责任保险的费率体系则较为详细，风险评估一般都考虑行业风险等级、生产过程风险、工作场所、防护措施、污染种类等，厘定费率时更多强调的是雇员工种分类，都没有针对职业病风险制定相应的费率。我国目前正面临着严峻的职业病风险多发期，保险人面对的很多风险都是因为新技术、新材料的运用而出现的，损失记录数据欠缺，没有足够的同质风险数据为依据从而精算出有意义的统计结果，保险人需要收集更多的统计数据，与国外同行特别是再保险人协作，定期对某种行业或某类风险的费率进行调整，并根据法律环境和法律责任的变化，厘定出科学合理的费率。

职业性疾病是工伤保险和雇主责任保险的一个主要保险责任，职业病保险保障面临索赔时效、赔付限额、保险连续性等问题，相关法律法规和保险合同的制定应本着最大限度保障劳动者合法权益的原则，在考虑保险人风险控制的同时，切实满足职业病患者保险保障的需求，根据职业病的特点制定有别于普通工伤索赔的职业病保险保障制度，是当前社会保障工程的一项重要任务。

本章小结

本章讲述了职业卫生概念及其他常用概念，论述了我国职业病防治法律制度、尘肺病防治法律制度、使用有毒物品作业场所劳动保护制度、建设项目职业病危害分类管理制度、职业健康监护制度等，讲述了职业病危害事故调查处理制度，讲述了职业病赔偿制度，探讨了工伤保险对职业病的索赔处理、雇主责任险对职业病的索赔处理等问题。

复习思考题

1. 什么叫职业卫生、职业病、职业病危害、职业禁忌？
2. 我国尘肺病防治法律制度有哪些内容？
3. 使用有毒物品作业场所劳动保护制度有哪些内容？
4. 建设项目职业病危害分类管理制度有哪些内容？

5. 职业健康监护制度有哪些内容？

6. 职业病危害事故与生产安全事故在分类或分级及调查处理权限上有什么区别？

7. 如何协调工伤赔偿与职业病赔偿的关系？

第十章　行业生产安全法律制度

本章学习目标

1. 掌握煤矿安全生产法律制度内容。

2. 了解煤炭生产许可制度与煤矿安全生产许可制度的区别与联系。

3. 掌握石油天然气企业生产安全法律制度、政府安全监管制度。

4. 掌握危险化学品安全许可制度、烟花爆竹安全许可制度、民用爆炸物品生产和安全许可制度。

5. 了解电力安全监管体制、电力系统安全法律制度。

6. 掌握旅游安全保障法律制度。

7. 了解水库大坝、水工程建设法律制度与安全的关系。

8. 了解特种设备安全使用制度。

第一节　采掘行业安全生产法律制度

一、煤矿生产安全法律制度

（一）煤矿生产安全监管体制

国家建立了垂直领导的煤矿安全监察体系，煤矿安全监察机构行使对煤矿安全的监察职能。与此同时，地方安监部门也对煤矿安全行使监管职能，接受国家煤矿安全监察机构检查指导。煤炭管理部门在管理煤矿生产的同时也在履行煤矿安全监督管理的职能。

（二）煤矿企业安全生产许可

《煤矿企业安全生产许可证实施办法》（国家安全生产监督管理局、国家煤矿安全监察局第8号令）对煤矿企业的安全管理制度、安全投入、安全技术人员的配备、高层管理人员与安全管理人员的考核、安全培训等与煤矿安全密切相关的内容作了明确的规定。煤矿企业必须取得安全生产许可证，未取得安全生产许可证的，不得从事生产活动。安全生产许可证的颁发管理工作实行企业申请、两级发证、属地监管的原则。国家煤矿安全监察局指导、监督全国煤矿企业安全生产许可证的颁发管理工作，负责中央管理的煤矿企业安全生产许可证的颁发和管理。省级煤矿安全监察局负责其他煤矿企业安全生产许可证的颁发和管理；未设立煤矿安全监察机构的省、自治区，由省、自治区政府指定的部门负责本行政区域内煤矿企业安全工作。

（三）煤矿企业安全条件

1. 管理条件

建立健全主要负责人、分管负责人、安全生产管理人员、职能部门、岗位安全生产责任制，设置安全生产管理机构，建立相应的安全管理系统；制定安全目标管理制度、安全奖惩制度、安全技术审批制度、事故隐患排查制度、安全检查制度、安全办公会议制度、井工煤矿入井检身制度与出入井人员清点制度等安全生产规章制度；制定各工种操作规程。

2. 资金条件

安全投入符合安全生产要求，按照有关规定提取安全技术措施专项经费。

3. 人员条件

配备专职安全生产管理人员。主要负责人和安全生产管理人员的安全生产知识和管理能力应当经考核合格。依法参加工伤保险，为从业人员缴纳工伤保险费。制订特种作业人员培训计划、从业人员培训计划、职业危害防治计划。

对于煤矿生产过程中涉及的特种工作，包括爆破作业、登高架设作业、矿山排水作业、矿山提升运输作业等需要运用各种特殊机器的操作工作，相应的特种作业人员必须接受与本工种相适应的、专门的安全技术培训，经安全技术理论考核和实际操作技能考核合格，取得特种作业操作证后，方可上岗作业；未经培训，或培训考核不合格者，不得上岗作业。

作为对整个煤矿企业的安全负有全部责任的矿长，他不仅要拥有行政管理能力，也需要对煤炭行业相关专业知识有所了解，对各种安全事故处理有一定应对能力，并取得矿长安全资格证。

4. 预防条件

制订重大危险源检测、评估、监控措施和应急预案。制订事故应急救援预案，并按照规定设立矿山救护队，配备救护装备。不具备单独设立矿山救护队条件的，应当与邻近的专业矿山救护队签订救护协议。

5. 物质条件

必须配备足够的安全保护用品，应制定职业危害防治措施、综合防尘措施，建立粉尘检测制度，为从业人员配备符合国家标准或者行业标准的劳动防护用品。

（四）安全生产法律制度

1. 安全生产责任制

要按照岗位、职能、权利和责任相统一的原则，明确各级负责人、职能机构和各岗位人员承担的安全生产责任和义务；要将企业、部门或单位的全部安全生产责任逐项分解，逐级落实到各岗位和人员。

2. 安全办公会议制度

要明确安全办公会议的召开周期、内容、主持人和参加人员。安全办公会议必须由安全生产第一责任人主持。会议应当有完整的记录，载明议定的事项、决定以及落实的人员、措施和期限。会议记录、纪要应纳入档案管理。

3. 安全目标管理制度

应依据上级下达的安全指标，结合实际制定年度或阶段安全生产目标制定安全目标管理制度，并将指标逐级分解，明确责任、保证措施、考核和奖惩办法。

4. 安全投入保障制度

应按国家有关规定建立稳定的安全投入资金渠道，保证新增、改善和更新安全系统、设备、设施，消除事故隐患，改善安全生产条件，进行安全生产宣传、教育、培训，落实安全奖励，推广应用先进安全技术措施和管理方法，抢险救灾等均有可靠的资金来源；安全投入应能充分保证安全生产需要，安全投入资金要专款专用；煤矿企业应当编制年度安全技术措施计划，确定项目，落实资金、完成时间和责任人。

5. 安全质量标准化管理制度

明确检查标准、检查周期、考核评级奖惩办法、组织检查的部门和人员。

6. 安全教育与培训制度

应保证煤矿企业职工掌握本职工作应具备的法律法规知识、安全知识、专业技术知识和操作技能；明确企业职工教育与培训的周期、内容、方式、标准和考核办法；明确相关部门安全教育与培训的职责和考核办法；明确年度安全生产教育与培训计划，确定任务，落实费用。

7. 事故隐患排查制度

应保证及时发现和消除矿井在通风、瓦斯、煤尘、火灾、顶板、机电、运输、放炮、水害和其他方面存在的隐患；明确事故隐患的识别、评估、报告、监控和治理标准；按照分级管理的原则，明确隐患治理的责任和义务。

8. 安全监督检查制度

应保证有专门的安全管理机构，配备足额的专职安全管理人员，有效地监督安全生产规章制度、规程、标准、规范等执行情况；重点检查矿井“一通三防”的装备、管理情况；明确安全检查的周期、内容、检查标准、检查方式、负责组织检查的部门和人员、对检查结果的处理办法。

9. 安全技术审批制度

要确定各类工程设计、作业规程、安全措施和方案等安全技术审批的内容、程序、标准、时限、审批级别；审批人员职务和资格，编制、审核、审批人员的职责、权限和义务。安全技术审批应保证依据充分、正确、内容全面、具体、安全措施可靠，能够有效指导生产施工、作业和操作。

10. 矿用设备、器材的使用管理制度

应保证在用设备、器材符合相关标准，保持完好状态；明确矿用设备、器材使用前的检测标准、程序、方法和检验单位、人员的资质；明确使用过程中的检验标准、周期、方法和校验单位、人员的资质；明确维修、更新和报废的标准、程序和方法。

11. 矿井主要灾害预防管理制度

要明确可能导致重大事故的“一通三防”、防治水、冲击地压、职业危害等主要危险，有针对性地分别制定专门制度，强化管理，加强监控，制定预防措施。

12. 煤矿事故应急救援制度

要制订事故应急救援预案，明确发生事故后的上报时限、上报部门、上报内容、应采取的应急救援措施等。

13. 安全奖罚制度

必须兼顾责任、权利、义务，规定明确，奖罚对应；明确奖罚的项目、标准和考核办法。

14. 入井检身与出入井人员清点制度

明确入井人员禁止带入井下的物品和检查方法；明确人员入井、升井登记、清点和统计、报告办法，保证准确掌握井下作业人数和人员名单，及时发现未能正常升井的人员并查明原因。

15. 安全操作规程管理制度

操作规程要涵盖从进入操作现场、操作准备到操作结束和离开操作现场全过程的各个操作环节。要分别制定各工种的岗位操作规程，明确各工种、岗位对操作人员的基本要求、操作程序和标准，明确违反操作程序和标准可能导致的危险和危害。

（五）与安全有关的煤炭生产许可制度

煤炭生产许可与煤矿安全生产许可是两种相互关联的许可，部分条件及性质相同。

1. 煤矿生产许可

实行两级审批制：

煤矿投入生产前，煤矿企业应当向煤炭管理部门申请领取《煤炭生产许可证》，由煤炭管理部门对其实际生产条件和安全条件进行审查，发给《煤炭生产许可证》。

（1）国务院煤炭管理部门负责颁发煤炭生产许可证的范围是：国务院和国务院煤炭管理部门审查批准开办的煤矿企业；跨省、自治区、直辖市行政区域的煤矿企业。

（2）省、自治区、直辖市政府煤炭管理部门负责其他煤矿企业的《煤炭生产许可证》的颁发管理工作。省、自治区、直辖市政府煤炭管理部门可以授权设区的市、自治州政府煤炭管理部门负责《煤炭生产许可证》的颁发管理工作。

（3）审查批准煤矿企业，须由地质矿产主管部门对其开采范围和资源综合利用方案进行复核并签署意见。经批准开办的煤矿企业，凭批准文件由地质矿产主管部门颁发《采矿许可证》。

2. 生产条件

（1）煤矿企业条件

1）有煤矿建设项目可行性研究报告或者开采方案；

2）有计划开采的矿区范围、开采范围和资源综合利用方案；

3）有开采所需的地质、测量、水文资料和其他资料；

4）有符合煤矿安全生产和环境保护要求的矿山设计；

5）有合理的煤矿矿井生产规模和与其相适应的资金、设备和技术人员；

6）法律、行政法规规定的其他条件。

（2）煤炭生产条件

1）有依法取得的采矿许可证；

2）矿井生产系统符合国家规定的煤矿安全规程；

3）矿长经依法培训合格，取得矿长资格证书；

4）特种作业人员经依法培训合格，取得操作资格证书；

5）井上、井下、矿内、矿外调度通信畅通；

6）有实测的井上、井下工程对照图、采掘工程平面图、通风系统图；

7）有竣工验收合格的保障煤矿生产安全的设施和环境保护设施；

8）法律、行政法规规定的其他条件。

二、非煤矿山生产安全法律制度

非煤矿山是指能够开采金属矿石、放射性矿石以及作为石油化工原料、建筑材料、辅助原料、耐火材料及其他非金属矿物（煤炭除外）的矿山、尾矿库。

（一）非煤矿山生产安全监管体制

1. 非煤矿山安全的监管主体

根据国务院的现行规定，非煤矿山安全监督的主管部门是县级以上政府负责安全生产监督管理的部门，包括负责非煤矿山综合监管的各级安监局和其他负有安全监管职责的行业主管部门。

2. 各级安监局的综合监管

主要监管内容包括：非煤矿山的守法督促，即监督检查非煤矿山企业及其主管部门是否执行了相关安全法规；非煤矿山建设工程安全设施设计审查和参加竣工验收；检查非煤矿山的劳动条件、安全状况；检查非煤矿山企业职工安全教育、培训工作情况；监督检查非煤矿山企业提取、使用安全技术措施及其他安全专项费用的情况；参加非煤矿山的事故调查与处理等。

3. 非煤矿山企业主管部门的行业安全管理

1992 年通过《矿山安全法》时，煤炭、石油、冶金、建材等行业都有自己的政府主管部门，这些主管部门的行业管理工作也大量涉及安全管理。1998 年国务院机构改革以后，有些行业主管部门被撤销或合并，有些则继续存在。不论机构如何变化，只要是依照法律、法规和各级政府授权而负责管理非矿山企业的主管部门，就都应当履行一定的安全管理职责，主要包括对非煤矿山进行安全法规守法监督，对非煤矿山建设工程安全设施审查批准和参与竣工验收，组织矿长、安管（检）员参加安全培训，参与重大矿山事故调查处理等。

（二）非煤矿山生产安全许可

非煤矿山生产安全许可实行二级审批制：

1. 国务院安监部门指导、监督全国非煤矿矿山企业安全生产许可证的颁发管理工作，负责中央管理的非煤矿矿山企业和海洋石油天然气企业安全生产许可证的颁发和管理。省、自治区、直辖市政府安监部门负责此外的非煤矿矿山企业以及含有非煤矿山或者设有尾矿库的其他非矿山企业安全生产许可证的颁发和管理。

2. 中央管理的非煤矿矿山企业（集团公司、总公司、上市公司）和海洋石油天然气企业申请领取安全生产许可证，向国务院安监部门提出申请。此外的其他非煤矿矿山企业以及含有非煤矿矿山或者设有尾矿库的其他非矿山企业申请领取安全生产许可证，向企业所在地省级安全生产许可证颁发管理机关提出申请。

非煤矿矿山企业所属独立生产系统应申请领取安全生产许可证。

（三）一般安全条件

可分类为管理条件、资金条件、人员条件、设备设施条件、预防条件、程序条件及其他条件。

1. 管理条件

建立、健全主要负责人、分管负责人、安全生产管理人员、职能部门、岗位安全生产责任制；制定安全检查制度、职业危害预防制度、安全教育培训制度、生产安全事故管理制度、重大危险源监控和重大隐患整改制度、设备安全管理制度、安全生产档案管理制度、安全生产奖惩制度等规章制度；制定作业安全规程和各工种操作规程；设置安全生产管理机构。

2. 资金条件

安全投入符合安全生产要求，按照有关规定提取安全技术措施专项经费。

3. 人员条件

配备专职安全生产管理人员；主要负责人和安全生产管理人员的安全生产知识和管理能力经考核合格；特种作业人员经有关业务主管部门考核合格，取得特种作业操作资格证书；其他从业人员按照规定接受安全生产教育和培训，并经考试合格；依法参加工伤保险，为从业人员缴纳工伤保险费。

4. 预防条件

对有职业危害的场所进行定期检测，具有防治职业危害的具体措施，并按规定为从业人员配备符合国家标准或行业标准的劳动防护用品；对作业环境安全条件和危险性较大的设备进行定期检测检验，具有预防事故的安全技术保障措施；制订井喷失控、中毒窒息、边坡坍塌、冒顶片帮、透水及坠井等各种事故以及采矿诱发地质灾害等事故的应急救援预案；建立事故应急救援组织，配备必要的应急救援器材、设备；生产规模较小可以不建立事故应急救援组织的，应当指定兼职的应急救援人员，并与邻近的事故应急救援组织签订救护协议。

5. 设备设施条件

对石油天然气储运设施、露天边坡、人员提升设备、尾矿库、排土场、爆破器材库等易发生事故的场所、设施、设备，应建立登记档案和检测、评估报告及监控措施。

6. 程序条件

依法进行安全评价、安全论证、安全审批等。

（四）安全生产法律制度

1. 非煤矿山建设的安全保障制度

（1）矿山建设工程安全设施的“三同时”制度。即非煤矿山建设工程的安全设施必须和主体工程同时设计、同时施工、同时投入生产和使用，整个过程要经过充分的安全论证、安全评价和安全验收。

（2）矿山建设工程安全设施的设计和竣工验收。矿山建设工程的设计文件，必须符合矿山安全规程和行业技术规范，并按照国家规定经管理矿山企业的主管部门批准；不符合矿山安全规程和行业技术规范的，不得批准。矿山建设工程安全设施的设计必须有安监部门代表参加审查。矿山安全规程和行业技术规范，由国务院管理矿山企业的主管部门制定。

矿山建设工程必须按照管理矿山的主管部门批准的设计文件施工。矿山建设工程安全设施竣工后，由管理矿山企业的主管部门验收，并须有劳动行政主管部门参加；不符合矿山安全规程和行业技术规范的，不得验收，不得投入生产。

（3）矿井安全出口和运输通信设施。每个矿井必须有两个以上能行人的安全出口，出口之间的直线水平距离必须符合矿山安全规程和行业技术规范。矿山运输设施是保证矿山开采的运送传输设施，保证其正常运行对于正常生产和预防事故必不可少。通信设施是传递组织生产和安全管理的各种信息的电信设施。保持通信畅通，是实行安全生产的重要条件。各类矿山的运输通信设施有所不同，法律对此的最低要求是矿山必须有与外界相通的、符合安全要求的运输和通信设施。

2. 非煤矿山开采的安全保障规定

（1）矿山开采的基本要求。《矿山安全法》第 13 条规定：“矿山开采必须具备保障安全生产的条件，执行开采不同矿种的矿山安全规程和行业技术规范。”

（2）矿用特殊设备、器材、护品、仪器的安全保障制度。矿山使用的有特殊安全要求的设备、器材、防护用品和安全检测仪器，必须符合国家安全标准或者行业安全标准；不符合国家安全标准或者行业安全标准的，不得使用。矿山企业必须对机电设备及其防护装置、安全检测仪器定期检查、维修，保证使用安全。

（3）开采作业的安全保障。矿山企业必须对作业场所中的有毒有害物质和井下空气含氧量进行检测，保证符合安全要求。矿山企业必须对下列危害安全的事故隐患采取预防措施：冒顶、片帮、边坡滑落和地表塌陷；瓦斯爆炸、煤尘爆炸；冲击地压、瓦斯突出、井喷；地面和井下的火灾、水害；爆破器材和爆破作业发生的危害；粉尘、有毒有害气体、放射性物质和其他有害物质引起的危害；其他危害。矿山企业对使用机械、电气设备，排土场、矸石山、尾矿库和矿山闭坑后可能引起的危害，应当采取预防措施。

3. 非煤矿山企业安全管理制度

（1）安全生产责任制。《矿山安全法》第 20 条规定："矿山企业必须建立、健全安全生产责任制。矿长对本企业的安全生产工作负责。"依照《矿山安全法实施条例》的规定，矿山企业应当建立、健全行政领导岗位安全生产责任制、职能机构安全生产责任制、岗位人员的安全生产责任制。

（2）矿山安全的内部监督。为了加强安全管理和企业内部监督，法律通过授权职代会、职工和工会监督来形成矿山企业安全生产的内部管理机制。

三、石油天然气生产安全法律制度

（一）陆上石油天然气生产安全法律制度

1. 企业安全生产主体责任制度

建立以法定代表人负责制为核心的各级安全生产责任制，健全各级安全生产管理机构，配备必要的安全生产专职管理人员；建立健全安全生产的各项规章制度、作业规范和岗位技术操作规程，积极采用先进的安全管理方法和安全生产技术，加强和改进安全管理，推进安全质量标准化工作；探索建立安全生产长效机制，制订安全生产发展规划，把安全生产工作纳入企业发展战略和规划的整体布局之中，同步实施、同步发展；加强基层基础工作，抓好对全体职工的安全生产教育培训，企业主要负责人、安全管理人员必须依法经考核合格后方可任职，特种作业人员必须按照国家有关规定经专门的安全作业培训，取得特种作业操作资格证书后方可上岗作业；加强对企业重大危险源和安全生产薄弱环节的监控，对安全隐患和突出问题进行彻底整治；依法保证和加大安全投入，搞好安全生产技术改造，积极推进安全技术创新与进步，采用安全性能可靠的新技术、新工艺、新设备和新材料，不断改善安全生产条件，新建、改建、扩建石油天然气勘探开采工程项目的安全设施，必须与主体工程同时设计、同时施工、同时投入生产和使用，并依法申请、通过设计审查和竣工验收；加强应急管理工作，完善应急救援队伍、物资、技术等资源的配置和装备，分级、分层编制事故应急预案，并定期演练，一旦发生事故，要有力、有序、有效应对。同时，对每一起生产安全事故，要查明事故性质和原因，追究有关责任，吸取事故教训，完善安全措施。

2. 政府的安全监管制度

对石油天然气企业陆上油气田安全生产的监督管理工作，按照分级、属地的原则，由国家、省、市三级安全监管部门按照职责分工实施安全监管。

各省（自治区、直辖市）安全监管部门在同级政府统一领导下，负责本行政区域内石油天然气企业的安全生产监督管理工作；依法监督检查其贯彻执行党和国家有关安全生产法律法规、规章、标准规范等情况；指导、协调、监督各市（地）安全监管部门履行石油天然气企业安全监管职责情况；负责省级石油天然气企业安全生产许可证颁发管理工作及其主要负责人和安全生产管理人员的培训工作，组织、指导、监督特种作业人员的培训工作；按照有关规定要求，负责建设项目安全设施设计审查和竣工验收工作；根据同级政府委托或者授权，组织重大生产安全事故的调查处理工作，参与或组织重大生产安全事故的应急救援工作。

各市（地）安全监管部门在同级政府统一领导下，负责其行政区域内石油天然气企业的安全监督管理工作。依法监督检查生产经营单位安全生产条件、设备设施安全、劳动防护用品使用、作业场所职业卫生和安全生产教育培训等情况；依法监督检查地区石油天然气企业及其下属单位的应急救援预案编制及演练情况，协调行政区域内应急状态下人员疏散、撤离及救护等具体工作；根据同级政府委托或者授权，组织一般和较大生产安全事故的调查处理和事故结案工作，参与一般和较大生产安全事故的应急救援工作。

（二）海洋石油天然气生产安全监管制度

国家安监总局负责中国海洋（包括海域、内湖）石油作业的安全生产监督管理工作，具体职责由海洋石油作业安全办公室（简称海油安办）履行。海油安办在中国海洋石油总公司设立海油分部，在中国石油天然气集团公司设立中油分部，在中国石油化工集团公司设立石化分部，各分部在业务上接受国家安全监管总局海油安办的领导。

海油安办各分部具体负责宣传贯彻海洋石油安全生产方针政策、法律法规、规章和标准规程。负责辖区内海洋石油企业的安全监督管理工作，依法监督检查海洋石油企业的安全生产条件、设备设施安全、劳动防护用品使用、作业场所职业卫生和安全生产教育培训等情况。负责辖区内海洋石油中介机构的日常监管工作。在海油安办的指导下，组织辖区内海洋石油企业主要负责人、安全管理人员和出海作业人员的安全资格培训和考核工作；组织协调辖区内除海洋石油新建油气田一期之外的建设项目生产设施的安全预评价备案、设计审查与安全竣工验收工作；负责辖区内海洋石油企业安全生产许可证申请材料的审核工作。按事故分级管理的原则，组织协调辖区内海洋石油生产领域一般和较大生产安全事故的调查处理工作，参与重大以上事故的调查处理，参与各类事故和险情的应急救援工作。

（三）石油天然气管道安全法律制度

石油天然气管道安全监管的范围包括监管石油（包括原油、成品油）、天然气（含煤层气）管道及其附属设施的安全运行及相关的公共安全。

管道设施包括输送石油、天然气的管道、管道防腐保护设施、管道水工防护构筑物、抗震设施、管堤、管桥及管道专用涵洞和隧道、加压站、加热站、计量站、集油（气）站、输气站、配气站、处理场（站）、清管站、各类阀室（井）及放空设施、油库、装卸栈桥及装卸场、管道标志、标识和穿越公（铁）路的检漏装置等，但不包括输送石油、天然气的城市管网和石油化工企业厂区内部管网的安全监管。

目前我国石油天然气管道安全监管各部门职责分工是：

1. 国务院石油天然气管道安全监管部门负责全国管道设施保护的监督管理工作，县级以上地方各级政府指定的部门负责对本行政区域内管道设施的保护实施监督管理。

2. 管道设施沿线地方各级政府对沿线群众进行有关管道设施安全保护的宣传教育，并负责协调解决有关管道设施巡查、维修和事故抢修的临时用地、用工等事项；加强对管道设施保护工作的组织领导，采取有效措施，保证管道设施安全，及时组织有关部门制止、查处本行政区域内发生的侵占、破坏、盗窃、哄抢管道设施和管道输送的石油、天然气以及其他危害管道设施安全的行为。

3. 管道设施沿线各级公安机关负责查处破坏、盗窃、哄抢管道设施和管道输送的石油、天然气以及其他危害管道设施安全的案件。

第二节　危险物品安全法律制度

一、危险化学品安全法律制度

（一）危险化学品安全概述

1. 主要法律法规

危险化学品是指具有易燃、易爆、有毒、有害及有腐蚀性，会对人员、设施、环境造成伤害或者损害的化学品，基于其特殊的社会危害性，世界各国对于危险化学品都设置有专门的安全管理法律制度。我国于 2002 年 1 月 9 日通过了《危险化学品安全管理条例》，自 2002 年 3 月 15 日起施行，规定了危险化学品的生产、储存、使用、经营、运输等环节的基本安全制度。其后，我国又陆续颁布了一些相关的法律法规。

2. 危险化学品的范围

危险化学品包括爆炸物品、压缩气体和液化气体、易燃液体、易燃固体、自燃物品和遇湿易燃物品、氧化剂和有机过氧化物、有毒品和腐蚀品等。具体可查《危险货物品名表》（GB 12268—1990）和《危险化学品名录》（国家安全生产监督管理局公告［2003 年第 1 号］）。剧毒化学品目录和未列入《危险货物品名表》的其他危险化学品，另行确定。

3. 危险化学品安全法适用范围

凡是在我国境内的企业、事业单位和公民个人从事危险化学品的生产、经营、储存、运输、使用以及进口危险化学品的经营、储存、运输、使用和处置等活动，都必须遵守危险化学品安全管理法律法规的规定。但监控化学品、属于药品的危险化学品和农药的安全管理，以及民用爆炸品、放射性物品、核能物质和城镇燃气的安全管理，不适用危险化学品安全管理的法律法规。

4. 危险化学品单位、人员的安全责任

生产、经营、储存、运输、使用危险化学品和处置废弃危险化学品的单位，其主要负责人必须保证本单位危险化学品的安全管理符合有关法律、法规、规章的规定和国家标准的要求，并对本单位危险化学品的安全负责。危险化学品单位从事生产、经营、储存、运输、使用危险化学品和处置废弃危险化学品活动的人员，必须接受有关法律、法规、规章和安全知识、专业技术、职业卫生防护和应急救援知识的培训，并经考核合格，方可上岗作业。

（二）危险化学品安全许可

危化品安全管理涉及安监、公安、环保等部门。

1. 危化品企业设立与危化品生产许可

（1）危化品企业设立：设立剧毒化学品生产、储存业务的企业和其他危险化学品生产、储存业务的企业，应当分别向省、自治区、直辖市政府安监部门和设区的市级政府安监部门提出申请。主管部门组织有关专家进行审查，提出审查意见后，报本级政府作出批准或者不予批准的决定。依据本级政府决定，予以批准的，由主管部门颁发批准书。申请人凭批准书向工商行政管理部门办理登记注册手续。危险化学品生产、储存企业改建、扩建的，依此程序审查批准。

企业设立条件：有符合国家标准的生产工艺、设备或者储存方式、设施；工厂、仓库的周边防护距离符合国家标准或者国家有关规定；有符合生产或者储存需要的管理人员和技术人员；有健全的安全管理制度；符合法律、法规规定和国家标准要求的其他条件。

（2）危化品生产许可：依法设立的危险化学品生产企业，必须向国务院质检部门申请领取危险化学品生产许可证；未取得危险化学品生产许可证的，不得开工生产。国务院质检部门应当将颁发危险化学品生产许可证的情况通报国务院安监部门、环境保护部门和公安部门。

2. 危险化学品经营许可

（1）经营许可审批：经营剧毒化学品和其他危险化学品的，分别向省、自治区、直辖市政府安监部门或者设区的市级政府安监部门提出申请，符合条件的，颁发危险化学品经营许可证，并将颁发许可证的情况通报同级公安部门和环境保护部门，申请人凭危险化学品经营许可证向工商行政管理部门办理登记注册手续。

（2）危险化学品经营条件：经营场所和储存设施符合国家标准；主管人员和业务人员经过专业培训，并取得上岗资格；有健全的安全管理制度；符合法律、法规规定和国家标准要求的其他条件。

3. 危险化学品运输资质、人员资格认证

（1）对危险化学品的运输实行资质认定制度。未经资质认定，不得运输危险化学品。

（2）用于危险化学品运输的槽罐以及其他容器，必须由专业生产企业定点生产，并经检测、检验合格，方可使用。质检部门应当对专业生产企业定点生产的槽罐以及其他容器的产品质量进行定期的或者不定期的检查。

（3）危险化学品运输企业的驾驶员、船员、装卸管理人员、押运人员必须掌握危险化学品运输的安全知识，并经所在地设区的市级政府交通部门考核合格（船员经海事管理机构考核合格），取得上岗资格证，方可上岗作业。

4. 危险化学品建设项目安全许可

危化品建设项目安全许可是指建设项目设立前的安全审查、建设项目安全设施设计的审查和竣工验收，是安全法第一个明确规定的项目安全许可制度，对构建其他建设项目安全许可制度也有引导意义。危险化学品建设项目包括新建、改建、扩建危险化学品生产、储存装置和设施，伴有危险化学品产生的化学品生产装置和设施。不包括危险化学品的勘探、开采及其辅助的储存，石油、天然气长输管道及其辅助的储存，城镇燃气辅助的储存等。

国家安监部门指导、监督全国建设项目的安全许可实施工作，并负责实施下列安全许可：国务院审批（核准、备案）的建设项目；中央企业投资、由国务院投资主管部门审批（核准、备案）的建设项目；跨省、自治区、直辖市的建设项目；法律、行政法规规定的其他建设项目。

省、自治区、直辖市政府安监部门指导、监督本行政区域建设项目的安全许可工作。

安全许可部门可以将其负责实施的建设项目安全许可工作，委托其他行政部门实施。接受委托的行政部门不得将其接受的建设项目安全许可工作再委托其他单位。

（三）危险化学品生产、储存、使用、经营、运输、登记安全管理制度

1. 危险化学品的生产、储存和使用安全管理

（1）危险化学品的生产、储存的规划与审批。国家对危险化学品的生产和储存实行统一规划、合理布局和严格控制，并对危险化学品的生产、储存实行审批制度；未经审批，任何单位和个人都不得生产、储存危险品。

（2）设立危险化学品生产、储存企业的条件建设。有符合国家标准的生产工艺、设备或者储存方式、设施；工厂、仓库的周边防护距离符合国家标准或者国家有关规定；有符合生产或者储存需要的管理人员和技术人员；有健全的安全管理制度；符合法律、法规规定和国家标准要求的其他条件。

（3）生产、储存和使用剧毒化学品的安全管理。生产、储存和使用剧毒化学品的单位，应当对本单位的生产、储存装置每年进行一次安全评价；生产、储存、使用其他危险化学品的单位，应当对本单位的生产、储存装置每两年进行一次安全评价。安全评价报告应当报所在地设区的市级政府负责危险化学品安全监督管理综合工作的部门备案。

（4）危险化学品包装物、容器的安全管理。危险化学品的包装必须符合国家法律、法规、规章的规定和国家标准的要求。危险化学品包装的材质、形式、规格、方法和单件质量（重量），应当与所包装的危险化学品的性质和用途相适应，便于装卸、运输和储存。危险化学品的包装物、容器，必须由省、自治区、直辖市政府经济贸易管理部门审查合格的专业生产企业定点生产，并经国务院质检部门认可的专业检测、检验机构检测、检验合格，方可使用。重复使用的危险化学品的包装物、容器在使用前，应当进行检查，并作出记录；检查记录至少应当保存两年。质检部门应当对危险化学品包装物、容器的质量进行定期的或者不定期的检查。

2. 危险化学品的经营安全管理制度

措施是：不得从未取得危险化学品生产许可证或者危险化学品经营许可证的企业采购危险化学品；不得经营国家明令禁止的危险化学品和用剧毒化学品生产的灭鼠药以及其他可能进入人们日常生活的化学产品和日用化学品；不得销售没有化学品安全技术说明书和化学品安全标签的危险化学品。危险化学品生产企业不得向未取得危险化学品经营许可证的单位或者个人销售危险化学品。

剧毒化学品经营企业销售剧毒化学品，应当记录购买单位的名称、地址和购买人员的姓名、身份证号码及所购剧毒化学品的品名、数量、用途。记录至少应当保存1年。剧毒化学品经营企业应当每天核对剧毒化学品的销售情况；发现被盗、丢失、误售等情况时，必须立即向当地公安部门报告。购买剧毒化学品，应当持剧毒化学品购买凭证并遵守特别程序规定。

3. 危险化学品的运输安全管理制度

危险化学品的运输实行资质认定制度；未经资质认定，不得从事运输危险化学品。用于危险化学品运输的槽罐以及其他容器，必须由专业生产企业定点生产，并经检测、检验合格，方可使用；应当对其驾驶员、船员、装卸管理人员、押运管理人员进行有关安全知识培训；驾驶员、船员、装卸管理人员、押运管理人员必须掌握危险化学品运输的安全知识，并经所在地设区的市级政府交通部门考核合格（船员经海事管理机构考核合格），取得上岗资格证，方可上岗作业；运输危险化学品的驾驶员、船员、装卸管理人员和押运人员必须了解所运载的危险化学品的性质、危害特性、包装容器的使用特性和发生意外时的应急措施。运输危险化学品，必须配备必要的应急处理器材和防护用品。

禁止利用内河以及其他封闭水域等航运渠道运输剧毒化学品以及国务院交通部门规定禁止运输的其他危险化学品。利用内河以及其他封闭水域等航运渠道运输上述规定以外的危险化学品的，只能委托有危险化学品运输资质的水运企业承运，并按照国务院交通部门的规定办理手续，接受有关交通部门的监督管理。

4. 危险化学品登记管理制度

国家实行危险化学品登记制度，并为危险化学品安全管理、事故预防和应急救援提供技术、信息支持。

（四）危险化学品建设项目安全管理制度

1. 建设项目安全设施设计审查

（1）安全设施设计应当由取得相应设计资质的设计单位进行，设计单位对安全设施设计负责。设计单位依据建设项目设立安全评价报告对安全设施进行设计，并编制安全设施设计专篇。

安全设施设计专篇内容包括：建设项目概况；建设项目涉及的危险、有害因素和危险、有害程度；建设项目设立安全评价报告中的安全对策和建议采纳情况说明；采用的安全设施和措施；可能出现的事故预防及应急救援措施；安全管理机构的设置及人员配备；安全设施投资概算；结论和建议。

（2）建设单位应当在安全设施设计全部完成后，向相应的建设项目安全许可部门申请设计审查，并提交下列文件、资料：建设项目安全设施设计的审查申请书；建设项目设立安全审查意见书；设计单位的设计资质证明文件；建设项目安全设施设计专篇；审查时要求提供的其他材料。

（3）对已经受理的设计审查申请，安全许可部门应当指派有关人员或者组织专家，对申请文件、资料进行审查，作出同意或者不同意建设项目安全设施设计专篇的决定，并出具安全设施设计审查意见书。

（4）安全设施设计有下列情形之一的，审查不予通过：未经过建设项目设立安全审查或者经安全审查未通过的；未选择相应资质的设计单位进行设计的；未按照有关安全生产的法律、法规、规章和标准、规范的强制性规定进行设计的；未采纳建设项目设立安全评价报告中的安全对策和建议的；对建设项目设立安全评价报告中的安全对策和建议未作充分论证说明的。

（5）安全设施设计审查未通过的，建设单位经过整改后可以再次向原审查部门申请审查。

（6）变更设计审查：对已经审查通过的建设项目安全设施设计有下列情形之一的，建设单位应当向原审查部门申请变更设计审查：改变安全设施设计且可能降低安全性能的；在施工期间重新设计的。

2. 建设项目安全设施竣工验收

（1）建设项目安全设施的施工应当由取得相应工程施工资质的施工单位进行。施工单位应当严格依照建设项目安全设施设计文件和施工技术标准、规范施工，并对建设项目安全设施的工程质量负责。

施工单位应当编制建设项目安全设施施工情况报告，建设项目安全设施施工情况报告包括下列内容：建设项目概况；施工依据的有关法律、法规、规章和技术标准；安全设施及其原材料检验、检测情况；主要装置、设施的施工质量控制情况。

（2）建设项目安全设施竣工后，建设单位应当对建设项目安全设施进行检验、检测，保证建设项目安全设施满足危险化学品生产、储存的安全要求，并处于正常适用状态。

(3) 建设单位应当组织有关单位和专家，研究提出建设项目试生产（使用）可能出现的安全问题及对策，并制订周密的试生产方案。

建设项目试生产方案应包括下列有关安全生产的内容：建设项目施工完成情况；生产、储存的危险化学品品种和设计能力；试生产过程中可能出现的安全问题及对策；采取的安全措施；事故应急救援预案；试生产起止日期。

(4) 建设单位应当在建设项目试生产前，将建设项目试生产方案，分别报送相应的安全许可部门和其他有关部门备案。

(5) 建设单位在采取有效安全生产措施后，方可将建设项目安全设施与生产、储存装置、设施同时进行试生产。试生产不得超过建设项目试生产方案确定的期限和国家有关部门规定的试生产期限。

(6) 建设项目安全设施竣工验收前，建设单位应当选择有相应资质的安全评价机构对建设项目及其安全设施试生产情况进行安全评价。

安全评价机构应当对建设项目竣工验收安全评价报告的真实性负责。报告包括下列主要内容：危险、有害因素和固有的危险、有害程度；安全设施的施工、检验、检测和调试情况；安全生产条件；可能发生的危险化学品事故及后果、对策；事故应急救援预案。

(7) 建设项目投入生产前，建设单位应当向相应的安全许可部门申请安全设施竣工验收，并提交下列文件、资料：建设项目安全设施竣工的验收申请书；建设项目安全设施设计的审查意见书；施工单位的施工资质证明文件；建设项目安全设施施工情况报告；安全生产投入资金情况报告；建设项目竣工验收安全评价报告。

(8) 安全许可部门应当指派有关人员或者组织专家，对申请文件、资料进行审查，作出同意或者不同意建设项目安全设施投入生产的决定，并出具建设项目安全设施竣工验收意见书。安全许可部门应当组织或者商请其他有关部门共同审查。

建设项目安全设施竣工验收意见书的有效期自安全许可决定之日起，至投入生产后取得有关危险化学品的其他安全生产许可之日止。

(9) 安全设施竣工验收不予通过情形：未选择有相应资质的施工单位施工的；未按照建设项目安全设施设计文件施工或者施工质量未达到建设项目安全设施设计文件要求的；建设项目安全设施的施工不符合国家有关施工技术标准的；建设项目安全设施竣工后未进行检验、检测的；未选择有相应资质的安全评价机构进行安全评价的；安全设施和安全生产条件不符合或者未达到有关安全生产法律、法规、规章规定和标准要求的；发现建设项目试生产期间存在事故隐患未整改的；提供虚假文件、资料的。

(10) 建设项目安全设施竣工验收未通过的，建设单位经过整改后可以再次向原验收部门申请建设项目安全设施竣工验收。

(11) 危险化学品的其他安全生产许可

建设单位收到同意投入生产的建设项目安全设施竣工验收意见书10日内，应当依照《危险化学品安全管理条例》和《安全生产许可证条例》及其配套规章的规定，申请有关危险化学品的其他安全生产许可，并提交建设项目竣工验收意见书。

建设单位申请有关危险化学品的其他安全生产许可时，申请资料中的安全评价报告由申请建设项目竣工验收的安全评价报告代替。

3. 建设项目安全设施监管措施

(1) 撤销建设项目安全许可的情形：建设单位决定停止建设的；建设项目被依法终止的；建设项目安全许可实施部门超越职权实施安全许可的；建设项目安全许可实施部门违反本实施办法规定的程序实施安全许可的；以欺骗、贿赂等不正当手段取得安全行政许可的。

(2) 建设项目安全许可部门应当将建设项目的安全许可情况，通报有关部门和建设项目所在地的安监部门。

(3) 建设项目所在地县级以上政府安监部门应当按照各自职责，对建设项目安全许可情况进行监督检查，并将检查中发现的违法情况，通报相应的安全许可部门。

二、烟花爆竹安全法律制度

烟花爆竹是指烟花爆竹制品和用于生产烟花爆竹的民用黑火药、烟火线、引火线等物品。我国是世界上最大的烟花爆竹的生产、消费和出口国，烟花爆竹生产和消费量占世界总量的90%，出口贸易额占世界总量的70%以上。烟花爆竹生产、销售已经成为我国一些地方的支柱产业。烟花爆竹产品及其生产原材料具有易燃、易爆的危险性，如果没有严格的安全管理制度和措施，在其生产、经营、运输、储存、燃放中极易引发事故，造成人身和财产的损失。

为了加强烟花爆竹安全管理，预防爆炸事故发生，保障公共安全和人身、财产安全，2006年1月21日，国务院公布实施了《烟花爆竹安全管理条例》，全面建立了我国烟花爆竹安全管理法律制度。

(一) 安全许可

1. 生产安全许可

(1) 生产许可审批：生产烟花爆竹的企业在投入生产前向所在地设区的市政府

安监部门提出安全审查申请；设区的市政府安监部门提出安全审查初步意见，报省、自治区、直辖市政府安监部门审查；省、自治区、直辖市政府安监部门进行安全审查，核发烟花爆竹安全生产许可证。

(2) 生产安全条件：符合当地产业结构规划；基本建设项目经过批准；选址符合城乡规划，并与周边建筑、设施保持必要的安全距离；厂房和仓库的设计、结构和材料以及防火、防爆、防雷、防静电等安全设备、设施符合国家有关标准和规范；生产设备、工艺符合安全标准；产品品种、规格、质量符合国家标准；有健全的安全生产责任制；有安全生产管理机构和专职安全生产管理人员；依法进行了安全评价；有事故应急救援预案、应急救援组织和人员，并配备必要的应急救援器材、设备；法律、法规规定的其他条件。

2. 经营安全许可

烟花爆竹的经营分为批发和零售。从事烟花爆竹批发的企业和零售经营者的经营布点，应当经安监部门审批。禁止在城市市区布设烟花爆竹批发场所；城市市区的烟花爆竹零售网点，应当按照严格控制的原则合理布设。

(1) 批发经营许可：申请从事烟花爆竹批发业务的企业，由所在地省、自治区、直辖市政府安监部门或者其委托的设区的市政府安监部门核发烟花爆竹经营(批发)许可证。

批发经营条件：具有企业法人条件；经营场所与周边建筑、设施保持必要的安全距离；有符合国家标准的经营场所和储存仓库；有保管员、仓库守护员；依法进行了安全评价；有事故应急救援预案、应急救援组织和人员，并配备必要的应急救援器材、设备；法律、法规规定的其他条件。

(2) 零售经营许可：申请从事烟花爆竹零售的经营者，由所在地县级政府安监部门核发烟花爆竹经营（零售）许可证。

零售经营条件：主要负责人经过安全知识教育；实行专店或者专柜销售，设专人负责安全管理；经营场所配备必要的消防器材，张贴明显的安全警示标志；法律、法规规定的其他条件。

(3) 工商登记：烟花爆竹的批发企业、零售经营者，持烟花爆竹经营许可证到工商行政管理部门办理登记手续。

3. 运输安全许可

(1) 运输安全许可审批：经由道路运输烟花爆竹的，应当经运达地公安部门许可。经由铁路、水路、航空运输烟花爆竹的，执行铁路、水路、航空运输安全管理法。

(2) 运输安全条件：有承运人从事危险货物运输的资质证明；有驾驶员、押运员从事危险货物运输的资格证明；有危险货物运输车辆的道路运输证明；有托运人从事烟花爆竹生产、经营的资质证明；有烟花爆竹的购销合同及所运输的烟花爆竹的种类、规格、数量；有烟花爆竹的产品质量和包装合格证明；有运输车辆牌号、运输时间、起始地点、行驶路线、经停地点说明。此类安全形式条件也能反映出实质条件。

4. 燃放安全许可

(1) 燃放安全许可审批：申请举办焰火晚会以及其他大型焰火燃放活动时，主办单位按照分级管理的规定向有关政府公安部门提出申请，公安部门核发焰火燃放许可证。

(2) 焰火燃放条件：有举办焰火晚会以及其他大型焰火燃放活动的时间、地点、环境、活动性质、规模说明；有燃放烟花爆竹的种类、规格、数量说明；有燃放作业方案；有燃放作业单位、作业人员符合行业标准规定条件的证明。

(二) 烟花爆竹生产安全管理制度

1. 按照核定产品种类生产

生产企业不得超出或者改变经核定的产品种类从事生产，其生产工序和生产作业应当执行有关国家标准和行业标准。

2. 进行安全教育培训

生产企业应当对生产作业人员进行安全生产知识教育，对从事药物混合、造粒、筛选、装药、筑药、压药、切引、搬运等危险工序的作业人员进行专业技术培训。从事危险工序的作业人员经考核合格，方可上岗作业。

3. 生产原料管理

生产企业使用的原料，应当符合国家标准。生产烟花爆竹的原料，国家标准有用量限制的，不得超过规定的用量。不得使用国家标准规定禁止使用或者禁忌配伍的物质生产烟花爆竹。

4. 燃放说明和标志

生产企业应当按照国家标准的规定，在烟花爆竹产品上标注燃放说明，并在烟花爆竹包装物上印制易燃易爆危险物品警示标志。

5. 黑火药、烟火药、引火线保管

生产企业应当对黑火药、烟火药、引火线的保管采取必要的安全技术措施，建立购买、领用、销售登记制度，防止黑火药、烟火药、引火线丢失。黑火药、烟火药、引火线丢失的，企业应当立即向当地安监部门和公安部门报告。

（三）烟花爆竹经营安全管理制度

1. 从事烟花爆竹批发的企业和零售经营者的经营布点，应当经安监部门审批。禁止在城市市区布设烟花爆竹批发场所；城市市区的烟花爆竹零售网点，应当按照严格控制的原则合理布设。设立烟花爆竹批发企业和烟花爆竹零售经营摊位都必须申请烟花爆竹经营许可证，并持证到工商行政管理部门办理登记手续，方可从事烟花爆竹经营活动。

2. 从事烟花爆竹批发的企业自生产烟花爆竹的企业处采购烟花爆竹，向从事烟花爆竹零售的经营者供应烟花爆竹。从事烟花爆竹零售的经营者自从事烟花爆竹批发业务的企业处采购烟花爆竹。这是从源头和去向上管住烟花爆竹。

3. 从事烟花爆竹批发业务的企业、零售经营者不得采购和销售非法生产、经营的烟花爆竹。

4. 从事烟花爆竹批发业务的企业不得向从事烟花爆竹零售业务的经营者供应按照国家标准规定应由专业燃放人员燃放的烟花爆竹。从事烟花爆竹零售业务的经营者不得销售按照国家标准规定应由专业燃放人员燃放的烟花爆竹。

5. 生产、经营黑火药、烟火药、引火线的企业不得向未取得烟花爆竹安全生产许可的任何单位或者个人销售黑火药、烟火药和引火线。

（四）烟花爆竹运输安全管理制度

主要内容有：道路运输烟花爆竹要随车携带烟花爆竹道路运输许可证；不得违反运输许可事项；运输车辆应悬挂或者安装符合国家标准的易燃易爆危险物品警示标志；烟花爆竹的装载应符合国家有关标准和规范；装载烟花爆竹的车厢不得载人；运输车辆限速行驶，途中经停必须有专人看守；出现危险情况立即采取必要的措施，并报告当地公安部门。烟花爆竹运达目的地后，收货人应当在3日内将烟花爆竹道路运输许可证交回发证机关核销。

（五）烟花爆竹燃放安全管理制度

1. 焰火燃放安全管理制度

措施是：举办焰火晚会赛事、会展、庆典、开业等大型焰火燃放活动的，必须事先申请燃放许可，并按照举办的时间、地点、环境、活动性质、规模以及燃放烟花爆竹的种类、规格和数量，确定危险等级，实行分级管理；焰火晚会以及其他大型焰火燃放活动的燃放作业单位和作业人员，应当按照焰火燃放安全规程和经许可的燃放作业方案进行燃放作业；公安部门应当加强对危险等级较高的焰火晚会以及其他大型焰火燃放活动的监督检查。

2. 普通燃放安全管理制度

措施是：县级以上地方政府可以根据本行政区域的实际情况，确定限制或者禁止燃放烟花爆竹的时间、地点和种类；各级政府和有关部门应当开展社会宣传活动，教育公民遵守有关法律、法规和规章，安全燃放烟花爆竹；广播、电视、报纸等新闻媒体，应当做好安全燃放烟花爆竹的宣传、教育工作；未成年人的监护人应当对未成年人进行安全燃放烟花爆竹的教育；禁止在下列地点燃放烟花爆竹：文物保护单位，车站、码头、飞机场等交通枢纽以及铁路线路安全保护区内，易燃易爆物品生产、储存单位，输变电设施安全保护区内，医疗机构、幼儿园、中小学校、敬老院，山林、草原等重点防火区，县级以上地方政府规定的禁止燃放烟花爆竹的其他地点；燃放烟花爆竹，应当按照燃放说明燃放，不得以危害公共安全和人身、财产安全的方式燃放烟花爆竹。

三、民用爆炸物品安全法律制度

(一) 民用爆炸物品安全及立法概况

民用爆炸物品（在2006年以前称为民用爆破器材），是指用于非军事目的、列入民用爆炸物品品名表的各类火药、炸药及其制品和雷管、导火索等点火、起爆器材等。民用爆炸物品被广泛应用于煤炭、冶金、交通、水利、电力、农业和能源开发等近20个领域，因其具有易燃易爆危险属性，生产、销售和使用直接关系到社会稳定和人民群众生命财产的安全，所以属政府重点管理的行业之一。

(二) 民用爆炸物品安全监管体制

民用爆炸物品是指用于非军事目的、列入《民用爆炸物品品名表》的各类火药、炸药及其制品和雷管、导火索等点火、起爆器材。涉及七个部门分阶段进行监管。

国防科技工业主管部门负责民用爆炸物品生产、销售的安全监督管理。公安机关负责民用爆炸物品公共安全管理和民用爆炸物品购买、运输、爆破作业的安全监督管理，监控民用爆炸物品流向。安监、铁路、交通、民航主管部门依照法律、行政法规的规定，负责做好民用爆炸物品的有关安全监督管理工作。国防科技工业主管部门、公安机关、工商行政管理部门按照职责分工，负责组织查处非法生产、销售、购买、储存、运输、邮寄、使用民用爆炸物品的行为。民用爆炸物品作业单位是治安保卫工作的重点单位，应设置治安保卫机构或者配备治安保卫人员，设置技术防范设施，防止民用爆炸物品丢失、被盗、被抢。

(三) 民用爆炸物品安全许可

民用爆炸物品生产安全分为生产许可和安全许可，都归国务院国防科技工业主管部门管理。特点是管理级别较高、程度较严，而且较为封闭。

1. 生产许可和安全许可

（1）生产许可审批：申请从事民用爆炸物品生产业务的企业，应当由国务院国防科技工业主管部门审查，核发民用爆炸物品生产许可证。企业为调整生产能力及品种进行改建、扩建的，应当申请办理民用爆炸物品生产许可证。

（2）安全许可审批：取得民用爆炸物品生产许可证的企业应当在基本建设完成后，向国务院国防科技工业主管部门申请安全生产许可；对符合条件的，在民用爆炸物品生产许可证上标注安全生产许可；民用爆炸物品生产企业持经标注安全生产许可的民用爆炸物品生产许可证到工商行政管理部门办理工商登记后，方可生产民用爆炸物品；民用爆炸物品生产企业应当在办理工商登记后向所在地县级政府公安机关备案。

（3）生产条件：符合国家产业结构规划和产业技术标准；厂房和专用仓库的设计、结构、建筑材料、安全距离以及防火、防爆、防雷、防静电等安全设备、设施符合国家有关标准和规范；生产设备、工艺符合有关安全生产的技术标准和规程；有具备相应资格的专业技术人员、安全生产管理人员和生产岗位人员；有健全的安全管理制度、岗位安全责任制度；法律、行政法规规定的其他条件。

2. 销售许可

（1）销售许可审批：申请从事民用爆炸物品销售的企业，由所在地省、自治区、直辖市政府国防科技工业主管部门核发民用爆炸物品销售许可证；民用爆炸物品销售企业持民用爆炸物品销售许可证到工商行政管理部门办理工商登记后，方可销售民用爆炸物品，办理工商登记后向所在地县级政府公安机关备案。

（2）销售企业条件：符合对民用爆炸物品销售企业规划的要求；销售场所和专用仓库符合国家有关标准和规范；有具备相应资格的安全管理人员、仓库管理人员；有健全的安全管理制度、岗位安全责任制度；法律、行政法规规定的其他条件。

3. 购买许可

（1）购买许可审批：县级公安机关核发民用爆炸物品购买许可证。

（2）购买条件：民用爆炸物品使用单位须符合下列条件并提交有关材料：工商营业执照或者事业单位法人证书；爆破作业单位许可证或者其他合法使用的证明；购买单位的名称、地址、银行账户；购买的品种、数量和用途说明。

4. 运输许可

（1）运输许可审批：由收货单位向运达地县级政府公安机关提出申请，取得民用爆炸物品运输许可证。

（2）运输条件：民用爆炸物品生产企业、销售企业、使用单位以及进出口单位分别提供民用爆炸物品生产许可证、民用爆炸物品销售许可证、民用爆炸物品购买许可证或者进出口批准证明；运输民用爆炸物品的品种、数量、包装材料和包装方式；运输民用爆炸物品的特性、出现险情的应急处置方法；运输时间、起始地点、运输路线、经停地点。

5. 爆破许可

（1）爆破许可审批：申请从事爆破作业的单位，向有关公安机关提出申请，取得爆破作业单位许可证。营业性爆破作业单位持爆破作业单位许可证到工商行政管理部门办理工商登记后，方可从事营业性爆破作业活动；爆破作业单位应当在办理工商登记后向所在地县级政府公安机关备案。重要区域爆破作业审批：在城市、风景名胜区和重要工程设施附近实施爆破作业的，应当向爆破作业所在地设区的市级政府公安机关提出申请，提交爆破作业单位许可证和具有相应资质的安全评估企业出具的爆破设计、施工方案评估报告，由受理申请的公安机关审查决定。

（2）爆破作业单位条件：爆破作业属于合法的生产活动；有符合标准的民用爆炸物品专用仓库；有具备相应资格的安全管理人员、仓库管理人员和执业资格的爆破作业人员；有健全的安全管理制度、岗位安全责任制度；有符合国家标准、行业标准的爆破作业专用设备；法律、行政法规规定的其他条件。

（四）民用爆炸物品安全管理制度

1. 生产安全管理

主要管理措施是：严格按照民用爆炸物品生产许可证核定的品种和产量进行生产，生产作业应当严格执行安全技术规程的规定；对民用爆炸物品做出警示标识、登记标识，对雷管编码打号；民用爆炸物品生产企业应当建立健全产品检验制度，保证民用爆炸物品的质量符合相关标准。民用爆炸物品的包装，应当符合法律、行政法规的规定以及相关标准；试验或者试制民用爆炸物品，必须在专门场地或者专门的实验室进行。严禁在生产车间或者仓库内试验或者试制民用爆炸物品。

2. 购买和销售安全管理

实行严格的购买管理制度，措施如下：民用爆炸物品生产企业凭民用爆炸物品生产许可证购买属于民用爆炸物品的原料，民用爆炸物品销售企业凭民用爆炸物品销售许可证向民用爆炸物品生产企业购买民用爆炸物品，民用爆炸物品使用单位凭民用爆炸物品购买许可证购买民用爆炸物品，还应当提供经办人的身份证明；销售民用爆炸物品的企业，应当查验许可证和经办人的身份证明；对持民用爆炸物品购买许可证购买的，应当按照许可的品种、数量销售；销售、购买民用爆炸物品，应当通过银行账户进行交易，不得使用现金或者实物进行交易。销售民用爆炸物品的企业，应当将购买单位的许可证、银行账户转账凭证、经办人的身份证明复印件保存2年备查；销售民用爆炸物品的企业，应当自民用爆炸物品买卖成交之日起3日内，将销售的品种、数量和购买单位向所在地省、自治区、直辖市政府国防科技工业主管部门和所在地县级政府公安机关备案；购买民用爆炸物品的单位，应当自民用爆炸物品买卖成交之日起3日内，将购买的品种、数量向所在地县级政府公安机关备案；进出口民用爆炸物品，应当经国务院国防科技工业主管部门审批；进出口单位应当将进出口的民用爆炸物品的品种、数量向收货地或者出境口岸所在地县级政府公安机关备案。

3. 民用爆炸物品运输管理

管理措施如下：运输民用爆炸物品的，应当凭民用爆炸物品运输许可证，按照许可的品种、数量运输；道路运输应携带民用爆炸物品运输许可证；装载符合国家有关标准和规范，车厢内不得载人；运输车辆安全技术状况符合安全技术标准的要求，并悬挂或者安装符合国家标准的易燃易爆危险物品警示标志；运输民用爆炸物品的车辆应当保持安全车速；按照规定的路线行驶，途中经停应当有专人看守，并远离建筑设施和人口稠密的地方，不得在许可以外的地点经停；按照安全操作规程装卸民用爆炸物品，并在装卸现场设置警戒，禁止无关人员进入；出现危险情况立即采取必要的应急处置措施，并报告当地公安机关；民用爆炸物品运达目的地后，收货单位应当进行验收后在民用爆炸物品运输许可证上签注，并在3日内将民用爆炸物品运输许可证交回发证机关核销；禁止携带民用爆炸物品搭乘公共交通工具或者进入公共场所；禁止邮寄民用爆炸物品，禁止在托运的货物、行李、包裹、邮件中夹带民用爆炸物品。

4. 爆破安全管理

管理措施是：爆破作业单位应当对本单位的爆破作业人员、安全管理人员、仓库管理人员进行专业技术培训；爆破作业人员应当经设区的市级政府公安机关考核合格，取得爆破作业人员许可证后，方可从事爆破作业；爆破作业单位应当按照其资质等级承接爆破作业项目，爆破作业人员应当按照其资格等级从事爆破作业；在城市、风景名胜区和重要工程设施附近实施爆破作业的，应当由具有相应资质的安全监理企业进行监理，由爆破作业所在地县级政府公安机关负责组织实施安全警戒；爆破作业单位跨省、自治区、直辖市行政区域从事爆破作业的，应当事先将爆破作业项目的有关情况向爆破作业所在地县级政府公安机关进行报告；爆破作业单位应当如实记载领取、发放民用爆炸物品的品种、数量、编号以及领取、发放人员姓名；领取民用爆炸物品的数量不得超过当班用量，作业后剩余的民用爆炸物品必须当班清退回库；爆破作业单位应当将领取、发放民用爆炸物品的原始记录保存2年备查；实施爆破作业，应当遵守国家有关标准和规范，在安全距离以外设置警示标志并安排警戒人员，防止无关人员进入；爆破作业结束后应当及时检查、排除未引爆的民用爆炸物品；爆破作业单位不再使用民用爆炸物品时，应当将剩余的民用爆炸物品登记造册，报所在地县级政府公安机关组织监督销毁；发现、捡拾无主民用爆炸物品的，应当立即报告当地公安机关。

5. 储存安全管理

民用爆炸物品应当储存在专用仓库内，并按照国家规定设置技术防范设施。在爆破作业现场临时存放民用爆炸物品的，应当具备临时存放民用爆炸物品的条件，并设专人管理、看护；民用爆炸物品变质和过期失效的，应当及时清理出库，并在当地县级政府公安机关组织监督下予以销毁。

四、城镇燃气安全法律制度

（一）城镇燃气安全及立法状况

城镇燃气是指供给城镇中生活、生产等使用的天然气、液化石油气、人工煤气等气体燃料。城镇燃气是一种便捷、卫生的能源，为城镇居民的生产和生活提供了极大便利，但由于燃气易燃、易爆，且不能提供呼吸功能而经常出现泄漏致人中毒、窒息，因而也具有较大的事故危害性。随着我国城镇燃气事业的发展，城镇燃气的应用日益普及，燃气事故数量有所增加，重特大事故也时有发生。

城镇燃气供应是一个复杂的系统工程，在设计、施工、维护、使用等各个环节均需要严加管理，尤其是用户使用环节，也存在大量安全隐患。必须通过严格的安全法规，消除隐患，保证城镇燃气系统的安全，保护人民的生活和财产安全。

目前国内关于城镇燃气安全管理的基本法律依据是1991年3月30日由原建设部、原劳动部和公安部三个部门联合颁布的《城市燃气安全管理规定》（1991年3月30日建设部、原劳动部、公安部令第10号发布），自1991年5月1日起施行。其后，建设部、国家安监局等有关部委还专门下发了一些专项通知，例如建设部于1995年1月26日下发的《加强燃气安全管理使用的紧急通知》、国家安监局和建设部于2004年6月29日联合下发的《关于加强城镇燃气安全管理工作的通知》（建城［2004］105号）、国家安监总局和建设部于2006年11月18日联合下发的《关于加强燃气安全工作的紧急通知》（安监总明电［2006］）等。此外，很多地方还专门制定了关于燃气安全的地方法规。

（二）城镇燃气安全法律制度

1. 燃气企业责任制

城镇燃气生产、储存、输配、经营单位应当指定一名企业负责人主管燃气安全工作，并设立相应的安全管理机构，配备专职安全管理人员；车间班组应当设立群众性安全组织和安全员，形成三级安全管理网络。单位用户应当确立相应的安全管理机构，明确专人负责。城镇燃气生产、储存、输配、经营单位应当严格遵守有关安全规定及技术操作规程，建立健全相应的安全管理规章制度，并严格执行。

2. 城镇燃气工程建设安全制度

城镇燃气厂（站）、输配设施等的选址，必须符合城市规划、消防安全等要求。在选址审查时，应当征求城建、劳动、公安消防部门的意见。城镇燃气工程的设计、施工，必须由持有相应资质证书的单位承担，并按照国家或主管部门发布的有关安全的标准、规范、规定进行。审查燃气工程设计时，应当有城建、公安消防、劳动部门参加，并对燃气安全设施严格把关。

城镇燃气工程的施工必须保证质量，确保安全可靠。竣工验收时，应当组织城建、公安消防、劳动等有关部门及燃气安全方面的专家参加。城镇燃气工程的通气作业，必须有严格的安全防范措施，并在燃气生产、储存、输配、经营单位和公安消防部门的监督配合下进行。

3. 城镇燃气的生产、储存和输配安全制度

城镇燃气生产经营单位向城市供气的压力和质量应当符合国家规定的标准，无臭燃气应当按照规定进行加臭处理。

城镇燃气生产、储存和输配所采用的各类锅炉、压力容器和气瓶设备，必须符合有关安全管理规定，按要求办理使用登记和建立档案，并定期检验；其安全附件必须齐全、可靠，并定期校验。

凡有液化石油气充装单位的城镇，必须设置液化石油气瓶定期检验站。气瓶定期检验站和气瓶充装单位应当同时规划、同时建设、同时验收运行。气瓶定期检验工作未落实的充装单位，不得从事气瓶充装业务。

城镇燃气管道和容器在投入运行前，必须进行气密试验和置换。对于各类防爆设施和各种安全装置，应当进行定期检查，并配备足够的备用设备、备品备件以及抢修人员和工具，保证其灵敏可靠。城镇燃气生产、储存、输配系统的动火作业应当建立分级审批制度，在动火作业时，必须在作业点周围采取保证安全的隔离措施和防范措施。

禁止在城市燃气管道及设施上修筑建筑物、构筑物和堆放物品；凡在城市燃气

管道及设施附近进行施工，有可能影响管道及设施安全运营的，施工单位须事先通知城市燃气生产、储存、输配、经营单位，经双方商定保护措施后方可施工。城市燃气生产、储存、输配经营单位应当对燃气管道及设施定期进行检查，发现管道和设施有破损、漏气等情况时，必须及时修理或更换。

4. 城镇燃气使用安全制度

单位和个人使用城镇燃气必须向城镇燃气经营单位提出申请，经许可后方可使用。城镇燃气经营单位应当建立用户档案，与用户签订供气、使用合同协议。使用城镇燃气的单位和个人需要增加安装供气及使用设施时，必须经城镇燃气经营单位批准。

使用燃气管道设施的单位和个人，不得擅自拆、改、迁、装燃气设施和用具，严禁在卧室安装燃气管道设施和使用燃气，并不得擅自抽取或采用其他不正当手段使用燃气。用户不得用任何手段加热和摔、砸、倒卧液化石油气钢瓶，不得自行倒罐、排残和拆修瓶阀等附件，不得自行改换检验标记或瓶体漆色。

5. 城镇燃气用具生产、销售安全制度

城镇燃气用具生产经营单位生产实行生产许可制度的产品时，必须取得归口管理部门颁发的生产许可证，其产品必须经销售地主管部门指定的检测中心（站）检测合格方可销售。燃气用具产品必须有产品合格证和安全使用说明书，重点部位要有明显的警告标志。

6. 城镇燃气事故抢修和处理制度

发生燃气事故后，必须立即切断气源，采取通风等防火措施，并向燃气生产、储存、输配、经营单位报告。燃气生产、储存、输配、经营单位接到报告后，应当立即组织抢修。对于重大事故，应当立即报告公安消防、劳动部门和燃气生产、储存、输配、经营单位，并立即切断气源，迅速隔离和警戒事故现场，在不影响救护的情况下保护事故现场，维护现场秩序，控制事故发展。

城镇燃气生产、储存、输配、经营单位必须设置专职抢修队伍，配齐抢修人员、防护用品、车辆、器材、通信设备等，并预先制订各类突发事故的抢修方案，事故发生后，必须迅速组织抢修。

第三节　建筑安全法律制度

一、建筑安全法律制度

（一）建筑安全监管体制

国务院建设行政主管部门统一监督管理全国的建筑活动。建设行政主管部门负责建筑安全生产的管理，并依法接受劳动、安全行政部门对建筑安全生产的指导和监督。

（二）建筑施工企业安全生产许可

建筑施工企业是指从事土木工程、建筑工程、线路管道和设备安装工程及装修工程的新建、扩建、改建和拆除等有关活动的企业。

1. 国务院建设主管部门负责中央管理的建筑施工企业安全生产许可证的颁发和管理。省、自治区、直辖市政府建设主管部门负责本行政区域内的建筑施工企业安全生产许可证的颁发和管理，并接受国务院建设主管部门的指导和监督。市、县政府建设主管部门负责本行政区域内建筑施工企业安全生产许可证的监督管理，并将监督检查中发现的企业违法行为及时报告安全生产许可证颁发管理机关。

2. 中央管理的建筑施工企业（集团公司、总公司）应当向国务院建设主管部门申请领取安全生产许可证。此外的其他建筑施工企业，包括中央管理的建筑施工企业（集团公司、总公司）下属的建筑施工企业，应当向企业注册所在地省级政府建设主管部门申请领取安全生产许可证。

3. 建筑施工企业安全生产条件：建立、健全安全生产责任制，制定完备的安全生产规章制度和操作规程；保证本单位安全生产条件所需资金的投入；设置安全生产管理机构，配备专职安全生产管理人员；主要负责人、项目负责人、专职安全生产管理人员经建设主管部门或者其他有关部门考核合格；特种作业人员经有关业务主管部门考核合格，取得特种作业操作资格证书；管理人员和作业人员每年至少进行一次安全生产教育培训并考核合格；依法参加工伤保险，依法为施工现场从事危险作业的人员办理意外伤害保险，为从业人员缴纳保险费；施工现场的办公、生活区及作业场所和安全防护用具、机械设备、施工机具及配件符合有关安全生产法律、法规、标准和规程的要求；有职业危害防治措施，并为作业人员配备符合国家标准或者行业标准的安全防护用具和安全防护服装；有对危险性较大的分部分项工程及施工现场易发生重大事故的部位、环节的预防、监控措施和应急预案；有生产安全事故应急救援预案、应急救援组织或者应急救援人员，配备必要的应急救援器材、设备；法律、法规规定的其他条件。

（三）建筑安全法律制度

1. 建筑相关企业的安全管理制度

根据《建设工程安全生产管理条例》（国务院令第 393 号）的规定，建设单位、勘察、设计、工程监理单位、建筑起重机械出租单位及其他有关单位都必须依法加强安全生产管理，明确各自的安全责任。

2. 建筑施工从业人员的安全权利义务制度

安全权利主要包括享受意外伤害保险和工伤保险、获得安全防护用品权、危险因素知情权、批评检举控告权、冒险作业拒绝权、紧急情况下停止作业和紧急撤离权。安全义务主要是遵守安全施工的强制性标准、规章制度和操作规程，正确使用安全防护用具和机械设备等。

3. 建筑工程安全生产监督管理制度

建筑工程安全除了综合监管和专项监管之外，还有专业监管。安监部门对建设工程安全生产工作实施综合监督管理。建设行政主管部门对建设工程安全生产实施专项监督管理。铁路、交通、水利等有关部门按照职责分工，负责有关专业建设工程的安全生产监督管理。例如，《公路水运工程安全生产监督管理办法》（交通部令 2007 年第 1 号）第 5 条规定，县级以上政府交通主管部门负责本行政区域内的公路水运工程安全生产监督管理工作。

4. 建筑起重机械安全管理制度

建筑起重机械是指纳入特种设备目录，在房屋建筑工地和市政工程中安装、拆卸、使用的起重机械。出租单位出租的建筑起重设备和使用单位购置、租赁、使用的建筑起重机械，应当具备特种设备制造许可证、产品合格证、制造监督检验证明，并符合《建筑起重机械安全监督管理规定》（建设部令第 166 号）的相关要求。

（四）与安全有关的建筑施工法律制度

1. 建筑许可

建筑企业安全许可和建筑项目施工许可是两种相关联的许可：

（1）建筑工程开工前，建设单位应当向工程所在地县级以上政府建设行政主管部门申请领取施工许可证；但是，国务院建设行政主管部门确定的限额以下的小型工程[①]除外。

① 指工程投资额在 30 万元以下或者建筑面积在 300 平方米以下的建筑工程。

（2）建设行政主管部门对符合条件的申请颁发施工许可证。且实行企业资质、从业人员资格认证制度。

2. 建筑施工条件

施工条件有：已经办理该建筑工程用地批准手续；在城市规划区的建筑工程，已经取得规划许可证；需要拆迁的，其拆迁进度符合施工要求；已经确定建筑施工企业；有满足施工需要的施工图样及技术资料；有保证工程质量和安全的具体措施；建设资金已经落实；法律、行政法规规定的其他条件。

3. 施工管理

管理措施：

（1）建设单位应当自领取施工许可证之日起3个月内开工。因故不能按期开工的，应当向发证机关申请延期；延期以两次为限，每次不超过3个月。既不开工又不申请延期或者超过延期时限的，施工许可证自行废止。

（2）在建的建筑工程因故中止施工的，建设单位应当自中止施工之日起1个月内，向发证机关报告，并按照规定做好建筑工程的维护管理工作。建筑工程恢复施工时，应当向发证机关报告；中止施工满1年的工程恢复施工前，建设单位应当报发证机关核验施工许可证。

（3）按照国务院有关规定批准开工报告的建筑工程，因故不能按期开工或者中止施工的，应当及时向批准机关报告情况。因故不能按期开工超过6个月的，应当重新办理开工报告的批准手续。

二、水利工程和水库大坝安全法律制度

（一）水利工程和水库大坝安全监管体制

1. 水利工程安全监管体制

水资源管理体制与水利工程安全监管体制合二为一，实行流域管理与行政区域管理相结合的管理体制。国务院水行政主管部门负责全国水资源的统一管理和监督工作。国务院有关部门按照职责分工，负责水资源开发、利用、节约和保护的有关工作。水行政主管部门在国家确定的重要江河、湖泊设立的流域管理机构在所管辖的范围内行使水利工程安全监管职能。县级以上地方政府采取措施，保障本行政区域内水工程，特别是水坝和堤防的安全，限期消除险情。水行政主管部门应当加强对水工程安全的监督管理。水行政主管部门和流域管理机构按照分级管理权限，负责水利工程建设安全生产的监督管理。水行政主管部门或者流域管理机构委托的安全生产监督机构，负责水利工程施工现场的具体监督检查工作。

2. 水库大坝安全监管体制

国务院水行政主管部门会同国务院有关主管部门对全国的大坝安全实施监督。县级以上地方政府水行政主管部门会同有关主管部门对本行政区域内的大坝安全实施监督。各级水利、能源、建设、交通、农业等有关部门，是其所管辖的大坝的主管部门。各级政府及其大坝主管部门对其所管辖的大坝的安全实行行政领导负责制。

（二）水利工程安全法律制度

1. 项目法人的安全责任制

项目法人即水利工程的建设单位。

（1）对施工投标单位进行资格审查，对投标单位的主要负责人、项目负责人以及专职安全生产管理人员的安全考核情况进行审查。

（2）向施工单位提供施工现场及施工可能影响的毗邻区域内的各种地质资料。

（3）不得调减或挪用批准概算中所确定的水利工程建设有关安全作业环境及安全施工措施等所需费用。

（4）组织编制保证安全生产的措施方案，并自开工报告批准之日起 15 日内报有管辖权的水行政主管部门、流域管理机构或者其委托的水利工程建设安全生产监督机构备案。

（5）将水利工程中的拆除工程和爆破工程发包给具有相应水利水电工程施工资质等级的施工单位。

2. 勘察、设计、监理单位的安全责任制

勘察（测）单位提供的勘察（测）文件必须真实、准确，满足水利工程建设安全生产的需要。设计单位应当按照法律、法规和工程建设强制性标准进行设计，并考虑项目周边环境对施工安全的影响，防止因设计不合理导致生产安全事故的发生。建设监理单位和监理人员应当按照法律、法规和工程建设强制性标准实施监理，并对水利工程建设安全生产承担监理责任。为水利工程提供机械设备和配件的单位，应当按照安全施工的要求提供机械设备和配件，配备齐全有效的保险、限位等安全设施和装置，提供有关安全操作的说明，保证其提供的机械设备和配件等产品的质量和安全性能达到国家有关技术标准。

3. 施工单位的安全责任制

（1）从事水利工程的新建、扩建、改建、加固和拆除等活动，应当具备国家规定的注册资本、专业技术人员、技术装备和安全生产等条件，依法取得相应等级的资质证书，并在其资质等级许可的范围内承揽工程。

（2）依法取得安全生产许可证后，方可从事水利工程施工活动。

（3）在工程报价中应当包含工程施工的安全作业环境及安全施工措施所需费用，不得挪作他用。

（4）依法设立安全生产管理机构并配备专职安全生产管理人员，施工现场必须有专职安全生产管理人员。

（5）特种作业人员必须按照国家有关规定经过专门的安全作业培训，并取得特种作业操作资格证书后，方可上岗作业。

（6）在施工组织设计中编制安全技术措施和施工现场临时用电方案，并对一些关键工程编制专项施工方案。

（7）在使用施工起重机械和整体提升脚手架、模板等自升式架设设施前，应当组织有关单位进行验收。

（8）主要负责人、项目负责人、专职安全生产管理人员应当经水行政主管部门安全生产考核合格后方可任职。

（三）与安全有关的水库大坝、水工程建设法律制度

1. 水库大坝注册登记

水库大坝分级注册登记管辖制：注册适用于库容在10万立方米以上已建成的水库大坝；水库大坝注册登记实行分部门分级负责制。各级水库大坝主管部门可指定机构受理大坝注册登记工作。国务院水行政主管部门负责全国水库大坝注册登记的汇总工作。国务院各大坝主管部门和各省、自治区、直辖市水行政主管部门负责所管辖水库大坝注册登记的汇总工作，并报国务院水行政主管部门。

2. 大坝管理

大坝及其设施受国家保护，任何单位和个人不得侵占、毁坏，各级水利主管部门应当对其所管辖的大坝按期注册登记，建立技术档案。措施是：（1）大坝管理单位应当加强大坝的安全保卫工作。（2）大坝主管部门应当配备具有相应业务水平的大坝安全管理人员。（3）禁止在大坝管理和保护范围内进行爆破、打井、采石、采矿、挖沙、取土、修坟等危害大坝安全的活动。（4）非大坝管理人员不得操作大坝的泄洪闸门、输水闸门以及其他设施。（5）禁止在大坝的集水区域内乱伐林木、陡坡开荒等导致水库淤积的活动。禁止在库区内围垦和进行采石、取土等危及山体的活动。（6）大坝坝顶确需兼做公路的，须经科学论证和大坝主管部门批准，并采取相应的安全维护措施。（7）禁止在坝体修建码头、渠道，堆放杂物、晾晒粮草。（8）大坝管理单位应当建立、健全安全管理规章制度，保证大坝和闸门启闭设备完好。（9）大坝的运行必须在保证安全的前提下，发挥综合效益。（10）大坝管理单位和有关部门应当做好防汛抢险物料的准备和气象水情预报，并保证水情传递、报

警通畅。(11) 大坝出现险情征兆时，大坝管理单位应当立即报告大坝主管部门和上级防汛指挥机构，并采取抢救措施。(12) 对尚未达到设计泄洪标准、抗震设防标准或者有严重质量缺陷的险坝，大坝主管部门应当组织有关单位进行分类，采取除险加固等措施，或者废弃重建。(13) 大坝主管部门应当对其所管辖的需要加固的险坝制订加固计划，限期消除危险；有关政府应当优先安排所需资金和物料。

3. 水工程建设与管理

(1) 国家所有的水工程应当划定工程管理和保护范围。

(2) 禁止在河道管理范围内建设妨碍行洪的建筑物、构筑物以及从事影响河势稳定、危害河岸堤防安全和其他妨碍河道行洪的活动。

(3) 在河道管理范围内建设桥梁、码头和其他拦河、跨河、临河建筑物、构筑物，铺设跨河管道、电缆，应当符合国家规定的防洪标准和其他有关的技术要求。

(4) 建设工程设施需要扩建、改建、拆除或者损坏原有水工程设施的，建设单位应当负担扩建、改建的费用和损失补偿。

(5) 河道采沙实行许可制度。

(6) 禁止围湖造地。

(7) 禁止围垦河道。

(8) 在水工程保护范围内，禁止从事影响水工程运行和危害水工程安全的爆破、打井、采石、取土等活动。

第四节　特种设备安全法律制度

一、特种设备安全监管体制

特种设备安全监督管理属于专业监管，涉及许多行业，我国专设特种设备安全监管部门实施专业监管。国务院特种设备安全监督管理部门负责全国特种设备的安全监察工作，县以上地方负责特种设备安全监督管理的部门对本行政区域内特种设备实施安全监察。县级以上地方政府督促、支持特种设备安监部门履行职责，协调、解决特种设备安全监察中存在的重大问题。军事装备、核设施、航空航天器、铁路机车、海上设施和船舶以及矿山井下使用的特种设备、民用机场专用设备的安全监察由其各自主管部门依照各自法律规定进行。房屋建筑工地和市政工程工地用起重机械、场（厂）内专用机动车辆的安装、使用的监督管理，由建设行政主管部门依照有关法律规定执行。

二、特种设备安全许可

特种设备安全监管实行阶段许可制度，有设计许可，制造、安装、改造许可，维修许可，充装许可，并实行两级许可审批制。

（一）设计许可

1. 压力容器设计单位条件

（1）有与压力容器设计相适应的设计人员、设计审核人员；

（2）有与压力容器设计相适应的场所和设备；

（3）有与压力容器设计相适应的健全的管理制度和责任制度。

2. 许可审批

（1）经国务院特种设备安全监督管理部门许可，方可从事压力容器的设计活动；

（2）锅炉、压力容器中的气瓶、氧舱和客运索道、大型游乐设施以及高耗能特种设备的设计文件，应当经国务院特种设备安监部门核准的检验检测机构鉴定，方可用于制造。

（二）制造、安装、改造许可

1. 特种设备制造、安装、改造条件

（1）有与特种设备制造、安装、改造相适应的专业技术人员和技术工人；

（2）有与特种设备制造、安装、改造相适应的生产条件和检测手段；

（3）有健全的质量管理制度和责任制度；

（4）特种设备出厂时，应当附有安全技术规范要求的设计文件、产品质量合格证明、安装及使用维修说明、监督检验证明等文件。

需经许可的制造、改造单位是：锅炉、压力容器、电梯、起重机械、客运索道、大型游乐设施及其安全附件、安全保护装置的制造、安装、改造单位，以及压力管道用管子、管件、阀门、法兰、补偿器、安全保护装置等压力管道元件的制造单位和场（厂）内专用机动车辆的制造、改造单位。

2. 许可审批部门

国务院特种设备安全监督管理部门。

（三）安装、改造、维修许可

1. 特种设备安装、改造、维修条件

锅炉、压力容器、电梯、起重机械、客运索道、大型游乐设施、场（厂）内专用机动车辆的维修单位，应当有与特种设备维修相适应的专业技术人员和技术工人以及必要的检测手段。

2. 许可审批部门

省、自治区、直辖市特种设备安监部门。

（四）充装许可

1. 充装单位应当具备的条件

（1）有与充装和管理相适应的管理人员和技术人员；

（2）有与充装和管理相适应的充装设备、检测手段、场地厂房、器具、安全设施；

（3）有健全的充装管理制度、责任制度、紧急处理措施。

2. 气瓶要求

（1）气瓶符合安全技术规范要求；

（2）气瓶充装单位对气体使用者进行气瓶安全使用指导；

（3）办理气瓶使用登记；

（4）定期检验。

移动式压力容器、气瓶充装单位应当经省、自治区、直辖市的特种设备安监部门许可，方可从事充装活动。

三、特种设备安装、改造、维修安全管理制度

管理措施是：锅炉、压力容器、起重机械、客运索道、大型游乐设施的安装、改造、维修以及场（厂）内专用机动车辆的改造、维修，必须由取得许可的单位进行；电梯的安装、改造、维修，必须由电梯制造单位或者其通过合同委托、同意的取得许可的单位进行；特种设备安装、改造、维修的施工单位应当在施工前将拟进行的特种设备安装、改造、维修情况书面告知直辖市或者设区的市的特种设备安监部门；电梯井道的土建工程必须符合建筑工程质量要求；电梯安装施工过程中，电梯安装单位应当遵守施工现场的安全生产要求，落实现场安全防护措施，施工现场安全生产监督由有关部门依照规定执行；电梯安装施工过程中，电梯安装单位应当服从建筑施工总承包单位对施工现场的安全生产管理，并订立合同，明确各自的安全责任；电梯制造单位委托或者同意其他单位进行电梯安装、改造、维修活动的，应当对其安装、改造、维修活动进行安全指导和监控；电梯的安装、改造、维修活动结束后，电梯制造单位应当按照安全技术规范的要求对电梯进行校验和调试，并对校验和调试的结果负责；锅炉、压力容器、电梯、起重机械、客运索道、大型游乐设施的安装、改造、维修以及场（厂）内专用机动车辆的改造、维修竣工后，安

装、改造、维修的施工单位应当在验收后30日内将有关技术资料移交使用单位，高耗能特种设备还应当按照安全技术规范的要求提交能效测试报告，使用单位应当将其存入该特种设备的安全技术档案；锅炉、压力容器、压力管道元件、起重机械、大型游乐设施的制造过程和锅炉、压力容器、电梯、起重机械、客运索道、大型游乐设施的安装、改造、重大维修过程，必须经国务院特种设备安监部门核准的检验检测机构按照安全技术规范的要求进行监督检验；未经监督检验合格的不得出厂或者交付使用。

四、特种设备使用制度

（一）特种设备使用单位责任制

特种设备使用单位应当保证特种设备的安全使用。

1. 应当使用符合安全技术规范要求的特种设备。特种设备投入使用前，使用单位应当核对其是否附有规定的相关文件。

2. 特种设备在投入使用前或者投入使用后30日内，使用单位应当向直辖市或者设区的市的特种设备安全监督管理部门登记。

3. 特种设备使用单位应当建立特种设备安全技术档案。

4. 特种设备使用单位应当对在用特种设备进行经常性日常维护保养，并定期自行检查。

5. 锅炉使用单位应当按照安全技术规范的要求进行锅炉水（介）质处理，并接受特种设备检验检测机构实施的水（介）质处理定期检验。

6. 特种设备使用单位应当按照安全技术规范的定期检验要求，在安全检验合格有效期届满前1个月向特种设备检验检测机构提出定期检验要求。

7. 特种设备出现故障或者发生异常情况，使用单位应当对其进行全面检查，消除事故隐患后，方可重新投入使用。

8. 特种设备存在严重事故隐患，无改造、维修价值，或者超过安全技术规范规定使用年限，特种设备使用单位应当及时予以报废，并应当到原登记的特种设备安全监督管理部门办理注销。

9. 特种设备使用单位应当对特种设备作业人员进行特种设备安全、节能教育和培训。

（二）日常维护保养制度

1. 电梯的日常维护保养必须由取得许可的安装、改造、维修单位或者电梯制造单位进行。

2. 电梯的日常维护保养单位，应当对其维护保养的电梯的安全性能负责。

3. 电梯、客运索道、大型游乐设施等为公众提供服务的特种设备运营使用单位，应当设置特种设备安全管理机构或者配备专职的安全管理人员；其他特种设备使用单位，应当根据情况设置特种设备安全管理机构或者配备专职、兼职的安全管理人员。

4. 客运索道、大型游乐设施的运营使用单位在客运索道、大型游乐设施每日投入使用前，应当进行试运行和例行安全检查，并对安全装置进行检查确认。

5. 客运索道、大型游乐设施的运营使用单位的主要负责人应当熟悉客运索道、大型游乐设施的相关安全知识，并全面负责客运索道、大型游乐设施的安全使用；应当结合本单位的实际情况，配备相应数量的营救装备和急救物品。

6. 电梯、客运索道、大型游乐设施的乘客应当遵守使用安全注意事项的要求，服从有关工作人员的指挥。

7. 电梯投入使用后，电梯制造单位应当对其制造的电梯的安全运行情况进行跟踪调查和了解，对电梯的日常维护保养单位或者电梯的使用单位在安全运行方面存在的问题，提出改进建议，并提供必要的技术帮助。

8. 锅炉、压力容器、电梯、起重机械、客运索道、大型游乐设施、场（厂）内专用机动车辆的作业人员及其相关管理人员，应当按照国家有关规定经特种设备安全监督管理部门考核合格，取得国家统一格式的特种作业人员证书，方可从事相应的作业或者管理工作。

9. 特种设备作业人员在作业中应当严格执行特种设备的操作规程和有关的安全规章制度；在作业过程中发现事故隐患或者其他不安全因素，应当立即向现场安全管理人员和单位有关负责人报告。

五、特种设备检测检验制度

（一）特种设备检验检测机构

1. 从事监督检验、定期检验、型式试验以及专门为特种设备生产、使用、检验检测提供无损检测服务的特种设备检验检测机构，应当经国务院特种设备安全监督管理部门核准。

特种设备使用单位设立的特种设备检验检测机构，经国务院特种设备安全监督管理部门核准，负责本单位核准范围内的特种设备定期检验工作。

2. 特种设备检验检测机构条件：

（1）有与所从事的检验检测工作相适应的检验检测人员；

（2）有与所从事的检验检测工作相适应的检验检测仪器和设备；

（3）有健全的检验检测管理制度、检验检测责任制度。

3. 特种设备的监督检验、定期检验、型式试验和无损检测应当由经核准的特种设备检验检测机构进行。特种设备检验检测工作应当符合安全技术规范的要求。

（二）特种设备检验检测人员

1. 从事监督检验、定期检验、型式试验和无损检测的特种设备检验检测人员应当经国务院特种设备安全监督管理部门组织考核合格，取得检验检测人员证书，方可从事检验检测工作。

2. 检验检测人员从事检验检测工作，必须在特种设备检验检测机构执业；不得同时在两个以上检验检测机构中执业。

（三）检验检测管理

1. 特种设备检验检测，应当遵循诚信原则和方便企业的原则，为特种设备生产、使用单位提供可靠、便捷的检验检测服务。

2. 特种设备检验检测机构和检验检测人员对涉及的被检验检测单位的商业秘密，负有保密义务。

3. 特种设备检验检测机构和检验检测人员应当客观、公正、及时地出具检验检测结果、鉴定结论。检验检测结果、鉴定结论经检验检测人员签字后，由检验检测机构负责人签署。特种设备检验检测机构和检验检测人员对检验检测结果、鉴定结论负责。

4. 国务院特种设备安全监督管理部门应当组织对特种设备检验检测机构的检验检测结果、鉴定结论进行监督抽查。县以上地方负责特种设备安全监督管理的部门在本行政区域内也可以组织监督抽查，但是要防止重复抽查。监督抽查结果应当向社会公布。

5. 特种设备检验检测机构和检验检测人员不得从事特种设备的生产、销售，不得以其名义推荐或者监制、监销特种设备。

6. 特种设备检验检测机构进行特种设备检验检测，发现严重事故隐患或者能耗严重超标的，应当及时告知特种设备使用单位，并立即向特种设备安全监督管理部门报告。

7. 特种设备检验检测机构和检验检测人员利用检验检测工作故意刁难特种设备生产、使用单位的，特种设备生产、使用单位有权向特种设备安全监督管理部门投诉，接到投诉的特种设备安全监督管理部门应当及时进行调查处理。

六、名词术语

1. 锅炉，是指利用各种燃料、电或者其他能源，将所盛装的液体加热到一定的参数，并对外输出热能的设备，其范围规定为容积大于或者等于30升的承压蒸汽锅炉；出口水压大于或者等于0.1兆帕，且额定功率大于或者等于0.1兆瓦的承压热水锅炉；有机热载体锅炉。

2. 压力容器，是指盛装气体或者液体，承载一定压力的密闭设备，其范围规定为最高工作压力大于或者等于0.1兆帕，且压力与容积的乘积大于或者等于2.5兆帕·升的气体、液化气体和最高工作温度高于或者等于标准沸点的液体的固定式容器和移动式容器；盛装公称工作压力大于或者等于0.2兆帕，且压力与容积的乘积大于或者等于1.0兆帕·升的气体、液化气体和标准沸点等于或者低于60℃液体的气瓶；氧舱等。

3. 压力管道，是指利用一定的压力输送气体或者液体的管状设备，其范围规定为最高工作压力大于或者等于0.1兆帕的气体、液化气体、蒸汽介质或者可燃、易爆、有毒、有腐蚀性、最高工作温度高于或者等于标准沸点的液体介质，且公称直径大于25毫米的管道。

4. 电梯，是指由动力驱动，利用沿刚性导轨运行的箱体或者沿固定线路运行的梯级（踏步），进行升降或者平行运送人、货物的机电设备，包括载人（货）电梯、自动扶梯、自动人行道等。

5. 起重机械，是指用于垂直升降或者垂直升降并水平移动重物的机电设备，其范围规定为额定起重量大于或者等于0.5吨的升降机；额定起重量大于或者等于1吨，且提升高度大于或者等于2米的起重机和承重形式固定的电动葫芦等。

6. 客运索道，是指由动力驱动，利用柔性绳索牵引箱体等运载工具运送人员的机电设备，包括客运架空索道、客运缆车、客运拖牵索道等。

7. 大型游乐设施，是指用于经营目的，承载乘客的游乐设施，其范围规定为设计最大运行线速度大于或者等于2米/秒，或者运行高度距地面高于或者等于2米的载人大型游乐设施。

8. 场（厂）内专用机动车辆，是指除道路交通、农用车辆以外仅在工厂厂区、旅游景区、游乐场所等特定区域使用的专用机动车辆。

特种设备包括其所用的材料、附属的安全附件、安全保护装置和与安全保护装置相关的设施。

第五节　工业行业安全法律制度

一、冶金安全法律制度

（一）明确各级安监部门的职责

国家安全监管总局对全国冶金安全生产工作实施综合监督管理，地方安全监管部门对本辖区的冶金安全生产工作履行行业监督管理职能。1998 年国务院机构改革后冶金企业没有行业主管部门，为加强冶金行业的安全监管工作，从当前实际出发，各级安全监管部门承担起冶金企业的行业安全监督管理职责，而不仅仅是综合监督管理。

（二）冶金企业安全生产管理机构的设置和安全管理人员的配备

由于冶金企业生产涉及高温、高压和有毒有害等物质，是具有较高危险性的行业，且冶金企业规模一般比较大，从业人员数量往往会超过 300 人，因此必须按照《安全生产法》第 19 条的规定，设置专门的安全生产管理机构，配备必要的安全生产管理人员，实施有效的安全管理。

（三）建设项目安全设施设计审查和竣工验收制度

《安全生产法》第 24 条至第 27 条有关建设项目安全设施“三同时”的规定，仅要求属于高危行业的矿山建设项目和生产、储存危险化学品建设项目的安全设施必须经有关部门进行设计审查和竣工验收。冶金行业建设项目危险性较高，也应当进行安全设施设计审查和竣工验收，只不过某些工作可以由企业或中介机构来承担。建设单位应当按照有关规定组织设计审查和竣工验收，并委托具备相应资质的中介机构对炼铁、炼钢和煤气管网的新建、改建、扩建工程项目进行安全预评价和验收评价；安全预评价、安全验收评价报告以及审查验收结论，应当在 15 个工作日内报送安监部门备案。

（四）外包工程的安全管理制度

近年来，由于冶金企业在项目建设过程中“以包代管”，导致事故时有发生。因此，冶金企业应当加强对工程承包单位安全生产工作的管理，不得将施工、检修等工程项目承包给不具备相应资质的单位。工程承包协议必须明确规定双方的安全生产责任和义务。工程承包单位应当服从发包单位的统一管理，不得违法转包、分包。

（五）煤气防护人员培训制度

煤气防护人员承担着煤气中毒事故应急救护的职责，要求其必须比一般煤气作业人员具备更高的安全防护技能。煤气防护人员属于特殊工种从业人员，必须按照安全生产法律法规的规定进行培训，并由安监部门考核合格，取得安全资格证后方可上岗作业。

（六）冶金现场作业的安全管理制度

冶金企业现场作业的每个生产工艺和环节基本都有相应的国家标准或行业标准。冶金企业必须遵守《炼铁安全规程》（AQ 2002—2004）、《炼钢安全规程》（AQ 2001—2004）、《轧钢安全规程》（AQ 2003—2004）等标准。各级安全监管部门应当针对冶金企业各工艺流程中容易发生事故的重点环节加强监督管理，并为监督检查人员进入有关现场配备必需的个体防护用品和检查仪器。

二、机械制造安全法律制度

（一）机械制造企业的安全保障制度

企业应按照《安全生产法》等法律法规的规定，结合实际，建立健全以下主要安全管理制度：安全生产责任制；安全管理机构设置和安全管理人员配备制度；安全生产检查制度；安全教育培训制度；安全技术措施费用制度；生产安全事故管理制度；建设项目安全设施“三同时”管理制度；特种设备安全管理制度；消防安全管理制度；危险作业审批制度；电气临时线审批制度；危险源安全管理制度；危险化学品管理制度；劳动防护设施和用品管理制度；女职工和未成年工劳动保护制度；相关方安全管理制度；劳动合同安全监督制度；安全奖惩制度等。

（二）安全生产标准化活动

机械制造企业应当根据《关于开展安全质量标准化活动的指导意见》（安监管政法字［2004］62号）提出的工作目标和总体要求，并按照国家安全生产监督管理局印发的《机械制造企业安全质量标准化考核评级办法》和《机械制造企业安全质量标准化考核评级标准》的具体要求，开展安全生产标准化活动，使企业从业人员的安全意识、安全生产基础管理水平和设备设施本质安全程度都有明显提高。

（三）农业机械制造安全管理制度

农业机械生产者应当按照《农业机械安全监督管理条例》（国务院令第563号）的规定，对生产的农业机械进行检验，农业机械经检验合格并附具详尽的安全操作说明书和标注安全警示标志后，方可出厂销售；依法必须进行认证的农业机械，在出厂前应当标注认证标志。农业机械生产者应当建立产品出厂记录制度，如实记录农业机械的名称、规格、数量、生产日期、生产批号、检验合格证号、购货者名称及联系方式、销售日期等内容，出厂记录保存期限不得少于3年。

（四）特种设备制造安全监察制度

机械制造行业大量制造和使用锅炉、压力容器、压力管道、起重机械等涉及生命安全、危险性较大的特种设备，必须严格按照《特种设备安全监察条例》（国务院令第549号）的有关规定进行登记，建立特种设备安全技术档案，对特种设备进行定期检查、检验，加强隐患排查治理，制订事故应急措施和救援预案。

（五）机械制造安全监督管理制度

负有安全生产监督管理职责的相关部门应当依照法定的权限对机械制造行业所涉及的安全生产基础管理、危险化学品使用、职业卫生、工业产品生产许可、特种设备制造和使用、消防、事故报告和调查处理等安全事项进行监管。工会、从业人员、社会公众、人民团体、新闻媒体等也有权对机械制造行业的安全状况进行监督。

三、电力生产安全法律制度

（一）电力安全监管体制

国务院电力管理部门负责全国范围内的电力监督管理工作，对电力设施的保护工作负有监督、检查、指导和协调的职责。对于电力设施安全，具体实行电力管理部门监管、公安部门保护、电力企业负责和社会群众监督相结合的体制。国务院电力监管机构履行电力监管和行政执法职能，根据履行职责的需要，经国务院批准，设立派出机构。国务院电力监管机构对派出机构实行统一领导和管理。国务院电力监管机构的派出机构在国务院电力监管机构的授权范围内，履行电力监管职责。国务院有关部门依照有关法律、行政法规和国务院有关规定，在各自的职责范围内履行相关的监管职能和行政执法职能。

国家电力监管委员会（以下简称电监会）具体负责全国电力安全生产监督管理工作，国家安监部门负责全国电力安全生产综合管理工作，贯彻综合监管指导、协调行业监管的原则。设立电力安全生产监管机构。

（二）电力生产安全法律制度

1. 电力企业安全保障制度

从事电力生产和经营的电网经营企业、供电企业、发电企业是电力安全生产的责任主体。电力生产应当遵循安全、优质、经济的原则；电网运行应当连续、稳定，保证可靠性。各电力企业对本单位的安全生产全面负责，依据安全第一、预防为主的方针，建立并层层落实安全生产责任制；建立健全电力安全生产保证体系和电力安全生产监督体系；制订电力安全生产事故应急处理预案；及时消除事故隐患；加强安全生产教育培训。

各电网公司分别负责所辖范围内的电网安全，各电网联网线路的安全责任由有关电网公司承担，具体在联网协议中明确。发电企业按照“谁主管、谁负责”的原则分别对所辖范围内的企业安全生产负责。

2. 电力系统安全制度

电力生产、输送、供应和使用是一个系统，与这个电力系统有关的电网经营企业、供电企业、发电企业、电力用户应当共同维护电力系统的安全稳定。

（1）电力系统运行按照统一调度、分级管理的原则，建立统一、科学的调度协调体系。电网经营企业、供电企业、发电企业、电力用户有责任共同维护电力系统的安全稳定。

（2）电网运行管理部门和电网调度机构应当严格执行《电力系统安全稳定导则》（［81］电生字第109号），防止电网失稳导致崩溃；组织编制适合本网实际的事故应急处理预案。

（3）各级电网调度机构是电网事故处理的指挥中心，值班调度员是电网事故处理的指挥员。调度机构应当加强网、厂协调，建立保护电力系统安全运行的长效机制，严格执行调度规程，做到令行禁止。发生危及电力系统安全的事故或遇有危及电网安全的情况时，调度机构有权采取必要的手段和应急措施。

（4）并网运行的发电厂，其涉及电网安全、稳定的励磁系统和调速系统，继电保护系统和安全自动装置，调度通信和自动化设备等应满足所在电网的要求。

（5）电力用户应当满足电网安全性要求，在使用电力过程中要遵守安全用电的规定，不得危害供电、用电安全和扰乱供电、用电秩序。供电企业应当进行用电安全检查，防止安全生产事故的发生。

（6）电力企业要根据《电力设施保护条例》（国务院令第239号）的规定，加强电力设施保护，对电力设施定期进行检修和维护，严防违章施工、偷盗电力设施等严重危害电力安全的情况发生，保证其正常运行。任何单位和个人不得危害发电设施、变电设施和电力线路设施及其有关辅助设施。

（7）电力安全生产信息报送：当发生重大、特大人身事故、电网事故、设备损坏事故、电厂垮坝事故和火灾事故时，要立即向电监会报告，时间不得超过24小时。同时抄报国家安监部门和所在地政府有关部门。电力安全生产信息的报送应当及时、准确，不得隐瞒不报、谎报或者拖延不报。

3. 电力二次系统安全防护制度

电力二次系统包括电力监控系统、电力通信及数据网络等。随着信息技术的发展，电力生产、电网运营、电力调度过程中大量使用的互联网，如果遭到黑客攻击，会直接影响电力系统的安全稳定运行，因此原国家经贸委和现在的电监会分别制定了《电网和电厂计算机监控系统及调度数据网络安全防护规定》（国家经济贸易委员会令第30号）、《电力二次系统安全防护规定》（国家电力监管委员会令第5号），对电力二次系统安全防护制度进行了细化。

4. 事故应急救援和调查处理制度

电力企业发生事故后，事故现场有关人员应当立即报告本单位负责人。单位负责人接到事故报告后，应当迅速采取有效措施，组织抢救，防止事故扩大，减少人员伤亡和财产损失，并按照《生产安全事故报告和调查处理条例》的规定向有关单位报告，由相应的政府部门负责事故调查处理。①

（三）与安全有关的电力工程设施建设法律制度

1. 任何单位和个人不得危害发电设施、变电设施和电力线路设施及其有关辅助设施。

2. 电力管理部门应当对电力设施保护区设立标志。

3. 任何单位和个人需要在依法划定的电力设施保护区内进行可能危及电力设施安全的作业时，应当经电力管理部门批准并采取安全措施后，方可进行作业。

4. 电力设施与公用工程、绿化工程和其他工程在新建、改建或者扩建中相互妨碍时，有关单位应当按照国家有关规定协商，达成协议后方可施工。

5. 电力管理部门采取措施保护电力设施。

6. 任何单位或个人在电力设施周围进行爆破作业时，必须确保电力设施的安全。

7. 正确处理电力设施与其他设施之间的互相妨碍问题。

（四）与安全有关的电力生产法律制度

1. 电力生产许可

电力业务许可证分为发电、输电、供电三个类别。从事两类以上电力业务的，应当分别取得两类以上电力业务许可证。电监会对申请人提交的申请材料进行审查，作出电力业务许可决定。电力监管机构建立健全电力业务许可监督检查体系和制度，对被许可人按照电力业务许可证确定的条件、范围和义务从事电力业务的情

① 《电力安全生产监管办法》关于事故分级标准与调查处理权限的规定与《生产安全事故报告和调查处理条例》的相关规定有所不同。

况进行监督检查。

2. 基本条件

具有法人资格；具有与申请从事的电力业务相适应的财务能力；生产运行负责人、技术负责人、安全负责人和财务负责人具有 3 年以上与申请从事的电力业务相适应的工作经历，具有中级以上专业技术任职资格或者岗位培训合格证书；法律、法规规定的其他条件。

3. 发电、输电、供电分类条件

（1）发电类电力业务条件。发电项目建设经有关主管部门审批或者核准；发电设施具备发电运行的能力；发电项目符合环境保护的有关规定和要求。

（2）输电类电力业务条件。输电项目建设经有关主管部门审批或者核准；具有与申请从事的输电业务相适应的输电网络；输电项目按照有关规定通过竣工验收；输电项目符合环境保护的有关规定和要求。

（3）供电类电力业务条件。具有经有关主管部门批准的供电营业区；具有与申请从事供电业务相适应的供电网络和营业网点；承诺履行电力社会普遍服务义务；供电项目符合环境保护的有关规定和要求。

第六节　服务行业安全法律制度

一、商贸安全法律制度

（一）商贸企业经营场所安全管理制度

商贸企业的经营场所属于人员密集的场所，必须按照《安全生产法》的有关规定，保障安全出口畅通；按照《消防法》的有关规定做好火灾预防工作；按照《防震减灾法》（中华人民共和国主席令第 7 号）的规定，防范各种自然灾害。多家生产经营单位在同一建筑物内从事生产经营活动的，应当通过协议明确、落实各自的安全管理义务。在节假日期间和促销活动期间，尤其要重视安全管理，防止火灾事故、踩踏事故和其他公共安全事件发生。

（二）特种商品经营许可制度

对于危险化学品、易制毒化学品、民用爆炸物品、烟花爆竹等危险性较大的特种商品实施经营许可制度。经营危险化学品，必须按照《危险化学品安全管理条例》（国务院令第 344 号）的规定向安监部门申请经营许可证。经营《易制毒化学品的分类和品种目录》中第一类易制毒化学品的，需要按照《易制毒化学品安全管理条例》（国务院令第 445 号）的规定向安监部门或者食品药品监督管理部门申请经营许可证。销售民用爆炸物品应当按照《民用爆炸物品安全管理条例》（国务院令第 466 号）的规定向国防科技工业主管部门申请销售许可证。经营烟花爆竹应当按照《烟花爆竹安全管理条例》（国务院令第 455 号）的规定向安监部门申请经营许可证。

（三）市场准入制度

从事商贸经营服务的主体必须取得消防、环保、卫生、安全生产等相关证照，无证或证照不全的，应当排除在市场准入门槛之外。对于食品经营者、集中交易市场的管理者，应当在入场时审查其许可证，定期对入场食品经营者的经营环境和条件进行检查，发现有违法行为的，应当及时制止并立即报告所在地县级工商行政管理部门或者食品药品监督管理部门。

二、旅游安全法律制度

（一）旅游经营单位安全保障制度

旅游经营单位是指专门或主要从事旅游经营活动的旅行社、酒店、商店、旅客运输企业、旅游商品生产企业和度假游乐场所、旅游景区景点等。

旅游经营单位安全保障制度的主要任务是：（1）建立安全责任制，明确主要负责人的安全责任；（2）建立健全安全管理机构，并依法配备具有与本单位所从事经营活动相适应的专（兼）职安全管理人员；（3）加强对导游、驾驶员以及其他从业人员的安全培训；（4）制订本单位重特大事故应急救援预案，配备必要的应急救援器材、设备，并经常进行维护、保养；（5）在有较大危险因素的经营场所和有关设备设施和危险路段上，设置明显的安全警示标志；（6）对重大危险源应当登记建档，进行定期检测、评估、监控，制订应急预案，告知从业人员在紧急情况下应当采取的措施，并将重大危险源及有关安全措施、应急措施报安监部门备案；（7）旅游经营单位的决策机构、主要负责人、个人经营的投资人应当依法保证安全生产所必需的资金投入，保障安全生产条件；（8）加强日常安全管理，及时排除交通、消防、游乐设施、游乐场所存在的安全隐患；（9）建立节假日值班制度，加强节假日、旅游旺季安全管理；（10）加强卫生和食品安全管理，在旅游经营活动中要避开疫区，严防食品中毒；（11）加强应对自然灾害的能力，防止由于恶劣天气和其他自然灾害导致安全事故；（12）加强第三人侵权管理，防止旅客在旅游过程中遭受来自第三方的暴力侵害；（13）加强对旅游者的安全教育，告知有关安全注意事项。

（二）旅游安全监督管理制度

1. 各级政府和旅游行政主管部门要加强对旅游基础设施的监督管理，保障旅游线路具备安全行车条件；

2. 旅游行政主管部门要加强对重点、热点旅游目的地游客数量调控，避免游客过多，出现基础设施、运输工具、接待人员等超负荷运转的情况；

3. 交通部门要加强交通安全监管，保证从事游客运输的企业具备法定资质，杜绝出现驾驶人员超时超速驾驶，甚至酒后驾车的情况；

4. 安监部门应当依法对旅游安全实施综合监督管理，并负责事故调查处理；

5. 负有旅游安全监督管理职责的部门应当建立事故应急救援体系，组织制订重特大事故应急救援预案。

三、教育安全法律制度

（一）学校自身的内部安全管理制度

加强校舍安全管理，对需要维修、改造的，及时予以维修、改造，新建校舍在选址和质量方面要保障安全。在消防、教育、安全生产监督管理等行政主管部门的指导下，加强消防安全管理，把预防火灾事故作为重点，避免造成群死群伤和重大财产损失的事故。加强对学生食堂的管理，按照《食品安全法》和《学校食堂与学生集体用餐卫生管理规定》（卫生部令第 14 号）的要求，加强食品安全管理，预防食物中毒事件。按照《传染病防治法》等法律法规的要求，做好传染病的防治工作。做好人员集中场所的安全疏散工作，避免拥挤踩踏事件发生。建立、健全各种安全制度和应急机制。

（二）学校周边环境安全管理制度

校园周边往往会聚集一些以学生为主要营业对象的网吧、录像室、游戏机室、卡拉 OK 厅等生产经营单位。这些单位的安全问题会直接影响到学生的安全，教育行政部门和其他相关部门要依法做好学校周边环境的安全治理。交通部门要加强学校周边的交通安全管理，尤其是上学放学期间的交通安全。同时，学校要加强校园门禁保卫工作，杜绝闲杂人员进入校园。

（三）师生安全教育制度

学校应当加强对教职人员的安全培训，提高所有工作人员的安全素质；并把安全教育纳入学校正常的教学内容之中，全面加强学生的安全意识，丰富学生的安全知识。通过安全培训和教育，提高广大师生在紧急情况下的自救能力和处理问题能力，有效应对人为侵害和自然灾害。

（四）教育行业安全监督管理制度

各级政府及其教育、公安、交通、建筑、消防、安全生产、卫生、食品安全等监督管理部门，要按照相关法律法规的要求，加强对教育行业安全工作的监督管理。

四、运输企业安全法律制度

运输企业安全不同于交通运行过程安全，前者属于生产安全，后者属于公共安全或公众安全，但他们是互相衔接的。

（一）道路运输企业安全法律制度

1. 按照道路运输从业人员资质制度，从事经营性运输的车辆驾驶人员必须满足《道路运输条例》规定的资质条件；

2. 按照道路运输车辆管理制度，从事道路运输活动应当使用与经营业务相适应并经检测合格的车辆，不得使用报废的、擅自改装的和其他不符合国家规定的车辆从事道路运输经营；

3. 按照道路运输行为监管制度，交通部门要依法查处客运和货运车辆的超载行为，道路运输站（场）经营者应当对出站的车辆进行安全检查，禁止无证经营的车辆进站从事经营活动，严格按照客运车辆载客定额发售车票和检票，禁止超载车辆出站运输，道路运输站（场）经营者要配备必要的安全检视设备和安全检查人员，采取有效措施，防止携带易燃、易爆危险品的人员进站乘车，按照《危险化学品安全管理条例》等法律法规的要求，加强对危险货物运输安全管理。

（二）水路运输企业安全法律制度

水路运输企业包括海上运输、内河运输、渔港水域运输企业，必须遵守船舶、船员、浮动设施、航行、停泊、作业、救助、危险货物运输等方面的安全制度。

（三）铁路运输企业安全法律制度

1. 铁路线路安全保护制度，重要的桥梁和隧道由武装警察部队负责守卫；

2. 铁路运营安全保障制度，铁路机车车辆、车辆驾驶人员、铁路运输的货物种类必须符合国家法律的规定；

3. 社会公众的铁路安全保障义务，任何单位和个人不得实施危害铁路运输安全的行为。

（四）航空运输企业安全法律制度

公共航空运输企业是指以营利为目的，使用民用航空器运送旅客、行李、邮件或者货物的企业法人。它必须保证航空器具有适航性，取得经营许可证，加强安全保卫。旅客不得携带危险物品并必须接受安全检查。

本章小结

本章介绍了安全生产基本法律制度、采掘行业安全法律制度、危险物品安全法律制度、建筑行业安全法律制度、特种设备安全法律制度、工业行业安全法律制度、服务行业安全法律制度等。

复习思考题

1. 煤矿企业安全生产条件与一般企业安全生产条件相比，有哪些特殊点？
2. 安全生产法律条件与安全生产技术条件的区别与联系是什么？
3. 行业专业生产安全条件是如何贯彻一般生产安全条件的？
4. 法律法规是否应该规定行业专业技术条件？
5. 煤矿企业条件与煤炭生产许可条件的性质有什么区别？
6. 危化品生产、储存企业的设立需要具备哪几个方面的条件？
7. 分析危化品重大危险源在危化品安全管理法中的法律客体地位。
8. 政府安监部门在危化品运输中如何发挥安全监管职能？
9. 爆破作业单位的安全管理措施有哪些？
10. 实行爆破作业审批制的重要区域有哪些？采取什么样的安全管理措施？
11. 简述我国煤矿生产安全监管监察制度。
12. 如何加强对旅游经营活动的安全监管？
13. 如何在制度上确保学校安全？
14. 如何管好烟花爆竹安全？
15. 如何协调民用爆炸物品生产许可和安全许可的关系？

第十一章　公众安全法律制度

本章学习目标

1. 了解我国消防组织构成。
2. 掌握消防安全违法行为的种类。
3. 掌握建设工程消防监督管理制度、消防产品监督管理制度。
4. 掌握道路交通安全法律制度主要内容。
5. 掌握铁路、水路、航空交通安全法律制度主要内容。
6. 掌握产品安全法律制度主要内容。
7. 掌握食品安全特别规定的主要内容。
8. 掌握举办大型群众性活动规定。
9. 了解铁路事故救援、灭火救援规则特点。
10. 了解道路交通事故调查处理、消防安全事故调查处理规则特点。

第一节　消防安全法律制度

一、普通消防安全法律制度

（一）消防管理体制

消防管理体制要贯彻专业消防与全民消防相结合的原则。森林、草原消防工作有其特别性，从其规定。国务院领导消防工作，地方各级政府对消防工作负责。国务院公安部门监督管理全国的消防工作，县级以上政府公安机关监督管理本行政区域内消防工作，并由公安消防机构负责实施。军事设施、矿井地下部分、核电厂等项目或设施的消防工作由各自的主管单位监督管理。教育、劳动等行政主管部门将消防知识纳入教学、培训内容。新闻、出版、广播、电影、电视等主管部门应进行消防安全宣传教育。

（二）消防组织

各级政府应建立多种形式的消防组织，加强消防技术人才培养，加强消防组织建设，增强火灾预防、扑救和应急救援的能力。县级以上地方政府应建立公安消防队、专职消防队，按国家标准配备消防装备，承担火灾扑救工作。乡镇政府应根据需要建立专职消防队、志愿消防队，承担火灾扑救工作。公安消防队、专职消防队应充分发挥火灾扑救和应急救援专业力量的骨干作用，承担重大灾害事故和其他以抢救人员生命为主的应急救援工作。

下列单位应建立单位专职消防队，承担本单位的火灾扑救工作：（1）大型核设施单位、大型发电厂、民用机场、主要港口；（2）生产、储存易燃易爆危险品的大型企业；（3）储备可燃的重要物资的大型仓库、基地；（4）火灾危险性较大、距离公安消防队较远的其他大型企业；（5）距离公安消防队较远、被列为全国重点文物保护单位的古建筑群的管理单位。

机关、团体、企事业等单位应落实消防安全责任制和岗位消防安全责任制，切实履行消防安全职责，建立志愿消防队等多种形式的消防组织，开展群众性自防自救工作，单位的主要负责人是本单位的消防安全责任人。

（三）火灾预防

地方各级政府应将消防安全布局、消防站、消防供水、消防通信、消防车通道、消防装备等纳入城乡规划，并组织实施。

建设工程的消防设计、施工必须符合国家工程建设消防技术标准。按国家工程建设消防技术标准需要进行消防设计的建设工程，建设单位应自依法取得施工许可之日起 7 个工作日内，将消防设计文件报公安机关消防机构备案；建设工程竣工的，按规定进行消防验收、备案，未经消防验收或验收不合格的，禁止投入使用；其他建设工程经依法抽查不合格的，应停止使用。

县级以上地方政府公安机关消防机构应将发生火灾可能性较大及发生火灾可能造成重大的人身伤亡或财产损失的单位，确定为本行政区域内的消防安全重点单位，并由公安机关报本级政府备案。消防安全重点单位应确定消防安全管理人，组织实施本单位的消防安全管理工作。

生产、储存、经营易燃易爆危险品的场所不得与居住场所设置在同一建筑物内，并应与居住场所保持安全距离。生产、储存、装卸易燃易爆危险品的工厂、仓库和专用车站、码头的设置，应符合消防技术标准；设置易燃易爆气体和液体的充装站、供应站、调压站，应符合消防安全和防火防爆要求。生产、储存、运输、销售、使用、销毁易燃易爆危险品，必须执行消防技术标准和管理规定。

禁止非法携带易燃易爆危险品进入公共场所或乘坐公共交通工具。禁止在具有火灾、爆炸危险的场所吸烟、使用明火；因施工等特殊情况需要使用明火作业的，应事先办理审批手续，采取相应的消防安全措施；作业人员应遵守消防安全规定。

消防产品必须符合国家标准；没有国家标准的，必须符合行业标准。依法实行强制性产品认证的消防产品，由具有法定资质的认证机构按标准的强制性要求认证合格后，方可生产、销售、使用。

任何单位、个人不得损坏、挪用或擅自拆除、停用消防设施、器材，不得埋压、圈占、遮挡消火栓或占用防火间距，不得占用、堵塞、封闭疏散通道、安全出口、消防车通道。人员密集场所的门窗不得设置影响逃生和灭火救援的障碍物。负责公共消防设施维护管理的单位，应保持消防供水、消防通信、消防车通道等公共消防设施的完好有效。

地方各级政府应加强对农村消防工作的领导，采取措施加强公共消防设施建设，督促落实消防安全责任制。乡镇政府、城市街道办事处应指导、支持和帮助村（居）民委员会开展群众性消防工作。村（居）民委员会应确定消防安全管理人，组织制定防火安全公约，进行防火安全检查。

（四）灭火救援

县级以上地方政府应组织有关部门针对本行政区域内的火灾特点制订应急预案，建立应急反应和处置机制，为火灾扑救和应急救援工作提供人员、装备等保障。

任何人发现火灾应立即报警；消防队接到火警，必须立即赶赴火灾现场，救助遇险人员，排除险情，扑灭火灾；任何单位发生火灾，必须立即组织力量扑救，邻近单位应给予支援。

公安机关消防机构统一组织和指挥火灾现场扑救，优先保障遇险人员生命安全；根据需要封闭火灾现场，负责调查火灾原因，统计火灾损失；根据火灾现场勘验、调查情况和有关检验、鉴定意见，及时制作火灾事故认定书，作为处理火灾事故的证据。发生火灾的单位和相关人员应保护现场，接受事故调查，如实提供与火灾有关的情况。

（五）监督检查

地方各级政府应落实消防工作责任制，对本级政府有关部门履行消防安全职责的情况进行监督检查。县级以上地方政府有关部门应根据本系统的特点，有针对性地开展消防安全检查，及时督促整改火灾隐患。

1. 建设工程消防监督管理制度

对国务院公安部门规定的大型人员密集场所和特殊建设工程，由公安机关消防机构实行消防设计审核和消防验收制度，对其他建设工程的消防设计和消防验收实行备案抽查制度。

2. 消防监督检查制度

公安机关消防机构对机关、团体、企业、事业等单位遵守消防法律、法规的情况依法进行监督检查；公安派出所履行日常消防监督检查和消防宣传教育的职责。

3. 消防产品监督管理制度

国家对消防产品实行强制性产品认证制度，对新研制的尚未制定国家标准、行业标准的消防产品，按照规定进行技术鉴定；产品质量监督、工商行政管理、公安机关消防机构等部门依法加强对消防产品质量的监督检查。

（六）消防安全违法行为

消防安全违法行为主要有：消防设计经公安机关消防机构依法抽查不合格，不停止施工的；建设工程投入使用后经公安机关消防机构依法抽查不合格，不停止使用的；建设单位未依法将消防设计文件或在竣工后未依法报公安机关消防机构备案的；建设单位要求建筑设计单位或建筑施工企业降低消防技术标准设计、施工的；建筑设计单位不按照消防技术标准强制性要求进行消防设计的；工程监理单位与建设单位或施工企业串通，弄虚作假，降低消防施工质量的；人员密集场所在门窗上设置影响逃生和灭火救援的障碍物的；生产、储存、经营易燃易爆危险品的场所与居住场所设置在同一建筑物内，或未与居住场所保持安全距离的；生产、储存、经营其他物品的场所与居住场所设置在同一建筑物内，不符合消防技术标准的；非法携带易燃易爆危险品进入公共场所或乘坐公共交通工具的；阻碍公安机关消防机构的工作人员依法执行职务的；在火灾发生后阻拦报警，或负有报告职责的人员不及时报警的；擅自拆封或使用被公安机关消防机构查封的场所、部位的；人员密集场所使用不合格的消防产品或国家明令淘汰的消防产品的；消防产品质量认证、消防设施检测等消防技术服务机构出具虚假、失实文件的。

二、森林消防安全法律制度

国家森林防火指挥机构负责组织、协调和指导全国的森林防火工作；国务院林业主管部门负责全国森林防火的监督和管理工作，承担国家森林防火指挥机构的日常工作。森林防火工作实行地方各级政府行政首长负责制；县级以上地方政府设立的森林防火指挥机构，负责组织、协调和指导本行政区域的森林防火工作；林业主管部门负责本行政区域森林防火的监督和管理工作，承担本级政府森林防火指挥机构的日常工作。

省（区、市）政府林业主管部门按森林火险区划等级标准，以县为单位确定本行政区域的森林火险区划等级，向社会公布，并报国务院林业主管部门备案。国务院林业主管部门编制国家重大、特别重大森林火灾应急预案，报国务院批准。县级以上地方政府林业主管部门编制森林火灾应急预案，报本级政府批准，并报上一级政府林业主管部门备案。县级政府组织乡（镇）政府根据森林火灾应急预案制订森林火灾应急处置办法。

县级以上地方政府应根据本行政区域内森林资源分布状况和森林火灾发生规律，划定森林防火区，规定森林防火期，并向社会公布。各级政府森林防火指挥机构和森林、林木、林地的经营单位和个人根据森林火险预报，采取相应的预防和应急准备措施。

武装警察森林部队负责执行森林防火任务。在林区依法开办工矿企业、设立旅游区或新建开发区、铁路的经营单位，森林、林木、林地的经营单位和个人等都要做好森林防火工作。

森林防火期内，禁止在森林防火区野外用火，有特殊需要的须经批准；进入森林防火区的各种机动车辆应安装防火装置，配备灭火器材；经批准，可以设立临时性的森林防火检查站；预报有高温、干旱、大风等高火险天气的，应划定森林高火险区，规定森林高火险期。

任何单位和个人发现森林火灾，应立即报告。接到报告的当地政府或森林防火指挥机构应立即派人赶赴现场，调查核实，采取相应扑救措施，并逐级报政府和森林防火指挥机构。

发生森林火灾，县级以上地方政府森林防火指挥机构应立即启动森林火灾应急预案；发生重大、特别重大森林火灾，国家森林防火指挥机构应立即启动重大、特别重大森林火灾应急预案；按照森林火灾应急预案，统一组织和指挥森林火灾的扑救。扑救森林火灾，应以专业火灾扑救队伍为主要力量，坚持以人为本、科学扑救的原则，及时疏散、撤离受火灾威胁的群众，并做好火灾扑救人员的安全防护，尽最大可能避免人员伤亡。发生森林火灾后，气象、交通运输、通信、公安、商务、卫生等部门应协同作业，做好扑救森林火灾的有关工作。

县级以上政府林业主管部门会同有关部门及时对森林火灾发生原因、肇事者、受害森林面积和蓄积、人员伤亡、其他经济损失等情况进行调查和评估，向当地政府提出调查报告。当地政府根据调查报告，确定森林火灾责任单位和责任人，并依法处理。

森林火灾信息由县级以上政府森林防火指挥机构或林业主管部门向社会发布。重大、特别重大森林火灾信息由国务院林业主管部门发布。

森林火灾发生后，森林、林木、林地的经营单位和个人应及时采取更新造林措施，恢复火烧迹地的森林植被。

三、草原消防安全法律制度

草原防火工作贯彻“预防为主、防消结合”的方针。县级以上政府有计划地进行火情监测、防火物资储备、防火隔离带等草原防火设施的建设，确保防火需要。县级以上政府加强草原防火工作的组织领导，将防火所需经费纳入本级财政预算，保障火灾预防和扑救工作的开展。草原防火工作实行地方各级政府行政首长负责制和部门、单位领导负责制。

国务院草原行政主管部门主管全国草原防火工作。县级以上地方政府确定的草原防火主管部门主管本行政区域内的草原防火工作；有关部门在各自的职责范围内做好草原防火工作。草原的经营使用单位和个人，在其经营使用范围内承担草原防火责任。草原防火工作涉及两个以上行政区域或涉及森林防火、城市消防的，有关地方政府及有关部门应建立联防制度，确定联防区域，制定联防措施，加强信息沟通和监督检查。

国务院草原行政主管部门根据草原火灾发生的危险程度和影响范围等，将草原划分为极高、高、中、低四个等级的草原火险区；编制全国草原防火规划；制订全国草原火灾应急预案。县级以上地方政府草原防火主管部门编制本行政区域的草原防火规划，制订本行政区域的草原火灾应急预案。

县级以上地方政府应根据草原火灾发生规律，确定本行政区域的草原防火期，并向社会公布。在草原防火期内，因生产活动需要在草原上野外用火的，须经批准；因生活需要在草原上用火的，应选择安全地点，采取防火措施，用火后彻底熄灭余火；禁止在草原上使用枪械狩猎；在草原上进行爆破、勘察和施工等活动的，应经批准并采取防火措施，防止失火；在草原上作业或行驶的机动车辆，应安装防火装置，严防漏火、喷火和闸瓦脱落引起火灾；对进入草原、存在火灾隐患的车辆以及可能引发草原火灾的野外作业活动进行防火安全检查；出现高温、干旱、大风等高火险天气时，县级以上地方政府应将极高草原火险区、高草原火险区以及一旦发生火灾可能造成人身重大伤亡或财产重大损失的区域划为草原防火管制区，规定管制期限，及时向社会公布，并报上一级政府备案。

草原上的农（牧）场、工矿企业和其他生产经营单位，以及驻军单位、自然保护区管理单位和农村集体经济组织等，应在县级以上地方政府的领导和草原防火主管部门的指导下，落实草原防火责任制，做好本单位的草原防火工作。

铁路、公路、电力和电信线路以及石油天然气管道等的经营单位，应落实防火措施，防止发生草原火灾。承包经营草原的个人对其承包经营的草原应加强火源管理，消除火灾隐患。县级以上政府草原防火主管部门和气象主管机构应联合建立草原火险预报预警制度。

任何单位和个人发现草原火情，应及时向当地政府或草原防火主管部门报告。当地政府或草原防火主管部门接到报告后，立即组织人员赶赴现场，核实火情，采取控制和扑救措施，防止草原火灾扩大；并及时将草原火灾发生时间、地点、估测过火面积、火情发展趋势等情况报上级政府及其草原防火主管部门。

县级以上地方政府应根据草原火灾发生情况确定火灾等级，并及时启动草原火灾应急预案。特别重大、重大草原火灾以及境外草原火灾威胁到我国草原安全的，国务院草原行政主管部门应及时启动草原火灾应急预案。扑救草原火灾应首先保障人民群众的生命安全，有关地方政府应及时动员受到草原火灾威胁的居民以及其他人员转移到安全地带，并予以妥善安置；情况紧急时，可以强行组织避灾疏散。

县级以上政府有关部门应按照草原火灾应急预案的分工，做好相应的草原火灾应急工作。气象、民政、卫生、铁路、交通、航空、通信、公安等部门做好相应的工作。

扑救草原火灾应组织和动员专业扑火队和受过专业培训的群众扑火队；接到扑救命令的单位和个人，必须迅速赶赴指定地点投入扑救工作。根据需要，有关地方政府可以紧急征用物资、交通工具和相关的设施、设备；必要时，可以采取清除障碍物、建设隔离带、应急取水、局部交通管制等应急管理措施。

发生特别重大、重大草原火灾的，国务院草原行政主管部门应立即派员赶赴火灾现场，组织、协调、督导火灾扑救，并做好跨省（自治区、直辖市）草原防火物资的调用工作。

国家实行草原火灾信息统一发布制度。特别重大、重大草原火灾以及威胁到我国草原安全的境外草原火灾信息，由国务院草原行政主管部门发布；其他草原火灾信息，由省（自治区、直辖市）政府草原防火主管部门发布。

草原火灾扑灭后，有关地方政府草原防火主管部门或其指定的单位应做好有关善后工作。

第二节 交通安全[①]法律制度

一、道路交通安全法律制度

（一）道路交通安全管理体制

各级政府保障道路交通安全管理工作与经济建设、社会发展相适应。县级以上地方政府制订道路交通安全管理规划并组织实施。各级政府进行道路交通安全教育。国务院公安部门负责全国道路交通安全管理工作。县级以上地方政府公安交通管理部门负责本行政区域内道路交通安全管理工作；交通管理部门、建设管理部门在各自职责范围内负责道路交通工作。机关、部队、企业、事业单位、社会团体及其他组织对本单位人员进行道路交通安全教育。教育行政部门、学校应将道路交通安全教育纳入法制教育内容。新闻、出版、广播、电视等单位有义务进行道路交通安全教育。公安交通管理部门负责道路交通执法监督，调查处理道路交通安全违法行为和交通事故；接到交通事故报警后立即派人赶赴现场，组织拯救，恢复交通，勘验、检查现场，收集证据，委托鉴定，制作事故认定书，可以根据当事人请求调解损害赔偿争议。医疗机构对受伤人员应及时抢救，不得因拯救费用未及时支付而拖延救治。保险公司在责任限额内支付抢救费用。道路交通事故社会救助基金管理机构在保险责任限额外先行垫付部分或全部抢救费用，并有权向事故责任人追偿。

（二）车辆和驾驶人安全管理

国家对机动车实行登记制度。机动车经公安机关交通管理部门登记后，方可上道路行驶。驾驶机动车上道路行驶，应悬挂机动车号牌，放置检验合格标志、保险标志，并随车携带机动车行驶证。依法应登记的非机动车，经公安机关交通管理部门登记后，方可上道路行驶。

对登记后上道路行驶的机动车，应定期进行安全技术检验。对提供机动车行驶证和机动车第三者责任强制保险单的，机动车安全技术检验机构应予以检验。对符合机动车国家安全技术标准的，公安机关交通管理部门应发给检验合格标志。国家实行机动车强制报废制度，应报废的机动车必须及时办理注销登记，且不得上道路行驶。

警车、消防车、救护车、工程救险车应按规定喷涂标志图案，安装警报器、标

① 生产性交通运输安全还可以归于生产安全范畴。

志灯具，其他机动车不得喷涂、安装、使用上述车辆专用的或与其相类似的标志图案、警报器或标志灯具。

任何单位或个人不得有下列行为：拼装机动车或擅自改变机动车已登记的结构、构造或特征；改变机动车型号、发动机号、车架号或车辆识别代号；伪造、变造或使用伪造、变造的机动车登记证书、号牌、行驶证、检验合格标志、保险标志；使用其他机动车的登记证书、号牌、行驶证、检验合格标志、保险标志。

驾驶机动车，应依法取得机动车驾驶证。驾驶人应按驾驶证载明的准驾车型驾驶机动车；驾驶机动车时，应随身携带机动车驾驶证。公安机关交通管理部门定期对机动车驾驶证实施审验，对机动车驾驶人实行累积记分制度。公安部修改后的《机动车驾驶证申领和使用规定》，加大了对酒后驾驶和部分高速公路违法行为的处罚力度，允许更多残疾人驾驶机动车，驾驶证办理也将更加方便。

驾驶人驾驶机动车上道路行驶前，应对机动车的安全技术性能进行认真检查。饮酒、服用国家管制的精神药品或麻醉药品，或患有妨碍安全驾驶机动车的疾病，或过度疲劳影响安全驾驶的，不得驾驶机动车。

（三）道路通行条件管理

全国实行统一的道路交通信号（包括交通信号灯、交通标志、交通标线和交通警察的指挥）。道路、停车场和道路配套设施的规划、设计、建设，应符合道路交通安全、畅通的要求，并根据交通需求及时调整。

新建、改建、扩建的公共建筑、商业街区、居住区、大（中）型建筑等，应配建、增建停车场；停车泊位不足的，应及时改建或扩建；投入使用的停车场不得擅自停止使用或改作他用。在城市道路范围内，在不影响行人、车辆通行的情况下，可以施划停车泊位。学校、幼儿园、医院、养老院门前的道路没有行人过街设施的，应施画人行横道线，设置提示标志。城市主要道路的人行道，应设置符合国家标准的盲道。

（四）道路通行安全管理

机动车、非机动车实行右侧通行。道路划分为机动车道、非机动车道和人行道，并实行分道通行。在专用车道内，只准许规定的车辆通行。车辆、行人应按照交通信号通行；遇有交通警察现场指挥时，应按交通警察的指挥通行。

机动车上道路行驶，不得超过限速标志标明的最高时速。在没有限速标志的路段，应保持安全车速。夜间行驶或在容易发生危险的路段行驶，以及遇有沙尘、冰雹、雨、雪、雾、结冰等气象条件时，应降低行驶速度。

机动车通过交叉路口，应按照交通信号灯、交通标志、交通标线或交通警察的指挥通过；通过没有交通信号灯、交通标志、交通标线或交通警察指挥的交叉路口时，应减速慢行，并让行人和优先通行的车辆先行。机动车通过铁路道口时，应按交通信号或管理人员的指挥通行，没有交通信号或管理人员的，应减速或停车，确认安全后通过；行经人行横道时，应减速行驶或停车让行，行经没有交通信号的道路时，遇行人横过道路，应避让。

机动车载物应符合核定的装载质量；载物的长、宽、高不得违反装载要求，不得遗撒、飘散载运物；载人不得超过核定的人数，客运机动车不得违反规定载货。

警车、消防车、救护车、工程救险车执行紧急任务时，可以使用警报器、标志灯具，在确保安全的前提下，不受行驶路线、行驶方向、行驶速度和信号灯的限制，其他车辆和行人应让行。道路养护车辆、工程作业车进行作业时，在不影响过往车辆通行的前提下，其行驶路线和方向不受交通标志、标线限制，过往车辆和人员应注意避让。洒水车、清扫车等应按照安全作业标准和有关规定进行作业。

高速公路、大中城市中心城区内的道路，禁止拖拉机通行。在允许拖拉机通行的道路上，拖拉机可以从事货运，但不得用于载人。

驾驶非机动车在道路上行驶应遵守有关交通安全规定。残疾人机动轮椅车、电动自行车在非机动车道内行驶时，最高时速不得超过 15 公里。驾驭畜力车，应使用驯服的牲畜，并遵守规定。

行人、非机动车、拖拉机、轮式专用机械车、铰接式客车、全挂拖斗车及其他设计最高时速低于 70 公里的机动车，不得进入高速公路。高速公路限速标志标明的最高时速不得超过 120 公里。

（五）执法监督

公安机关交通管理部门依法实施罚款的行政处罚，实行罚款决定与罚款收缴分离；收缴的罚款以及依法没收的违法所得，应全部上缴国库。

公安机关交通管理部门及其交通警察的行政执法活动，应接受行政监察机关、社会和公民的监督。公安机关督察部门应对公安机关交通管理部门及其交通警察的执法情况等进行监督；上级公安机关交通管理部门应当对其下级的执法活动进行监督。

二、铁路交通安全法律制度

（一）铁路交通安全管理体制

铁路可分为国家铁路、专用铁路、铁路专用线（地方铁路、企业铁路）等。国家铁路的交通运输管理体制实行高度集中、统一指挥的原则。国务院铁路主管部门负责全国的铁路运输安全监督管理工作，铁路管理机构负责本区域内的铁路运输安全监督管理工作。国务院铁路主管部门及铁路管理机构应对突发公共卫生事件、突发铁路治安事件、重大自然灾害及火灾事故、重大铁路运输安全事故及其他影响铁路运输安全、畅通的突发性事件，订定应急预案。

铁路沿线各级地方政府及县级以上地方政府安全生产监督管理等部门按各自职责，做好与铁路运输安全有关的工作，落实护路联防责任制，防范和制止危害铁路运输安全的行为，协调和处理有关铁路运输安全事项。

铁路运输企业应加强运输安全管理，建立健全安全生产管理制度，设置安全管理机构，保证铁路运输安全所必需的资金投入；采取有效措施，保证旅客和货物运输的安全。

铁路建设单位新建、改建、扩建工程项目的安全设施，必须与主体工程同时设计、同时施工、同时投入生产和使用。安全设施投资应当纳入建设项目概算。

（二）铁路线路安全管理

铁路线路两侧设立安全保护区，由铁路运输企业在安全保护区边界设立界桩，并根据需要设置围墙、栅栏等防护设施。在安全保护区内，除必要的铁路施工、作业、抢险活动外，任何单位和个人都不得进行其他活动。铁路运输企业的安全生产管理人员对铁路线路进行经常性巡查和维护；对巡查中发现的安全问题，应立即处理；不能处理的，应及时报告本企业有关负责人。

铁路与道路交叉处，应优先考虑设置立体交叉；未设立体交叉的，可以根据有关规定设置平交道口或人行过道。在城市规划区内设置平交道口或人行过道、拆除已经设置的平交道口或人行过道，由铁路运输企业或建有专用铁路、铁路专用线的企业或其他单位和城市规划主管部门等共同决定或商定。

铁路线路两侧地界以外的山坡地由当地政府作为水土保持的重点进行整治。铁路隧道顶上的山坡地由铁路运输企业协助当地政府进行整治。铁路地界以内的山坡地由铁路运输企业进行整治。

在铁路线路和铁路桥梁、涵洞两侧一定距离内，修建山塘、水库、堤坝，开挖河道、干渠，采石挖沙，打井取水，影响铁路路基稳定或危害铁路桥梁、涵洞安全的，由县级以上地方政府责令停止，限期恢复原状或责令采取必要的安全防护措施。在铁路线路上架设电力、通信线路，埋置电缆、管道设施，穿凿通过铁路路基的地下坑道，必须经铁路运输企业同意，并采取安全防护措施。

（三）铁路营运安全管理

铁路运输企业应建立健全并严格执行铁路运输的设施、设备的安全管理和检查防护的规章制度，加强对铁路运输设施、设备的检测和维修，对不符合安全要求的应及时更换，确保铁路运输设施、设备性能完好和安全运行。

铁路公安人员和铁路职工除了有权对旅客携带的物品和托运的行李进行安全检查以外，还有权制止下列行为：

损毁、移动铁路信号装置及其他行车设施或在铁路线路上放置障碍物，偷乘货车、攀附行进中的列车或击打列车，在铁路线路上行走、坐卧，在铁路线路两侧20米以内或铁路防护林地内放牧，聚众拦截列车或聚众冲击铁路行车调度机构，在列车内寻衅滋事，扰乱公共秩序，危害旅客人身、财产安全等。

铁路运输企业有权对托运人填报的货物和包裹的品名、质量、数量进行检查；对承运的容易腐烂变质的货物和活动物，应采取有效的保护措施；对承运的货物、包裹、行李自接受承运时起到交付时止发生的灭失、短少、变质、污染或损坏，承担赔偿责任。

（四）铁路交通安全非法行为

携带危险品进站上车或以非危险品品名托运危险品，导致发生重大事故的；携带炸药、雷管或非法携带枪支子弹、管制刀具进站上车的；故意损毁、移动铁路行车信号装置或在铁路线路上放置足以使列车倾覆的障碍物的；盗窃铁路线路上行车设施的零件、部件或铁路线路上的器材，危及行车安全的；聚众拦截列车、聚众冲击铁路行车调度机构、聚众哄抢铁路运输物资的。

三、水路交通安全法律制度

（一）水上交通安全管理体制

1. 海上交通安全管理体制

港务监督机构统一监督管理沿海水域交通安全。

2. 港口安全管理体制

国务院交通主管部门管理全国的港口规划、建设、维护、经营工作。按照主管部门管安全的原则，它同时也管港口安全。港口管理部门制订港口危险货物事故应急预案、旅客紧急疏散和救援预案、自然灾害预防预案，建立安全事故应急救援体系（不含水域交通安全）。

3. 水路运输安全管理体制

国务院交通主管部门管理全国水路运输安全，各地交通主管部门管理本地区水路运输安全，且可设置航运管理机构。

4. 内河交通安全管理体制

国务院交通主管部门管理全国内河交通安全，其海事管理机构负责全国内河交通安全监督管理工作。省级政府海事管理机构对所辖内河通航水域实施水上交通安全监督管理。县级以上地方政府负责本行政区域的内河交通安全管理工作。

5. 渔港水域交通安全管理体制

国家渔政渔港监管机关监督管理渔港水域交通安全，调查处理沿海水域渔业船舶之间交通事故．渔港内船舶必须服从监管机关管理。

（二）安全管理制度

船舶和船上有关航行安全的重要设备必须具有船舶检验部门签发的有效技术证书。船舶必须持有船舶国籍证书（或船舶登记证书，或船舶执照）。

船长、轮机长、驾驶员、轮机员、无线电报话务员及水上飞机、潜水器的相应操作人员等，必须持有合格的职务证书。设施应配备掌握避碰、信号、通信、消防、救生等专业技能的人员。

船舶进出港口或通过交通管制区、通航密集区和航行条件受到限制的区域时，必须遵守有关规定。除经主管机关特别许可外，禁止船舶进入或穿越禁航区。大型设施和移动式平台的海上拖带，必须经船舶检验部门进行拖航检验，并报主管机关核准。

在沿海水域进行水上水下施工以及划定相应的安全作业区，必须报经主管机关核准公告。在沿海水域划定禁航区，须经国务院或主管机关批准。

船舶、设施发现下列情况，应迅速报告主管机关：（1）助航标志或导航设施变异、失常；（2）有妨碍航行安全的障碍物、漂流物；（3）其他有碍航行安全的异常情况。

航标周围不得建造或设置影响其工作效能的障碍物。航标和航道附近有碍航行安全的灯光，应妥善遮蔽。有关部门应保持通信联络畅通，保持助航标志、导航设施明显有效，及时提供海洋气象预报和必要的航海图书资料。

船舶、设施储存、装卸、运输危险货物，必须具备安全可靠的设备和条件，遵守有关规定。对影响安全航行、航道整治以及有潜在爆炸危险的沉没物、漂浮物，其所有人、经营人应打捞清除。

船舶、设施或飞机遇难时，除发出呼救信号外，还应以最迅速的方式向主管机关报告出事时间、地点、受损情况、救助要求以及发生事故的原因。事故现场附近的船舶、设施，收到求救信号或发现有人遭遇生命危险时，应尽力救助遇难人员，并迅速向主管机关报告现场情况和本船舶、设施的名称、呼号和位置。

发生碰撞事故的船舶、设施，应互通名称、国籍和登记港，并尽一切可能救助遇难人员。在不严重危及自身安全的情况下，当事船舶不得擅自离开事故现场。主管机关接到求救报告后，应立即组织救助。有关单位和在事故现场附近的船舶、设施，必须听从主管机关的统一指挥。船舶、设施发生交通事故，应向主管机关递交事故报告书和有关资料，并接受调查处理。

四、航空交通安全法律制度

（一）航空交通安全管理体制

国务院民用航空主管部门统一监督管理全国民用航空活动，在各地设立的地区民用航空管理机构根据授权监理本地区民用航空活动。公共航空运输企业保证飞行安全。民航公安机关统一管理、检查、监督民用航空安全保卫工作。有关地方政府与民用航空单位共同维护民用航空安全。

（二）安全管理制度

经国家民用航空主管部门依法进行国籍登记的民用航空器具有国籍，发给国籍登记证书，并标明规定的国籍标志和登记标志。

新建、改建和扩建民用机场，应符合依法制定的民用机场布局、建设规划和民用机场标准，报经有关主管机关批准并实施；应办理建设项目审批、核准手续。机场内建设项目的安全设施，应与主体工程同时设计、同时施工、同时验收、同时投入使用。民用机场应持有机场使用许可证，方可开放使用，并应按规定设置必要设施，采取措施保证机场内人员和财产的安全。

设计民用航空器及其发动机、螺旋桨和民用航空器上设备，应申请领取型号合格证书。生产、维修民用航空器及其发动机、螺旋桨和民用航空器上设备，应申请领取生产许可证书、维修许可证书。

具有中国国籍的民用航空器，应持有国务院民用航空主管部门颁发的适航证书，方可飞行。民用航空器的所有人或承租人应按适航证书规定的使用范围使用民用航空器，做好民用航空器的维修保养工作，保证民用航空器处于适航状态。

航空人员应取得国务院民用航空主管部门颁发的执照，方可担任其执照载明的工作；空勤人员和空中交通管制员在取得执照前，还应接受民用航空主管部门认可的体格检查单位的检查，取得体格检查合格证书。空勤人员在执行飞行任务时，应随身携带执照和体格检查合格证书，接受查验；其间断飞行的时间超过规定时限的，应经过检查和考核。机长负责操作民用航空器，保护民用航空器及其所载人员和财产的安全。机长在其职权范围内发布的命令，民用航空器所载人员都应执行。

国家对空域实行统一管理。民用航空器在管制空域内进行飞行活动时，应取得空中交通管制单位的许可；应按指定的航路和飞行高度飞行；确需偏离指定的航路或改变飞行高度飞行的，应取得许可。

空中交通管制单位应为飞行中的民用航空器提供空中交通管制、飞行情报和告警等服务，若发现它偏离指定航路、迷失航向时，应迅速采取一切必要措施，使其回归航路。任何可能影响飞行安全的活动，应依法获得批准，并采取必要措施，方可进行。从事飞行的民用航空器，应携带国籍登记证书、适航证书、机组人员相应的执照、航行记录簿等文件，否则不允许起飞。

公共航空运输企业应以保证飞行安全和航班正常，提供良好服务为准则，经营航班运输，应公布班期时刻；从事不定期运输，应经批准并不得影响航班运输的正常经营；依照国务院制定的公共航空运输安全保卫规定，制订安全保卫方案，并报国务院民用航空主管部门备案；不得运输法定的禁运物品；未经批准，不得运输作战军火、作战物资；运输危险品，应遵守有关规定；不得运输拒绝接受安全检查的旅客，不得运输未经安全检查的行李；必须按规定对承运的货物进行安全检查或者采取其他保证安全的措施，等等。

民用航空器遇到紧急情况时，应发送信号并向空中交通管制单位报告，提出援救请求；在海上遇到紧急情况时，应向船舶和国家海上搜寻援救组织发送信号。

空中交通管制单位应立即通知搜寻援救协调中心。收到通知的搜寻援救协调中心、地方政府和海上搜寻援救组织，应立即组织搜寻援救；搜寻援救协调中心还应设法将已经采取的搜寻援救措施通知遇到紧急情况的民用航空器。执行搜寻援救任务的单位或个人，应尽力抢救民用航空器所载人员，按规定对民用航空器采取抢救措施并保护现场，保存证据。

以暴力、胁迫或其他方法劫持航空器的；对飞行中的民用航空器上的人员使用暴力，危及飞行安全的；隐匿携带炸药、雷管或其他危险品乘坐民用航空器，或以非危险品品名托运危险品的；隐匿携带枪支子弹、管制刀具乘坐民用航空器的；盗窃或故意损毁、移动使用中的航行设施，危及飞行安全，足以使民用航空器发生坠落、毁坏危险的；聚众扰乱民用机场秩序的，依刑法追究刑事责任。

五、农机运输安全法律制度

县级以上政府应加强对农业机械安全监督管理工作的领导，完善农业机械安全监督管理体系，建立健全农业机械安全生产责任制。农业机械化主管部门应定期对可能危及人身财产安全的农业机械进行免费实地安全检验，并对安全检验情况进行汇总，建立农业机械安全监督管理档案；联合收割机跨行政区域作业前，当地县级政府农业机械化主管部门应会同有关部门进行必要的安全检查。

当事人发现农业机械存在产品质量、维修质量问题的，可以向地方农业机械化主管部门、质量监督、工商行政管理部门投诉。接到投诉的部门，应依法及时处理或及时移交有关部门处理。农业机械化主管部门和质量监督、工商行政管理部门应定期汇总农业机械产品质量、维修质量投诉情况，并逐级上报。

国家建立健全农业机械安全技术标准和安全操作规程，建立缺陷产品召回制度，生产者应及时召回存有缺陷的农业机械；建立落后农业机械淘汰制度和危及人身财产安全的农业机械报废制度，并对淘汰和报废的农业机械依法实行回收。回收的农业机械由县级政府农业机械化主管部门监督回收单位进行解体或销毁。

农业机械生产者应按照农业机械安全技术标准组织生产，建立健全质量保障控制体系；对依法实行工业产品生产许可证管理的农业机械，其生产者应取得相应资质。

农业机械销售者对购进的农业机械应查验产品合格证明。对依法实行工业产品生产许可证管理、依法必须进行认证的农业机械，还应当验明相应的证明文件或标志。农业机械维修企业的设立及维修行为等必须符合规定。

对拖拉机、联合收割机实行牌照管理；对拖拉机、联合收割机的操作人员实行操作证件管理；对拖拉机、联合收割机的安全操作进行规范，同时禁止使用拖拉机、联合收割机违反规定载人。

发生农业机械事故后，当事人应立即报告当地农业机械化主管部门。接到报告后，农业机械化主管部门要立即派人赶赴现场勘验、检查，组织抢救受伤人员，并制作事故认定书；为当事人处理事故损害赔偿等后续事宜提供便利和帮助。

农业机械在道路上发生的交通事故，由公安机关交通管理部门依照道路交通安全法律法规处理；农业机械化主管部门应定期向同级公安机关交通管理部门通报拖拉机登记、检验以及有关证书、牌照、操作证件发放情况。公安机关交通管理部门应定期向同级农业机械化主管部门通报农业机械在道路上发生的交通事故及处理情况。

第三节　产品安全法律制度

一、产品安全监管体制

国务院产品质量监督部门主管全国产品质量监督工作，有关部门在各自的职责范围内负责产品质量监督工作。县级以上地方产品质量监督部门主管本行政区域内的产品质量监督工作，有关部门则在各自的职责范围内负责产品质量监督工作。县级以上政府农业行政主管部门负责农产品质量安全的监督管理工作；有关部门按照职责分工，负责农产品质量安全的有关工作。

各级政府应把提高产品质量纳入国民经济和社会发展规划，加强对产品质量工作的统筹规划和组织领导，引导和督促生产者、销售者加强产品质量管理，提高产品质量，组织各有关部门依法采取措施，制止产品生产、销售中的违法行为。

县级以上产品质量监督部门根据已经取得的违法嫌疑证据或举报，对涉嫌违法行为进行查处时，可以行使下列职权：（1）对当事人涉嫌从事违法的生产、销售活动的场所实施现场检查；（2）向当事人的法定代表人、主要负责人和其他有关人员调查、了解与涉嫌从事违法的生产、销售活动有关的情况；（3）查阅、复制当事人有关的合同、发票、账簿以及其他有关资料；（4）对有根据认为不符合保障人体健康和人身、财产安全的国家或行业标准的产品或有其他严重质量问题的产品，以及直接用于生产、销售该项产品的原辅材料、包装物、生产工具，予以查封或扣押。

产品质量检验机构必须具备相应的检测条件和能力，经省级以上政府产品质量监督部门或其授权的部门考核合格后，方可承担产品质量检验工作。产品质量检验机构、认证机构必须依法客观、公正地出具检验结果或认证证明。产品质量认证机构应依照国家规定对准许使用认证标志的产品进行认证后的跟踪检查。

消费者有权就产品质量问题，向产品的生产者、销售者查询；向产品质量监督、工商行政管理等有关部门申诉。保护消费者权益的社会组织可以就消费者反映的产品质量问题建议有关部门负责处理，支持消费者对因产品质量造成的损害向法院起诉。

任何单位和个人有权对违反规定的行为，向产品质量监督部门或其他有关部门检举。

二、企业的产品安全法律制度

（一）工业产品标准制度

可能危及人体健康和人身、财产安全的工业产品，必须符合保障人体健康和人身、财产安全的国家或行业标准；未制定国家或行业标准的，必须符合保障人体健康和人身、财产安全的要求。

（二）企业质量体系认证、产品质量认证制度

企业根据自愿原则可以向国务院产品质量监督部门或其授权的部门认可的认证

机构申请企业质量体系认证、产品质量认证。

（三）产品质量监督检查制度

以抽查为主要方式，对可能危及人体健康和人身、财产安全的产品，影响国计民生的重要工业产品以及消费者、有关组织反映有质量问题的产品进行抽查。监督抽查工作由国务院产品质量监督部门规划和组织，县级以上地方产品质量监督部门在本行政区域内也可以组织监督抽查，有关部门定期公告所抽查产品的质量状况。

国家监督抽查的产品，地方不得另行重复抽查；上级监督抽查的产品，下级不得另行重复抽查。根据监督抽查的需要，可以对产品进行检验。生产者、销售者对抽查检验的结果有异议的，可以自收到检验结果之日起 15 日内向实施监督抽查的产品质量监督部门或其上级申请复检，由受理复检的产品质量监督部门作出复检结论。县级以上政府农业行政主管部门应制订并组织实施农产品质量安全监测计划，对生产中或市场上销售的农产品进行监督抽查。

（四）生产者的产品质量责任制

生产者应当对其生产的产品质量负责。产品质量应符合下列要求：不存在危及人身、财产安全的不合理的危险；保障人体健康和人身、财产安全的国家或行业标准；具备产品应具备的使用性能，但对产品存在使用性能的瑕疵作出说明的除外；在产品或其包装上注明采用的产品标准，符合以产品说明、实物样品等方式表明的质量状况。

产品或其包装上的标识必须真实，符合法律规定的要求。易碎、易燃、易爆、有毒、有腐蚀性、有放射性等危险物品以及储运中不能倒置和其他有特殊要求的产品，其包装质量必须符合相应要求，依照规定作出警示标志或中文警示说明，标明储运注意事项。

生产者不得生产国家明令淘汰的产品；不得伪造产地，不得伪造或者冒用他人的厂名、厂址；不得伪造或冒用认证标志等质量标志；不得掺杂、掺假，不得以假充真、以次充好，不得以不合格产品冒充合格产品。

（五）销售者的产品质量责任制

销售者应采取措施，保证所销售产品的质量，建立并执行进货检查验收制度，验明产品合格证明和其他标识。销售者销售的产品的标识应符合规定；不得销售国家明令淘汰并禁止销售的产品和失效、变质的产品；不得伪造产地，不得伪造或冒用他人的厂名、厂址；不得伪造或冒用认证标志等质量标志；不得掺杂、掺假，不得以假充真、以次充好，不得以不合格产品冒充合格产品。

售出的产品有下列情形之一的，销售者应负责修理、更换、退货；给购买产品的消费者造成损失的，应赔偿损失：（1）不具备产品应具备的使用性能而事先未作说明的；（2）不符合在产品或其包装上注明采用的产品标准的；（3）不符合以产品说明、实物样品等方式表明的质量状况的。销售者负责修理、更换、退货、赔偿损失后，属于生产者的责任或属于向销售者提供产品的其他销售者的责任的，销售者有权向生产者、供货者追偿。销售者未按规定给予修理、更换、退货或赔偿损失的，由产品质量监督或工商行政管理部门责令改正。

（六）产品溯源和缺陷产品召回制度

产品包装物或者标识上应当按照规定标明产品的品名、产地、生产者等内容。经营药品、食品、农产品、肉类产品等与人身安全密切相关的产品的，应当完善各种登记台账和产品销售凭证，执行产品溯源制度。

如果产品存在威胁人身安全的缺陷，生产者应当予以召回，经营者得知其经营的商品存在与人身安全有关的缺陷的，应当立即停止销售、租赁该缺陷产品等经营活动，并协助生产者开展召回行动。对于缺陷产品的召回，国家正在研究制定《缺陷产品召回管理条例》。对于生产者召回的食品，经营者应当停止销售。

（七）产品危害赔偿制度

因产品存在缺陷造成人身、缺陷产品以外的其他财产损害的，生产者应承担赔偿责任。销售者由于自己的过错使产品存在缺陷，造成人身、他人财产损害的，应承担赔偿责任；不能指明缺陷产品的生产者也不能指明缺陷产品的供货者的，应承担赔偿责任。受害人可以向产品的生产者要求赔偿，也可以向产品的销售者要求赔偿。因产品存在缺陷造成受害人人身伤害的，侵害人应赔偿医疗费、治疗期间的护理费、因误工减少的收入等费用；造成残疾的，还应支付残疾者生活自助具费、生活补助费、残疾赔偿金以及由其扶养的人所必需的生活费等费用；造成受害人死亡的，并应支付丧葬费、死亡赔偿金以及由死者生前扶养的人所必需的生活费等费用；造成有形物品损害的，侵害人应恢复原状或者折价赔偿，受害人因此遭受其他重大损失的，侵害人应赔偿损失。

《侵权责任法》对生产者、销售者、运输者和仓储者的产品责任以及追偿问题作了类似规定。因产品缺陷危及他人人身、财产安全的，被侵权人有权请求生产者、销售者承担排除妨碍、消除危险等侵权责任；产品投入流通后发现存在缺陷的，生产者、销售者应及时采取警示、召回等补救措施；未及时采取补救措施或补救措施不力造成损害的，应承担侵权责任。明知产品存在缺陷仍然生产、销售，造成他人死亡或者健康严重受损的，被侵权人有权请求相应的惩罚性赔偿。

三、食品安全的特别规定

（一）食品安全行政管理体制

国务院设立食品安全委员会，作为高层次的议事协调机构，协调、指导食品安全监管工作。卫生部门承担食品安全综合协调职责，负责食品安全风险评估、标准制定和信息公布、食品检验机构资质认定条件和检验规范的制定，组织查处食品安全重大事故。质检、工商、食品药品监管等部门分别对食品生产、食品流通、餐饮服务活动实施监督管理。农业部门主要依据《农产品质量安全法》的规定进行监管，但制定有关食用农产品的质量安全标准、公布食用农产品安全有关信息则依照《食品安全法》的有关规定。县级以上地方政府统一负责、领导、组织、协调本行政区域的食品安全监督管理工作；统一领导、指挥食品安全突发事件应对工作；完善、落实食品安全监督管理责任制，对食品安全监督管理部门进行评议、考核。县级以上地方政府确定本级卫生行政、农业行政、质量监督、工商行政管理、食品药品监督管理部门的食品安全监督管理职责。有关部门在各自职责范围内负责本行政区域的食品安全监督管理工作。上级政府所属部门在下级行政区域设置的机构应当在所在地政府的统一组织、协调下，依法做好食品安全监督管理工作。食品行业协会加强行业自律，引导食品生产经营者依法生产经营，推动行业诚信建设，宣传、普及食品安全知识。

（二）食品安全许可

国家对食品生产经营实行许可制度，从事食品生产、食品流通、餐饮服务的单位，应依法取得食品生产许可、食品流通许可和餐饮服务许可。

1. 国家级审批和管理

新资源食品的审批、特殊营养食品的审批、特殊或特大的食品生产经营企业新建、扩建、改建工程设计的审查和竣工验收，由卫生部负责。保健食品的审批由国家食品药品监督管理局负责。

2. 省级审批和管理

新资源食品的初审、特殊营养食品的初审、较大的食品生产经营企业新建、扩建、改建工程设计的审查和竣工验收，保健食品企业的 GMP 认证，矿泉水生产企业的验收，食品用洗涤剂与消毒剂、食品用产品（食品容器与包装材料、食品用工具与设备）的审批等以及食品添加剂的审批由各省卫生厅负责。保健食品的初审由各省食品药品监督管理局负责。

3. 市、县审批和管理

一般食品生产经营活动的许可、食品从业人员健康检查及培训合格证发放由市、县两级负责。

（三）食品安全风险监测和评估

食品安全风险评估是对食品中生物性、化学性和物理性危害因素对人体健康可能造成的不良影响进行的科学评估。将食品安全风险评估结果作为制定食品安全标准和政策的科学依据，已成为许多国家的普遍做法。国务院卫生部门会同其他有关部门制订、实施国家食品安全风险监测计划；国务院卫生部门负责组织食品安全风险评估工作，成立由医学、农业、食品、营养等方面专家组成的食品安全风险评估专家委员会，进行食品安全风险评估。国务院农业行政主管部门设立由有关方面专家组成的农产品质量安全风险评估专家委员会，对可能影响农产品质量安全的潜在危害进行风险分析和评估。卫生部门会同有关部门根据食品安全风险评估结果、食品安全监督管理信息，对食品安全状况进行综合分析；对可能具有较高程度安全风险的食品，及时提出食品安全风险警示，并予以公布。

（四）食品安全标准

《食品安全法》确立了统一制定食品安全国家标准的原则，即只有一套食品安全国家标准，不得制定其他的食品安全强制性标准。同时，制定食品安全标准的原则是以保障公众身体健康为宗旨，应做到科学合理、安全可靠。

国家建立农产品质量安全标准体系，引导、推广农产品标准化生产，鼓励和支持生产优质农产品，禁止生产、销售不符合国家规定的农产品质量安全标准的农产品。农产品质量安全标准是强制性的技术规范。制定农产品质量安全标准应充分考虑农产品质量安全风险评估结果，并听取农产品生产者、销售者和消费者的意见，保障消费安全。农产品质量安全标准应当根据科学技术发展水平以及农产品质量安全的需要，及时修订。

（五）食品生产经营

一是索票索证制度。食品生产者采购食品原料、食品添加剂、食品相关产品应查验供货者的许可证和产品合格证明文件；还应建立进货查验记录制度、出厂检验记录制度、台账制度。

二是食品召回和停止经营制度。食品生产者发现其生产的食品不符合食品安全标准，应立即停止生产，召回已经上市销售的食品，通知相关生产经营者和消费者，并记录召回和通知情况。食品经营者发现其经营的食品不符合食品安全标准，应立即停止经营，通知相关生产经营者和消费者，并记录停止经营和通知情况。食品生产经营者未依照规定召回或停止经营不符合食品安全标准的食品的，县级以上质检、工商、食品药品监管部门可以责令其召回或停止经营。

（六）食品检验制度

食品检验机构按照国家有关认证认可的规定取得资质认定后，方可从事食品检验活动。食品检验由食品检验机构指定的检验人独立进行。检验人应依照有关规定对食品进行检验，保证出具的检验数据和结论客观、公正，不得出具虚假的检验报告。食品检验机构和检验人对出具的食品检验报告负责，检验报告应加盖食品检验机构公章，并有检验人的签名或者盖章。

食品安全监督管理部门对食品不得实施免检。县级以上质量监督、工商行政管理、食品药品监督管理部门应对食品进行定期或不定期的抽样检验。进行抽样检验，应购买抽取的样品，不收取检验费和其他任何费用。食品生产经营企业可自行对所生产的食品进行检验，也可委托符合法定资质条件的食品检验机构进行检验。

（七）食品进出口监管制度

进口的食品、食品添加剂以及食品相关产品应符合我国食品安全国家标准。进口的食品应经出入境检验检疫机构检验合格后，海关凭出入境检验检疫机构签发的通关证明放行。进口尚无食品安全国家标准的食品，或首次进口食品添加剂新品种、食品相关产品新品种，进口商应向国务院卫生行政部门提出申请并提交相关的安全性评估材料。向我国境内出口食品的出口商或代理商应向国家出入境检验检疫部门备案，而境外食品生产企业应经国家出入境检验检疫部门注册。

境外发生的食品安全事件可能对我国境内造成影响，或在进口食品中发现严重食品安全问题的，国家出入境检验检疫部门应及时采取风险预警或控制措施，并向国务院卫生、农业、工商行政管理和食品药品监督管理等部门通报。接到通报的部门应及时采取相应措施。

进口的预包装食品应有中文标签、中文说明书。标签、说明书应符合我国有关规定和食品安全国家标准的要求，载明食品的原产地及境内代理商的名称、地址、联系方式。预包装食品没有中文标签、中文说明书或标签、说明书不符合规定的，不得进口。

进口商应建立食品进口和销售记录制度，如实记录食品的名称、规格、数量、生产日期、生产或者进口批号、保质期、出口商和购货者名称及联系方式、交货日期等内容。出口的食品由出入境检验检疫机构进行监督、抽检，海关凭出入境检验检疫机构签发的通关证明放行。出口食品生产企业和出口食品原料种植、养殖场应向国家出入境检验检疫部门备案。

国家出入境检验检疫部门应收集、汇总进出口食品安全信息，并及时通报相关部门、机构和企业；建立进出口食品的进口商、出口商和出口食品生产企业的信誉记录，并予以公布。

（八）食品安全事故处置

农业、质检、工商、食品药品监管部门在日常监管中发现食品安全事故，或接到有关食品安全事故的举报，应立即向卫生部门通报。接到报告的卫生部门应向本级政府和上级政府卫生部门报告。县级政府和上级政府卫生部门应按规定上报。

卫生部门接到食品安全事故的报告后，应立即会同有关监管部门进行调查处理，并采取措施，防止和减轻事故危害。发生重大食品安全事故的，县级以上政府应立即成立食品安全事故处置指挥机构，启动应急预案，及时进行处置。

生产不符合食品安全标准的食品，或销售明知是不符合食品安全标准的食品，消费者除要求赔偿损失外，还可向生产者或销售者要求支付价款10倍的赔偿金。《食品安全法》还确立了“民事赔偿优先”的原则，即违反规定应承担民事赔偿责任和缴纳罚款、罚金的责任人，其财产不足以同时支付时，先承担民事赔偿责任。

发生重大食品安全事故，设区的市级以上政府卫生行政部门应立即会同有关部门进行事故责任调查，督促有关部门履行职责，向本级政府提出事故调查处理报告。

（九）监督管理

一是食品添加剂须安全可靠。我国目前允许使用的食品添加剂共有22类1 812种。“三鹿奶粉事件”中，不法奶农向牛奶中添加非食品添加剂——三聚氰胺。针对目前食品生产经营中存在的添加剂不规范使用甚至滥用已成为危害食品安全的重要源头问题，《食品安全法》进一步加强了对食品添加剂的监管，规定国家对食品添加剂的生产实行许可制度。没有经过许可的，不可以作为添加剂来添加。食品添加剂应在技术上确有必要，而且经过风险评估证明安全可靠，方可列入允许使用的范围。

二是保健食品实行严格监管。国家对声称具有特定保健功能的食品应实行严格监管，有关监督管理部门应当依法履职，承担责任。声称具有特定保健功能的食品不得对人体产生急性、亚急性或者慢性危害，其标签、说明书不得涉及疾病预防、治疗功能，内容必须真实，应当载明适宜人群、不适宜人群、功效成分或者标志性成分及其含量等；产品功能和成分必须与标签、说明书相一致。

四、与安全有关的工业产品生产许可

国务院工业产品生产主管部门负责全国工业产品生产管理工作，县级以上地方工业产品生产主管部门负责本行政区域内的工业产品生产管理工作。企业应保证产品质量稳定合格，并定期向主管部门提交报告。

（一）生产许可

重要工业产品的生产需经许可。产品许可不是企业许可。任何企业未取得生产许可证不得生产列入目录的产品。未取得生产许可证时，任何单位和个人不得销售或者在经营活动中使用列入目录的产品。

重要工业产品是：乳制品、肉制品、饮料、米、面、食用油、酒类等直接关系人体健康的加工食品；电热毯、压力锅、燃气热水器等可能危及人身、财产安全的产品；税控收款机、防伪验钞仪、卫星电视广播地面接收设备、无线广播电视发射设备等关系金融安全和通信质量安全的产品；安全网、安全帽、建筑扣件等保障劳动安全的产品；电力铁塔、桥梁支座、铁路工业产品、水工金属结构、危险化学品及其包装物、容器等影响生产安全、公共安全的产品；法律、行政法规要求实行生产许可证管理的其他产品。[①]

不实行生产许可证制度的两种情况：产品质量安全通过消费者自我判断、企业自律和市场竞争能够得到有效保证的；产品质量安全通过认证认可制度能够得到有效保证的。

（二）生产条件

有营业执照；有与所生产产品相适应的专业技术人员；有与所生产产品相适应的生产条件和检验检疫手段；有与所生产产品相适应的技术文件和工艺文件；有健全有效的质量管理制度和责任制度；产品符合有关国家标准、行业标准以及保障人体健康和人身、财产安全的要求；符合国家产业政策的规定，不存在国家明令淘汰和禁止投资建设的落后工艺、高耗能、污染环境、浪费资源的情况。

五、与安全有关的农药生产许可

（一）农药生产许可

农药生产被归入工业产品许可管理。农药安全包括生产安全、产品安全，生产许可也是安全许可。生产有国家标准、行业标准的农药的，向国务院工业产品许可管理部门申请农药生产许可证。生产尚未制定国家标准、行业标准但已有企业标准的农药的，应当经省、自治区、直辖市工业产品许可管理部门审核同意后，报国务院工业产品许可管理部门批准，发给农药生产批准文件。农药生产企业经批准后，

① 参见实行生产许可证制度的工业产品目录。

方可依法向工商行政管理机关申请领取营业执照。

经营要求：农药经营单位应当有与其经营的农药相适应的技术人员；有与其经营的农药相适应的营业场所、设备、仓储设施、安全防护措施和环境污染防治设施、措施；有与其经营的农药相适应的规章制度；有与其经营的农药相适应的质量管理制度和管理手段。

下列单位可以经营农药：供销合作社的农业生产资料经营单位；植物保护站；土壤肥料站；农业、林业技术推广机构；森林病虫害防治机构；农药生产企业；国务院规定的其他经营单位。

经营的农药属于化学危险物品的，应当办理经营许可证。

（二）生产条件

开办农药生产企业（包括联营、设立分厂和非农药生产企业设立农药生产车间），应当具备条件：有与其生产的农药相适应的技术人员和技术工人；有与其生产的农药相适应的厂房、生产设施和卫生环境；有符合国家劳动安全、卫生标准的设施和相应的劳动安全、卫生管理制度；所生产的农药是依法进行了农药登记的农药。此外还有产品质量条件、环境保护条件：有产品质量标准和产品质量保证体系；有符合国家环境保护要求的污染防治设施和措施，并且污染物排放不超过国家和地方规定的排放标准。

六、与安全有关的易制毒化学品生产许可

易制毒化学品是指用于非法生产、制造或合成毒品的原料、配剂等化学物品，包括用以制造毒品的原料前体、试剂、溶剂及稀释剂、添加剂等。可分为药品类和非药品类易制毒化学品。根据 1988 年《联合国禁止非法贩运麻醉药品和精神药物公约》（1988 年订于维也纳，于 1990 年 11 月 11 日生效）的规定，醋酸酐、乙醚、高锰酸钾等 22 种易制毒化学品被列入管制范围；我国《刑法》第 350 条还将三氯甲烷也列为易制毒化学品进行管制。《联合国禁止非法贩运麻醉药品和精神药物公约》以附表的形式列举了缔约国基本公认的易制毒物品。我国已经加入该公约，因而其确定的制毒物品范围适用我国。

（一）生产许可

易制毒化学品生产许可归食品药品监管部门管理。

申请生产第一类中的药品类易制毒化学品的，由国务院食品药品监管部门审批；申请生产第一类中的非药品类易制毒化学品的，由省、自治区、直辖市政府安监部门审批。

（二）生产条件

1. 第一类易制毒化学品生产条件

属依法登记的化工产品生产企业或者药品生产企业；有符合国家标准的生产设备、仓储设施和污染物处理设施；有严格的安全生产管理制度和环境突发事件应急预案；企业法定代表人和技术、管理人员具有安全生产和易制毒化学品的有关知识，无毒品犯罪记录；法律、法规、规章规定的其他条件。申请生产第一类中的药品类易制毒化学品，还应当在仓储场所等重点区域设置电视监控设施以及与公安机关联网的报警装置。

2. 第一类易制毒化学品经营条件

属依法登记的化工产品经营企业或者药品经营企业；有符合国家规定的经营场所，需要储存、保管易制毒化学品的，还应当有符合国家技术标准的仓储设施；有易制毒化学品的经营管理制度和健全的销售网络；企业法定代表人和销售、管理人员具有易制毒化学品的有关知识，无毒品犯罪记录；法律、法规、规章规定的其他条件。

（三）经营审批

经营第一类中的药品类易制毒化学品的，由国务院食品药品监管部门审批；申请经营第一类中的非药品类易制毒化学品的，由省、自治区、直辖市政府安监部门审批。

第四节　公共场所安全法律制度

一、大型群众性活动安全法律制度

法人或其他组织面向社会公众举办每场次预计参加人数达到 1 000 人以上的活动，属于大型群众性活动，包括体育比赛、演唱会、音乐会、展览、展销、游园、灯会、庙会、花会、焰火晚会以及人才招聘会、现场开奖的彩票销售活动等。

（一）大型群众性活动安全管理体制

县级以上政府公安机关负责大型群众性活动的安全管理工作；县级以上政府其他有关主管部门按照各自的职责负责活动的有关安全工作。

（二）安全许可

1. 安全条件

承办者是依照法定程序成立的法人或者其他组织；活动内容不得违反宪法、法律、法规和社会公德；具有符合规定的安全工作方案，安全责任明确，措施有效；活动场所、设施符合安全要求。

2. 许可批准权限划分

大型群众性活动的预计参加人数在 1 000 人以上 5 000 人以下的，由活动所在地县级政府公安机关实施安全许可；预计参加人数在 5 000 人以上的，由活动所在地设区的市级政府公安机关或者直辖市政府公安机关实施安全许可；跨省、自治区、直辖市举办大型群众性活动的，由国务院公安部门实施安全许可。

（三）申请者或承办者的责任

必须对活动的具体内容、安全保卫措施承担全部责任：对其承办活动的安全负责，承办者的主要负责人为大型群众性活动的安全责任人；制订安全工作方案；以及在安全设施、安全教育、安全检查、应急救援等方面承担具体责任。

安全保卫工作方案包括以下具体内容：活动的时间、地点、内容及组织方式；安全工作人员的数量、任务分配和识别标志；活动场所消防安全设施；活动场所可容纳的人员数量及活动预计参加人数；治安缓冲区域的设定及其标识；入场人员的票证查验和安全检查措施；车辆停放、疏导措施；现场秩序维护、人员疏导措施；应急救援预案。

（四）举办过程中的安全保障措施

公安机关根据安全需要组织相应警力，维持活动现场周边的治安、交通秩序，预防和处置突发治安事件，查处违法犯罪活动。承办者发现进入活动场所的人员达到核准数量时，应立即停止验票；发现持有划定区域以外的门票或持假票的人员，应拒绝其入场并向活动现场的公安机关工作人员报告；发生公共安全事故、治安案件的，安全责任人应立即启动应急救援预案，并立即报告公安机关。

参加大型群众性活动的人员应遵守法律、法规和社会公德；遵守大型群众性活动场所治安、消防等管理制度；服从安全管理，接受安全检查等。

《治安管理处罚法》（中华人民共和国主席令第 38 号）增加了扰乱大型活动秩序罪、举办大型活动违反安全规定的行为确认及其应承担的责任。

（五）消防安全管理

举办大型群众性活动，承办人应当依法向公安机关申请安全许可，制订灭火和应急疏散预案并组织演练，明确消防安全责任分工，确定消防安全管理人员，保持消防设施和消防器材配置齐全、完好有效，保证疏散通道、安全出口、疏散指示标志、应急照明和消防车通道符合消防技术标准和管理规定。

二、商场、集贸市场安全法律制度

（一）商场安全

商场（市场）在投入使用、营业前，建设单位或使用单位应向其所在地的县级以上地方政府公安机关消防机构申请消防安全检查。公安机关消防机构应自受理申请之日起10个工作日内，根据消防技术标准和管理规定，对该场所进行消防安全检查。未经消防安全检查或经检查不符合消防安全要求的，不得投入使用、营业。

产品质量监督、工商行政管理、公安机关消防机构等应按各自职责加强对消防产品质量的监督检查。建筑构件、建筑材料和室内装修、装饰材料的防火性能必须符合国家标准；没有国家标准的，必须符合行业标准。商场（市场）等人员密集场所的室内装修、装饰，应按照消防技术标准的要求，使用不燃、难燃材料。

严禁燃放烟花爆竹。凡在明显标有严禁烟火，严禁吸烟，严禁携带火种、火源等标志的地方，禁止使用电炉、电烙铁、电焊机，因工作需要确需使用时，须经批准并做好相应的保护措施后，方可使用。应在库房外单独安装电源及开关箱，保管人员下班时，必须拉闸断电；库房及电气设备的周围和架空线路的下方，严禁堆放易燃易爆物品；对提升机、码垛面等电气、机械设备易产生火花的部位，要设防护罩和防火装置。电气设备安装必须由持合格证的电工进行安装、检查和维修保养，且必须严格遵守各项安全操作规程，不得违章作业。

（二）集贸市场安全

集贸市场严禁经营易燃易爆物品，严禁燃放烟花爆竹和焚烧物品。集贸市场的消防安全工作由主办单位负责，工商行政管理机关协助，公安消防机构实施监督。集贸市场主办单位应建立消防管理机构；多家合办的应成立由有关单位负责人参加的防火领导机构，统一管理消防安全工作。

集贸市场的负责人为该市场的防火负责人，其主要职责包括：（1）与参与市场经营活动的单位和个人签订防火安全责任书；（2）制定用火用电等防火管理制度；（3）组织防火人员开展消防检查，整改火险隐患，制订紧急疏散方案；（4）组建专职、义务消防队，制订灭火预案，开展灭火演练；（5）负责市场内灭火器具等消防器材的配置；（6）组织扑救初期火灾和人员疏散，保护火灾现场。

各类集贸市场应建立义务消防队，规模较大的集贸市场还应配备专职防火人员。集贸市场内应实行消防安全值班和巡逻检查制度。

新建、扩建、改建及室内装修的集贸市场，其防火设计须符合消防技术规范的规定，并报当地公安消防监督机构审核；竣工后，应经公安消防监督机构验收合格方可使用。按商品的种类和火灾危险性，集贸市场划分为若干区域，区域之间应保持相应的安全疏散通道。

集贸市场内的电气线路和用电设备，须符合电气设计、安装规范的要求；营业照明用电应当与动力、消防用电分开设置；电源开关、插座等应安装在封闭式的配电箱内。

集贸市场内的营业厅、办公室、仓库等用房，应由主办或合办单位负责配备相应的灭火机具。各摊位应在市场主办或合办单位的组织下，配置相应的灭火机具，掌握使用方法。

须将公共消防设施、器材布置在明显和便于取用的地点，明确专人管理。

三、影剧院和营业性演出安全法律制度

（一）影剧院安全管理

影剧院应在法定代表人或主要负责人中确定一名本单位的消防安全责任人，由其对消防安全和其他安全负责。在消防安全责任人确定或变更时，应向当地公安消防机构备案。消防安全责任人应依法履行消防安全职责，负责检查和落实本单位防火措施、灭火预案的制订和演练以及建筑消防设施、消防通道、电源和火源管理等。

新建、改建、扩建影剧院或变更其内部装修的，其消防设计应符合国家有关建筑消防技术标准的规定；建设或经营单位应依法将消防设计图报送当地公安消防机构审核，经审核同意方可施工；工程竣工时，必须经公安消防机构进行消防验收；未经验收或经验收不合格的，不得投入使用。

影剧院在使用或开业前，必须具备消防安全条件，依法向当地公安消防机构申报检查，经消防安全检查合格后，发给消防安全检查意见书，方可使用或开业。

影剧院宜设置在耐火等级不低于二级的建筑物内；已经核准设置在三级耐火等级建筑内的，应符合特定的防火安全要求；不得设置在文物古建筑和博物馆、图书馆建筑内，不得毗连重要仓库或危险物品仓库；不得在居民住宅楼内改建公共娱乐场所；与其他建筑相毗连或附设在其他建筑物内时，应按照独立的防火要求分区设置。

影剧院的内部装修设计和施工，应符合《建筑内部装修设计防火规范》（GB 50222—1995）和有关建筑内部装饰装修防火管理的规定。影剧院的安全出口数目、疏散宽度和距离，应符合国家有关建筑设计防火规范的规定。影剧院在营业时必须确保安全出口和疏散通道畅通无阻，严禁将安全出口上锁、阻塞。

安全出口、疏散通道和楼梯口应设置符合标准的灯光疏散指示标志。影剧院内应设置火灾事故应急照明灯，照明供电时间不得少于20分钟；必须加强电气防火安全管理，及时消除火灾隐患；不得超负荷用电，不得擅自拉接临时电线。

在地下建筑内设置影剧院，还应符合下列规定：(1) 只允许设在地下一层；(2) 通往地面的安全出口不应少于2个，安全出口、楼梯和走道的宽度应符合有关建筑设计防火规范的规定；(3) 设置机械防烟排烟设施；(4) 设置火灾自动报警系统和自动喷水灭火系统；(5) 严禁使用液化石油气。

影剧院内严禁带入和存放易燃易爆物品；观众厅内禁止吸烟和明火照明。严禁在影剧院营业时进行设备检修、电气焊、油漆粉刷等施工、维修作业。影剧院在营业时，不得超过额定人数。

影剧院应制定防火安全管理制度，制订紧急安全疏散方案；建立巡查制度，在营业时间和营业结束后，应指定专人进行安全巡视检查；应建立全员防火安全责任制度，全体员工都应熟知必要的消防安全知识，会报火警，会使用灭火器材，会组织人员疏散。影剧院应按照《建筑灭火器配置设计规范》(GB 50140—2005) 配置灭火器材，设置报警电话，保证消防设施、设备完好有效。否则，就要承担相应的责任。

影剧院等娱乐场所治安管理应遵循公安机关治安部门归口管理和辖区公安派出所属地管理相结合，属地管理为主的原则。娱乐场所法定代表人、主要负责人是维护本场所治安秩序的第一责任人。公安机关及其工作人员对娱乐场所进行监督检查时应出示人民警察证件，表明执法身份，不得从事与职务无关的活动；对娱乐场所进行监督检查，应记录在案，归档管理。监督检查记录应以书面形式为主，必要时可以辅以录音、录像等形式。监督检查记录应包括：(1) 执行监督检查任务的人员姓名、单位、职务；(2) 监督检查的时间、地点、场所名称、检查事项；(3) 发现的问题及处理结果。

公众有权查阅娱乐场所的监督检查记录，公安机关应为公众查阅提供便利。公安机关应建立娱乐场所违法行为警示记录系统，并依据娱乐场所治安秩序状况进行分级管理，按照公开、公平、公正的原则，定期考核，动态升降。公安机关建立娱乐场所治安管理信息系统，对娱乐场所及其从业人员实行信息化监督管理。

(二) 营业性演出安全管理

1. 演出场所经营单位应当确保演出场所的建筑、设施符合国家安全标准和消防安全规范，定期检查消防安全设施状况，并及时维护、更新。

演出场所经营单位应当制订安全保卫工作方案和灭火、应急疏散预案。

演出举办单位在演出场所进行营业性演出，应当核验演出场所经营单位的消防安全设施检查记录、安全保卫工作方案和灭火、应急疏散预案，并与演出场所经营单位就演出活动中突发安全事件的防范、处理等事项签订安全责任协议。

2. 在公共场所举办营业性演出时，演出举办单位应当依照有关安全、消防的法律、行政法规和国家有关规定办理审批手续，并制订安全保卫工作方案和灭火、应急疏散预案。演出场所应当配备应急广播、照明设施，在安全出入口设置明显标识，保证安全出入口畅通；需要临时搭建舞台、看台的，演出举办单位应当按照国家有关安全标准搭建舞台、看台，确保安全。

3. 审批临时搭建舞台、看台的营业性演出时，文化主管部门应当核验演出举办单位的下列文件：依法验收后取得的演出场所合格证明；安全保卫工作方案和灭火、应急疏散预案；依法取得的安全、消防批准文件。

4. 演出场所容纳的观众数量应当报公安部门核准；观众区域与缓冲区域应当由公安部门划定，缓冲区域应当有明显标志。演出举办单位应当按照公安部门核准的观众数量、划定的观众区域印制和出售门票。验票时，发现进入演出场所的观众已达到核准数量而仍有观众等待入场的，应当立即终止验票并同时向演出所在地县级政府公安部门报告；发现观众持有观众区域以外的门票或者假票的，应当拒绝其入场并同时向演出所在地县级政府公安部门报告。

5. 任何人不得携带传染病病原体和爆炸性、易燃性、放射性、腐蚀性等危险物质或者非法携带枪支、弹药、管制器具进入营业性演出现场。

6. 演出场所经营单位应当根据公安部门的要求，配备安全检查设施，并对进入营业性演出现场的观众进行必要的安全检查；观众不接受安全检查或者有前款禁止行为的，演出场所经营单位有权拒绝其进入。

7. 演出举办单位应当组织人员落实营业性演出时的安全、消防措施，维护营业性演出现场秩序。演出举办单位和演出场所经营单位发现营业性演出现场秩序混乱，应当立即采取措施并同时向演出所在地县级政府公安部门报告。

四、车站、机场、码头安全法律制度

客运车站候车室、客运码头候船厅、民用机场航站楼等人员密集场所（或公众聚集场所），既是消防工作的重点场所，也是公共安全保护的重点场所。

（一）车站安全

公安机关按照职责分工，维护车站、列车等铁路场所的治安秩序和铁路沿线的治安秩序。铁路运输企业应加强铁路运输安全管理，建立健全安全生产管理制度，设置安全管理机构，建立健全本企业的应急预案，明确应急指挥、救援等事项；应将有关旅客、列车工作人员及其他进入车站的人员应遵守的安全管理规定张贴在列车内、车站等场所进行公告；应按规定对旅客携带物品和托运的行李进行安全检查。从事安全检查的工作人员应依法履行检查职责，并有权拒绝不接受安全检查的旅客进站乘车。

任何单位和个人不得在铁路车站及周围200米范围内，建造、设立生产、加工、储存和销售易燃、易爆或者放射性物品等危险物品的场所、仓库。车站站房内设置商场、旅馆、饭店、售货摊位和公共娱乐场所的，应符合消防安全规定，报经铁路公安消防机构批准。候车室、售票厅应制订旅客应急方案。候车室内应设置应急照明灯，安全出口应设置疏散指示标志，疏散通道应保持畅通。

站区内进行电焊、气割等动火作业以及使用火炉取暖应由车站主管部门办理审批手续，作业人员应严格遵守操作规程。车站应加强用电管理。电气设备必须由持有合格证的专职人员负责安装、维修；严禁使用电炉；严禁擅自拉接临时电线；用电量不得超过额定负荷。站台上堆放行包应在指定区域，不得堵塞消防通道。

车站应设专人查堵易燃易爆危险物品，配备危险品检查仪的，应保持设备良好，运转正常。车站应向旅客宣传铁路防火防爆的规定：严禁携带易燃、易爆危险品进站上车；严禁在候车室等禁烟场所吸烟；不得在通道处堆放行包物品；不得随意动用消防设施、器材。

旅客应接受并配合铁路运输企业在车站实施的安全检查，不得违法携带、夹带匕首、弹簧刀及其他管制刀具，或违法携带、随身托运烟花爆竹、枪支弹药等危险物品、违禁物品。旅客进站乘车、出站应接受铁路工作人员的引导。

铁路运输企业应对承运的货物进行安全检查，并不得有下列行为：(1) 在非危险品办理站、专用线、专用铁路承运危险货物；(2) 未经批准承运超限、超长、超重、集重货物；(3) 承运拒不接受安全检查的物品等。

此外，任何单位或个人不得实施下列危害铁路运输安全的行为：(1) 扰乱车站、列车的正常秩序；(2) 毁坏铁路线路、站台等设施、设备等。

(二) 机场安全

民用航空管理部门、有关地方政府应加强对运输机场安全运营工作的领导，督促机场管理机构依法履行安全管理职责，协调、解决运输机场安全运营中的问题；制订运输机场突发事件的应急预案。机场管理机构、航空运输企业以及其他驻场单位应配备必要的应急救援设备和器材，并加强日常管理。

机场管理机构的职责：(1) 根据运输机场突发事件应急预案组织运输机场应急

救援的演练和人员培训；(2) 保证运输机场持续符合安全运营要求；(3) 对运输机场的安全运营实施统一协调管理，负责建立健全机场安全运营责任制，组织制定机场安全运营规章制度，保障机场安全投入的有效实施，督促检查安全运营工作，及时消除安全事故隐患，依法报告生产安全事故。航空运输企业及其他驻场单位应按照各自的职责，共同保障运输机场的安全运营并承担相应的责任；发生影响运输机场安全运营情况的，应立即报告机场管理机构。

民用机场开放使用，应具备下列安全保卫条件：(1) 设有机场控制区并配备专职警卫人员；(2) 设有符合标准的防护围栏；(3) 设有安全保卫机构并配备相应的人员和装备；(4) 设有安全检查机构并配备与机场运输量相适应的人员和检查设备；(5) 设有专职消防组织并按照机场消防等级配备人员和设备；(6) 订有应急处置方案并配备必要的应急救援设备。

机场控制区应根据安全保卫的需要，划定为候机隔离区、行李分检装卸区、航空器活动区和维修区、货物存放区等，分别设置安全防护设施和明显标志，还应有严密的安全保卫措施，实行封闭式分区管理。人员与车辆进入机场控制区，必须佩戴机场控制区通行证并接受警卫人员的检查。在航空器活动区和维修区的人员、车辆须按规定路线行进，车辆、设备必须在指定位置停放，一切人员、车辆必须避让航空器。停放在机场的民用航空器必须有专人警卫，各有关部门及其工作人员必须严格执行航空器警卫交接制度。

机场内禁止下列行为：(1) 攀（钻）越、损毁机场防护围栏及其他安全防护设施；(2) 在机场控制区内狩猎、放牧、晾晒谷物、教练驾驶车辆；(3) 无机场控制区通行证进入机场控制区；(4) 随意穿越航空器跑道、滑行道；(5) 强行登、占航空器；(6) 谎报险情，制造混乱等。

乘坐民用航空器的旅客和其他人员及其携带的行李物品，必须接受安全检查；拒绝接受安全检查的，不准登机，损失自行承担。安全检查人员应查验旅客客票、身份证件和登机牌，使用仪器或手工对旅客行李物品进行安全检查，必要时可以从严检查。已经安全检查的旅客应在候机隔离区等待登机。进入候机隔离区的工作人员（包括机组人员）及其携带的物品，应接受安全检查。接送旅客的人员和其他人员不得进入候机隔离区。

空运的货物必须经过安全检查或对其采取的其他安全措施。航空邮件必须经过安全检查，发现可疑邮件的，安全检查部门应会同邮政部门开包查验处理。除国务院另有规定的外，乘坐民用航空器的，禁止随身携带或交运下列物品：(1) 枪支、弹药、军械、警械；(2) 管制刀具；(3) 易燃、易爆、有毒、腐蚀性、放射性物品，等。

民用机场所在地地区民用航空管理机构和有关地方政府，应按国家有关规定划定民用机场净空保护区域，并向社会公布。县级以上地方政府审批民用机场净空保护区域内的建设项目，应征求民用机场所在地地区民用航空管理机构的意见。

在民用机场净空保护区域内设置22万伏以上（含22万伏）的高压输电塔的，应按规定设置障碍灯或标志，保持其正常状态，并向民用机场所在地地区民用航空管理机构、空中交通管理部门和机场管理机构提供有关资料。禁止在民用机场净空保护区域内从事下列活动：（1）排放大量烟雾、粉尘、火焰、废气等影响飞行安全的物质；（2）修建靶场、强烈爆炸物仓库等影响飞行安全的建筑物或其他设施；（3）设置影响民用机场目视助航设施使用或飞行员视线的灯光、标志或物体；（4）种植影响飞行安全或影响民用机场助航设施使用的植物；（5）放飞影响飞行安全的鸟类，升放无人驾驶的自由气球、系留气球和其他升空物体；（6）焚烧产生大量烟雾的农作物秸秆、垃圾等或燃放烟花、焰火；（7）在民用机场围界外5米范围内，搭建建筑物、种植树木，或从事挖掘、堆积物体等影响民用机场运营安全的活动等。

（三）码头安全

港口码头、港外系泊点、装卸站和船闸，应加强安全管理，保持良好状态。港口治安管理实行依靠群众，依法管理，服务生产，保障安全的原则。

新建、改建、扩建码头，必须符合国家有关规定。除运输工具加油站、加气站外，危险化学品的生产装置和储存数量构成重大危险源的储存设施，与码头（按照国家规定，经批准，专门从事危险化学品装卸作业的除外）的距离必须符合国家标准或国家有关规定。

人员、车辆进入港区，须持港口公安或行政管理部门签发的入港证或港口管理部门认可的其他有效身份证件；船员须持海员证、船员证。无证件的人员、车辆不得进入港区。非港区工作人员进入港区应进行登记。人员、车辆进入港区的货场、仓库提送货物，必须遵守货场、仓库的管理规定，在指定地点进行装卸作业。携带或运载物资出港，必须接受门卫检查，交验物资出港证明。

人员、车辆在港区内活动，必须遵守港内交通管理规定，服从港口交通民警指挥。港区内的人员、车辆和船舶必须遵守港口消防安全管理规定，服从港口消防监督人员管理。禁止一切危害港区防火安全的行为。

港区的易燃、易爆、剧毒、腐蚀和放射性物品，特种物资，贵重物资仓库及其他重点部位，必须严格安全管理制度，实行分库存放、专人管理，加强巡逻看守，防止发生事故。在港区内临时居住、从事建筑施工、运输、装卸或其他工作的合同工、临时工、承包工等，除由用人单位按照“谁主管、谁负责”的原则加强管理外，还必须到港口公安机关办理入港证和暂住证，严格遵守港口治安管理规定。

港区内禁止钓鱼、捕捞、狩猎、游泳、捡拾废品和进行其他妨害安全生产作业的活动。任何人不得在港区进行盗窃、哄抢、故意损坏运输物资和港口设施；走私、投机倒把；套购、倒卖船票；行凶斗殴、酗酒滋事、侮辱妇女、赌博等各种危害港区治安的违法犯罪活动。

严禁旅客携带下列物品进港上船：(1) 易燃、易爆、剧毒、腐蚀和放射性等危险物品；(2) 匕首、三棱刀、弹簧刀和其他管制刀具；(3) 淫秽物品等。因公携带枪支须持有持枪证，携带公用枪支还须持有持枪通行证。严禁非法携带各类枪支、弹药进入港区。旅客托运或寄存行李包裹，须遵守有关规定，接受检查；不得以夹带或伪报品名方式托运和寄存枪支、弹药、管制刀具以及易燃、易爆、剧毒、放射性物品和其他违禁物品。接送旅客的人员、车辆须在指定地点接送，未经准许，不得进入码头、趸船。

从事危险货物装卸的码头、泊位，必须符合国家有关安全规范要求，并征求海事管理机构的意见，经验收合格后，方可投入使用。船舶装卸、过驳危险货物或载运危险货物进出港口，应将危险货物的名称、特性、包装、装卸或过驳的时间、地点以及进出港时间等事项，事先报告海事管理机构和港口管理机构，经其同意后，方可进行装卸、过驳作业或进出港口；但定船、定线、定货的船舶可以定期报告。载运危险货物的船舶，在航行、装卸或停泊时，应按照规定显示信号；其他船舶应避让。从事危险货物装卸的码头、泊位和载运危险货物的船舶，必须编制危险货物事故应急预案，并配备相应的应急救援设备和器材。

第五节　几类公众安全事故救援和调查处理

一、铁路事故救援

适用于国家铁路、合资铁路、地方铁路、专用铁路和铁路专用线发生事故，造成人员伤亡、财产损失、中断行车及其他影响铁路正常行车等需要实施应急救援的活动。

（一）救援报告

事故应急救援实行逐级报告制度。铁道部、安全监管办和铁路运输企业应当明确报告程序、方式和时限，公布接受报告的各级事故应急救援部门及电话。事故发生后，有关单位、部门应当按规定程序向上级单位和部门报告；现场铁路工作人员或者其他有关人员应当立即向邻近铁路车站、列车调度员、公安机关或者相关单位负责人报告。接到报告的单位、部门应当根据需要立即通知救援队和救援列车。遇有人员伤亡或者发生火灾、爆炸、危险货物泄漏等事故时，接到报告的单位、部门应当根据需要采取防护措施，并立即通知当地急救、医疗卫生部门或者公安消防、环境保护等部门。铁路运输企业列车调度员接到事故报告后，应当立即按规定程序报告本企业负责人，并向本区域的安全监管办和铁道部列车调度员报告。铁道部列车调度员接到事故报告后，应当立即按规定程序上报。发生特别重大事故时，铁道部应当立即向国务院报告。

（二）主管部门启动应急预案

事故发生后，国务院铁路主管部门、铁路管理机构、事故发生地县级以上地方政府或者铁路运输企业应当根据事故等级启动相应的应急预案；必要时，成立现场应急救援机构。

（三）停车处置和铁路运输企业抢修

事故发生后，列车司机或者运转车长应当立即停车，采取紧急处置措施；对无法处置的，应当立即报告邻近铁路车站、列车调度员进行处置。

为保障铁路旅客安全或者因特殊运输需要不宜停车的，可以不停车；但是列车司机或者运转车长应当立即将事故情况报告邻近铁路车站、列车调度员，接到报告的邻近铁路车站、列车调度员应当立即进行处置。

事故造成中断铁路行车的，铁路运输企业应当立即组织抢修，尽快恢复铁路正常行车；必要时，铁路运输调度指挥部门应当调整运输路径，减轻事故影响。

（四）救治、转移、安置

事故造成重大人员伤亡或者需要紧急转移、安置铁路旅客和沿线居民的，事故发生地县级以上地方政府应当及时组织开展救治和转移、安置工作。

（五）部队参与

国务院铁路主管部门、铁路管理机构或者事故发生地县级以上地方政府根据事故救援的实际需要，可以请求当地驻军、武装警察部队参与事故救援。

（六）证据移交

有关单位和个人应当妥善保护事故现场以及相关证据，并在事故调查组成立后将相关证据移交事故调查组。因事故救援、尽快恢复铁路正常行车需要改变事故现场的，应当做出标记、绘制现场示意图、制作现场视听资料，并做出书面记录。任何单位和个人不得破坏事故现场，不得伪造、隐匿或者毁灭相关证据。

二、民用航空事故搜寻援救

（一）报告和通知

1. 报告

民用航空器遇到紧急情况时，应当发送信号，并向空中交通管制单位报告，提出援救请求；空中交通管制单位应当立即通知搜寻援救协调中心。民用航空器在海上遇到紧急情况时，还应当向船舶和国家海上搜寻援救组织发送信号。

2. 通知

发现民用航空器遇到紧急情况或者收听到民用航空器遇到紧急情况的信号的单位或者个人，应当立即通知有关的搜寻援救协调中心、海上搜寻援救组织或者当地政府。

收到通知的搜寻援救协调中心、地方政府和海上搜寻援救组织，应当立即组织搜寻援救。收到通知的搜寻援救协调中心，应当设法将已经采取的搜寻援救措施通知遇到紧急情况的民用航空器。

（二）搜寻援救

执行搜寻援救任务的单位或者个人，应当尽力抢救民用航空器所载人员，按照规定对民用航空器采取抢救措施并保护现场，保存证据。

三、灭火救援

（一）制订火灾应急预案

县级以上地方政府应当组织有关部门针对本行政区域内的火灾特点制订应急预案，建立应急反应和处置机制，为火灾扑救和应急救援工作提供人员、装备等保障。

（二）火灾报警

任何人发现火灾都应当立即报警。任何单位、个人都应当无偿为报警提供便利，不得阻拦报警。严禁谎报火警。

（三）火灾扑救

1. 人员密集场所发生火灾，现场工作人员应当立即组织、引导在场人员疏散。

2. 任何单位发生火灾，必须立即组织力量扑救。邻近单位应当给予支援。

3. 消防队接到火警，必须立即赶赴火灾现场，救助遇险人员，排除险情，扑灭火灾。

4. 公安机关消防机构统一组织和指挥火灾现场扑救，应当优先保障遇险人员的生命安全。

（四）火灾现场指挥

火灾现场总指挥根据扑救火灾的需要，有权决定下列事项：（1）使用各种水源；（2）截断电力、可燃气体和可燃液体的输送，限制用火用电；（3）划定警戒区，实行局部交通管制；（4）利用临近建筑物和有关设施；（5）为了抢救人员和重要物资，防止火势蔓延，拆除或者破损毗邻火灾现场的建筑物、构筑物或者设施等；（6）调动供水、供电、供气、通信、医疗救护、交通运输、环境保护等有关单位协助灭火救援。根据扑救火灾的紧急需要，有关地方政府应当组织人员、调集所需物资支援灭火。

（五）火灾救援工作特权及其限制

1. 消防车、消防艇前往执行火灾扑救或者应急救援任务时，在确保安全的前提下，不受行驶速度、行驶路线、行驶方向和指挥信号的限制，其他车辆、船舶以及行人应当让行，不得穿插超越；收费公路、桥梁免收车辆通行费。交通管理指挥人员应当保证消防车、消防艇迅速通行。

2. 赶赴火灾现场或者应急救援现场的消防人员和调集的消防装备、物资，需要铁路、水路或者航空运输的，有关单位应当优先运输。

3. 公安消防队、专职消防队扑救火灾、应急救援，不得收取任何费用。

4. 消防车、消防艇以及消防器材、装备和设施，不得用于与消防和应急救援工作无关的事项。

（六）救援费用及抚恤

1. 单位专职消防队、志愿消防队参加扑救外单位火灾所损耗的燃料、灭火剂和器材、装备等，由火灾发生地的政府给予补偿。

2. 对因参加扑救火灾或者应急救援受伤、致残或者死亡的人员，按照国家有关规定给予医疗、抚恤。

（七）火灾以外的灾害事故救援

公安消防队、专职消防队参加火灾以外的其他重大灾害事故的应急救援工作，由县级以上政府统一领导。

四、道路交通事故调查处理

（一）事故后措施

1. 在道路上发生交通事故，车辆驾驶人应当立即停车，保护现场；造成人身伤亡的，车辆驾驶人应当立即抢救受伤人员，并迅速报告执勤的交通警察或者公安机关交通管理部门。因抢救受伤人员而变动现场的，应当标明位置。乘车人、过往车辆驾驶人、过往行人应当予以协助。

2. 在道路上发生交通事故，未造成人身伤亡，当事人对事实及成因无争议的，可以即行撤离现场，恢复交通，自行协商处理损害赔偿事宜；不即行撤离现场的，应当迅速报告执勤的交通警察或者公安机关交通管理部门。

3. 在道路上发生交通事故，仅造成轻微财产损失，并且基本事实清楚的，当事人应当先撤离现场再进行协商处理。

4. 公安机关交通管理部门接到交通事故报警后，应当立即派交通警察赶赴现场，先组织抢救受伤人员，并采取措施，尽快恢复交通。

（二）调查处理

1. 交通警察应当对交通事故现场进行勘验、检查，收集证据；因收集证据的需要，可以扣留事故车辆，但是应当妥善保管，以备核查。现场勘查完毕，应当组织清理现场，恢复交通。

2. 对当事人的生理、精神状况等专业性较强的检验，公安机关交通管理部门应当委托专门机构进行鉴定。鉴定结论应当由鉴定人签名。

3. 公安机关交通管理部门应当根据交通事故现场勘验、检查、调查情况和有关的检验、鉴定结论，及时制作交通事故认定书，作为处理交通事故的证据。交通事故认定书应当载明交通事故的基本事实、成因和当事人的责任，并送达当事人。

4. 对交通事故损害赔偿的争议，当事人可以请求公安机关交通管理部门调解，也可以直接向人民法院提起民事诉讼。经公安机关交通管理部门调解，当事人未达成协议或者调解书生效后不履行的，当事人可以向人民法院提起民事诉讼。

（三）简易处理程序

对未造成人身伤亡的道路交通事故，事实清楚，并且机动车可以移动的，应当在记录事故情况后责令当事人撤离现场，恢复交通。对拒不撤离现场的，予以强制撤离。交通警察可以适用简易程序处理，并当场出具事故认定书。当事人共同请求调解的，交通警察可以当场对损害赔偿争议进行调解。

（四）医疗抢救及其费用分担

1. 医疗机构职责

医疗机构对交通事故中的受伤人员应当及时抢救，不得因抢救费用未及时支付而拖延救治。

2. 保险公司责任

投保机动车第三者责任强制保险的机动车发生交通事故，因抢救受伤人员需要保险公司支付抢救费用的，由公安机关交通管理部门通知保险公司。保险公司在责任限额范围内支付抢救费用。

3. 道路交通事故救助基金责任

抢救受伤人员需要道路交通事故救助基金垫付费用的，由公安机关交通管理部门通知道路交通事故社会救助基金管理机构。抢救费用超过保险责任限额的，未参加机动车第三者责任强制保险或者肇事后逃逸的，由道路交通事故社会救助基金先行垫付部分或者全部抢救费用，道路交通事故社会救助基金管理机构有权向交通事故责任人追偿。

（五）事故赔偿原则

机动车发生交通事故造成人身伤亡、财产损失的，由保险公司在机动车第三者责任强制保险责任限额范围内予以赔偿；不足的部分，按照下列规定承担赔偿责任：（1）机动车之间发生交通事故的，由有过错的一方承担赔偿责任；双方都有过错的，按照各自过错的比例分担责任。（2）机动车与非机动车驾驶人、行人之间发生交通事故，非机动车驾驶人、行人没有过错的，由机动车一方承担赔偿责任；有证据证明非机动车驾驶人、行人有过错的，根据过错程度适当减轻机动车一方的赔偿责任；机动车一方没有过错的，承担不超过百分之十的赔偿责任。交通事故的损失是由非机动车驾驶人、行人故意碰撞机动车造成的，机动车一方不承担赔偿责任。

（六）归责原则

1. 公安机关交通管理部门应当根据交通事故当事人的行为对发生交通事故所起的作用以及过错的严重程度，确定当事人的责任。

2. 发生交通事故后当事人逃逸的，逃逸的当事人承担全部责任。但是，有证据证明对方当事人也有过错的，可以减轻责任。

3. 当事人故意破坏、伪造现场、毁灭证据的，承担全部责任。

（七）责任认定

公安机关交通管理部门对经过勘验、检查现场的交通事故应当在勘查现场之日起 10 日内制作交通事故认定书。对需要进行检验、鉴定的，应当在检验、鉴定结果确定之日起 5 日内制作交通事故认定书。

（八）损害赔偿调解

1. 当事人对交通事故损害赔偿有争议，各方当事人一致请求公安机关交通管理部门调解的，应当在收到交通事故认定书之日起 10 日内提出书面调解申请。

2. 对交通事故致死的，调解从办理丧葬事宜结束之日起开始；对交通事故致伤的，调解从治疗终结或者定残之日起开始；对交通事故造成财产损失的，调解从确定损失之日起开始。

3. 公安机关交通管理部门调解交通事故损害赔偿争议的期限为10日。调解达成协议的，公安机关交通管理部门应当制作调解书送交各方当事人，调解书经各方当事人共同签字后生效；调解未达成协议的，公安机关交通管理部门应当制作调解终结书送交各方当事人。交通事故损害赔偿项目和标准依照有关法律的规定执行。

4. 对交通事故损害赔偿存在争议，当事人向人民法院提起民事诉讼的，公安机关交通管理部门不再受理调解申请。公安机关交通管理部门调解期间，当事人向人民法院提起民事诉讼的，调解终止。

（九）道路外交通事故调查处理

车辆在道路以外通行时发生的事故，公安机关交通管理部门接到报案的，参照《道路交通事故调查处理办法》处理。

五、海上交通事故调查处理

（一）事故调查处理机关

国家渔政渔港监督管理机构或港务监督机构是海上交通事故调查处理机关。船舶、设施发生的交通事故，由主管机关查明原因，判明责任。事故的当事人和有关人员，在接受主管机关调查时，必须如实提供现场情况和与事故有关的情节说明。

（二）海上交通事故范围

是指船舶、设施发生碰撞、触碰或浪损，触礁或搁浅，火灾或爆炸，沉没，在航行中发生影响适航性能的机件或重要属具的损坏或灭失，以及其他引起财产损失和人身伤亡的海上交通事故①。

（三）报告

船舶、设施发生海上交通事故，必须立即向就近港口的港务监督报告。

1. 船舶、设施在港区水域内发生海上交通事故，必须在事故发生后24小时内向当地港务监督提交海上交通事故报告书等。

2. 船舶、设施在港区水域以外的沿海水域发生海上交通事故，船舶必须在到达中华人民共和国的第一个港口后48小时内向港务监督提交报告；设施必须在事

① 不包括以渔业为主的渔港水域内发生的海上交通事故和沿海水域内渔业船舶之间、军用船舶之间发生的海上交通事故的调查处理。

故发生后 48 小时内用电报向就近港口的港务监督报告海上交通事故报告书要求的内容。

3. 引航员在引领船舶的过程中发生海上交通事故，应当在返港后 24 小时内向当地港务监督提交海上交通事故报告书。

（四）调查

1. 在港区水域内发生的海上交通事故，由港区地的港务监督进行调查。

2. 在港区水域外发生的海上交通事故，由就近港口的港务监督或船舶到达的中华人民共和国的第一个港口的港务监督进行调查。必要时，由港务监督局指定的港务监督进行调查。港务监督认为必要时，可以通知有关机关和社会组织参加事故调查。

3. 港务监督在接到事故报告后，应及时进行调查。调查应客观、全面，不受事故当事人提供材料的限制。被调查人必须接受调查，如实陈述事故的有关情节，并提供真实的文书资料。

4. 港务监督因调查海上交通事故的需要，可以令当事船舶驶抵指定地点接受调查。当事船舶在不危及自身安全的情况下，未经港务监督同意，不得离开指定地点。

（五）处理

1. 港务监督应当根据调查，制作出海上交通事故调查报告书，查明事故发生的原因，判明当事人的责任；构成重大事故的，通报当地检察机关。

2. 海上交通事故调查报告书内容：船舶、设施的概况和主要数据；船舶、设施所有人或经营人的名称和地址；事故发生的时间、地点、过程、气象海况、损害情况等；事故发生的原因及依据；当事人各方的责任及依据；其他有关情况。

3. 对海上交通事故的发生负有责任的人员，港务监督可以根据其责任的性质和程度依法给予处罚：对中国籍船员、引航员或设施上的工作人员，可以给予警告、罚款或扣留、吊销职务证书；对外国籍船员或设施上的工作人员，可以给予警告、罚款或将其过失通报其所属国家的主管机关。

4. 对海上交通事故的发生负有责任的人员及船舶、设施的所有人或经营人，需要追究其行政责任的，由港务监督提交其主管机关或行政监察机关处理；构成犯罪的，由司法机关依法追究刑事责任。

5. 根据海上交通事故发生的原因，港务监督可责令有关船舶、设施的所有人、经营人限期进行安全整改。在限期内达不到安全要求的，港务监督有权责令其停航、改航、停止作业，并可采取其他必要的强制性处罚措施。

（六）调解

因海上交通事故引起的民事纠纷，可以由主管机关调解处理，不愿意调解或调解不成的，当事人可以向人民法院起诉；涉外案件的当事人，还可以根据书面协议提交仲裁机构仲裁。

1. 对船舶、设施发生海上交通事故引起的民事侵权赔偿纠纷，当事人可以申请港务监督调解。调解必须遵循自愿、公平的原则，不得强迫。凡已向海事法院起诉或申请海事仲裁机构仲裁的，当事人不得再申请港务监督调解。

2. 调解由当事人各方在事故发生之日起 30 日内向负责该事故调查的港务监督提交书面申请。港务监督要求提供担保的，当事人应附经济赔偿担保证明文件。

3. 经调解达成协议的，港务监督应制作调解书。

4. 调解达成协议的，当事人各方应当自动履行。达成协议后当事人反悔的或逾期不履行协议的，视为调解不成。

5. 凡向港务监督申请调解的民事纠纷，当事人中途不愿意调解的，应当向港务监督递交撤销调解的书面申请，并通知对方当事人。

6. 港务监督自收到调解申请书之日起 3 个月内未能使当事人各方达成调解协议的，可以宣布调解不成。不愿意调解或调解不成的，当事人可以向海事法院起诉或申请海事仲裁机构仲裁。

凡申请港务监督调解的，应向港务监督缴纳调解费。调解的收费标准，由交通部会同国家物价局、财政部制定。经调解达成协议的，调解费用按当事人过失比例或约定的数额分摊；调解不成的，由当事人各方平均分摊。

六、消防安全事故调查处理

（一）调查组织

公安机关消防机构有权根据需要封闭火灾现场，负责调查火灾原因，统计火灾损失。

（二）调查行为

火灾扑灭后，发生火灾的单位和相关人员应当按照公安机关消防机构的要求保护现场，接受事故调查，如实提供与火灾有关的情况。

（三）火灾事故认定

公安机关消防机构根据火灾现场勘验、调查情况和有关的检验、鉴定意见，及时制作火灾事故认定书，作为处理火灾事故的证据。

本章小结

本章以《消防法》为主，介绍了一般消防安全法律制度，还介绍了森林消防和草原消防安全法律制度。以《道路交通安全法》《铁路法》《海上交通安全法》《民用航空法》为主，介绍了道路交通、铁路交通、水路交通、航空交通安全以及农机生产运输安全法律制度。以《产品质量法》和《食品安全法》为主，介绍了产品安全法律制度，并对食品安全的特别规定作了详细介绍。还介绍了广场、商场、集贸市场、影剧院、车站、机场、码头等公共场所安全工作的法律规定。介绍了几类公众安全事故救援和调查处理制度，包括铁路事故救援、民用航空事故搜寻援救、灭火救援、道路交通事故调查处理、海上交通事故调查处理、消防安全事故调查处理等制度。

复习思考题

1. 普通消防安全法律制度包括哪些内容？我国有哪些消防组织？
2. 森林消防和草原消防安全法律制度分别包括哪些内容？
3. 道路交通安全法律制度的主要内容是什么？
4. 铁路、水路、航空交通安全法律制度的主要内容有哪些？
5. 农机生产运输安全法律制度包括哪些内容？
6. 产品安全法律制度的主要内容是什么？
7. 食品安全的特别规定有哪些主要内容？
8. 举办大型群众性活动要遵守哪些规定？
9. 铁路事故救援、灭火救援规则有什么特点？
10. 道路交通事故调查处理、消防安全事故调查处理各自有什么特点？
11. 海上交通事故调查报告有哪几项内容？
12. 港务监督机构如何对海上交通事故负有责任的外国籍船员进行处罚、处理？
13. 如何理解港务监督机构对海上交通事故民事纠纷的调解处理性质？
14. 当事人不履行港务监督主持的调解协议，法律上如何处理？
15. 违章通过平交道口或者人行过道，或者在铁路线路上行走、坐卧造成人身伤亡，是否应该由铁路运输企业承担责任？

16. 论铁路交通事故损害赔偿行政调解的效力。
17. 民航事故调查权是如何划分的?
18. 简述国内民航部门在民航事故调查方面与国际民航组织的关系。
19. 民航事故调查程序对一般安全事故调查有什么借鉴意义?
20. 电监会与安监局的事故调查处理权限怎么划分?

第十二章 安全法律责任和纠纷解决

本章学习目标

1. 理解安全法律责任概念及构成要件。

2. 了解安全违法行为的责任主体和不同主体的法律责任。

3. 掌握安全行政责任、安全民事责任、安全刑事责任、国家赔偿责任等责任形式。

4. 掌握安全法律纠纷仲裁、民事诉讼、行政复议、行政诉讼、刑事诉讼等纠纷解决方式。

第一节 安全法律责任

一、安全法律责任概念

安全法律责任是指安全法律关系主体在安全工作中，由于违反安全法律规定所引起的不利法律后果，即：什么行为应负法律责任、谁应负法律责任和应负什么责任的问题。其特征为：

（一）安全法律责任的主体范围广泛

安全法律责任主体包括各级政府和对安全负有监管职责的有关部门、生产经营单位、从业人员、中介机构。

（二）安全法律责任是发生在安全法律关系中的责任

《安全生产法》第 2 条规定从事生产经营活动的单位的安全生产，适用本法。可见不是安全法律关系的主体不承担安全责任。

（三）安全法律责任具有综合性

《安全生产法》针对各种违法行为采取追究行政责任、民事责任直到刑事责任的方式，组成一个综合性的责任体系，从而最大限度地保护安全当事人的利益，维护安全的秩序。

二、安全法律责任的构成要件

（一）安全法律责任的主体

各级政府和对安全负有监管职责的有关部门、生产经营单位、从业人员、中介机构等在安全法律关系中享受权利、承担义务，是安全法律责任的主体。

（二）行为人有过错

《安全生产法》第 4 条规定生产经营单位必须遵守本法和其他有关安全生产的法律、法规，加强安全生产管理，建立、健全安全生产责任制度，完善安全生产条件，确保安全生产。如果行为人对违反安全生产法律规范的行为存在过错，就应当承担相应的法律责任。

此外，还有无过错责任。

（三）违法行为

安全违法行为包括积极的行为和消极的行为，《安全生产法》第 16 条规定生产经营单位应当具备安全生产条件；不具备安全生产条件的，不得从事生产经营活动。

（四）损害后果

行为人违反安全法律规范的不当行为应当造成对公共财产或私人财产的损害。当然，损害并不是以实际损害的发生为条件，如果行为人违反安全法律规范的不当行为尚未造成严重后果，也应依法给予处罚。

三、安全违法行为

安全违法行为是指安全法律关系主体违反安全法律规范所从事的非法、违法的活动（行为）。安全违法行为是危害社会和公民人身安全和财产安全的行为，是导致生产安全事故多发和人员伤亡的直接原因。

安全违法行为分为作为和不作为两种行为，作为是指责任主体从事了法律禁止的活动而触犯法律，不作为是指责任主体不履行法定义务而触犯法律。我国安全法对应负法律责任的安全违法行为作出了明确的界定。例如，《安全生产法》对各类生产经营单位及其从业人员的安全生产行为进行了全面的规范，其规定依法应予追究法律责任的安全生产违法行为就有 35 种。

（一）安全监管部门及其工作人员的安全违法行为

非法批准或者验收涉及安全的事项；发现擅自从事有关活动或者接到举报后不予取缔、不依法处理；不履行监督管理职责；指定购买产品，审查、验收中收取费用；未如实报告生产安全事故。

（二）中介机构的安全违法行为

生产经营过程是一个较为完整的流程，在此当中需要有中介机构提供安全评价、认证、检测、检验等项服务工作。如果中介机构违反了法律的规定，出具虚假证明，其行为要承担法律责任。

（三）生产经营单位及其从业人员的安全违法行为

1. 生产经营单位的安全违法行为

未设立安全生产管理机构或者未配备安全生产管理人员，管理、生产人员未经专门培训；安全设施设计审查和竣工验收不符合规定；安全设备管理不符合规定，未为从业人员提供符合标准的劳动防护用品，特种设备以及危险物品的容器、运输工具未经专业机构检测，使用国家明令淘汰、禁止使用的危及生产安全的工艺、设备；重大危险源安全管理不符合规定；承包租赁安全管理不符合规定；交叉作业安全管理不符合规定；生产、经营、储存、使用危险物品的车间、商店、仓库与员工宿舍在同一座建筑内，或者与员工宿舍的距离不符合安全要求的，未设符合需要的出口，或者封闭、堵塞生产经营场所或者员工宿舍出口。

2. 从业人员的安全违法行为

生产经营单位从业人员的不当行为主要表现为不服从管理，违反安全生产规章制度或者操作规程。

四、安全违法行为的责任主体和不同主体的法律责任

（一）安全违法行为责任主体的种类

安全违法行为的责任主体，是指违反国家现行安全法规定、实施安全违法行为的社会组织和公民。安全违法责任主体主要包括以下四种：

1. 有关地方人民政府和负有安全生产监督管理职责的部门及其领导人、负责人和工作人员

安全法明确规定了各级地方人民政府和县级以上人民政府负有安全生产监督管理职责的部门对其管辖行政区域和职权范围内的安全工作进行监督管理。监督管理既是法定职权，又是法定义务。如果由于有关地方人民政府和负有安全生产监督管理职责的部门的领导人、负责人和工作人员违反法律规定而导致重大、特大事故，

执法机关将依法追究因其失职、渎职和负有领导责任的行为所应承担的法律责任。

2. 生产经营单位及其负责人和有关主管人员

《安全生产法》对生产经营单位的安全生产行为作出了法律规范，生产经营单位必须依法从事生产经营活动，否则将负法律责任。《安全生产法》第 17 条规定了生产经营单位主要负责人应负的六项安全生产职责。第 19 条规定："矿山、建筑施工单位和危险物品的生产、经营、储存单位，应当设置安全生产管理机构或者配备专职安全生产管理人员。前款规定以外的其他生产经营单位，从业人员超过 300 人的，应当设置安全生产管理机构或者配备专职安全生产管理人员；从业人员在 300 人以下的，应当配备专职或者兼职的安全生产管理人员。"第 20 条还对生产经营单位的主要负责人和安全生产管理人员的安全资质作出了规定。生产经营单位的主要负责人、分管安全生产的其他负责人和安全生产管理人员是安全生产工作的直接管理者，保障安全生产是他们的责任。

3. 生产经营单位的从业人员

从业人员直接从事生产经营活动，他们往往是各种事故隐患和不安全因素的第一知情者和直接受害者。从业人员的安全素质高低，对安全生产至关重要。所以，《安全生产法》在赋予他们必要的安全生产权利的同时，也设定了他们必须履行的安全生产义务。如果从业人员违反安全生产义务而导致重大、特大事故，那么他们必须承担相应的法律责任。

4. 安全中介服务机构和中介服务人员

《安全生产法》第 12 条规定："依法设立的为安全生产提供技术服务的中介机构，依照法律、行政法规和职业准则，接受生产经营单位的委托为其安全生产工作提供技术服务。"从事安全生产评价认证、检测检验、咨询服务等工作的中介机构及其安全生产的专业工程技术人员，必须具有执业资质才能依法为生产经营单位提供服务。如果安全中介机构及其工作人员对其承担的安全评价、认证、检测、检验事项出具虚假证明，视其情节轻重，将追究其行政责任、民事责任和刑事责任。

（二）不同主体的法律责任

1. 安全监管部门及工作人员安全违法行为的法律责任

（1）对个人给予降级或者撤职的行政处分。

（2）对安全监督管理部门由上级机关或者监察机关责令改正，责令退还收取的费用。

（3）追究刑事责任。

2. 生产经营单位及其从业人员安全违法行为的法律责任

（1）生产经营单位安全违法行为的法律责任：责令限期改正；逾期未改正的，责令停产停业、停止建设、关闭企业、吊销其有关证照；给予罚款处罚；从中谋取非法利益的，除罚款外，没收违法所得；追究刑事责任。

（2）生产经营单位主要负责人安全违法行为的法律责任：行政处分；罚款；降职、撤职；受刑事处罚或者撤职处分的，自刑罚执行完毕或者受处分之日起，5 年内不得担任任何生产经营单位的主要负责人。在本单位发生重大生产安全事故时逃匿的处 15 日以下拘留；追究刑事责任。

（3）从业人员安全违法行为的法律责任：给予批评教育；依照有关规章制度给予处分；追究刑事责任。

3. 中介机构安全违法行为的法律责任

（1）没收违法所得并处罚款。

（2）与生产经营单位承担连带赔偿责任，直到撤销机构资格。

五、安全行政责任

行政责任包括行政处罚、行政处分。《安全生产法》第 77 条规定：对安全生产监督检查人员违反安全生产法律规范的行为给予降级或者撤职的行政处分。第 79 条规定：对中介机构违反安全生产法律规范的行为可以作出没收违法所得、罚款、撤销资格等行政处罚。2006 年 11 月 22 日监察部、国家安监总局联合颁布了《安全生产领域违法违纪行为政纪处分暂行规定》，2007 年 11 月 30 日国家安监总局颁布了《安全生产违法行为行政处罚办法》（安全监管总局令第 15 号）。注意下列几个问题：

（一）合并处罚

合并处罚是对同一违法责任主体实施多个违法行为、适用多个法条时，合并作出行政处罚的具体行政行为。

1. 同一违法责任主体

合并处罚的违法责任主体应当是同一个生产经营单位或者同一个从业人员，实施一个或者两个以上违反安全法律条文并且应受行政处罚的行为，可以依法对其各个行为应受的行政处罚分别裁量，一并作出行政处罚。对不同违法责任主体的多个违法行为的行政处罚，不适用合并处罚。

2. 违反的法条不同

多个违法行为违反不同的法律条文。违法责任主体实施多个违法行为，违反了多个安全法律条文应受两种以上行政处罚的，可以合并处罚。例如，企业非法招录的农民工在事故中遇难，可能涉及非法雇工、未进行安全培训、安全管理混乱和人身伤害等多种行为，按照相关安全法律条文应当给予多种行政处罚的，可以合并处罚。

3. 实施的违法行为不同

实施合并处罚的，必须是对同一违法责任主体实施的两个以上的不同的违法行为。例如，企业既有没有建立安全生产责任制，又没有制定安全操作规程；既没有为工人发放符合标准的劳动防护用品，又没有采取事故防范措施，由此导致重大事故发生。导致事故的直接原因，可以归结为该企业实施的多个违法行为。

4. 适用的法律规定不同

对同一违法责任主体实施的多个违法行为，安全行政执法部门应当适用不同的法律规定，分别裁量，在一份行政处罚决定书中作出罚款、责令停产整顿等合并处罚。

5. 处罚的程序简化

单处行政处罚和合处行政处罚，都适用同一行政处罚程序。合并处罚对多个行为依照多个法条进行裁量，不需分别立案、分别调查、分别报批，可以简化立案调查和审查决定的程序，合并立案、一并调查、一次报批、一纸文书。

（二）一事不二罚

《行政处罚法》第 24 条规定："对同一违法行为，不得给予两次以上罚款的行政处罚"。这就是实施行政处罚必须遵循的"一事不二罚"原则，与其相对立的则是"一事二罚"。但是在具体实施该项规定时，容易发生识别和适用上的错误，对"一事不二罚"应当从以下四个方面来把握：

1. 行政相对人是同一主体

"一事不二罚"所针对的违法责任主体应当是同一个生产经营单位及其从业人员。例如，行政相对人应当是同一个企业，或者是该企业的同一从业人员。对同一企业或其同一从业人员实施两次以上的罚款，就是"一事二罚"。

2. 同一违法行为

在同一主体的前提下，适用罚款的行政处罚必须是针对同一违法行为。例如，对某个企业的同一违法行为连续实施两次以上的罚款，那就是"一事二罚"，违反了"一事不二罚"的原则。如果对该企业的不同违法行为，依照不同安全法律条文应当并且实施了两次以上的罚款，则不属于"一事二罚"。

3. 一个部门不得处以两次以上罚款

安全行政执法部门对同一主体的同一违法行为考虑是否应当处以罚款时，如果相关安全法律规范有处以罚款的规定，那么只能处以一次罚款的行政处罚。连续两次以上对此实施罚款的，就是“一事二罚”。

4. 多个部门不得各处一次以上的罚款

综合安全监管部门和专项监管部门在履行各自的职责时，如果都发现了同一主体的同一违法行为，那么只能由一个部门处以罚款，不能由每个部门各罚一次。在具体把握上，可以采取两种方式：

（1）由首先发现的部门罚款。哪个部门首先发现该主体的违法行为，应当由其依法决定处以罚款，并将行政处罚的情况及时通报有关部门，以免有关部门发现后再行罚款。

（2）由商定的部门罚款。两个以上对同一主体的同一违法行为均有行政处罚权的部门可以协商确定由其中一个部门处以罚款，但是不能依照不同的法律条文对同一主体的同一违法行为，各处一次以上的罚款。

（三）从重处罚和从轻处罚

《行政处罚法》对从重和从轻、减轻给予行政处罚的自由裁量的种类及其幅度作出了明确的规定，安全法也对此作出了相关规定。

1. 从重处罚

从重处罚是指在法定同一行政处罚种类及其幅度内，实施较重或者最重的行政处罚。从重处罚主要是针对那些主观恶性大、情节恶劣、后果严重的安全违法行为，按照宽严相济的处罚原则，决定给予重罚。属于安全法规定的违法责任主体的严重违法行为，安全行政执法部门可以依法决定实施较重或者最重的行政处罚。例如，企业无证非法生产经营烟花爆竹并且引发人员伤亡事故（死亡 30 人以上）的，《生产安全事故报告和调查处理条例》规定处以 300 万以上 500 万元以下的罚款。在决定处以罚款的裁量时，安全监管部门可以决定在罚款幅度内处以较高数额（400 万元）或者最高数额（500 万元）的罚款。

2. 从轻处罚

从轻处罚与从重处罚相对应，是指在法定同一行政处罚种类及其幅度内，实施较轻或者最轻的行政处罚。从轻处罚与从重处罚相反，主要是针对那些主观恶性小、情节轻微、后果不重的安全违法行为，按照宽严相济的处罚原则，决定给予轻罚。属于安全法规定的违法责任主体的较轻违法行为，安全行政执法部门可以依法决定实施较轻或者最轻的行政处罚。

（四）没收违法所得

违法所得，是指违法取得财物。我国行政法律和刑事法律都有没收违法所得的处罚。目前在法学界和行政执法、司法的实践中，对违法所得的内涵和外延没有统一的、权威的规定，这就产生了对违法所得的界定和适用的问题。我国安全法规定了没收违法所得的行政处罚，并将违法所得界定为违法取得的财产和货币收入。财产包括动产和不动产，货币收入包括可以计算的相关违法货币收入。

违法取得的货币收入包括：

1. 生产、加工产品的，以生产、加工产品的销售收入作为违法所得。

2. 销售商品的，以销售收入作为违法所得。

3. 提供安全生产中介、租赁等服务的，以服务收入或者报酬作为违法所得。

4. 销售收入无法计算的，按照当地同类同等规模的生产经营单位的平均销售收入计算。

5. 服务收入、报酬无法计算的，按照当地同行业同种服务的平均收入或者报酬计算。

6. 违法所得的计算

违法所得数额的计算，是以上列各种收入的实际数额为准，不得扣除违法者事前投入的各项成本。因为设定没收违法所得行政处罚的立法精神，就是要对违法者施以经济（财产）上的处罚，加大其违法的成本和代价，所以不能扣除所谓的各种“合理成本”。

六、安全民事责任

《安全生产法》第 44 条规定：在劳动合同中应当载明保障从业人员劳动安全、防止职业危害、办理工伤社会保险的事项，生产经营单位不得以任何形式与从业人员订立协议，免除或者减轻其对从业人员因事故伤亡依法应承担的责任。第 48 条规定：因事故受到损害的从业人员，除依法享有工伤社会保险外，依照有关民事法律尚有获得赔偿的权利的，有权向本单位提出赔偿要求。这些都是产生民事责任的法律规定。可能发生侵犯民事权利、产生民事责任的地方还有同业生产、紧急避险、超层越界开采、安全设备器材质量问题等。

（一）连带赔偿责任

这是指两个以上生产经营单位或者社会组织对他们的共同民事违法行为所应承担的共同赔偿责任。连带赔偿责任的特点是有两个以上民事主体从事了一个或多个民事违法行为，给受害方造成了民事损害即人身伤害、财产损失或经济损失，责任双方（或各方）均有对受害方进行民事赔偿的义务和责任。受害方可以向其中一方或各方追索民事赔偿。《安全生产法》关于连带赔偿责任的规定有两条：

1. 承担安全评价、认证、检测、检验工作的中介服务机构出具虚假证明给他人造成损害的，与生产经营单位承担连带赔偿责任。比如中介机构为生产经营单位的安全设备出具虚假检验合格的证明，因使用不合格的安全设备而导致生产安全事故，造成从业人员伤亡的，受害者或其亲属就可以依照《安全生产法》第 79 条的规定，对生产经营单位或中介服务机构提出赔偿要求或者直接提起民事诉讼，请求民事赔偿。生产经营单位和中介服务机构均有赔偿的责任。

2. 生产经营单位将生产经营项目、场所、设备发包或者出租给不具备安全生产条件或者相应资质的单位或者个人，导致发生生产安全事故给他人造成损害的，与承包方、承租方承担连带赔偿责任。目前一些生产经营单位为了牟利，擅自将其生产经营项目、场所、设备发包或者出租给不具备法定安全生产条件或者相应资质的单位或者个人，发包方或者出租方只收取承包金或者租金，对承包方或者承租方的安全生产不闻不问，出了事故则一走了之，推卸责任，最终使第三方的权益受到损害。作为利益共同体，发包方与承包方、出租方与承租方同时都负有安全生产、保护当事人人身和财产安全的法定义务。如因他们不履行法定义务发生生产安全事故造成他人损害的，双方理所当然地要承担民事赔偿责任。《安全生产法》第 86 条的上述规定，从立法上解决了承包、租赁生产经营项目、场所、设备中发包与承包、出租与承租各方的民事责任问题，也为保护当事人的民事权利提供了法律依据。

（二）事故损害赔偿责任

这是专指因生产经营单位的过错即安全生产违法行为导致生产安全事故造成人员伤亡、他人财产损失所应承担的赔偿责任。这里应当注意两点，一是过错方必须是生产经营单位，即生产经营单位有安全生产违法行为而引发事故；二是事故造成了本单位从业人员的伤亡或者不特定的其他人的财产损失。例如某化工厂因年久失修造成了压力容器的爆炸，在现场作业的工人死伤均有，同时导致厂外民房被震塌，也造成了人员死伤和财产损失。依照《安全生产法》第 95 条的规定，受伤的从业人员或死亡人员的亲属就可以依法对该化工厂索赔。如果该化工厂拒赔或者对赔偿金额协商不一致，那么受害者或其近亲属就有权向人民法院起诉，请求依法判决该化工厂予以民事赔偿，人民法院依法判决应予赔偿后，该化工厂则必须履行赔偿责任。有一点应当指出，虽然《安全生产法》设定了民事责任，但是民事责任的确定以及民事赔偿的具体标准必须依照民事法律的有关规定，不能任意提高或者降低民事赔偿标准。

七、安全刑事责任

安全刑事责任就是指安全刑事法律规定的，因实施安全犯罪行为而产生的，由司法机关强制犯罪者承受刑罚的责任。它具有国家性、严厉性、个人专属性、准据性等特征。现行安全生产犯罪共11个：

（一）重大责任事故罪

按照《刑法》第134规定的重大责任事故罪，其犯罪客体是人的生命、健康和重大公私财产安全；犯罪主体是工厂、矿山、林场、建筑企业或者其他企业、事业单位的职工即从业人员，包括企业、事业单位的管理人员和作业人员；客观要件是在生产、作业中实施了违反有关安全管理的规定，或者强令他人违章冒险作业的违法行为，因而发生重大伤亡事故或者造成其他严重后果；主观要件是过失，即行为人本应当预见自己的行为将导致发生危害后果，但由于疏忽大意未能预见，或侥幸认为能够避免。

（二）重大劳动安全事故罪

《刑法》第135条规定的重大劳动安全事故罪，其犯罪客体是人的生命、健康和重大公私财产安全；犯罪主体是工厂、矿山、林场、建筑企业或者其他企业、事业单位的有关人员，包括这些单位的负责人、管理人员和其他有关人员；客观要件是由于安全生产设施或者安全生产条件不符合国家规定，因而发生重大事故或者造成其他严重后果；主观要件是过失，即虽明知安全生产设施或者安全生产条件不符合国家规定，但由于疏忽大意未能预见，或者侥幸认为能够避免。

（三）大型群众性活动事故罪

《刑法》第135条之一规定的大型群众性活动事故罪，其犯罪客体是人的生命、健康和重大公私财产安全；犯罪主体是工厂、矿山、林场、建筑企业或者其他企业、事业单位的有关人员，包括这些单位的负责人、管理人员和其他有关人员；客观要件是在大型群众性活动中实施了违反安全管理规定的违法行为，因而发生重大事故或者造成其他严重后果；主观要件是过失，即虽明知举办的大型群众性活动不符合国家安全生产管理规定，但由于疏忽大意未能预见，或者认为侥幸能够避免，因而未对举办的活动采取必要、有效的安全管理措施。

（四）瞒报、谎报事故罪

《刑法》第139条之一规定的瞒报、谎报事故罪，其犯罪客体是人的生命、健康和重大公私财产安全；犯罪主体是工厂、矿山、林场、建筑企业或者其他企业、事业单位以及国家行政机关的有关人员，包括这些单位的负责人、管理人员和其他有关人员；客观要件是在发生生产安全事故后实施了瞒报、谎报事故的违法行为，因而造成严重后果；主观要件是故意，即明知负有依法报告生产安全事故的义务，但故意隐瞒不报或者报告虚假的有关事故信息，掩盖事故真相。

（五）危险物品肇事罪

《刑法》第 136 条规定的危险物品肇事罪，其犯罪客体是公共安全，即不特定多数人的生命、健康和重大公私财产的安全；犯罪主体是危险物品的生产、储存、运输、使用等单位的直接责任人员，包括单位负责人、管理人员、从业人员或其他有关人员；客观要件是实施了违反爆炸性、易燃性、放射性、毒害性、腐蚀性物品的管理规定的违法行为，在生产、储存、运输、使用中发生重大事故，造成严重后果；主观要件是具有违反爆炸性、易燃性、放射性、毒害性、腐蚀性物品的管理规定的过失。

（六）工程重大安全事故罪

《刑法》第 137 条规定的工程重大安全事故罪，其犯罪客体是人民的财产和生命安全以及国家的建筑管理制度；犯罪主体是建设单位、设计单位、施工单位、工程监理单位的直接责任人员，包括有关单位的负责人、管理人员、设计人员、作业人员、监理人员和其他有关人员；客观要件是实施了违反国家规定，降低工程质量标准的违法行为，造成重大安全事故；主观要件是疏忽大意或过于自信的过失。

（七）教育设施重大安全事故罪

《刑法》第 138 条规定的教育设施重大安全事故罪，其犯罪客体是学校及其他教育机构的正常活动和师生员工的人身安全；犯罪主体是教育教学的学校、教育研究机构的直接责任人员，包括这些单位的负责人、管理人员、从业人员和其他有关人员；客观要件是实施了明知校舍或者教育教学设施有危险，而不采取措施或者不及时报告，致使发生重大伤亡事故的违法行为；主观要件是具有明知校舍或者教育教学设施有危险，但未预见到因此立即产生严重后果，或轻信能够避免，故而存在疏忽大意或过于自信的过失。

（八）消防责任事故罪

《刑法》第 139 条规定的消防责任事故罪，其犯罪客体是人的生命和健康与公私财产；犯罪主体是有关单位的直接责任人员，包括有关单位的负责人、管理人员、从业人员和其他有关人员；客观要件是实施了违反消防管理法规，经消防监督机构通知采取改正措施而拒绝执行的违法行为，造成严重后果；主观要件是具有违反消防管理法规，拒绝执行消防监督机构通知采取的整改措施的过失。

（九）重大飞行事故罪

《刑法》第131条规定的重大飞行事故罪，其犯罪客体是空中运输的正常秩序和空中运输安全；犯罪主体是航空运输企业和有关单位的航空人员，包括航空运输企业和有关单位的负责人、管理人员、从业人员和其他人员；客观要件是实施了违反规章制度的违法行为，造成严重后果和造成飞机坠毁或者人员死亡；主观要件是具有违反规章制度的疏忽大意或过于自信的过失。

（十）铁路运营安全事故罪

《刑法》第132条规定的铁路运营安全事故罪，其犯罪客体是铁路运营的正常秩序和铁路运营安全；犯罪主体是铁路运营单位的职工，包括单位负责人、管理人员、作业人员和其他有关人员；客观要件是实施了违反规章制度的违法行为，致使发生铁路运营安全事故，造成严重后果；主观要件是具有违反规章制度的过失。

（十一）交通肇事罪

《刑法》第133条规定的交通肇事罪，其犯罪客体是人的生命和健康与公私财产；犯罪主体是交通运输企业和单位的直接责任人员，包括交通运输企业和单位的负责人、管理人员、驾驶员和其他有关人员；客观要件是实施了违反交通运输管理法规或者交通肇事的违法行为，致人重伤、死亡或者公私财产遭受重大损失，或者交通肇事后逃逸，或者有其他特别恶劣情节的行为；主观要件是疏忽大意或过于自信的过失。

为依法惩治矿山生产安全犯罪，保障矿山生产安全，根据《刑法》有关规定，最高人民法院、最高人民检察院2007年2月28日公布了《最高人民法院、最高人民检察院关于办理危害矿山生产安全刑事案件具体应用法律若干问题的解释》（法释［2007］5号）。其内容包括矿山生产安全犯罪的犯罪主体、定罪标准、疑难问题的法律适用依据、国家工作人员职务犯罪的行为和刑事责任、刑事处罚原则和量刑情节等。

此外，提供虚拟证明文件罪、伪造、变造、买卖国家机关公文、证件、印章罪、贪污罪、受贿罪、玩忽职守罪、徇私舞弊、不移交刑事案件罪在安全生产领域也常常发生而被追究。

八、国家赔偿责任

是指国家对于安全行政机关及其工作人员因执行职务、行使权力而损害公民、法人和其他组织的法定权利与合法利益所应承担的赔偿责任。特点：（1）产生赔偿责任的原因是安全行政机关及其工作人员在执行职务过程中的不法侵害行为；（2）赔偿责任的主体是国家；（3）赔偿责任的范围包括行政赔偿与刑事赔偿。

第二节　安全法律纠纷解决

一、安全法律纠纷解决概述

安全法律纠纷是指安全法意义上的纠纷，包括民事纠纷、商事纠纷、行政纠纷、刑事纠纷、国家赔偿纠纷等。其解决途径或方式有协商、调解、仲裁、民事诉讼、行政复议、行政诉讼、刑事诉讼等。

（一）安全民事纠纷解决

安全民事纠纷作为安全法律纠纷的一种，一般来说，是因为违反了安全民事法律规范而引起的，是指平等主体之间发生的，以民事权利义务为内容的社会纠纷（可处分性的）。所有违反民法概念的行为都会引起民事纠纷。民事主体违反了民事法律义务规范而侵害了他人的民事权利，由此而产生以民事权利义务为内容的民事争议。分为两类：一类是财产关系方面的民事纠纷，另一类是人身关系的民事纠纷。其解决机制有自力救济、社会救济、公力救济。

其解决途径或方式有仲裁、调解、民事诉讼等。

（二）安全商事纠纷解决

在商事活动中，纠纷不可避免。安全商事纠纷，也叫安全经济纠纷，是指安全商事法律关系主体之间因安全经济权利和安全经济义务的矛盾而引起的争议。它是涉及安全经济内容的纠纷。

在市场经济条件下，安全商法主体要实现各自的安全商事或经济目标，由于各自的安全经济权益相互独立，各种情况经常变化，所以不可避免地会发生各种各样的安全经济权益争议，产生安全商事纠纷，如安全合同纠纷、安全费用承担纠纷等。为了保护当事人的合法权益，维持社会经济秩序，必须利用有效手段，及时解决这些纠纷。公司等企业组织通常会采取协商、调解、诉讼或仲裁等方式予以解决。

解决安全商事纠纷或经济纠纷的途径和方式主要有仲裁、民事诉讼、行政复议、行政诉讼。仲裁、民事诉讼、行政复议与行政诉讼都是解决当事人争议的方式，但适用的范围不同。作为平等民事主体的当事人之间发生的安全经济纠纷适用仲裁或者民事诉讼方式解决。

仲裁与民事诉讼是两种不同的争议解决方式。当事人发生争议只能在仲裁或者民事诉讼两种方式中选择一种解决方式。有效的仲裁协议可排除法院的管辖权，只有在没有仲裁协议或者仲裁协议无效，或者当事人放弃仲裁协议的情况下，法院才可以行使管辖权，这在法律上称为或裁或审原则。

（三）安全行政纠纷解决

是指安全行政机关之间或安全行政机关同企事业单位、社会团体以及公民之间由于安全行政管理而引起的纠纷，包括行政争议和行政案件。当公民、法人或者其他组织认为安全行政机关的具体行政行为侵犯其合法权益时，或者不同的安全行政机关就具体行政行为的管辖权发生争议时，便产生了行政纠纷。安全行政纠纷解决方式包括调解、行政裁决、行政仲裁、行政复议、行政诉讼以及信访等。

（四）安全刑事纠纷解决

犯罪嫌疑人或者被告人涉嫌侵犯了安全刑法所保护的社会安全关系，国家据此追究犯罪嫌疑人或者被告人的安全刑事责任，而进行立案侦查、审判并给予刑事制裁，由此在国家、犯罪嫌疑人、被告人、被害人之间形成了纠纷，称为安全刑事纠纷。安全刑事纠纷可构成安全刑事案件。其解决方式主要是刑事诉讼。

（五）国家赔偿纠纷解决

国家机关和国家机关工作人员行使安全监管职权、司法职权，侵犯了公民、法人和其他组织的合法权益，造成损害的，受害人应该取得国家赔偿，由此在国家、国家机关、国家机关工作人员、受害人之间形成了国家赔偿纠纷。国家赔偿包括行政赔偿和司法赔偿，不包括立法赔偿和军事赔偿。其解决方式是：行政赔偿可以由法院通过诉讼的方式解决，司法赔偿是法院通过非诉的方式解决。

二、安全法律纠纷仲裁

仲裁是解决安全民事、商事纠纷的方式之一。仲裁是指由经济纠纷的各方当事人共同选定仲裁机构，对纠纷依法定程序作出具有约束力的裁决的活动。仲裁具有三个要素：以双方当事人自愿协商为基础；由双方当事人自愿选择的中立第三者进行裁判；裁决对双方当事人都具有约束力。仲裁在性质上是兼具契约性、自治性、民间性和准司法性的一种争议解决方式。

安全民事、商事纠纷可以采取向法院起诉和申请仲裁审理两种方法。仲裁机构和法院不同。法院行使国家所赋予的审判权，向法院起诉不需要双方当事人在诉讼前达成协议，只要一方当事人向有审判管辖权的法院起诉，经法院受理后，另一方必须应诉。仲裁机构通常具有民间团体的性质，其受理案件的管辖权来自双方协议，没有协议就无权受理。

行政纠纷不能仲裁，只能通过行政复议或行政诉讼解决。

三、安全民事诉讼

安全民事诉讼是指公民之间、法人之间、其他组织之间以及他们相互之间因财产安全关系和人身安全关系提起的诉讼，也是指人民法院、当事人和其他诉讼参与人，在审理安全民事案件的过程中，所进行的诉讼活动及相关活动。其他诉讼参与人是指除原告、被告之外的第三人、证人、鉴定人、勘验人等。民事诉讼具有公权性、强制性、程序性等特征。

四、安全行政复议

安全行政复议是指公民、法人或者其他组织不服安全行政主体作出的具体安全行政行为，或者认为自己的合法权益受到侵犯，依法向法定的行政复议机关提出复议申请，行政复议机关依法对该具体安全行政行为进行合法性、适当性审查，并作出行政复议决定的行政行为。是公民、法人或其他组织通过行政救济途径解决安全行政纠纷的一种方式。

安全行政纠纷可采取行政复议或者行政诉讼的方式解决。行政复议与行政诉讼方式的选择与纠纷的性质有关。根据法律的不同规定，有的可以直接向法院起诉，也可以先申请行政复议，对行政复议决定不服时再起诉；有的则只能先申请行政复议，对行政复议决定不服才能提起行政诉讼；还有的则只能通过行政复议的方式解决，由行政机关对纠纷作出最终裁决。

五、安全行政诉讼

安全行政诉讼是指公民、法人或者其他组织认为安全行政机关和法律法规授权的组织作出的具体安全行政行为侵犯其合法权益，依法定程序向人民法院起诉，人民法院在当事人及其他诉讼参与人的参加下，对具体安全行政行为的合法性进行审查并作出裁决的活动。行政诉讼特征：行政案件由人民法院受理和审理；行政案件只限于就行政机关作出的具体行政行为的合法性发生的争议；行政复议不是行政诉讼的前置阶段或必经程序；审理方式原则上为开庭审理。

六、安全刑事诉讼

安全刑事诉讼是指审判机关、检察机关和侦查机关在当事人以及诉讼参与人的参加下，依照法定程序解决被追诉者安全刑事责任问题的诉讼活动。刑事诉讼特征：实现国家刑罚权、由国家专门机关负责进行、有当事人和其他诉讼参与人参加、依照法定程序进行。

本章小结

本章讲解了安全法律责任概念及构成要件、安全违法行为的责任主体和不同主体的法律责任，介绍了安全行政责任、安全民事责任、安全刑事责任、国家赔偿责任等责任形式，介绍了安全法律纠纷仲裁、民事诉讼、行政复议、行政诉讼、刑事诉讼等纠纷解决方式。

复习思考题

1. 简答安全法律责任概念及构成要件。
2. 安全违法行为责任主体有哪些？不同主体承担哪些法律责任？
3. 安全违法行为可能承担哪些法律责任形式？
4. 安全法律纠纷解决方式有哪些？

第十三章　外国安全法和国际公约

本章学习目标

1. 了解美国职业安全健康法律制度、澳大利亚职业安全健康法律制度、德国职业安全健康法律制度、南非职业安全健康法律制度、英国职业安全健康法律制度、俄罗斯职业安全健康法律制度、印度职业安全健康法律制度。

2. 了解国际安全生产公约、与安全生产有关的国际组织。

第一节　外国安全法律制度

一、美国职业安全健康法律制度

历经多年发展，美国形成了现行的以 1970 年《联邦职业安全与健康法》为基本法，以《矿山安全法》等法为特别法的多层次、多领域的职业安全与健康法律体系。

（一）1970 年《职业安全与健康法》

美国《职业安全与健康法》于 1970 年由国会批准通过，共 34 节，设定了美国职业安全健康法治的基本框架。为了防止立法疏漏，《职业安全与健康法》还在第 5 节特别规定了“总体义务条款”，规定即使对于职业安全健康标准中没有明确规定的危险，雇主也有义务采取合适的措施，确保雇员不会受到来自工作环境的任何可能的伤害。该法主要由美国联邦职业安全与健康管理局（OSHA）负责执行。

对违法行为加以分类分别对待，是《职业安全与健康法》的一大特色。美国职业安全与健康的违法形式包括以下 6 种：

轻微违法（de minimus violations）：虽然违反了法律规定，但对职业安全与健康没有直接影响的，无须处罚，OSHA 也不签发违法令状。

一般违法（other than serious violation）：对职业安全与健康产生了直接影响，但不会造成死亡或严重身体伤害的后果的违法行为。是否处罚由 OSHA 自己决定。

严重违法（serious violation）：违法行为极有可能导致死亡或严重身体伤害的后果，并且雇主对此是知道或者应当知道的，是严重违法。OSHA 必须对此违法行为加以处罚。

恶意违法（willful violation）：又称雇主有意实施的违法行为，此时雇主要么明知自己的行为是违法的，要么知道自己的行为会造成职业安全与健康危险并且没有采取任何合理的防备措施。《联邦职业安全与健康法》规定对于每一恶意违法行为，可以给予 5 000 美元以上 70 000 美元以下的罚款。

重复违法（repeated violation）：在二次检查中，如果发现了基本相同的违反标准、法规、规则或命令的行为，就是重复违法。每一违法行为可以处罚高达 70 000美元。

未改正违法（failure to correct prior violation）：指已经指出的违法状态在再次检查中被发现仍未产生实质性改正，根据状态延续时间，可给予从规定整改日起每天最高 7 000 美元的处罚。

（二）1977 年《联邦矿山安全与健康法》

1977 年《联邦矿山安全与健康法》是美国矿业安全与健康立法史上最严格的一部法律，它是在原有的《联邦金属与非金属安全法》和 1969 年《联邦煤矿安全与健康法》的基础上，通过合并和作了大量修改后制定出来的，规则与标准更加严格，并且由劳工部下的联邦矿业安全与健康局（简称 MSHA）专门负责执行。

除以上两部基本法律以外，美国还有以下与安全生产相关的基本法律值得关注，分别是 1960 年制定的《联邦有害物质管理法》，1976 年制定的《有毒物质控制法》，1975 年制定的《联邦危险物品运输法》，1947 年制定的《联邦杀虫剂、杀菌剂和灭鼠剂法》，1972 年制定的《消费品安全法》，1972 年制定的《联邦水污染控制法》以及 1976 年制定的《资源保护和回收法》。

（三）职业安全与健康标准

美国职业安全与健康方面的标准可以分成一般工业类、建筑业类、海事业类、农业类四大类。在各行业所有的标准中，关于医疗与辐射记录、个人防护装备以及危险教育的要求大都基本一致。为了确保这些标准得到遵守，OSHA 规定了极其严格的记录保留与报告制度，除零售、金融、保险、房地产交易或其他低风险的服务行业外，如果雇主雇工 10 人以上，则他就必须保留有 OSHA 规定的与职业伤病有关的记录；根据规定，无论雇主是否是工业领域，只要发生了伤病事故导致一人以上死亡，或者导致三人以上住院治疗，则他必须在事故发生后8小时内向当地的OSHA管理办公室报告，OSHA会接着调查事故是否是由于违反标准而导致的责任事故。

（四）职业安全与健康指令（directive）与指南（guidance）

职业安全与健康指令是OSHA政策执法与项目管理的内部文件，但是会对外部职业安全与健康治理产生重大影响。OSHA公布的职业安全与健康指南，主要包括《养殖工人禽流感预防指南》《家庭护理指南》《工作场所流感预防指南》《室内工作铸模相关问题指南》《护理与社会服务场所暴力预防指南》《肉类加工业职业安全与健康指南》《职业安全与健康管理体系指南》等。

二、澳大利亚职业安全健康法律制度

（一）澳大利亚的安全生产及立法状况

近年来，澳大利亚的职业健康与安全保护状况一直居世界领先地位。据统计，2004—2005财年，澳大利亚每十万名全时工人死亡率为2.9，比同期美国的4.1还要低。这与澳大利亚先进的生产技术和雄厚的安全投入有关，但完善的职业安全健康法制体系则是其成功的重要保障。

澳大利亚实行联邦制，有六个州和两个专区。但由于澳大利亚联邦宪法并没有授权联邦国会就职业安全与健康问题进行全面立法，所以澳大利亚目前共有十个职业安全健康专属法[①]。另外，在一些矿产资源较为丰富的州，例如新南威尔士州，还有专门针对矿业安全与健康的立法。

为了进一步明确联邦职业安全与健康战略目标，突出联邦的统一调控能力，2002年联邦议会通过了《国家职业健康与安全战略：2002—2012》，明确提出，到2012年全国工伤死亡率减少20%，全国工伤事故率减少40%。为了实现这一目标，应当突出五个优先工作领域，分别是减少风险、提高职业安全与健康管理水平、有效预防职业病、加强安全设计、提高政府对职业安全健康的影响力。这一战略具有法律效力，对近年来澳大利亚的职业安全健康立法与执法工作有着基础性的影响。

（二）澳大利亚职业安全健康的国家监管

在各州内部，职业安全健康执法机构设置不尽相同，但基本上都有一个机构负责普通的职业安全健康执法，另外有一些机构对一些特殊行业进行职业安全健康执

① 六个州及两个专区均有自己的职业安全健康立法，另外联邦政府还有针对联邦雇员以及针对海事的职业安全健康立法。

法。以新南威尔士州为例，职业安全健康局全面负责职业安全健康执法工作，商业部下属的劳资关系局负责一般工商业的职业安全健康指导工作，工人赔偿委员会则是由政府、雇主和雇员代表三方组成的法定机构，专门负责解决工伤赔偿争议；另外，粉尘病委员会负责州内粉尘病的预防、赔偿等执法工作；国家公路交通委员会负责公路交通安全执法，而初级工业部矿产石油资源局下设矿山安全局，则专门负责矿山安全监察执法工作，等等。

在联邦层面，因为受联邦宪政体限制，联邦政府除在联邦雇员及海事职业安全健康方面享受执法权外，在其他领域均不享有职业安全健康执法权。但出于统一协调全澳职业安全健康法制的考虑，联邦政府也组建了一些特殊机构来协调与促进澳大利亚各州及专区的职业安全健康立法与执法工作。1985 年，联邦政府成立了国家职业健康与安全委员会，它是由联邦及各州政府、雇主和雇员代表组成的联合体，负责制定职业安全健康国家统一标准，建立国家职业安全健康统计数据库，制定职业安全健康应用指南等工作，2005 年，被新成立的澳大利亚安全与赔偿委员会取代。澳大利亚安全与赔偿委员会是一个三方机构，由联邦、州及专区政府代表、澳大利亚工商业联合会代表、澳大利亚工会代表共同组成，有权制定职业安全健康国家标准与操作规程，但要先得到州及专区政府的批准才能在地方生效。

三、德国职业安全健康法律制度

（一）德国安全生产及立法状况

德国的每单位生产总值事故数量全球最低，安全生产水平很高。据统计，2004 年德国全国各类安全生产事故共致死 1 142 人，其中工伤事故死亡 645 人，道路交通事故致死 497 人①；而 2004 年 1—6 月仅半年间，我国各类事故死亡总人数则高达 63 735 人，其中各类交通事故死亡人数高达 53 902 人②。数据表明，排除从业人员总量差异等因素，我国的安全生产水平与德国之间存在巨大差距。总体看来，德国的低事故率得益于其全面的事故控制体系，而立法与监管则在这一体系中起着至关重要的作用。

德国是联邦制国家，联邦议院可以进行安全生产立法，各州地方立法机关也可以进行相关立法。德国联邦议院下专门设立了劳动与社会福利专业委员会，专门进行相关立法。经过多年发展与完善，德国已经形成了比较完整的安全生产法律体系。

---

① 数据来源：德国工商业工伤保险联合会（HVBG）。

② 数据来源：《2004 年上半年全国安全生产事故统计分析》，国家安全生产总局网站。

（二）德国的安全生产监管

德国对安全生产负有监管职责的主体包括：

1. 企业内部管理机构

根据法律规定，企业是生产安全的最终义务承担人，也是生产安全管理的直接责任人。法律并不规定企业具体应当采取什么样的管理体系，但对企业必须建立什么样的安全管理机构体制则作出了详细的规定。德国法律规定，雇员超过 20 人的企业必须建立劳动保护委员会，由一名雇主或雇主委托的代理人、两名雇员代表、企业医生、劳动安全专员和现场安全员组成。各组成人员各司其职，雇主全面负责企业的劳动保护工作，其主要职责是督促实施国家关于劳动保护的法律法规和事故保险合作社制定的事故预防规定，普及公认的安全技术、劳动医学、劳动卫生以及其他劳动科学知识，确保雇员的安全健康；劳动安全专员和企业医生的任务是在劳动保护和事故预防涉及的有关劳动安全的所有问题上向雇主提供支持；现场安全员的任务是协助雇主落实预防事故和职业病发生的各种措施，如检查规定的防护装置和个人防护用品的配备和正确使用，提醒雇员注意防止事故和职业病的发生等。另外，企业还要有经过培训的急救人员，以保证事故发生后及时采取有效的急救措施。

2. 行业协会

德国各个行业都有自己的行业协会，这些协会在承担着本行业发展互助管理职责的同时，也开展工伤保险和事故预防工作。德国《劳动保护法》第 7 条规定，每个企业都必须加入所从事业务的行业协会，并缴纳工伤保险金，各行业协会建立本行业的非盈利性工伤保险。虽然行业协会不是德国联邦和地方政府机构的组成部分，也不属于任何政府部门，而是实行自我管理的自治机构，但德国的工伤保险管理机构具有公共管理部门的性质。因其管理的工伤保险属于公共法的范畴，它的义务与权限职责由国家法律规定，可以依法强制企业缴费和采用安全措施，并由政府进行监督。

行业协会有两项重要职责，一是制定有关法律的实施细则，及劳动保护的具体规定，送官方劳动保护部门审批并接受监督；二是管理职业事故保险，行业协会要登记和独立调查各种工伤事故并据以确定事故赔偿。在实践中，德国的行业协会在事故预防、公共医疗救助、事故赔偿、受理投诉和科研与教育培训方面发挥着重要的作用。从职能上看，行业协会既承担了一部分国家安全生产监督职能，也承担了一部分协助企业进行安全管理的职能，并形成了连接国家与雇主和雇员的关键中间纽带，在德国安全生产监管体制中起着关键的结构性作用。

3. 政府机构

德国主要由劳动与社会保障部门承担安全生产监督职责。联邦和州都设有劳动保护官方机构，其主要职责有三方面：一是劳动保护监察，即配备一定数量的劳动保护监察官员，监督各州制定的劳动保护规定在企业的执行情况，并对工伤事故进行调查处理；二是对企业劳动保护工作提出建议和咨询，帮助企业发展改进；三是审查和协助企业建立完善的劳动保护体系。

德国的劳动保护监察员队伍庞大，全国约有 3 000 多人。他们在法律授权范围内享有较大的执法权，可以在不事先通知的情况下在任何时间对企业进行检查，对违法企业提出限制整改通知，如果限期内没能达到整改要求，监察员可以决定企业停产。近年来，德国在传统的强制执法方式的基础上，也增加了一些非强制执法的内容。例如，汉堡市实施了劳动保护证书制度，规定只有劳动保护工作出色，并经政府严格的检查验收合格的企业才可以获得此证书。因为获得难度较大，所以是对企业劳动保护工作的正面激励，受到了雇主和雇员的青睐与拥护。严格高效的政府监管，是德国安全生产的关键保障之一。

四、南非职业安全健康法律制度

从 20 世纪 90 年代开始，南非逐步完善其与职业健康与安全有关的立法，并最终形成了现在的立法体系，即以《职业健康与安全法》为基本法，以《矿山健康与安全法》等法为特别法，并有大量的指南、标准、规程、部门命令等法律规范为补充的 OSH 立法体系。

（一）职业安全与健康监管

南非的职业健康与安全监管机构主要有三个，分别是劳工部下属的职业健康与安全局、矿产能源部下属的矿山健康与安全监察局（Mine Health and Safety Inspectorate，简称 MHSI）和卫生部的卫生局。卫生局是卫生部下属部门，主要负责协助职业病的监测与防治；职业健康与安全局负责执行《职业健康与安全法》，其主要工作包括组织培训健康与安全监察员，以及为监察员履行职责提供所需设备；组织职业健康与安全宣传活动，包括分发宣传册和张贴广告，公布年度执行报告等；组织健康与安全代表研讨会；发布职业健康与安全条约；建立地区与国家职业健康与安全论坛；建立职业健康与事故调查队伍；制订全国职业健康与安全计划和监察审计计划等。

（二）南非的矿山安全法制

南非是个矿产大国，但其矿山安全生产水平很高，这主要得益于其健全的矿山安全立法和严格的矿山安全执法。南非的矿山安全法规主要由 1996 年《矿山健康与安全法》和大量的指南两部分组成。

根据法律规定，矿主必须要确保其矿山安全，必须指定专门的矿山健康与安全管理人员，管理人员要为矿工提供充足必要的个人救护设备，矿业工会可以要求国家安全检查员进行检查，管理人员应当建立各种管理准则和培训制度，落实健康与安全措施，矿工有权拒绝危险的工作。矿工超过20人以上的必须设立健康与安全代表，超过100人以上的，必须要建立安全健康委员会，就相关OSH事项与矿主进行谈判，并有权要求矿工撤出工作场所。南非还设立了一个矿山安全三方机构——矿山健康与安全理事会，作为矿产与能源部部长进行矿山健康安全管理的顾问机构。理事会由矿主、矿工和政府三方各5名代表组成，国家首席矿山检查员是理事会主席。理事会的主要职责是为矿产能源部部长制定相关的政策法规提供建议，协调各方开展工作，促进创建矿山安全文化，协助提高南非的矿山健康与安全水平。

南非的矿山安全监管工作主要由矿山健康与安全监察局负责。该局实行垂直管理、分工负责的体制，全局编制约200多人。矿山健康与安全局下设四个职能处：矿山安全地区监察处、矿山设备地区安全监察处、矿山职业卫生地区监察处和综合处。全国9个省分设地区矿山安全健康监察部，每名副监察长负责3个地区矿山健康与安全部。矿山健康与安全局的任务是促使采矿作业在无害健康的条件下安全地进行，其职能主要为：制定安全采矿作业标准，并推广其应用；制定并推广应用采矿设备安全标准；制定并推广应用采矿作业的健康标准；行使辅助职能、提供监察服务。

五、英国职业安全健康法律制度

英国从18世纪就开始进行职业健康与安全立法，历经200余年发展，目前已经形成比较成熟的职业健康与安全法制监管体系，其国内职业安全与健康水平也位居世界前列。

（一）英国职业安全健康立法

英国职业安全健康法规主要由制定法和行政法规构成，目前仍有效执行的行政法规约200项，其中最重要的法律法规是1974年的《作业场所健康与安全法》。该法的核心内容有两部分，第一部分是与工作相关的健康、安全与福利及对危险物品的管制及特定物品向空气中泄漏的管理。其中“总体义务”（general duties）的规定最具特色，具体包括雇主对雇员的总体义务、雇主及自雇人员对雇员以外人的总体义务、生产经营场所所有人对雇员以外的人负的总体义务、制造商等人对生产中的设备与物料的总体义务、工人的总体义务、任何人不得干涉或误用健康安全设备及措施的义务等。此外，这一部分还规定了国家健康与安全委员会（health and safety commission，简称HSC)、企业健康与安全代表及健康与安全委员会的设立与职能、健康与安全行政法规、HSC公布健康与安全规程、OHS检查机构设置、检查员的刑事控诉权、法院的管辖与处理、违法的民事法律责任等内容。第二部分调整职业医疗咨询服务，包括企业提供职业医疗咨询服务的义务与职责、功能、相关收费、行政管理与报告制度等。此外，2004年11月18日开始实施的《突发事件应急法》以及2006年的《防火和救灾国家计划框架草案》也是英国职业安全法的重要组成部分。

（二）英国职业安全健康监管机构

英国劳动与养老部国务大臣全面负责国内职业健康与安全事务，指导包括健康与安全执行局（The Health and Safety Executive，简称HSE）和防火与救援委员会在内的其他职业安全健康监管机构的工作。

HSE根据《1974年作业场所健康与安全法》创设，其主要职责为负责执行职业健康与安全及福利方面的政策法规，进行职业危害防治研究。HSE是劳动与养老部的组成部门，对劳动与养老部负责并报告工作，其主要职责包括帮助并鼓励人们关注作业场所的健康与安全问题；亲自实施并鼓励他人进行与职业健康与安全相关的研究、培训与信息服务；确保政府、雇主、雇员及其他利益方及其代表们能够在一个有效的框架内进行交流，对其提供与OHS相关的咨询与信息服务；建议制定行政法规等。

英国的防火与救援委员会由250多名委员组成，全国有57 000人从事防火与救援工作，其中85%是消防队员，救援工作包括火灾、道路交通和危险化学品引起的各类事故。防火与救援委员会在执法中采用分级管理的方法，各级地方担负其各自的法律责任。政府每年都会划拨大量专项资金用于其防火与救援工作。

（三）罗本斯报告

1970年，以罗本斯为首的一个专业委员会被任命评估职业安全健康法律体系是否需要变革。该委员会于1972年提交的报告中的主要观点有：确保工人劳动安全与健康是管理部门的基本责任；工人的合作与配合是必需的；行业标准协会可以发挥建设性作用；巡查员需与工人进行沟通等。

罗本斯委员会认为，在安全问题上没有讨价还价的余地，而在进行交流沟通、联合检查、合作解决事故问题方面，则应尽可能多地进行沟通协调。这一报告被社会各方广为接受，成为其后1974年《职业健康与安全法》的指导思想，并从根本上影响了其后澳大利亚、南非、新西兰、马来西亚等国家的职业安全健康立法，从而确立了“自我管制”和“总体关爱义务”这种目标导向的整体立法模式。

六、俄罗斯职业安全健康法律制度

（一）立法概况

俄罗斯联邦宪法和俄罗斯劳动法典都规定，所有劳动者有权在安全健康的工作环境中工作，雇主有义务采取一切措施遵守劳动安全立法，确保雇员的工作环境是安全健康的。为了实现这一宪法目标，俄罗斯制定了较完善的安全生产法律体系。1997 年《俄罗斯联邦危险生产项目工业安全法》调整危险生产项目的批准、规划、建设、试产与投产等重要阶段的安全要求，由联邦中央和地方官员共同实施，是俄罗斯最重要的工业安全法规之一；1999 年修订的《俄罗斯联邦劳动保护基准法》规定，国家对劳动保护实施监督，对当事人是否遵守劳动保护法规的情况进行监督检查；对工人在劳动保护方面合法权益的保护实施社会监督；对生产事故和职业病进行调查；国家对现代生产技术水平和劳动组织不能消除的重体力劳动和在有害或危险条件下作业的职工给予补偿；国家对劳动保护方面的各项措施给予拨款；为工人提供工伤事故和职业病社会保险，以保护工人、事故和职业病受害者及其家庭的合法权利；1998 年的《俄罗斯联邦工伤与职业病强制社会保险法》建立了市场经济条件下的强制性社会保险，不仅用于事故后救治、恢复与补偿的支付，还有利于把保险业的监督力量纳入到事故预防工作中来，从而更有效地防止事故发生；近年来俄罗斯进一步强化了安全生产许可证管理工作，并逐步建立了企业安全申报制度，即由专业机构对企业安全情况作出鉴定，包括对企业安全情况、风险程度、防范风险的措施进行评定，使得国家安全生产法律体系逐步完善。

（二）雇员与雇主的权利义务

俄罗斯很重视雇员的职业安全健康权保障，如果雇员担心不安全的工作环境可能导致其人身伤害，他们有权停止工作，直到雇主消除隐患。如果雇员认为他的职业安全权受到了损害，尤其是已经导致了工伤或其他重大危害后果时，他有权向法院提起诉讼。如果法庭裁决企业有责任，企业将会被要求向雇员支付赔偿，包括精神损害赔偿。

如果违反了劳动安全法规，雇主和管理人员都有可能面临行政法律责任与民事法律责任。此外，如果因为管理人的违法行为导致雇员遭受严重的人身伤害，还有可能被提起刑事指控。企业将会被指令暂停生产，直到经整改符合安全要求。在个别案件中，如果雇主有明显重大过错，违反了劳动安全法规要求，有可能导致雇员严重的人身伤害的，企业可能会被责令停产或被取消在俄罗斯的生产经营资格，雇主将会因此遭受巨大损失。

（三）俄罗斯的安全生产监管

俄罗斯联邦的安全生产监管机制主要由联邦劳动检查局、联邦国家卫生与流行病学检查局、联邦生态、技术及核安全监督局、国家动力检查局、联邦紧急状态事务部等部门构成。作为国家对劳动保护与安全监管的集中代表，国家劳动检查员的权力有：进行劳动安全检查；调阅雇主的与劳动安全相关的档案文件与信息；向雇主签发强制命令，要求雇主对任何违反劳动保护法规的行为进行补救；要求依法应当接受安全培训而实际未接受培训的员工停止作业；把劳动保护违法情况向有关机构报告以作出进一步调查和处理等。劳动检查员在检查时必须配带证件，持有检查令，雇主必须配合劳动检查员的合法检查要求。

近年来，为了保障其生产安全，俄罗斯采取了以下行之有效的监管措施：（1）强化安全生产的监管机构职能。（2）对煤矿等高危行业实行安全许可证制度，加强对企业的监督。（3）加大违规者处罚力度。（4）大量关闭严重亏损和开采条件极差的煤矿。（5）加大对煤矿安全的投入。

七、印度职业安全健康法律制度

（一）职业安全健康立法

印度的职业安全与健康立法比较散乱，比较重要的立法是《工厂法》和《码头工人安全、健康与福利法》以及《矿山法》。1948 年《工厂法》历经 1954 年、1970 年、1976 年、1987 年等多次修改，是印度最主要的职业安全健康立法。该法律重点规定了工厂雇主的义务有：

1. 工作环境要求

（1）确保厂房干净卫生；

（2）采取有效管理措施处理废物废水；

（3）保证车间空气通畅；

（4）确保工人在合适的温度下工作；

（5）及时清理生产过程中产生的对工人有害的灰尘和气体；

（6）为每位工人提供相对固定的工作空间；

（7）提供充足合适的光照环境；

（8）为所有工人提供干净便利的饮用水；

（9）工厂厕所要依据一定的具体标准建设等。

2. 机器设备及现场安全管理

（1）厂方要确保危险机器的各个零部件的安全运转；

（2）对机器的安全操作与运行要给予提醒和警告；

（3）要安装紧急断电装置；

（4）对升降电梯要经常维护；

（5）要对起重器械、链索、绳索以及其他连接装置经常维修维护；

（6）对高压容器要定期测试和检验；

（7）确保工作中的行走路面安全；

（8）工人进入限制性工作区域之前，要确保没有危险的灰尘和气体；

（9）要有必要的消防设施等。

3. 安全管理联络义务

（1）工厂的经营者应当向有关方面进行必要的信息通报；

（2）要向工人、管理人员、检查人员以及当地政府部门说明工厂在哪些地方存在危险或有可能损害工人健康，并说明保护工人健康与安全应采取的相应措施；

（3）说明工厂的安全政策与措施；废、旧物的处理情况；

（4）要制订保护工人和当地民众的应急预案；

（5）说明对危险物品的使用、运输、存储和处理情况等。

4. 关注工人职业健康义务：工厂应当定期对工人进行健康检查，要安排有经验的专门人员负责危险物品处理；专门人员处理危险品结束后，应采取相应的保护措施并给予定期的身体检查。

（二）职业安全健康监管机构

受“小部委、多部委”的行政机构总体模式影响，印度安全生产监管主体分散，相关部门有：

1. 工厂咨询服务与劳工研究机构总局（DGFASLI）

始建于1945年，位于孟买，是劳动就业部的附属机构，主要职责是：协助劳动就业部设计并评审各种关于工厂、港口及码头OHS的政策与立法；配合地方政府的工厂检查员一起做好1948年《工厂法》的检查与实施工作；提供技术支持；负责执行1986年《码头安全健康与福利法》；研究职业病防治理论与实践；主要针对工业安全与健康领域提供培训服务。

2. 矿山安全检查总局（DGMS）

DGMS位于印度丹巴德，是印度劳动就业部的下属分支机构，其主要任务是降低矿业从业人员的职业安全与健康风险，起草相关法律草案并制定相关标准，通过各种执法措施确保当事人履行法律规定的健康、安全与环境保护义务。DGMS也在不断促进“自律”治理模式的实现，提倡工人参与安全管理过程，并由传统的强制执法向建议、服务与推动型执法模式转变，以确保创造一个“安全第一”的工作环境。

3. 其他行业生产主管部门

目前印度的行政管理实行“小部委、多部门”的体制，许多行业都有自己的行政主管部门，这点和我国多年前的行政体制比较接近。所以现在印度许多行业其行政主管部门也都负担着一定的职业安全与健康的监管职责。具体而言，其矿业部、煤炭部、化工与肥料部、民航部、食品加工业部、石油与天然气部、电力部、铁道部、钢铁部、纺织工业部等部门及其相关职能部门都有一定的 OHS 监管职责，与劳动就业部下的 DGFASLI 和 DGMS 一同监管全国各行业的 OHS 事务。

第二节　与安全生产有关的国际公约

一、国际公约

生产安全和其他相关安全领域的国际公约有：《限定工业企业中一天工作 8 小时和一周工作 48 小时公约》《在工业中雇用年轻人夜间工作公约》《工业企业中实行每周休息公约》《工人的意外事故赔偿公约》《工人的职业疾病赔偿公约》《本国工人与外国工人关于故赔偿的同等待遇公约》《制订最低工资确定办法公约》《航运的重大包裹标明重量公约》《强迫或强制劳动公约》《船员膳食与餐桌服务公约》《船上厨师职业资格证书公约》《海员体格检查公约》《海员合格证书公约》《工商业劳动监察公约》《结社自由和保护组织权利公约》《雇佣服务组织公约》《船员住房公约（1949 年修订）》《组织权利和集体谈判公约》《对男女工人同等价值的工作付予同等报酬公约》《废除强迫劳动公约》《在商业和办公室中实行每周休息公约》《国家海员身份证书公约》《关于就业和职业歧视的公约》《保护工人以防电离辐射公约》《商业和办事处所卫生公约》《就业政策公约》《三方协商促进履行国际劳工标准公约》《保护工人以防工作环境中因空气污染》《噪声及振动引起职业危害公约》《职业安全和卫生及工作环境公约》《安全使用石棉公约》《1998 年国际劳工组织工作中的基本原则和权利宣言》《1999 年最恶劣形式的童工劳动公约》《2006 年海事劳工公约》《2008 年关于争取公平全球化的社会正义宣言》等。

到 1995 年第 82 届国际劳工大会，已通过了 174 个国际劳工公约。其内容涉及基本人权、就业、社会政策、劳动管理、劳资关系、劳动条件、社会保障、妇女和儿童及未成年工职业保护、老龄、特殊人员及特殊职业就业保护等各方面。这些公约对各国劳动立法标准化起到了一定的作用。

主要国际公约是：

（一）《在工业中雇用年轻人夜间工作公约》

《国际劳工组织第 6 号公约》经 1919 年 10 月 29 日华盛顿会议通过，供国际劳工组织各会员国根据《国际劳工组织章程》的规定加以批准。

（二）《工人的意外事故赔偿公约》

1925 年 6 月 10 日日内瓦会议通过，供国际劳工组织各会员国根据《国际劳工组织章程》的规定加以批准。

（三）《工人的职业疾病赔偿公约》

国际劳工组织大会于 1925 年 6 月 10 日日内瓦七届会议通过，供国际劳工组织各会员国根据《国际劳工组织章程》的规定加以批准。

（四）《本国工人与外国工人关于事故赔偿的同等待遇公约》

国际劳工组织全体大会日内瓦第七届会议 1925 年 6 月 5 日通过，供国际劳工组织各会员国依据国际劳工组织章程的规定加以批准。

（五）《工商业劳动监察公约》

国际劳工局理事大会于 1947 年 7 月 11 日日内瓦第三十届会议通过公约。

（六）《三方协商促进履行国际劳工标准公约》

国际劳工局理事会于 1976 年 6 月 21 日日内瓦第六十一届会议通过公约，肯定了雇主和工人建立自由、独立组织的权利，并要求采取措施，促进国家一级的政府当局与雇主组织和工人组织之间的有效协商，以及就实施公约和建议书的措施问题与雇主组织和工人组织进行协商。

（七）《职业安全和卫生及工作环境公约》

国际劳工组织大会于 1981 年 6 月 3 日日内瓦第六十七届会议通过公约。

（八）《1998 年国际劳工组织工作中的基本原则和权利宣言》

重申社会正义是保障世界持久和平之必需；经济发展对确保公平、社会进步和消除贫困是必要的但并非充分的条件。

在我国，旧中国政府已批准了第 7 号、11 号、14 号、15 号、16 号、19 号、22 号、23 号、26 号、27 号、32 号、45 号、59 号、80 号国际劳工公约，中华人民共和国国务院于 1984 年予以承认。1987 年中华人民共和国第六届全国人民代表大会批准第 159 号国际劳工公约即《残疾人职业康复和就业公约》，1990 年第七届人大常委会第 15 次会议批准第 100 号公约即《对男女工人同等价值的工作付予同等报酬公约》和第 144 号公约即《三方协商促进履行国际劳工标准公约》，1994 年第八届全国人大常委会第十次会议决定批准第 170 号公约即《作业场所安全使用化学品公约》，2006

年第十届全国人大常委会第二十四次会议决定批准第155号公约即《职业安全和卫生及工作环境公约》。截至2010年7月15日，我国政府已批准了25个国际劳工公约（其中第7号、第15号、第59号因第138号公约的诞生而自然失效，所以实际批准在用的是22个国际公约），其中多涉及生产安全和其他相关安全内容。

二、与安全生产有关的国际组织

政府间国际组织、世界贸易组织、国际海事组织、世界旅游组织、国际刑警组织、亚太经济与社会委员会、亚太电信组织、海关合作理事会、世界卫生组织、西太平洋区域委员会、亚太发展中心、联合国教科文组织、国际纺织品及成衣局、亚太邮政联盟、万国邮政联盟、国际电信联盟、国际民用航空组织、世界气象组织、国际劳工组织、海牙国际私法会议、非政府组织、国际航标协会、欧洲电信标准局、家庭组织国际联盟、亚洲会议及游客协会、国际酒店业协会、亚太旅游协会、世界储蓄银行协会、东方区域公共行政组织、葡非美亚重要城市联盟、国际劳工监察协会、官方葡语国家和地区邮电操作者协会、国际预防建筑及公共职业危险委员会、国际消费者联盟、国际图书馆协会联合会、国际档案委员会、国际档案委员会东亚地区分会、发展中国家欧洲统计中心、国际统计资讯协会、国际抽样调查员协会、国际官方统计学会、国际统计学会、亚太区劳动卫生及安全组织、打击清洗黑钱的亚太组织。

本章小结

本章介绍了美国职业安全健康法律制度、澳大利亚职业安全健康法律制度、德国职业安全健康法律制度、南非职业安全健康法律制度、英国职业安全健康法律制度、俄罗斯职业安全健康法律制度、印度职业安全健康法律制度，还介绍了国际安全生产公约、与安全生产有关的国际组织。

复习思考题

1. 英美等发达国家的安全生产法律制度对我国有什么借鉴意义？
2. 我国安全生产立法将如何汲取南非、印度等发展中国家的经验？
3. 我国现行安全生产法律制度设计在多大程度上采取德国模式？

参考文献

[1] 石少华．安全生产法律知识读本．北京：法律出版社，2006

[2] 遇华仁，邬燕云．煤矿安全生产法律法规教程．徐州：中国矿业大学出版社，2001

[3] 范维唐主编．我国安全生产形势、差距和对策．北京：煤炭工业出版社，2003

[4] 刘左军，洪伟．安全生产法释义及实用指南．北京：中国民主法制出版社，2002

[5] 安全生产管理工作撰文获奖文集．北京：中国劳动社会保障出版社，2009

[6] 矿山企业安全员安全生产法律责任．北京：中国劳动社会保障出版社，2009

[7] 矿山企业负责人安全生产法律责任．北京：中国劳动社会保障出版社，2009

[8] 田雨平，刘郡．安全事故与法律责任问答．北京：中国电力出版社，2003

[9] 何长青．石油化工与石油天然气安全生产、事故防范及监控管理实务全书．北京：当代中国音像出版社，2004

[10] 陆愈实．安全生产法解读．北京：中国工人出版社，2002

[11] 卞耀武．安全生产法释义．北京：法律出版社，2002

[12] 刘志敏．安全生产法条文释解与司法适用．北京：人民法院出版社，2002

[13] 李适时．安全生产法释义．北京：中国物价出版社，2002

[14] 应松年．安全生产法及相关配套法律法规实用手册．北京：中国方正出版社，2002

[15] 应松年．安全生产法条文释义与理解适用——事故防范、应急救援与法律责任分担．北京：中国方正出版社，2002

[16] 张世诚．安全生产法释解．北京：中国物价出版社，2002

[17] 黄越钦．劳动法新论．北京：中国政法大学出版社，2003

[18] 董保华．劳动关系调整的法律机制．上海：上海交通大学出版社，2000

[19] 吕琳．劳工损害赔偿法律制度研究．北京：中国政法大学出版社，2005

[20] 王利明．侵权行为法归责原则研究．北京：中国政法大学出版社，2004

[21] 刘新立．风险管理．北京：北京大学出版社，2006

[22] 扈纪华．安全生产法释义与适用指南．北京：中国言实出版社，2002

[23]《安全生产、劳动保护政策法规系列专辑》编委会．安全生产法专辑．北京：中国劳动社会保障出版社，2002

[24] 赵云胜，吴学成．安全生产法规初探．北京：中国地质大学出版社，2003

[25] 孟燕华，任国友主编．职业安全卫生法律基础与实践．北京：中国劳动社会保障出版社，2007

[26] 卢岚．安全工程．天津：天津大学出版社，2003

[27] 赵正宏．举案解读安全生产法规．北京：气象出版社，2003

[28] 国务院法制办公室．建设工程安全生产管理条例释义．北京：知识产权出版社，2004

[29] 罗云，黄毅．中国安全生产发展战略——论安全生产保障五要素．北京：化学工业出版社，2005

[30] 石少华．安全生产法条款解析．北京：中国石化出版社，2003

[31] 石少华．安全生产许可证条例解析．北京：中国工人出版社，2005

[32] 张穹．安全生产许可证条例释义．北京：中国物价出版社，2004

[33] 万其刚．立法理念与实践．北京：北京大学出版社，2006

[34] 金瑞林主编．环境法学（第二版）．北京：北京大学出版社，2007

[35] 韩德培主编．环境保护法教程（第四版）．北京：法律出版社，2005

[36] 李炳安．劳动权论．北京：人民法院出版社，2006

[37] 常凯．劳权论．北京：中国劳动社会保障出版社，2004

[38] 王家福，刘海年．中国人权百科全书．北京：中国大百科全书出版社，1998

[39] 周长征．劳动法原理．北京：科学出版社，2004

[40] 卞耀武．职业病防治法释义．北京：法律出版社，2002

[41] 中华医学会上海分会译．第十六届国际职业卫生会议资料选编．上海：上海人民出版社，1973

［42］詹瑜璞．权利异化论．北京：知识产权出版社，2009

［43］石少华，杨庚宇．全国安全生产法律制度实施与完善理论研讨会论文集．北京：知识产权出版社，2008

［44］岳忠．关于设施设备本质安全建设概念的研究．全国安全生产法律制度实施与完善理论研讨会论文集．北京：知识产权出版社，2008

［45］魏中源．安全生产和生产安全事故概念研究．全国安全生产法律制度实施与完善理论研讨会论文集．北京：知识产权出版社，2008

［46］国家标准《职业安全卫生术语》（GB/T 15236—2008）

［47］郑阳．构建和谐山西煤矿安全生产管理体制与机制的研究．太原：太原理工大学硕士论文，2007

［48］杨荣广．地方安全生产监管立法研究．兰州：兰州大学硕士论文，2007

［49］周丽．我国企业安全生产成本统计与控制分析．北京：对外经济贸易大学硕士论文，2007

［50］苏哲．中油炼化企业安全生产管理控制系统研究．北京：对外经济贸易大学硕士论文，2007

［51］孙俊伟．建筑施工安全生产危险源辨识与控制．重庆：重庆大学硕士论文，2007

［52］曹天林．论区域经济发展与安全生产．成都：四川大学硕士论文，2007

［53］张秋秋．中国劳动安全规制体制改革研究．沈阳：辽宁大学博士论文，2007

［54］粟继祖，尉迟晓丽．中国安全生产阶段划分及安全生产法制化问题探讨．中国安全科学学报，2009（03）

［55］苗金明，周心权．从业人员安全卫生权利法律定位及保护问题综述．中国安全科学学报，2008，18（12）

［56］段伟利，陈国华．安全生产与经济社会发展之关系的研究——以广东省为例．中国安全科学学报，2008（12）

［57］杨宜勇，李宏梅．对中国矿难的制度分析．发展，2005（6）

［58］郭捷．劳动者职业安全卫生权及法律保护．法学家，2007（2）

［59］袁一枫，杨乃莲．通过职业安全卫生及工作环境公约（第155号）透视我国职业安全卫生立法．中国职业安全卫生管理体系认证，2003（3）

［60］周永平．博帕尔事故及其生产安全中的法律问题．中共中央党校学报，2006，10（4）

[61] 肖保军. 我国煤矿安全事故频发的思考. 煤矿安全，2005，36（7）

[62] 申春生．对发展我国雇主责任保险的思考．保险研究，1999（10）

[63] 陈勇，魏忠杰，米立公．世界煤炭大国煤矿安全生产调查．劳动保护，2005（6）

[64] 张忠彬，孙庆云．职业卫生工作若干问题思考与探讨．中国安全科学学报，2008（1）

[65] 詹瑜璞．安全生产法在基层煤矿实施效果研究．华北科技学院项目，2006

[66] 詹瑜璞．关于煤炭执法若干问题的思考．中国煤炭报，1999—08—19

[67] 詹瑜璞．关于安全与生产安全概念的法理探讨．华北科技学院学报，2007，10（4）

[68] 詹瑜璞．基层安全生产监管体制研究．中国安全科学，2009（11）

[69] 詹瑜璞．安全生产法律制度改革和完善研究．中国安全科学，2009（12）

[70] 理查德·A·波斯纳. 法律的经济分析 [M]. 北京：中国大百科全书出版社，2003

[71] 赫伯特 K. 艾布拉姆斯（H E R B E RT K. ABRAMS）．职业卫生简史．J Public Health Policy. 2001

[72]（苏联）依兹拉爱利颂等编，王营通，任守新，周德林等译．《劳动卫生学实习指导》译序，劳动卫生学实习指导．北京：人民卫生出版社，1954

[73] 英国 Health and Safety at Work etc Act 1974

[74] 美国 Occupational Safety and Health Act of 1970

[75] Occupational Safety and Health Convention

[76] 美国 WORKER RIGHTS UNDER THE OCCUPATIONAL SAFETY AND HEALTH ACT OF 1970

[77] 国际劳工组织 1981 年《职业安全与卫生公约》

[78]（苏联）维诺格拉道夫著；王祖泽译．工人技术学校教学用书，电机绕线工．北京：机械工业出版社，1956

[79] DEFINITION：Occupational Health is the promotion and maintenance of the highest degree of physical，mental and social well—being of workers in all occupations by preventing departures from health，controlling risks and the adaptation of work to people，and people to their jobs。（ILO/WHO 1950）